Joachim K. Blatter · Frank Janning · Claudius Wagemann

Qualitative Politikanalyse

Grundwissen Politik
Band 44

Herausgegeben von

Ulrich von Alemann
Arthur Benz
Marian Döhler
Hans-Joachim Lauth
Susanne Lütz
Georg Simonis

Joachim K. Blatter
Frank Janning
Claudius Wagemann

Qualitative Politikanalyse

Eine Einführung in Forschungsansätze und Methoden

VS VERLAG FÜR SOZIALWISSENSCHAFTEN

Bibliografische Information Der Deutschen Nationalbibliothek
Die Deutsche Nationalbibliothek verzeichnet diese Publikation in der
Deutschen Nationalbibliografie; detaillierte bibliografische Daten sind im Internet über
<http://dnb.d-nb.de> abrufbar.

1. Auflage August 2007

Lektorat: Frank Schindler

Der VS Verlag für Sozialwissenschaften ist ein Unternehmen von Springer Science+Business Media.
www.vs-verlag.de

Umschlaggestaltung: KünkelLopka Medienentwicklung, Heidelberg
Druck und buchbinderische Verarbeitung: Krips b.v., Meppel
Gedruckt auf säurefreiem und chlorfrei gebleichtem Papier
Printed in the Netherlands

ISBN 978-3-531-15594-4

Vorwort der Reihenherausgeber

Studierende der Politikwissenschaft müssen einen umfassenden Einblick in Methoden des Fachs erhalten. Nachdem der Band von Nathalie und Joachim Behnke in der Reihe Grundwissen die quantitativen Methoden behandelt, legen Joachim Blatter, Frank Janning und Claudius Wagemann mit dem vorliegenden Lehrbuch eine Einführung in Forschungsansätze, Methoden und wichtige Anwendungsfelder der qualitativen Politikforschung vor. Es handelt sich dabei nicht nur um eine notwendige Ergänzung zu dem zuerst genannten Band, vielmehr reagieren die Autoren damit auf den Bedarf an einer lehr- und forschungsgerechten Einführung in qualitative Verfahren. Diese werden bislang überwiegend in Überblicksartikeln dargestellt, die auf Fragestellungen und Anwendungsmöglichkeiten qualitativer Ansätze in der politikwissenschaftlichen Forschung eingehen. Mit ihrem Einführungstext, der auf einen Kurs der FernUniversität in Hagen zurückgeht, legen die Autoren eine ausführliche Gesamtdarstellung vor, die dem aktuellen Stand der Methodenentwicklung in diesem Bereich entspricht.

Das Ziel dieses Lehrbuches ist die Vermittlung grundlegender Kenntnisse über die Forschungsmethoden und Einsatzgebiete der qualitativen Politikanalyse. Die Studierenden sollen befähigt werden, qualitative Forschungsansätze selbst anzuwenden und relevante Themenstellungen und Designs für ihre eigene Forschungsarbeit zu entwickeln. Das Buch führt daher zunächst in die Grundlagen und Traditionen der qualitativen Sozialforschung ein. Sodann werden die wichtigsten Methoden der Datenerhebung und Datenauswertung dargestellt. Ihre Anwendung wird am Beispiel relevanter Forschungsfelder der Politikwissenschaft illustriert. Darüber hinaus werden spezielle Forschungsdesigns erläutert und im Hinblick auf Vor- und Nachteile diskutiert. Ein Schwerpunkt liegt auf der Auseinandersetzung mit Fallstudien-Designs, die für viele politikwissenschaftliche Fragestellungen wichtig sind. Für Studierende sind diese vor allem in Abschluss- und Qualifikationsarbeiten relevant, da sie sich dabei oft nur mit einem oder wenigen Fällen befassen können. Dass es sich dabei um eine anspruchsvolle Vorgehensweise handelt, wird durch das vorliegende Lehrbuch deutlich. Darüber hinaus erlernen sie das Verfahren der „Qualitative Comparative Analysis" (QCA), das sich für einen systematischen Vergleich von Fällen eignet, wenn die Fallzahl noch keine statistischen Verfahren der Datenauswertung erlaubt.

Die Autoren haben mit diesem Lehrbuch eine verdienstvolle Gesamtdarstellung der qualitativen Politikforschung vorgelegt. Der Band dokumentiert, dass qualitative Forschung nicht weniger anspruchsvoll ist und nicht weniger zur Erkenntnisgewinnung beiträgt als quantitative Methoden. Studierende sollten beide kennen, weshalb wir den Autoren für ihren Beitrag zu dieser Reihe besonders dankbar sind.

Hagen, im Mai 2007
Arthur Benz, Marian Döhler, Hans-Joachim Lauth, Susanne Lütz, Georg Simonis

Inhaltsverzeichnis

Abbildungsverzeichnis

Tabellenverzeichnis

Einleitung

In diesem Einführungsbuch sollen die Studierenden mit den unterschiedlichen Forschungsmethoden und -ansätzen sowie den wichtigsten Anwendungsfeldern qualitativer Politikforschung vertraut gemacht werden. Aktuell existiert in der deutschen Politikwissenschaft ein großer Bedarf für eine lehr- und forschungsgerechte Einführung in die interpretativen Verfahren, da bislang höchstens einzelne Überblicksartikel auf die Fragestellungen und Anwendungsmöglichkeiten qualitativer Ansätze in der politikbezogenen Forschung eingehen (Maier 2003; Nullmeier 1997; Nullmeier 2001; Patzelt 1995). Zwar existiert eine reichhaltige Einführungsliteratur für die angrenzenden Fächer der Sozialwissenschaften (Brüsemeister 2000; Heinze 1995; Lamnek 2005; Mayring 1999); die Anwendungsfälle und Problemdiskussionen in der Soziologie und Psychologie gehen aber an den besonderen Themenstellungen der empirischen Politikanalyse vorbei. Nichtsdestotrotz wachsen das Interesse und die Bereitschaft, qualitative Forschungsansätze in der Politikwissenschaft nutzbar zu machen. Anwendungsbeispiele und Fallstudien, die auch in dieser Einführung an prominenter Stelle ausführlich diskutiert werden, dokumentieren den Ertrag interpretativer Verfahren in der Policy-Analyse und Vergleichenden Politikforschung, beim Studium von Verwaltungen, Parteien und neuen sozialen Bewegungen, im Rahmen von Untersuchungen der Voraussetzungen und Effekte der Politikvermittlung und politischen Repräsentation und für den Nachweis von wertbasierten oder kommunikativen Elementen in internationalen Verhandlungen und Regimes. Zumindest in der amerikanischen Politikwissenschaft hat das wachsende Interesse an qualitativen Methoden sich auch schon institutionell niedergeschlagen. So wurde bei der American Political Science Association (APSA) eine Sektion „Qualitative Methoden“ eingerichtet, die sich bei Tagungen des Verbandes eines großen Zulaufs erfreut.

Die in diesem Lehrbuch zu leistende Diskussion relevanter Beiträge und besonders ergiebiger Forschungsmethoden erfolgt in sechs Schritten: Im *ersten Teil* wird kurz auf die Wiederentdeckung der qualitativen Methoden in den einzelnen Subfeldern der Politikwissenschaft (Politische Soziologie, Analyse internationaler Beziehungen, vergleichende Politikforschung, Studien über Repräsentations- und Gerechtigkeitsverständnisse von Abgeordneten etc.) hingewiesen. An diesen Überblick schließt eine einführende Darstellung der Grundlagen der qualitativen Forschungslogik an. Diese Darstellung beginnt mit der Herausarbeitung der Besonderheiten von qualitativen Forschungsdesigns gegenüber dem quantitativen Methoden- und Theorieverständnis. Im Anschluss daran werden Vorgehensweisen zur Abgrenzung des Forschungsgegenstandes, zur Auswahl des Untersuchungssamples und zur Wahl der adäquaten Methoden für die Datenerhebung und die Datenauswertung erörtert. Danach wird ein spezifisches Forschungsdesign, das unterschiedliche Methoden der Datenerhebung und -analyse integrieren bzw. zusammenführen kann und in politik-wissenschaftlichen Studien sehr häufig Anwendung findet, eingehender betrachtet – die Fallstudie. Zuletzt werden die konventionellen Kriterien für wissenschaftliche Untersuchungen – Validität,

Reliabilität und Repräsentativität – im Kontext der qualitativen Forschungsdesigns diskutiert. Der erste Teil soll insgesamt einen Überblick über die Anwendungsmöglichkeiten qualitativer Methoden in der Politikwissenschaft liefern und dazu die Forschungsansätze und Methoden, die in den nachstehenden Teilen noch weit ausführlicher behandelt werden, einführend vorstellen.

Im *zweiten Teil* wird deutlich gemacht, dass qualitative Politikforschung an eine reiche Forschungstradition anknüpfen kann (Creswell 1998). Es wird deswegen aus historischer und wissenschaftstheoretischer Perspektive in die Forschungstraditionen der qualitativen Sozialforschung eingeführt. Hier werden wichtige Ausgangspunkte wie Max Webers (1988) Lehre vom Idealtypus, Grundlagen für die Anwendung der Hermeneutik in den Sozialwissenschaften (Müller-Dohm 1990; Soeffner/Hitzler 1994), Harold Garfinkels (1967; 1973) Forschungsansatz der Ethnomethodologie und Glaser und Strauss' (1967; 1979) induktive Vorgehensweise der Grounded Theory, Foucaults (1991) Grundlegung einer machttheoretischen Diskursanalyse und Habermas' (1981) Theorie des kommunikativen Handelns sowie Bourdieus (1982; 1985) relationale Perspektive knapp dargestellt und erläutert. Im Anschluss an die traditionellen Forschungszugänge wird auf die aktuelle Methoden-Debatte in den USA über Wissenschaftlichkeitsansprüche an qualitative Forschung hingewiesen. Ausgangspunkt für diese Diskussion waren die strengen Vorgaben des Methodenbuches von King, Keohane und Verba (1994), deren Standards sich aus der quantitativen Sozialforschung ableiten. In einem neuen Sammelband werden nun diese Standards in Frage gestellt und als nicht angemessen für die qualitative Forschungspraxis kritisiert (Brady/Collier 2004). Durch den Nachvollzug dieser Debatte werden die wichtigsten Unterschiede zwischen den qualitativen und quantitativen Methodologien herausgearbeitet und vor allem die konkreten Empfehlungen der qualitativen Methodologien skizziert.

Im *dritten Teil* werden die einschlägigen qualitativen Forschungsmethoden zur Datenerhebung und zur Datenanalyse – Intensivinterview bzw. narratives Interview, qualitative Inhaltsanalyse, tiefenhermeneutische Bild- und Textinterpretation, Diskursanalyse, qualitative Konversationsanalyse und teilnehmende Beobachtung – anhand von politikwissenschaftlichen Fallbeispielen und Anwendungen dargestellt. Zuerst werden die beiden am häufigsten verwandten Techniken der qualitativen Datengewinnung dargestellt, wobei sich das *Intensivinterview* weitaus stärker als Ausgangspunkt für politikwissenschaftliche Analysen durchgesetzt hat als die *teilnehmende Beobachtung* des Verhaltens von politischen Akteuren und des Zustandekommens und des Ablaufens von politischen Prozessen. Danach werden die wichtigsten Methoden der Datenauswertung vorgestellt und anhand von Beispielen erläutert. Die Methoden der Datenauswertung – von der konzept-basierten *qualitativen Inhaltsanalyse* und der immanenten Sinninterpretation der *Hermeneutik* über die kontextsensible und methodenpluralistische *Diskursanalyse* bis zur *Konversationsanalyse*, die Anleihen bei der quantitativen Inhaltsanalyse macht – unterscheiden sich in ihrem Reflexionsgrad sowie in ihrer Fähigkeit, valide Kriterien für subjektive, aber zugleich intersubjektiv vermittelbare Interpretationen bereitzustellen. Die Darstellung und kritische Erörterung der Forschungsmethoden wird abgerundet durch Hinweise auf die unterstützende Rolle von Computerprogrammen bei der Auswertung qualitativer Daten (Kuckartz 1999).

Nach den spezifischen Methoden bzw. Techniken, die innerhalb des qualitativen Paradigmas vor allem angewendet werden, stehen im *vierten Teil* Forschungsansätze bzw. -designs im Blickpunkt, die den ganz überwiegenden Teil der qualitativen Politikforschung ausmachen: Einzelfallstudien und vergleichende Fallstudien. Einzelfallstudien können induktiv ausgerichtet sein, wenn es um die Entdeckung von neuen Faktoren oder Zusammenhängen geht oder wenn es sich um besonders wichtige und einzigartige Vorgänge handelt. Über die Funktion der Hypothesengenerierung kann eine Fallstudie nur hinausgehen, wenn sie theorieorientiert-deduktiv ausgerichtet ist. Sie stellt damit für die meisten Politikwissenschaftler einen Spezialfall der vergleichenden Forschung dar – der entscheidende Unterschied liegt darin, dass die Fallauswahl nun nicht mehr mit dem Fall an sich, sondern mit der spezifischen Funktion für die Theorieentwicklung begründet wird.

Noch größere Verbreitung als die Einzelfallstudie haben deshalb vergleichende Fallstudien mit zwei oder mehreren Fällen in der Politikwissenschaft gefunden. Der Vergleich findet sehr oft zwischen Ländern statt, kann aber genauso Städte, Regionen, Politikfelder oder Zeiträume umfassen. Aus methodischer Sicht stellt hierbei die Fallauswahl das zentrale Problem dar, im Gegensatz zu quantitativen Methoden können die Fälle nicht zufällig ausgewählt werden, sondern die Fallauswahl muss theorieorientiert durchgeführt werden.

Im *fünften Teil* wird ein besonderes Verfahren vorgestellt, das eine Verbindung von qualitativen Fallstudien mit einer quantitativen Auswertung verspricht, die ‚Qualitative Comparative Analysis' (QCA), eine von Charles Ragin (1987) eingeführte Analyse-Technik. Zentrales Interesse bei QCA ist, bei einer relativ kleinen Anzahl von Fällen diejenigen hinreichenden und notwendigen Bedingungen herauszuarbeiten, die (allein oder in Kombination mit anderen Faktoren) zu einem bestimmten Outcome geführt haben. Die Logik von QCA baut im Wesentlichen auf den Grundprinzipien der Vergleichenden Methodik nach John Stuart Mill auf (Mahoney 2000: 401, Skocpol 1984: 379). Während sich allerdings die Anwendung der Mill'schen Methoden in der Forschungspraxis als problematisch erwiesen hat (Lieberson 1991), gelingt es mithilfe des auf Boole'scher Algebra beruhenden QCA-Computeralgorithmus' (Klir/St. Clair/Yuan 1997: 48; Ragin 1987), die Mill'schen Grundprinzipien systematisch anzuwenden. Obwohl QCA also auf eine mathematische Subdisziplin zurückgreift, bleibt es dennoch eine qualitative Methode (Ragin 2004): Die Herausarbeitung hinreichender und notwendiger Bedingungen steht in klarem Kontrast zu quantitativ orientierter Forschung, die eher an Kovariation interessiert ist (Ragin 1987: 3, 85, 1991: 1f.).

Der vorliegende Einführungstext ist zuerst als Studienbrief für die Fernuniversität in Hagen konzipiert worden; er ist aber vorher aus Seminaren über den Einsatz von qualitativen Methoden in der Politikwissenschaft hervorgegangen, die Joachim Blatter und Frank Janning gemeinsam im Fachbereich Politik- und Verwaltungswissenschaft der Universität Konstanz durchgeführt haben. Bei diesen Veranstaltungen hat Claudius Wagemann als Berater für die Anwendungen und Methodenprobleme von QCA fungiert. Daneben hat Wagemann zusammen mit Carsten Q. Schneider (Central European University, Budapest) ein Kursprogramm für QCA erarbeitet, auf das das fünfte Kapitel in Teilen zurückgeht.

Wir möchten ausdrücklich den Studenten danken, die an diesen Seminaren in Konstanz und Florenz teilgenommen haben und durch Diskussionsbeiträge und ihre eigene Forschungspraxis in studentischen Arbeitsgruppen das Nachdenken der Autoren über den Nutzen und Nachteil der Verwendung von qualitativen Forschungsansätzen in der Politikwissenschaft stimuliert haben.

Für zahlreiche interessante Anregungen danken wir ferner Nathalie Behnke, Bettina Grimmer, Willi Hofmann, Delia Schindler, Carsten Q. Schneider und Christoph Weller. Ein besonderer Dank geht an Benjamin Raschke für die umsichtige Hilfe beim Textlayout und für viele wichtige Hinweise und Verbesserungsvorschläge sowie an Olga Charitonova für weitere Korrekturarbeiten am Text.

Dr. Joachim Blatter (Erasmus Universiteit Rotterdam)
Dr. Frank Janning (Universität Konstanz)
Dr. Claudius Wagemann (Instituto Italiano di Scienze Umane (SUM) Florenz)

1 Ausgangspunkte und Grundlagen

In diesem Einführungsteil soll ein Überblick über die Grundlagen und Grundfragen der qualitativen Politikanalyse gegeben werden. Dabei werden zuerst einige Beweggründe für das erstarkte Interesse an qualitativen Methoden und interpretativen Ansätzen in der Politikwissenschaft erörtert (Kapitel 1.1). Danach werden die Besonderheiten von qualitativen Forschungsdesigns und Methoden gerade in Abgrenzung zu den quantitativen Analyseansätzen und statistischen Verfahren herausgearbeitet und die spezifischen Elemente einer interpretativ-induktiven Vorgehensweise vorgestellt (Kapitel 1.2). Wenngleich sich die qualitative Politikanalyse von dem Objektivitäts- und Gültigkeitsanspruch der Naturwissenschaften, die häufig als Vorbild für eine quantitative Ausrichtung der Sozialwissenschaften fungieren, distanzieren muss, sind damit nicht alle Kriterien der wissenschaftlichen Nachprüfbarkeit und der Güte der vorgenommenen Datenerhebung und Datenanalyse von qualitativen Studien als obsolet zu erklären. Vielmehr müssen auch qualitative Forschungsleistungen einer intersubjektiven Überprüfung und Kritik standhalten können (Kapitel 1.3). Zuletzt werden in diesem Einführungskapitel die Ergebnisse der Erörterungen zusammenfasst und darauf bezogene Übungsaufgaben bzw. Übungsfragen formuliert (Kapitel 1.4). Zusammenfassungen kombiniert mit Übungsaufgaben finden sich auch am Ende jedes weiteren Kapitels dieses Studienbriefes.

1.1 Das neue Interesse an qualitativen Methoden in der Politikwissenschaft

politischer Wandel

Das neue Interesse an interpretativen Verfahren lässt sich sicher teilweise als eine logische methodologische Konsequenz von ontologischen, d.h. grundsätzlichen Veränderungen in der Politik und der Politikwissenschaft auffassen (Hall 2003). Der Wandel hin zu einer Informations-, Kommunikations- und Mediengesellschaft geht mit einer massiven Aufwertung ideeller und kognitiver Faktoren in der Politikgestaltung und Politikvermittlung und in der wissenschaftlichen Analyse in allen Teilfeldern der Politikwissenschaft einher. Man kann diesen Tatbestand auch so formulieren, dass die in Politik involvierten Akteure – Bürger wie professionelle Politiker – sich nicht einfach auf ihre Rolle als Datenträger von objektiven Positionen, Interessen oder Funktionen – Merkmale und Eigenschaften, die einfach von außen betrachtet oder den Akteuren zugeschrieben werden – reduzieren lassen. Stattdessen sind politische Entscheidungen und politisches Handeln sowie ihre Darstellung und Wahrnehmung als ein komplexer Interpretations- und (Re-)Konstruktionsprozess aufzufassen, in den die Ideen und Identitäten der konkreten Akteure mit hineinspielen und in dem sich Werte und normative Leitvorstellungen auf gewisse Weise umsetzen. Natürlich ist die Vorstellung, dass sich in der Politik Ideen und Identitäten verwirklichen, nicht grundsätzlich neu, aber seit der „behavioristischen Revolution“[1], die die amerikanische Politikwissenschaft bereits in den späten 50er und frühen 60er Jahren erfasste und sich mit einiger Verspätung auch auf dem Kontinent durchgesetzt hat, gilt das Ideal der quantifizierenden und auf einer möglichst großen Fallzahl basierenden, schließenden Wissenschaft als Leitbild für die empirische Politikanalyse. In einzelnen Subdisziplinen der Politikwissenschaft hat sich allerdings gegen dieses Leitbild ein gewisser Widerstand formiert.

1.1.1 Neue Formen der Politikvermittlung und medialen Politikdarstellung

neue Themen und Inhalte

Ein wichtiger Umstand, der zur Neuorientierung der Politikwissenschaft beitrug, ist sicherlich die Kritik an rationalistischen Politikmodellen, wie sie von politischen Bewegungen der 60er und 70er Jahre selbst propagiert wurde. Mit dem Erfolg der sog. „neuen sozialen Bewegungen“ und dem Ausrufen des postmateriellen Zeitalters wird Politik mit neuen Inhalten (z.B. Bildungs- Umwelt- und Menschenrechtspolitik) und Motivationen für politisches Engagement (Selbstverwirklichung statt einfache Interessendurchsetzung) konfrontiert. Darüber hinaus werden die konventionellen Formen der politischen Willensbildung und Interessenorganisation in Frage gestellt und neue Formen der politischen Mobilisierung und der Generierung von „alternativen“ Wissensvorstellungen und Reformoptionen ausprobiert.

Reaktionen der Politikwissenschaft

Für die Politikwissenschaft hat sich dadurch die Herausforderung ergeben, politische Entscheidungsprozesse nicht allein im Rahmen der Abläufe des formalen Gesetzgebungsprozesses und unter besonderer Berücksichtigung des Zusammenspiels der politischen Institutionen zu analysieren, sondern informelle Abläufe und unübersichtliche Akteurskonstellationen stärker als Forschungsgegenstände mit einzubeziehen (Janning 1998). Aber nicht nur die politische Willensbildung schien sich in den letzten 30 Jahren fundamental geändert zu haben, auch die Politikvermittlung bzw. Politikdarstellung war einem starken Wandel unterworfen. Hier gilt nicht nur darauf hinzuweisen, dass durch die Fortentwicklung der Telekommunikationsmedien (Fernsehen, Radio, Film, Internet) ganz neue Anforderungen an die Präsentation von politischen Kandidaten und Wahlprogrammen gestellt wurden (Dörner 2001; Jarren/Sarcinelli/Saxer 1998; Kepplinger 1998; Sarcinelli 1987). Auch die Anforderungen an die Begründung von Sachentscheidungen oder Maßnahmen des Krisenmanagements, die von Seiten des „Publikums“ an die professionelle Politiker- und Funktionärskaste herangetragen werden, werten die inhaltlich-sprachlichen Aspekte in der Politikvermittlung auf. So wird in den modernen Demokratien die Begründungsfähigkeit von politischen Entscheidungen immer wichtiger und voraussetzungsvoller, und der Kampf um die Deutungshoheit im Hinblick auf die Durchsetzung von Kriterien des Guten, des Gerechten, des Vernünftigen, des Angemessenen oder des formal Korrekten immer komplexer und unübersichtlicher (Bleses/Rose 1998; Hajer 1995; Pioch 2001; Raufer 2005).

---

[1] Das Credo des Behaviorismus geht auf den Psychologen Watson (1930) zurück, der darauf beharrte, dass die empirische Forschung an dem konkreten beobachtbaren Verhalten von Probanden oder Patienten ansetzen solle und nicht an deren subjektiven Bewusstseinszuständen oder -prozessen.

Für die Politikwissenschaft in Deutschland haben diese Veränderungen zur Konsequenz, dass die Disziplin vermehrt auf Importe aus anderen Wissenschaftsfeldern angewiesen ist, um die komplexen Problemmaterien, mit denen politische Entscheider zunehmend konfrontiert sind, verstehen zu können, so dass politikfeldbezogen z.B. wirtschaftswissenschaftliche, lebensmitteltechnische oder forschungssoziologische Erkenntnisse verarbeitet werden müssen. Andererseits müssen politikwissenschaftliche Studien verstärkt auf Kultur- und Medienkompetenzen zurückgreifen, um die Darstellung und Verarbeitung bzw. Wahrnehmung von Politik angemessen zu analysieren (Schwelling 2004). Dies führt aus aktueller Sicht zu einer Aufwertung gerade von kulturwissenschaftlichen Erkenntnissen und Strömungen in der deutschen Politikwissenschaft. Diese gelangen beispielsweise im Kontext einer kulturwissenschaftlich beeinflussten Politischen Ikonographie zur Anwendung, also bei der Analyse von politischen Bilddarstellungen (z.B. die symbolträchtigen „Kniefälle" von Regierungsführern), bei der Denkmalforschung und allgemein beim Studium von politischen Bildstrategien in Wahlkämpfen und Kandidatenpräsentationen (Müller 1997; Warnke 1994). Neuerdings findet auch die Analyse der politischen Botschaften von popkulturellen Erzeugnissen (Comics, Filme, Werbung) eine größere Aufmerksamkeit in der deutschen Politikwissenschaft (Dörner 2000; Hofmann 1998; Hofmann 1999).[2]

1.1.2 Interaktion und Verständigung in den internationalen Beziehungen

Konstruktivismus in der Analyse der internationalen Beziehungen

Aber nicht nur in der nationalstaatlichen Politikgestaltung hat das Aufkommen neuer Akteure und das öffentliche Thematisieren von neuen Anliegen und Bedürfnissen sowie der Eigenbeitrag der medialen Vermittlung die Politikwissenschaft vor neue Aufgaben gestellt. Eine analoge Entwicklung lässt sich beim Studium der internationalen Beziehungen (IB) aufzeigen; ähnlich wie in Subfeldern der politikwissenschaftlichen Disziplin wird auch in der IB-Forschung auf die Rolle von immateriellen Faktoren wie Ideen, Weltbildern und Normen in internationalen Kooperationen und Konfliktkonstellationen und auf die intersubjektive Konstruktion von gemeinsamen Deutungshorizonten und Wirklichkeitskonstrukten bei der Bewältigung von internationalen Problemsituationen (z.B. in der internationalen Umweltpolitik) abgehoben (Kratochwil 1989; Ruggie 1998; Ulbert 1997; Wendt 1999). Für die Außenpolitik von einzelnen Nationalstaaten wird stärker die Propagierung und Durchsetzung von spezifischen Selbst- und Feindbildern unter Einbeziehung und Manipulation der öffentlichen Meinungsbildung studiert (Campbell 1992; Weller 2000). Die verschiedenen Forschungsansätze und Zugänge werden geeint durch eine Grundlagenkritik an den rationalistischen Staatsvorstellungen und Gleichgewichtsmodellen, wie sie die realistischen und neo-realistischen Schulen in der IB-Forschung lange Zeit dominier-

[2] Die bislang vorliegenden Bild- und Filmanalysen von Politikwissenschaftlern machen wenig Gebrauch von klar definierten Interpretationsmethoden, obwohl der Bestand an solchen bild- oder filmanalytischen Analyseinstrumenten durchaus reflektiert wird (Dörner 2003; Drechsel 2005; Matjan 2002; Müller 2003). Aus diesem Grund haben wir (vorerst) darauf verzichtet, die politikwissenschaftliche Bildanalyse als eigenständigen Gegenstandsbereich in Kapitel 3 aufzunehmen.

ten.[3] Stattdessen werden vermehrt konstruktivistische Perspektiven und kommunikationstheoretische Ansätze mit ihren empirischen Anwendungsmöglichkeiten und theoretischen Grundpositionen diskutiert (als Überblick Debrix 2003; Ulbert/Weller 2005). Die konstruktivistische Forschung nimmt dabei dezidiert eine an (Text-) Interpretationen interessierte Analyseposition ein, wie sie für qualitative Ansätze typisch ist:

> „Konstruktivistische Analysen der internationalen Politik sind theorie-orientierte Untersuchungen solcher Zusammenhänge grenzüberschreitender Interaktionen, die nicht nur materiellen, sondern auch ideellen Einflüssen auf die internationale Politik eine entscheidende Rolle beimessen. Solche Analysen stehen vor der besonderen Herausforderung, Faktoren wie Normen, Ideen, Werte, Gender, Identitäten und Weltbilder erfassen zu müssen, um ihren Einfluss auf Außen- und internationale Politik aufzeigen zu können. Dabei haben sie es auf der einen Seite mit Texten zu tun, in denen solche ideellen Faktoren niedergelegt sind, auf der anderen Seite aber zugleich mit Vorstellungen, Deutungen und Interpretationen dieser Texte, mit Annahmen über die inhaltliche Ausgestaltung der genannten Faktoren sowie über deren Einfluss auf das politische Handeln“ *(Weller 2005: 35).*

Darüber hinaus kommt der Sprache vor allem in der Betrachtung internationaler Handlungskontexte und Verflechtungen im Hinblick auf die Produktion und Reproduktion von intersubjektiv geteilten Deutungsmustern eine große Bedeutung zu. Gegen die rationalistischen Annahmen der realistischen oder neorealistischen Erklärungsansätze über das Entstehen und Bewältigen von Konflikten zwischen Staaten wird hierbei auf die Bedeutung von kommunikativen Verfahren und vertrauensbildenden Maßnahmen und auf die Einigung auf verbindliche Kooperationsregeln für die Etablierung von zwischenstaatlichen Kooperationsnetzwerken und internationalen Organisationen hingewiesen (Müller 1994; Risse 2000; Schimmelfennig 1995).

1.1.3 Die „argumentative Wende“ in der Policy-Forschung

Komplexität und Policy-Forschung

Bewegen sich die Auseinandersetzungen mit konstruktivistischen Positionen in der IB-Forschung bislang vor allem auf der konzeptuellen Ebene, so sind in der Policy-Forschung qualitative Forschungsansätze erheblich weiter durchgedrungen und haben interessante Anwendungen hervorgebracht (Saretzki 2003; Schneider/Janning 2006: 169ff.). In der Policy-Forschung als Realanalyse von politischen Entscheidungsprozessen schlug sich die Einsicht nieder, dass die Wahrnehmung von Problemen und die Unterbreitung von Lösungsvorschlägen nicht als ein einfacher objektiver Mechanismus abläuft, der ausschließlich durch die Relationierung von Variablen (Institutionen, Handlungsressourcen/Interessen, Entscheidungen) im Policy-Zyklus abgebildet werden kann. Vielmehr liegt der Grund für die Komplexität der politischen Gestaltungsprozesse in der Unschärfe und Subjektivität der Wahrnehmungen und Interpretationen der am Entscheidungsprozess beteiligten Akteure und in der Veränderung der Policy-Inhalte

[3] Stark vereinfacht ausgedrückt, betrachten realistische und neo-realistische Positionen die internationalen Beziehungen als geprägt von den Interessen der Nationalstaaten an Machterhalt und den dafür einsetzbaren ökonomischen und gewaltförmigen Ressourcen und Wettbewerbsstrategien.

und -Implikationen durch einen fortwährenden Diskussionsprozess im Politikfeld (Fischer 2003). Dies macht nun allerdings die wissenschaftliche Erklärung und Rekonstruktion des Policy-Making nicht vollkommen unmöglich, jedoch muss der Eigenanteil einer Aneignungsarbeit durch Interpretation und diskursive Praktiken im politischen Prozess gezielt herausgearbeitet und analysiert werden (Gottweis 1998: 37). Insofern ergänzen qualitative Forschungsansätze in der Policy-Forschung das variablengestützte Messen von Korrelationen oder Beziehungen der eher quantitativ orientierten Policy-Analyse (Behrens 2003).

Qualitative Policy-Forschung

Die in der Policy-Forschung diskutierten qualitativen Forschungsansätze haben allerdings trotz einer gewissen Gemeinsamkeit in der Zielorientierung und Gegenstandswahl der Analyse recht unterschiedliche Vorstellungen über den Einsatz wissenschaftlicher Verfahren und über angemessene Konzepte zur Unterstützung der interpretativen Rekonstruktionsarbeit (im Sinne der konzeptgeleiteten Rekonstruktion von Handlungsorientierungen, Akteurswahrnehmungen und Diskursformen). Es existieren nebeneinander einzelne Forschungsansätze für die inhaltsanalytische Bestimmung der Bedeutung von Erzählmustern (*Narrativen*) und von Interpretationsrahmen (*Frames*) im Policy-Making Prozess sowie für die Verwendung des diskursanalytischen Instrumentariums in der Policy-Analyse (Hajer 1995; Roe 1994; Schön/Rein 1994). Darüber hinaus interessieren sich Policy-Forscher verstärkt für die Rolle von Verständigungsprozessen in politischen Verhandlungen und gremien-gestützten Policy-Interaktionen (Barthe 2001; Wiesner 2006) und für die Stabilität, den inhaltlichen Zusammenhalt und die Lernfähigkeit von Programmkoalitionen (Advocacy-Koalitionen) in Politikfeldern (Bandelow 1999; Sabatier/Jenkins-Smith 1993).

„argumentative turn"

In den letzten zehn Jahren findet besonders eine Gruppe von Policy-Forschern eine große Aufmerksamkeit jenseits und diesseits des Atlantiks, die sich dem *argumentative turn* in der Policy-Forschung verschrieben hat. Ausgehend von einem in den USA erschienenen Sammelband, der unterschiedliche Forschungsansätze und Vertreter dieser neuen Orientierung in der Policy-Forschung versammelt (Fischer/Forrester 1993), werden zunehmend auch hierzulande die Implikationen dieser Forschungsrichtung diskutiert (Nullmeier 1993; Nullmeier 1997; Saretzki 1998). Grundsätzlich werden mit dem *argumentative turn* zwei neue Zielorientierungen für die Policy-Forschung angemahnt: Zum einen erstrebt der *argumentative turn* eine Auseinandersetzung mit der Praxis der Policy-Forscher, die mit ihren Analysen und Empfehlungen selbst auf den Policy-Prozess einwirken und Argumente für politische Entscheidungen vorbereiten und prägen. In dieser Hinsicht beinhaltet die erste Zielorientierung die Reflexion über Policy-Analyse als diskursive Praxis:

> „We need to understand just what policy analysts and planners do, how language and mode of representation both enable and constrain their work, how their practical rhetoric depicts and selects, describes and characterizes, includes and excludes, and more" *(Fischer/Forester 1993: 2).*

Zum anderen folgt die Notwendigkeit einer Neufassung des Gegenstands der Policy-Analyse aus einem spezifischen Verständnis politischer Entscheidungen: Diese können nicht einfach als rationale Prozesse verstanden werden, in denen Wissensressourcen generiert, in Policy-Wissen transformiert und in problemadäquate Entscheidungen überführt werden können; vielmehr beeinflussen Aspekte der sprachlichen Vermittlung, der milieu-, kultur- und rollenspezifischen Deutung und Verarbeitung von Informationen sowie der Glaubwürdigkeit und des rhetorischen Geschicks von Sprechern den Policy-Prozess. Die zweite Zielorientierung betrifft deshalb die Reflexion über die narrativ-inhaltliche Dimension von Policies. Politische Programmentwürfe, policyrelevante Stellungnahmen und öffentliche Äußerungen sowie die verabschiedeten Gesetzestexte und spezifizierten Verwaltungsvorschriften werden als Text, als Narrative, als Ideenskripte oder als Ausdruck von Grundüberzeugungen bzw. von handlungssteuernden ‚Rahmen' und als Einsatz bzw. Ergebnis von diskursiven Praktiken zur Generierung von politischen Problemdeutungen und Verantwortungszuweisungen interpretiert.

1.2 Qualitative Forschungsdesigns

der Forschungsprozess (quantitativ)

Qualitative Forschungsdesigns lassen sich gut von den Vorgaben abgrenzen, die Schnell, Hill und Esser (2005) als fundamental für den wissenschaftlichen Forschungsprozess aus der Perspektive einer quantitativ schließenden Sozialforschung ansehen. Hier wird auch deutlich, dass für den qualitativen Forscher die Entscheidung für ein spezifisches Forschungsdesign von noch größerer Bedeutung ist, weil sie die Ausrichtung seiner Forschung noch stärker determiniert. Diesen Status besitzt in der quantitativen Vorgehensweise die Theoriebildung. Im Einzelnen unterscheiden Schnell, Hill und Esser (2005: 7ff.) die folgenden Arbeitsschritte im Forschungsprozess:

1. Am Anfang der Arbeit eines jeden Forschungsprojektes stehen Überlegungen über den Forschungsgegenstand und die Art und Ausrichtung des Forschungsproblems. Die Auswahl und Formulierung des Forschungsproblems können dabei von außen induziert sein (Auftragsforschung) oder sich am aktuellen Stand der Forschungsliteratur der jeweiligen Disziplin orientieren, um die Relevanz der Forschung sicherzustellen.
2. Nach der Entscheidung über den Forschungsgegenstand hat eine Auseinandersetzung mit den für den Gegenstand oder das Untersuchungsfeld wichtigen Theorien zu erfolgen. Ausgehend von der Rezeption des Forschungsstandes kann eine bereits ausgearbeitete Theorie für die besondere Fragestellung des Forschungsprojektes verwandt werden oder es muss eine neue Theorie entwickelt werden.
3. Die Auswahl einer Theorie für den Forschungsgegenstand hängt in besonderer Weise davon ab, ob diese Theorie durch Konzepte weiter spezifiziert werden kann und ob einzelnen Begriffen beobachtbare Sachverhalte (Indikatoren) zugeordnet werden können. Genauer wird sogar die Übertragbarkeit der theoretischen Begriffsbildung in Anweisungen für die Messbarkeit von Eigenschaften oder Zusammenhängen, die theoretisch postuliert werden, gefordert. Damit ist nach der Operationalisierbarkeit der theoretischen Begriffsbildung gefragt, und sicherlich lassen sich nicht alle Theorien in der Soziologie wie in der Politikwissenschaft auf diese Weise einfach operatio-

nalisieren. Letztlich entscheidet aber die Operationalisierbarkeit von Theorien über ihre Verwertbarkeit im empirischen Forschungsprozess.

4. Ausgehend von der Auswahl einer Theorie und den notwendigen Spezifizierungen und Operationalisierungen fällt im nächsten Schritt eine Entscheidung über das Forschungsdesign, d.h. der Forscher muss sich darüber klar werden, wie seine Untersuchungen aussehen sollen – ob er mehrere Untersuchungszeitpunkte bzw. -zeiträume auswählt oder sich auf einen Befragungszeitpunkt beschränkt und ob er dieselben Personen oder Personengruppen befragt oder wechselnde Akteure in seine Forschungen einbezieht.
5. Mit der Auswahl der Vorgehensweise und der Auswahl der Untersuchungsobjekte ist ein weiterer Schritt verbunden, der die Selektion der Befragten standardisiert. Da häufig nicht alle Akteure eines Untersuchungsfeldes befragt oder beobachtet werden können, muss eine sinnvolle Auswahl nach bestimmten Kriterien (z.B. nach bestimmten Eigenschaften oder Strukturmerkmalen des Gegenstandsbereiches wie die Befragung von Sozialhilfeempfängern in einem oder mehreren ausgewählten Stadtteilen/Bezirken einer Großstadt) erfolgen. Für die Auswahl der Untersuchungseinheiten existieren standardisierte Verfahren wie die Zufallsstichprobe, die unterschiedlich komplex durchgeführt werden kann und die eine Repräsentativität der ausgewählten Akteure sicherstellen soll (Schnell/Hill/Esser 2005: 273ff.). Aber auch die willkürliche oder die bewusste Auswahl von Personen für Befragungen oder Beobachtungen ist möglich, wobei letztere den Vorteil besitzt, zumindest Gründe für die gezielte Einbeziehungen bestimmter Personen oder Personengruppen angeben zu können (z.B. das Kriterium des Sachverstandes für Experteninterviews).
6. Nach gelungener Stichprobenauswahl kann die eigentliche Datenerhebung erfolgen, wobei unterschiedliche Erhebungsmethoden angewendet werden können, von standardisierten Interviews mit geschlossenen Fragen, Telefonumfragen, schriftlichen Befragungen, teilnehmenden und nicht-teilnehmenden Beobachtungen, Inhaltsanalysen von Texten der Untersuchungsobjekte (z.B. Briefe oder politische Reden) bis hin zu offenen Befragungen wie dem Intensivinterview oder dem narrativen Interview (siehe dazu ausführlich Kapitel 3).
7. Die erhobenen Daten müssen gesammelt, gespeichert, dokumentiert und strukturiert werden, hierfür wird natürlich häufig auf Computer und Computerauswertungen zurückgegriffen. Allerdings muss auch bei der Datenerfassung darauf geachtet werden, dass die Daten nach den spezifischen Codierungsregeln der Untersuchungsmethode in die Computerdateien übertragen werden.
8. Eine wohlorganisierte Datenerhebung und Datenerfassung sind zentrale Voraussetzungen für die Datenanalyse. Erst mit der Datenanalyse findet die eigentliche Rückkoppelung zwischen der forschungsleitenden Theorie und den empirischen Daten statt. Gerade mit Hilfe von statistischen Verfahren (Korrelations- und Faktorenanalysen, Regressions- und Varianzanalysen) lassen sich die von einer Theorie postulierten Zusammenhänge und Abhängigkeiten zwischen den Eigenschaften von Akteuren (hier betrachtet als Variablen) im Untersuchungsfeld untersuchen und nachweisen.

9. Die aus der Datenanalyse gewonnen Untersuchungsergebnisse müssen in Form von Publikationen einer interessierten Fachöffentlichkeit zur Verfügung gestellt werden, nicht zuletzt, um sie fachlicher Kritik auszusetzen und Anlass für weitere Überprüfungen zu bieten.

Essentials der qualitativen Forschung

Wir haben schon darauf hingewiesen, dass sich der Status von Designfragen bei der qualitativen Forschung von dieser „Normalform" des quantitativ orientierten Forschungsprozesses unterscheidet, obwohl viele qualitative Forscher einzelne Standards und Vorgaben aus der Beschreibung des wissenschaftlichen Forschungsprozesses durchaus akzeptieren würden. Insgesamt lassen sich einige bedeutende Unterschiede herausstellen, die auch die weitere Auseinandersetzung mit den qualitativen Methoden anleiten werden:

- Qualitative Forschungsdesigns verstehen sich theorieoffener als quantitative Verfahren. Das heißt, dass sie zwar theoretisch geleitet sind und dazu dienen, Theorien neu oder weiter zu entwickeln. Im Zugang zum Untersuchungsgegenstand wollen qualitative Forscher ihren Blickwinkel aber nicht von Vorannahmen durch bestehende Theorien einschränken lassen wollen. Vielmehr soll das Material ‚für sich sprechen' (siehe Kapitel 1.2.2).
- Qualitative Forschungsdesigns befassen sich von Anfang an mit der Festlegung von den zu behandelnden Fällen und einer sinnvollen Eingrenzung der Untersuchungsgegenstände (siehe Kapitel 1.2.3).
- Für die Auswahl der Forschungsgegenstände werden allerdings nur selten standardisierte Verfahren bemüht, sondern es wird eine bewusste Fallauswahl nach spezifischen Kriterien getroffen (siehe Kapitel 1.2.5).
- Zur Datenerhebung und Datenauswertung werden interpretative Verfahren benutzt, d.h. der Forscher „lernt" durch möglichst offene Interviewgespräche oder teilnehmende Beobachtungen die Wahrnehmungen und Erfahrungen seiner Untersuchungsobjekte kennen und interpretiert auf Grundlage der Vertrautheit mit dem Untersuchungsfeld die aus Interviews oder Beobachtungen entstandenen Gesprächs- und Interviewtexte bzw. Beobachtungsprotokolle (siehe Kapitel 1.2.4).
- Die Datenauswertung wird nicht dazu benutzt, theoretische Vorannahmen zu testen, sondern soll primär dazu beitragen, dass angemessene Theorien über einen Untersuchungsgegenstand überhaupt erst formuliert werden können (siehe Kapitel 1.2.2).

Bevor in den einzelnen Unterkapiteln weitere Erläuterungen zu den Bestandteilen von qualitativen Forschungsdesigns und den qualitativen Forschungsmethoden folgen, soll aber noch einmal gezielt die Auseinandersetzung zwischen quantitativen und qualitativen Vorgehensweisen rekapituliert werden.

1.2.1 Unterschiede zwischen qualitativen und quantitativen Forschungsdesigns

Ausgehend von den herausgestellten Eigenschaften und Forschungsstrategien der qualitativen Sozialforschung ergeben sich natürlich gewisse Vorbehalte von

Seiten derjenigen, die eine „Normalform“ des sozialwissenschaftlichen Forschungsprozesses unterstellen, wie sie in traditionellen Lehrbüchern der empirischen Sozialforschung propagiert wird, und von den Sozialwissenschaften erklärende, die Gesetzesmäßigkeiten in der sozialen Welt aufdeckende Forschungsleistungen erwarten. Es gibt immer noch Forscher beider Traditionen, die gegenüber dem anderen Paradigma eine stark ablehnende Haltung zeigen oder diesem gar ganz die Wissenschaftlichkeit absprechen. Die Vorwürfe am qualitativen Paradigma entzünden sich häufig an einer stark vereinfachenden Auffassung des qualitativen Forschungsprozesses (Flick 2004a: 68; Lamnek 2005: 3f.):

Kritik aus dem quantitativen Lager

- Qualitative Forscher nähern sich ohne Theorie oder Konzepte ihrem Gegenstand.
- Qualitative Untersuchungen sind auf kleine Fallzahlen (z.B. geringe Zahl von Untersuchungspersonen) beschränkt, ihre Ergebnisse erscheinen deshalb als wenig generalisierbar.
- Die Stichprobenauswahl wird nicht nach einem standardisierten Verfahren geleistet, sondern unterliegt allein der Willkür des Forschers.
- Im qualitativen Forschungsprozess werden keine quantitativ messbaren Variablen operationalisiert und analysiert, dadurch wird eine nachprüfbare und nachvollziehbare Datenerhebung unmöglich gemacht.
- Zur Auswertung werden keine statistischen Verfahren angewandt, vielmehr entstammen Aussagen über Zusammenhänge oder Wirkungen allein den mehr oder weniger gehaltvollen und nachvollziehbaren Deutungen und Interpretationen des Forschers.

Antworten der qualitativen Forschung

Wenngleich hier zugespitzt Vorurteile gegenüber der qualitativen Forschung stipuliert werden, muss man sicherlich eingestehen, dass für „schlechte“ qualitative Studien durchaus einzelne Einschätzungen zutreffen. Im Allgemeinen zielen diese Vorurteile an dem tatsächlich ablaufenden Forschungsprozess in qualitativen Untersuchungen vorbei: Wie vor allem in Kapitel 2 und 3 deutlich wird, kennt die qualitative Forschungstradition durchaus unterschiedlich stark theoriegeleitete Zugänge zum Forschungsgegenstand; die Palette reicht hier von der idealtypischen Begriffsbildung bei Max Weber, die den Forscher zu einem theoriegeleiteten Vergleich mit der konkreten Realität befähigen soll, bis zur rein induktiven Vorgehensweise der sog. „Grounded Theory“, die theoretische Ableitungen und Begrifflichkeiten erst im Forschungsprozess generieren will. Und gerade die Analyse von qualitativen Fallstudien und Anwendungsbeispielen in der Politikwissenschaft zeigt auf, dass qualitative Forscher – manchmal wider den eigenen Anspruch – häufig zu einer quasinumerischen Auswertung ihres Datenmaterials neigen, indem sie „Belegstellen“ oder „Belegfälle“ für ihre theoretischen Annahmen herausgreifen.

Die Beschränkung auf kleine Fallzahlen in qualitativen Untersuchungen verdankt sich keiner wissenschaftlichen Idealvorstellung, sondern ist einfach dem Tatbestand geschuldet, dass sich der qualitative Forscher im Normalfall sehr intensiv mit seinem Forschungsgegenstand und seinem Datenmaterial auseinandersetzt, weil er sich nicht den Vereinfachungen und Reduktionen einer rein statistischen Analyse aussetzen möchte. Deshalb ist es eigentlich nur der Begrenzung an

Zeit und sonstigen Ressourcen geschuldet, dass der qualitative Forscher sich nur mit wenigen Fällen beschäftigt. Bei einer entsprechenden Ressourcen- und Personalausstattung steht einer Ausweitung des Untersuchungsfeldes nichts entgegen. Außerdem zeigen die Bemühungen um eine „Qualitative Comparative Analysis“ (QCA), dass qualitative Forscher durchaus an einer Erhöhung der Anzahl zu analysierender Variablen und/oder Fälle interessiert sein können, um den Vergleich von politischen Prozessen und Tatbeständen zu intensivieren (siehe Kapitel 5).

Gerade die reichhaltige Literatur zu Fallstudien, dem wohl wichtigsten Forschungsdesign für qualitative Studien in der (vergleichenden) Politikwissenschaft, dokumentiert, dass die wohlbegründete Fallauswahl für den Erfolg solcher Studien von zentraler Bedeutung ist (siehe Kapitel 4). Die Fallauswahl wird aber auch dort nicht mit standardisierten Verfahren der Stichprobenziehung geleistet, da eine kontrollierte Zufallsauswahl den Intentionen der Fallstudien-Forscher nicht entsprechen würde. Gilt es doch vor allem Fälle zu vergleichen, die entweder in den Struktureigenschaften starke Ähnlichkeiten aufweisen, aber in einzelnen Politikergebnissen oder politischen Mobilisierungen stark variieren (z.B. die Varianz der Sozialpolitik oder die unterschiedliche Relevanz des Rechtsradikalismus in westlichen Wohlfahrtsstaaten) oder aber bei ganz unterschiedlichen Ausgangslagen und Entwicklungsprozessen zu ganz ähnlichen Ergebnissen kommen (z.B. Bauernaufstände und soziale Revolutionen mit ähnlichen strukturverändernden Effekten in unterschiedlichen historischen Epochen und in stark voneinander abweichenden politischen Systemen). Die Auswahl und der Vergleich solcher Fälle können natürlich nur gelingen, wenn man über erhebliches Vorwissen über die zu analysierenden Untersuchungsfälle verfügt.

Einfache prozentuale Auswertungen, aber auch die Orientierung an variablenzentrierten Fallstudien-Designs, sind offensichtlich der qualitativen Forschung nicht völlig fremd. Vielmehr wird häufig ergänzend auf standardisierte Elemente (z.B. Angaben zur Person und deren Biographie) in Intensivinterviews zurückgegriffen, und einfache numerische Auszählungen werden auch in teilnehmenden Beobachtungen vorgenommen, um das Untersuchungsfeld präziser zu beschreiben und die Infrastruktur zu erfassen (z.B. bei der Beobachtung von Abgeordneten das Erstellen eines Verzeichnisses über die Häufigkeit von Sitzungen, Wahlkreisbesuchen, Wahlkampfauftritten etc.). Bei der Datenauswertung greift der qualitative Forscher aber auf interpretative Techniken zurück.

Die etablierten Methoden in der qualitativen Sozialforschung – qualitative Inhaltsanalyse, sozialwissenschaftliche Hermeneutik, Diskursanalyse, qualitative Konversationsanalyse – basieren grundlegend auf interpretativen Verfahren. Ausgehend von der Annahme, dass sich der Sinn in Texten und Interaktionen, also in den Produkten und Prozessen sozialen Handelns, nicht einfach quantitativ bestimmen lässt, weil er selbst aus einer aufwändigen individuellen wie kollektiven Bedeutungskonstruktion und Selbst- bzw. Fremdinterpretation der sozialen Akteure hervorgeht, muss der qualitative Forscher rekonstruktive Sinninterpretationen leisten, um die soziale Welt und ihre Artefakte zu verstehen.

Mit diesen grundlegenden Überlegungen zur qualitativen Sozialforschung sollten einige Eigenschaften in Abgrenzung zur quantitativen Vorgehensweise deutlich gemacht werden. Lamnek (1995) hat die unterschiedlichen Wissenschaftskonzeptionen etwas vereinfachend, aber anschaulich gegenübergestellt:

Abbildung 1.1: Idealtypischer Vergleich zwischen quantitativer & qualitativer Sozialforschung

Merkmal	***quantitative Sozialforschung***	***qualitative Sozialforschung***
Grundorientierung	naturwissenschaftlich	geisteswissenschaftlich
wissenschaftstheoretische Position	kritischer Rationalismus, logischer Positivismus, Instrumentalismus	Hermeneutik, Phänomenologie
Erklärungsmodell	kausal und/oder funktionalistisch	historisch-genetisch
wissenschaftstheoretische Implikationen	Ziel der Werturteilsfreiheit wissenschaftlicher Aussagen	Ablehnung des Werturteilspostulates
	Konvergenz und Korrespondenztheorie der Wahrheit	Konsensus- und Diskurstheorie
	Trennung von Entdeckungs-, Begründungs- und Verwertungszusammenhang	Verschränkung von Entdeckung und Begründung; Plausibilitätsannahmen treten an die Stelle systematischer Beweisführung
	empirische Sozialforschung zum Zwecke der Theorieprüfung	Sozialforschung als Instrument der Theorieentwicklung
	theoretisches und technologisches Erkenntnisinteresse	kritisch-emanzipatorisches, praktisches Erkenntnisinteresse
	Trennung von Common Sense und Wissenschaft	Ähnlichkeit von Alltagstheorien und wissenschaftlichen Aussagesystemen
Wirklichkeitsverständnis	Annahme einer objektiven und autonom existierenden Realität (vgl. Poppers Dreiweltentheorie), aber nur für die kritischen Rationalisten, nicht für die Instrumentalisten bedeutsam	Annahme einer symbiotisch strukturierten, von den sozialen Akteuren interpretierten und damit gesellschaftlich konstruierten Realität
	Abbildfunktion der Wissenschaft; diese dient der Strukturierung und Erklärung der als objektiv existent angenommenen Welt	wissenschaftliche Aussagen nicht als Abbild der Realität, sondern als Deskription der Konstitutionsprozesse von Wirklichkeit
Methodenverständnis	Autonomisierung und Instrumentalisierung des methodischen Apparats	Dialektik von Gegenstand und Methoden
	„harte Methoden": standardisiert	„weiche Methoden": nicht standardisiert
	statistisch	quasi-statistisch
Gegenstandsbereich	Wirkungs- und Ursachenzusammenhang, Funktionszusammenhänge	Regularitäten des Handelns und der Interaktion (Deutungs- und Handlungsmuster); Konstruktionsprinzipien der Wirklichkeitsdefinition
	Konzeption der Gesellschaft als System	Konzeption der Gesellschaft als Lebenswelt

Forschungslogik	Deduktion (Induktion)	Induktion, Abduktion
	analytisch, abstrahierend	holistisch/konkretisierend
	Streben nach objektivierbaren Aussagen	Geltendmachung der Subjektivität
	Replizierbarkeit	Betonung des Singulären
	Generalisierung	Typisierung
	operationale Definition; Begriffsnominalismus	Wissensdefinitionen; wissenschaftliche Begriffe als Konstrukte „zweiter Ordnung“
Selbstverständnis der Sozialforscher	auf Unabhängigkeit bedachter - Beobachter und Diagnostiker gesellschaftlicher Verhältnisse	faktischer oder virtueller Teilnehmer; Advokat; Aufklärer

Quelle: nach Lamnek 1995: 258/259

1.2.2 Theorieverständnis und Hypothesenbildung

Theorieprüfung in der quantitativen Forschung

In der quantitativen Forschung sind die Bestimmung der Forschungsfragen und das Aufstellen von falsifizierbaren Hypothesen eng an das theoretische Modell oder die Theorie gebunden, von der der Forschungsprozess ausgeht. Dies sind logisch aufgebaute Aussagensysteme, die im Rahmen von Wenn-Dann-Formulierungen Gesetzmäßigkeiten über Zusammenhänge postulieren (z.B. „Wenn die einheimischen Mitglieder einer multinationalen Gesellschaft sich auf dem Arbeitsmarkt in Konkurrenz zu Ausländern sehen, dann neigen sie zu Ausländerfeindlichkeit“ (Schnell/Hill/Esser 2005: 58). Die Erklärung eines Phänomens erfolgt hier durch die logische Ableitung (Deduktion) aus dem Wenn-Dann-Gesetz (Gesetz = griech. „Nomos“; Wort, Lehre = griech. „Logos“). Deshalb wird diese Theorieform auch als deduktiv-nomologische Erklärung bezeichnet.

Natürlich sind sich auch quantitativ forschende Sozialwissenschaftler darüber bewusst, dass bislang keine empirischen Gesetzmäßigkeiten nachgewiesen wurden (im Sinne von „Naturgesetzen“ der Gesellschaft), deshalb halten höchsten naturwissenschaftlich geprägte Wissenschaftstheoretiker an dieser Theorieform als Wissenschaftsideal fest (Bunge 1996: 114). Für quantitative Forscher ist deshalb eher die induktiv-statistische bzw. probabilistische Erklärung maßgeblich (Schnell/Hill/Esser 2005: 66ff.). Statt einer deterministischen Ableitung über das Verhalten oder die Einstellung von Akteuren steht hier eine probabilistische Aussage als Generator für Hypothesen zur Verfügung (im Rückgriff auf das oben zitierten Erklärungsbeispiel: Für 90% aller Fälle gilt: Wenn Angestellte oder Arbeiter in einem Alter von über 50 Jahren arbeitslos werden, verstärken sich ihre ausländerfeindlichen Einstellungen. Für den 55jährigen gerade arbeitslos gewordenen Schlosser X gilt, es gibt eine 90% Wahrscheinlichkeit, dass sich seine Einstellungen radikalisieren). Es wird hier also nicht mehr von einem deterministischen Kausalzusammenhang ausgegangen, sondern eine Wahrscheinlichkeit formuliert. Diese Wahrscheinlichkeitshypothese wird aus relativen Häufigkeiten gewonnen, die in früheren Forschungen festgestellt wurden. Kern der Theorieprüfung ist dann der statistische Test deterministisch oder probabilistisch formulierter Hypothesen, die als Ergebnis dieses Tests als falsifiziert verworfen werden oder als vorläufig bestätigt gelten.

Theoriebildung in der qualitativen Forschung

Auch die qualitative Forschung verzichtet nicht auf Kausalannahmen, sie sollen aber aus Sicht des rein induktiv orientierten qualitativen Forschers erst aus dem Forschungsprozess und der intensiven Auseinandersetzung mit dem Forschungsgegenstand, also aus der Analyse von Einzelfällen, hervorgehen. Diejenigen qualitativen Forscher, die weniger stark induktiv vorgehen und theoretische Vorannahmen explizit verwenden, sind auch eher bereit, Kausalannahmen in ihr Vorverständnis über den Forschungsgegenstand aufzunehmen oder lassen sie in eine anwendungsbezogene Typologie möglicher Eigenschaften des Untersuchungsfeldes oder von Prozessverläufen einfließen (Kelle/Kluge 1999: 15ff.).

Allerdings werden auch sie sich nicht mit der Intention in den Forschungsprozess begeben, Kausalhypothesen zu testen. Gerade fallorientierte Ansätze legen besonderen Wert auf spezifische Kombinationen von Einflussfaktoren und auf deren Wechselwirkungen sowie auf die Herausdestillierung konkreter „kausaler Mechanismen“ (Elster 1998) und sind deswegen sehr oft prozessorientiert (siehe Kapitel 4.4). Für das induktive Lager der qualitativen Forscher besitzt der Forschungsprozess demgegenüber eindeutig einen Hypothesen generierenden Charakter. Ziel der Forschung ist es, auf den Forschungsgegenstand bezogene Theorien zu entwickeln, die sich mithin noch weiter verallgemeinern lassen und die es erlauben, Kausalhypothesen über Zusammenhänge zumindest für den Forschungsgegenstand zu formulieren. Diese Vorgehensweise wird gemeinhin mit dem Begriff der datenbasierten oder gegenstandsbezogenen Theoriebildung („Grounded Theory“) assoziiert. Deren Befürworter plädieren für die Entdeckung gegenstandsbezogener Theorien und die Formulierung von Konzepten und Hypothesen aus der Erforschung des Gegenstandbereichs heraus; dies setzt voraus, dass der Forscher möglichst offen, ohne festgelegte Konzepte oder ein ausgearbeitetes Vorverständnis an diesen Gegenstandsbereich herangeht (Glaser/Strauss 1967; siehe Kapitel 2.4). Qualitative Forscher sind daher häufig der Meinung, dass nur sie wirklich die Fähigkeit zur *Hypothesenentwicklung* besitzen. Tatsächlich können Hypothesen sowohl in der qualitativen als auch in der quantitativen Forschung generiert werden. Der Unterschied besteht eher im Stellenwert, der der Hypothesenentwicklung zugeschrieben wird:

> „Im Unterschied zur quantitativen Auffassung ist die Hypothesenentwicklung in der qualitativen Sozialforschung ein konstitutives Moment des Forschungsprozesses. Kennzeichnend ist der offene Charakter der theoretischen Konzepte, d.h. der ständige Austausch zwischen den qualitativ erhobenen Daten und dem zunächst noch vagen theoretischen Vorverständnis, so dass es zu einer fortwährenden Präzisierung, Modifizierung und Revision von Theorien und Hypothesen kommt. Je strukturierter hingegen die Technik der Datensammlung ist, desto unwahrscheinlicher ist das Auffinden neuer Faktoren, deren Existenz vorher nicht in Rechnung gestellt wurde, oder die Entdeckung von Hypothesen, die nicht bereits vor Untersuchungsbeginn formuliert wurden“ *(Lamnek 2005: 89).*

ontologische Theorien und „frameworks“

Die stärker theoriegeleitet operierenden qualitativen Forschungsansätze lassen sich weniger deutlich mit dem induktiven Theorieverständnis der „Grounded Theory“ identifizieren. Schon die erwähnte Orientierung Max Webers an Idealtypen deutet auf eine explizite theoretische Vorkonzeption von Gegenstandsbereichen hin (siehe Kapitel 2.1). Ähnlich verfahren textinterpretierende hermeneutische Ansätze – insbesondere die „objektive Hermeneutik“ – theorievergleichend in Bezug auf die Interpretation bestimmter Interviewaussagen oder anderer Textaussagen (siehe Kapitel 2.2). Und die Diskursanalyse verfügt über ein ganzes Arsenal an Konzepten, um die Rolle von Diskursen – das sind Aussagesysteme, die über eine bestimmte Geltung in einem Gegenstandsbereich verfügen (z.B. wissenschaftliche Disziplinen oder politische Ideologien) – vorab theoretisch zu bestimmen (siehe Kapitel 2.5 und 3.2.3). Das Theorieverständnis dieser Forschungsansätze entspricht allerdings nicht den Vorgaben der deduktiv-nomologischen oder induktiv-statistischen Theoriebildung. Stattdessen kann man mit Acham (1983) hier auf die Bedeutung von „Pattern Theories“ oder ontologischen Theorien hinweisen (Schneider/Janning 2006: 78). Anstatt der vertikalen Top-Down-Logik der deduktiv-nomologischen Theoriebildung, die sich beispielsweise in der Skizzierung des Forschungsprozesses von Schnell, Hill und Esser (2005) zeigt, favorisiert die ontologische Theoriebildung eine „laterale Logik“: „Das Aussagesystem ontologischer Theorien vermittelt eine bestimmte Sicht der Dinge, und ihr „Sinn“ ergibt sich aus der Konstellation der theoretischen Ausdrücke und dadurch induzierten Neudimensionierung des Sichtfeldes“ (Acham 1983: 152). Ontologische Theorien fungieren in diesem Sinne als Instrumente der Beschreibung von Gegenstandsbereichen oder Interpretation von komplexen Phänomenen und können dabei mit Begriffsschemata, Idealtypen oder gegenstandsbezogenen Konzepten operieren. Ontologische Theorien haben große Ähnlichkeit, mit dem, was in der Policy-Forschung als analytischer Ansatz, Forschungsheuristik oder als konzeptioneller Analyserahmen (framework) verstanden wird (Mayntz/Scharpf 1995; Ostrom 1999; Sabatier 1999; siehe auch Marshall/Rossman 1999: 10f.). Es handelt sich hierbei um ein forschungsleitendes Gerüst an Annahmen oder an allgemeinen Kategorien, das – je nach Vorgehensweise – durch gegenstandsbezogene Teiltheorien weiter spezifiziert werden kann:

> „... a conceptual framework identifies a set of variables and the relationships among them that presumably account for a set of phenomena. The framework can provide anything from a modest set of variables to something as extensive as a paradigm. It need not identify directions among relationships, although more developed frameworks will certainly specify some hypotheses. A theory provides a „denser“ and more logically coherent set of relationships. It applies values to some of the variables and usually specifies how relationships may vary depending upon the values of critical variables. Numerous theories may be consistent with the same conceptual framework.“ *(Sabatier 1999: 5-6).*

Ausgehend von diesen Überlegungen entschärft sich die schroffe Gegenüberstellung zwischen Theorievorstellungen der quantitativen und qualitativen Forschung: Zur Generierung von Forschungsfragen und Zugängen zu Forschungsgegenständen bzw. -problemen sind unterschiedliche Abstraktionsebenen der Theoriebildung begehbar. Allgemeinere „frameworks“ können genauso eine wirklichkeitsaufschließende Bedeutung erlangen wie die konkreteren deduktiven Theorien, aus denen für genau bestimmte Forschungsgegenstände logisch schlüssige Kausalhypothesen abgeleitet werden können.

1.2.3 Eingrenzung des Forschungsgegenstandes, Auswahl des Untersuchungssamples

Qualitative Forschung beschäftigt sich intensiv mit den aufgrund von Vorwissen und konzeptuellen Vorüberlegungen ausgewählten Forschungsobjekten. Die Intensität ist eng mit dem Forschungsdesign und den verwendeten Analyseinstrumenten verbunden:

Intensität der qualitativen Forschung

- In den *Fallstudien* der vergleichenden Politikforschung und Policy-Forschung werden im Rahmen von Prozessanalysen minutiös politische Entscheidungsprozesse über eine gewisse Zeitdauer rekonstruiert, dazu werden ergänzend noch Experteninterviews geführt, überregionale Tageszeitungen ausgewertet und Programmschriften oder Redetexte analysiert.
- Bei den häufig mehrstündigen *Intensivinterviews* zur Rekonstruktion von Deutungsmustern und Handlungsmotiven von politischen Akteuren fällt nach der Transkription eine unüberschaubare Textmasse an, die durch aufwändige Prozeduren strukturiert, reduziert und interpretiert werden muss.
- Die Versuche, die grundlegenden politischen Wahrnehmungs- und Deutungsmuster von Abgeordneten oder politischen Aktivisten durch die Analyse der ideologischen Grundstruktur oder die impliziten Demokratie- und Ordnungsvorstellungen in politischen Redetexten (z.B. Parlamentsreden) aufzuweisen, münden in eine mehrstufige *hermeneutische Interpretationsarbeit*, die nicht nur eine hohe Kompetenz des analysierenden Forschers voraussetzt, sondern auch eine sehr intensive Beschäftigung mit den Textinhalten und relevanten Kontextinformationen beinhaltet.
- Die Analyse von politischen Debatten und Konflikten mit Hilfe der *Diskursanalyse* zwingt den Forscher zur Einbeziehung und Auswertung aller möglichen relevanten Medieninformationen, politischen Dokumente und Kommentare; der Forscher ist besonders bei diesem Forschungszugang mit einer schier unübersichtlichen Anzahl an Datenträgern und Informationsquellen konfrontiert, die er nicht willkürlich eingrenzen darf.

Fallauswahl

Aufgrund der speziellen Forschungsdesigns und Vorgehensweisen ist der Einsatz von qualitativen Methoden zumeist auf wenige Fälle oder einen eng eingegrenzten Untersuchungsgegenstand begrenzt. Wie kann nun sichergestellt werden, dass für eine Untersuchung wirklich die richtigen und relevanten Fälle (z.B. Nationalstaaten, Bundesländer, Politikfelder, Abgeordnete, Experten) ausgesucht worden sind? Die quantitative Forschung, die zwar eine hohe Fallzahl bearbeiten kann, aber auch sinnvolle Eingrenzungen der Grundgesamtheit treffen muss, behilft sich mit Zufallsstichproben zur Auswahl des Untersuchungssamples. Damit kann zwar nicht unbedingt die Repräsentativität der ausgewählten Untersuchungsobjekte sichergestellt werden, aber zumindest lassen sich theoretische Verzerrungen und willkürliche Häufungen ausschließen (Kelle/Kluge 1999: 38f.). Die qualitative Forschung kann sich aus den schon genannten Gründen nicht an den Verfahren einer Zufallsstichprobe orientieren, schließlich sucht sie ja ganz gezielt nach bestimmten, in gewisser Hinsicht exemplarischen Fällen. In der qualitativen Methodenliteratur werden mehrere Strategien vorgeschlagen, um eine bewusste, kriteriengesteuerte Fallauswahl zu unternehmen (Creswell 1998: 118ff.; Flick 2004a: 97ff.; Kelle/Kluge 1999: 38ff.; Lamnek 2005: 187ff.):

1. *Die gezielte Suche nach Gegenbeispielen*: Hier führt den Wissenschaftler seine Unzufriedenheit mit einer die Forschungslandschaft prägenden allgemeinen Theorie oder mit den eigenen Forschungsergebnissen und den ersten Verallgemeinerungen zur gezielten Suche nach Fällen, die dazu dienen können, die allgemeinen Annahmen zurückzuweisen oder aber eine Modifikation der bisherigen Theoriebildung anzuleiten.
2. *Die theoretische Stichprobe (theoretical sampling)*: Basierend auf den Annahmen der „Grounded Theory" wählt der Forscher weitere Fälle aufgrund seiner bisherigen Ergebnisse und daraus abgeleiteten theoretischen Kategorien aus. Die neuen Fälle können danach ausgewählt werden, ob sie im Vergleich mit den bislang untersuchten Untersuchungsobjekten in den für die Fragestellung der Forschung relevanten Kategorien abweichen oder übereinstimmen. Beide Fallauswahlen, entweder nach der Methode der Minimierung von Unterschieden oder der Maximierung der Unterschiede, sind sinnvoll und möglich.
3. *Qualitativer Stichprobenplan*: Im Unterschied zur gegenstandbezogenen Theoriebildung verfügt hier der Forscher über erhebliches Vorwissen über sein Forschungsfeld (z.B. durch systematische Auswertung der vorliegenden Forschungsliteratur oder durch quantitative Vorstudien) und hat im vorhinein theoretische Annahmen über Einflussfaktoren und über die Analyseobjekte als Merkmalsträger formuliert. Der Forscher kann deshalb *a priori* Definitionen von Auswahlmerkmalen festlegen. Die Fälle bzw. die zu untersuchenden Akteure werden so ausgewählt, dass möglichst alle theoretisch relevanten Merkmalskombinationen im Akteurssample vertreten sind.

Gerade für die vergleichende Politikwissenschaft ist die Herleitung und Begründung der Fallauswahl von großer Bedeutung; die Fallauswahl läuft hier stärker variablenbezogen ab, nutzt aber ähnliche Annahmen zur Begründung und Realisierung einer bewussten und rationalen Fallauswahl wie die hier aufgelisteten Auswahlstrategien (siehe Kapitel 4.3.2.1 und 4.3.3.1).

1.2.4 Methoden der Datenerhebung und Datenanalyse

Nimmt man wieder die quantitative Sozialforschung als Vergleichspunkt, so werden schnell zwei grundsätzliche Unterschiede bei der Datenerhebung und Datenanalyse in qualitativen Untersuchungen deutlich:

- Die qualitative Datenerhebung ist durch eine weitaus *größere Offenheit* gekennzeichnet.
- Die qualitative Datenauswertung nutzt hauptsächlich *interpretative Verfahren*.

Offenheit der Datenerhebung

Die Offenheit im Prozess der Datenerhebung basiert darauf, dass die Befragungs- oder Beobachtungssituation für beide Seiten – den Forscher wie die ausgewählte

Untersuchungsperson – viel mehr Handlungsspielräume aufweist als die entsprechende Erhebungssituation im quantitativen Forschungsprozess. Der Forscher ist nicht auf die Fragebatterien eines standardisierten Fragebogens festgelegt, und die Untersuchungspersonen sind in ihren Antworten nicht an Vorgaben des Forschers (z.B. durch geschlossene Fragen, die nur einzelne, standardisierte Antwortmöglichkeiten zulassen) gebunden. Qualitative Forscher werfen der stark standardisierten quantitativen Vorgehensweise vor, dass sie eine künstliche Befragungs- oder Beobachtungssituation schafft, in der die Distanz des Forschers zu seinem Untersuchungsgegenstand gefragt ist und der Befragte oder Beobachtete nur als Objekt der wissenschaftlichen Forschung eine Rolle spielt. Die qualitative Erhebungssituation sollte dagegen idealerweise einer natürlichen bzw. alltäglichen Gesprächs- oder Interaktionssituation gleichen, an der zwei gleichberechtigte Kommunikationspartner teilnehmen. Dieses Postulat hat für die beiden gebräuchlichen Erhebungsinstrumente in der qualitativen Forschung – das qualitative Interview und die qualitative Beobachtung – erhebliche Konsequenzen:

- Das *qualitative Interview* kann zwar einzelne geschlossene Fragen enthalten, um Informationen über Alter, Beruf etc. des Interviewpartners standardisiert abzufragen, grundsätzlich sollte der Interviewer aber möglichst wenig strukturierend auf das Gespräch einwirken, um den Gesprächsfluss des Interviewten nicht zu unterbrechen oder in eine gewünschte Richtung zu drängen (siehe Kapitel 3.1.1). Die einzelnen Varianten der in der qualitativen Forschung eingesetzten Interviewformen unterscheiden sich aber durchaus darin, ob sie nur eine Eingangsfrage des Interviewers zulassen und dann auf die Erzählfreude des Interviewpartners vertrauen (z.B. beim narrativen Interview, das das biographische Von-Sich-Erzählen initiieren möchte) oder ob der Interviewer, angeleitet durch einen nur ihm vorliegenden Interviewleitfaden, in das Gespräch neue Themen und Fragestellungen hineinbringt (z.B. beim problemzentrierten Interview oder leitfadengestützten Experteninterview). Die Unterschiede resultieren nicht zuletzt daraus, mit welchen theoretischen Vorannahmen und Frageinteressen der Interviewer in das Gespräch hineingeht.
- Ähnlich wie das Interview kennt auch die *qualitative Beobachtung* unterschiedliche Grade der Involviertheit des Forschers (siehe Kapitel 3.1.2). Denkbar ist, dass er als passiver oder sogar als verdeckter Beobachter Abläufe und Interaktionen in seinem Untersuchungsfeld beobachtet und seine Beobachtungsprotokolle anfertigt. Die Nähe zur alltäglichen Interaktionssituation wird aber nur durch die teilnehmende Beobachtung erreicht, bei der der Forscher als Situationsteilnehmer innerhalb des Untersuchungsfeldes mit den Untersuchungspersonen interagiert (z.B. die Beobachtung von Abgeordneten in ihren Wahlbezirken und die Teilname an privaten Gesprächskreisen wie an Wahlveranstaltungen). Zwar wird hier die Beobachterrolle des Forschers nicht aufgehoben, es besteht aber die Chance, dass er als „Bekannter" und nicht mehr als „Fremder" wahrgenommen wird und dadurch zusätzliche Informationen und Zugang zu intimeren und informelleren Interaktionen erhält.

interpretative Verfahren der Datenauswertung

Qualitative Interviews und qualitative Beobachtungen produzieren zwar eine große Menge an Datenmaterial, dieses liegt allerdings nicht in einer so strukturierten und standardisierten Form vor, dass sich die Daten einfach numerisch umsetzen und statistisch erfassen ließen. Vielmehr gehen aus den qualitativen Erhebungsmethoden – nach der Transkription der Interviews und der Auswertung von Beobachtungsprotokollen oder der Anfertigung von Feldberichten – Texte hervor. Die Strukturierung und Auswertung dieser relativ unsortierten Textmassen setzt voraus, dass der Forscher über Techniken verfügt, diese Texte zu interpretieren. Aber nicht nur die Analyse von Primärdaten zwingt den qualitativen Forscher zur Auswertung von Texten, auch seine Sekundäranalysen geraten relativ textlastig. Zumindest in den Fällen, in den zusätzliches Kontextmaterial die Auswertung der Primärdaten unterstützen soll, vertraut der qualitative Sozialforscher wiederum auf Berichte oder Äußerungen seiner Untersuchungsobjekte, um sie mit seinen Daten zu vergleichen. Entsprechend haben sich auch qualitative Forschungsdesigns etabliert, die auf eine eigene Datenerhebung verzichten und ganz auf interpretative Sekundäranalysen vertrauen. Als Methoden der Datenauswertung bzw. als interpretative Verfahren haben sich vier Analyseansätze herausgebildet, die auch Anwendung in der Politikwissenschaft finden:[4]

- Die *qualitative Inhaltsanalyse* als theoriegeleitete Analyseform zur Strukturierung und Auswertung des Inhalts von Texten (siehe Kapitel 3.2.1);
- die *sozialwissenschaftliche Hermeneutik* als eine Art Tiefenanalyse der Sinnschichten und versteckten Bedeutungszusammenhänge von Texten, wobei zumeist auf eine eigene Datenerhebung verzichtet wird (siehe Kapitel 3.2.2);
- die *Diskursanalyse*, die ganz unterschiedliche Textsorten und sowohl Primärdaten erhebt als auch Sekundäranalysen mit dem Ziel durchführt, übergeordnete Aussagesysteme (Diskurse) aufzuweisen und die Strategien der Abgrenzung und Dichotomisierung von Diskursen zu verstehen (siehe Kapitel 3.2.3);
- die *qualitative Konversationsanalyse*, die stark theoriegeleitet Gesprächssequenzen (z.B. Talkshows im Fernsehen, Debatten in politischen Diskussionszirkeln) analysiert und dabei auch auf Material aus Beobachtungen zurückgreift (siehe Kapitel 3.2.4).

1.2.5 Die Fallstudie als Königsweg qualitativer Forschungsdesigns?

Warum Fallstudien?

In der qualitativen Politikforschung dominieren Fallstudiendesigns (wir unterscheiden dabei nicht grundsätzlich zwischen Einzelfallstudien und Studien mit einer sehr begrenzten Anzahl von Fällen (siehe Kapitel 4.1)). Für diese große Verbreitung gibt es eine Reihe guter Gründe. Ein erster Grund ist darin zu sehen, dass die theoretischen Konzepte, die zu einer verstärkten Nachfrage nach qualitativer Forschung führen (siehe Kapitel 1.1), noch relativ neu sind. Dies bedeutet,

[4] In anderen Zweigen der Sozialwissenschaften werden auch noch weitere Analysetechniken wie die Gruppendiskussion, die biographische Methode und die Bildinterpretation diskutiert und verwandt (Flick 2004a; Lamnek 2005).

dass wir uns in Bezug auf diese Konzepte eher am Beginn des Forschungszyklus befinden, wo der Einsatz von Fallstudien üblicherweise stärker verbreitet ist, als am Ende des Forschungszyklus. Es gibt aber noch weitere inhärente Gründe für die große Verbreitung von Fallstudiendesigns. Qualitative Forschung zeichnet sich üblicherweise dadurch aus, dass die Interpretationsrahmen und Erklärungsansätze komplex und konzeptionell anspruchsvoll sind. So erfordern z.B. die Feststellung von Diskurskoalitionen und die Darstellung von diskursiven Prozessen eine intensive Interpretationsarbeit, bei der eine Standardisierung nur mit den sehr hohen Kosten einer konzeptionellen Verflachung zu erreichen ist. Sehr oft spielen die subjektiven Einstellungen wichtiger Akteure oder die Rekonstruktion des genauen Ablaufs der Ereignisse eine zentrale Rolle bei der Erklärung von politischen Prozessen und Ergebnissen (siehe Kapitel 4.2.5). Die dafür notwendigen Informationen können nur durch eine intensive Feldforschung ermittelt werden. Insgesamt heißt das, dass die Datenerhebung und Datenanalyse sehr aufwändig ist und unter normalen Umständen nur für wenige Fälle durchgeführt werden kann.

Anforderungen

Gute qualitative Politikforschung basiert auf einem theoretischen Analyserahmen, wobei darin idealer Weise nicht nur ein, sondern mehrere Erklärungs- oder Interpretationsansätze enthalten sind. Die Bestätigung oder Verwerfung einer bestimmten Beschreibung oder Erklärung erfolgt nicht, wie bei quantitativen Analysen, über die Analyse der Kovariation zwischen Fällen, sondern über eine detaillierte Analyse der Kongruenz von verschiedenen Elementen des theoretischen Rahmens mit dem empirischen Fall. Qualitative Politikforschung erfordert deswegen ein hohes Maß an theoretischem Wissen und einen souveränen Umgang mit diesem Wissen beim Vergleich von Theorie und Empirie. Das bedeutet, dass der Forschungsaufwand nicht nur im empirischen Feld, sondern auch bei der theoretischen Konzeptualisierung und Auswertung sehr hoch ist und dies wiederum normalerweise mit einer Beschränkung der Fallanzahl einhergeht.

Die vierte und grundlegendste Ursache für die Dominanz von Fallstudien in der qualitativen Politikforschung liegt in den philosophischen und ontologischen Ausgangspunkten qualitativer Forschung. Qualitative Forschung basiert auf einem Weltbild, das grundsätzlich eher von einer großen Vielfalt und Heterogenität sozialer Phänomene und Prozesse ausgeht. Die Zielsetzung der breiten Generalisierungsfähigkeit der Schlussfolgerungen von empirischen Untersuchungen nimmt deswegen einen deutlich niedrigeren Rang ein als bei quantitativen Forschungen. Qualitative Forschung konzentriert sich oft auf einzelne, lebensweltlich wichtige Ereignisse. Sie besitzt ein Kausalitätsverständnis, das von der kombinatorischen, nicht-linearen und heterogenen Wirkung von Einflussfaktoren ausgeht (siehe Kapitel 4.2.4). Auch diese Überlegungen führen dazu, dass den Erkenntnissen aus Fallstudien ein hoher Stellenwert eingeräumt wird.

Die Konzentration auf Fallstudien bedeutet allerdings, dass qualitative Politikforschung besonderen Wert auf eine sinnvolle Fallauswahl legen muss (siehe Kapitel 4.3.2.1 und 4.3.3.1) und dass man sich über die begrenzte inhärente Generalisierungsfähigkeit von Fallstudienergebnissen bewusst sein sollte. Dem sozialen bzw. relationalen Weltbild der qualitativen Forschung entsprechend wird die Generalisierung der Erkenntnisse vor allem extern durch die „Akzeptanz" der Erkenntnisse im wissenschaftlichen Diskurs und die Anschlussfähigkeit der Ergebnisse an den wissenschaftlichen Entwicklungsprozess bestimmt.

1.3 Kriterien für die Wissenschaftlichkeit interpretativer Verfahren

Gütekriterien

Die Diskussion von Gütekriterien zur Beurteilung der Wissenschaftlichkeit von qualitativen Untersuchungen ist bislang sehr stark an den Vorgaben der quantitativen Sozialforschung ausgerichtet und fokussiert besonders auf drei Kriterien, denen sich die Forschungsergebnisse als auch die Messinstrumente der Datenerhebung unterwerfen sollen (zur Kritik Shea-Schwartz 2006; Yanow 2006):

- die Reliabilität,
- die Validität,
- und die Objektivität.

Die beiden wichtigsten Gütekriterien in der quantitativen Sozialforschung beziehen sich auf die Vermeidung von Messfehlern und auf die Adäquatheit von Messungen (Behnke/Baur/Behnke 2006: 116ff; Gehring/Weins 2000: 43ff.; Schnell/Hill/Esser 2005: 151ff. und 154ff.). Mit der *Reliabilität* untersucht man die Zuverlässigkeit von Messinstrumenten: die wiederholte Messung eines Objektes mit einem Messinstrument muss immer die gleichen Werte liefern. Mit der Frage nach der *Validität* einer Forschung wird gemeinhin nach der Gültigkeit der Messungen gefragt: Misst das Messinstrument tatsächlich das, was es messen soll? Darüber hinaus wird eine Messung dann als *objektiv* bezeichnet, wenn die Messung zu dem gleichen Ergebnis gelangt, unabhängig davon, wer die Messung durchführt.

Reliabilität der qualitativen Forschung

Wie lassen sich diese Erwartungen an die Messinstrumente und Forschungsergebnisse in der qualitativen Forschung umsetzen? Die *Reliabilität* oder Zuverlässigkeit von Messverfahren, die in der quantitativen Forschung die Forderung nach der Replizierbarkeit der Messvorgänge und Messergebnisse nach sich zieht, wird in der qualitativen Forschung nur eingeschränkt als Gütekriterium angesehen (Lamnek 2005: 168f.). Weder strebt der Forscher an, standardisierte Messverfahren für seine Untersuchungen zu verwenden, noch möchte er die Verfahren der Datengewinnung von seinem speziellen Untersuchungsgegenstand trennen. Stattdessen akzeptiert er die Kontextgebundenheit seiner Forschung. Nichtsdestotrotz ist auch der qualitative Forscher auf die Zuverlässigkeit und intersubjektive Nachvollziehbarkeit seiner Interpretationen angewiesen. Versuche, Standards für die Zuverlässigkeit von qualitativen Untersuchungen zu setzen (z.B. durch einen Datenqualitätsindex, der mittels einer Checkliste Störeinflüsse ermittelt), haben sich aber bisher nicht durchgesetzt.

interne Validität der qualitativen Forschung

Unter der internen *Validität* oder Gültigkeit einer quantitativen Untersuchung wird gemeinhin verstanden, dass sich Veränderungen in der Ausprägung der abhängigen Variable (z.B. Schlafstörungen) nur aus entsprechenden Veränderungen in den Eigenschaften der unabhängigen Variable (z.B. Schlafrhythmus) ergeben und dass der Einfluss weiterer unabhängiger oder intervenierender Variablen ausgeschlossen („kontrolliert") werden kann.

Für einen Validitätstest kann eine Kontrollgruppe eingerichtet werden, bei der gezielt die unabhängige Variable manipuliert wird – in der Hoffnung, eine entsprechende Varianz auf der abhängigen Variable zu erzielen – oder aber zusätzliche Einflussfaktoren (z.B. Stress, Lärm) werden in ihren Auswirkungen auf die abhängige Variable getestet. Die interne Validität einer Untersuchung stellt noch nicht sicher, dass der gefundene Zusammenhang auch extern valide ist, sich also auch unter realen Umweltbedingungen bewährt. Diese externe Validität (Lamnek bezeichnet sie auch als „ökologische" Validität) wird in der qualitativen Forschung weitgehend akzeptiert. Häufig wird sogar als besondere Qualität der qualitativen Vorgehensweise ihre Angemessenheit und Nähe bezogen auf das Untersuchungsfeld herausgestellt: „Wenn qualitativ orientierte Sozialforscher von Gültigkeit sprechen, meinen sie damit vor allem ökologische Validität, d.h. die Gültigkeit im natürlichen Lebensraum der Untersuchten bzw. der Gruppe. Dahinter steht die Überzeugung, dass gültige Informationen über Forschungsgegenstände und Untersuchungspersonen nur in deren natürlichem Lebensraum gewonnen werden können, der möglichst wenig durch künstliche Versuchsanordnungen, wie Laborexperimente oder standardisierte Tests, eingeengt und entfremdet werden sollte. Der Datenerhebungsprozess ist daher möglichst gut an die Eigenheiten des Lebensraums anzupassen" (Lamnek 2005: 155).

Triangulation

Nichtsdestotrotz stellt sich auch für den qualitativen Forscher das Problem, wie er potentiellen Interpretationsfehlern vorbeugen und etwaigen Falschauswertungen auf die Spur kommen kann. Als weitere Möglichkeit der Validierung empirischer Forschung wird auf die *Triangulation* im Forschungsprozess hingewiesen (Flick 2004b). Hierbei werden komplementäre Interpretations- und Messverfahren eingesetzt, um die jeweilige Schwäche des einzelnen Verfahrens zu kompensieren. *Triangulation* sieht dabei nicht nur den Einsatz unterschiedlicher qualitativer Verfahren vor, sondern kann auch die Integration qualitativer und quantitativer Methoden im Rahmen eines Forschungsdesigns implizieren.

Objektivität der qualitativen Forschung

Mit dem Gütekriterium der *Objektivität* wissenschaftlicher Forschung wird der Anspruch artikuliert, dass sich gute Forschung durch intersubjektive Zuverlässigkeit und Nachprüfbarkeit auszeichnen soll. Anders ausgedrückt sollen unterschiedliche Forscher unter den gleichen Bedingungen und unter Einsatz derselben Analysemethoden zu den gleichen Ergebnissen gelangen (können). In der qualitativen Forschung wird das abgeschwächte Objektivitätskriterium der intersubjektiven Überprüfbarkeit und Nachvollziehbarkeit weithin akzeptiert. Viele qualitative Studien zeichnen sich dadurch aus, dass die geleisteten Interpretationsschritte minutiös erklärt und rekonstruiert werden. Kleining weist (1982) in diesem Zusammenhang auf die *emergentistische Objektivität* der qualitativen Vorgehensweise hin. Zwar vermischen sich in der Fallauswahl spezifische Gesichtspunkte und subjektive Überzeugungen, aber die Fallanalyse wird streng nach den Kriterien der intersubjektiven Transparenz und Nachvollziehbarkeit geleistet und ist deshalb auch für andere Forscher überzeugend. Besonders gute Voraussetzungen für eine intersubjektive Kontrolle von individuellen Zugängen und Interpretationen besitzen natürlich Forschungsprojekte, in denen die Anwendung von qualitativen Auswertungsverfahren nicht nur von dem einzelnen Forscher vorgenommen wird, sondern eine Forschergruppe selbst schon einen intersubjektiv gültigen Analyse- und Interpretationsprozess initiiert.

1.4 Zusammenfassung und Übungsaufgaben

1.4.1 Zusammenfassung

Wie zuletzt auch die Behandlung von Gütekriterien für qualitative Untersuchungen zeigt, ist die interpretativ-induktive Forschungsmethode gegenüber der quantitativen Sozialforschung insofern im Nachteil, als sie ganz bewusst auf Standardisierungen und statistische Auswertungen verzichtet. Qualitative Sozialforschung orientiert sich in ihren Verfahren demgegenüber an den Prozessen der Sinndeutung und Wirklichkeitserzeugung, die die sozialen Akteure in ihrem Alltag und zur Lösung konkreter Handlungsprobleme selbst vornehmen. Insofern ziehen qualitative Forscher nur Konsequenzen aus der Tatsache, dass alle Mitglieder einer Gesellschaft selbst als „Laiensozialwissenschaftler" tätig sind und Gespräche und Textdokumente in Alltag und Beruf auf möglichst sinnvolle Art zu deuten versuchen. Die quantitative Sozialforschung setzt stattdessen auf künstliche Rekonstruktions- und Analyseakte, die logisch schlüssige Artefakte produzieren, sich aber kaum noch mit den Alltagserfahrungen von Akteuren in ihren Handlungskontexten vermitteln lassen. Allerdings steht die quantitative Forschung stärker im Dialog mit anderen wissenschaftlichen Disziplinen und leitet ihr Selbstverständnis und ihre Verfahrensregeln daraus ab. Für die qualitative Forschung bringt diese unterschiedliche Ausrichtung der Wissenschaftskonzeptionen dann Probleme mit sich, wenn sie gezwungen ist, sich an den Regeln und Standards der quantitativen Sozialwissenschaften zu orientieren. Andererseits muss auch die qualitative Forschung, will sie als wissenschaftliche Teildisziplin im „Konzert der Wissenschaften" Anerkennung erfahren, eigene Verfahrensregeln und Standards für „gute" Forschung in Auseinandersetzung mit den konventionellen Verständnissen und Normen entwickeln. Dies erscheint besonders wichtig im Feld der Politikwissenschaft, das lange Zeit durch behavioristische Ansätze und quantitative Verfahren geprägt wurde. Die nachfolgenden Kapitel versuchen in diesem Sinne einen Beitrag zu einem wissenschaftlichen Dialog über die Chancen und Grenzen der Verwendung qualitativer Forschungsansätze in der Politikwissenschaft zu leisten.

1.4.2 Übungsaufgaben

1. Wie unterscheiden sich qualitative von quantitativen Forschungsdesigns?
2. Wie lässt sich das Theorieverständnis der qualitativen Forschung von der deduktiv-nomologischen Theorieprüfung im quantitativen Forschungsprozess abgrenzen?
3. Über welche Strategien der Fallauswahl verfügen qualitative Forscher?
4. Charakterisieren Sie kurz die gebräuchlichen Methoden der Datenerhebung und Datenauswertung in der qualitativen Sozialforschung.
5. Welche Anforderungen stellen Fallstudien an den qualitativen Forscher?
6. Wie und inwieweit lassen sich die Gütekriterien aus der quantitativen Sozialforschung auf die qualitative Auswertung und Interpretation übertragen?

2 Forschungstraditionen und Wissenschaftskonzeptionen

Befruchtung durch Nachbardisziplinen

Qualitative Forschungsansätze und -methoden sind in den Sozialwissenschaften schon lange etabliert, allerdings wurden sie vornehmlich in der Soziologie, Ethnologie und (Sozial-) Psychologie entwickelt und in ihrer Anwendung verfeinert. Die Politikwissenschaft hat – obwohl sie sich dieser Forschungsansätze regelmäßig bedient – wenig zur Theoriebildung und Methodendiskussion beigetragen. Allerdings hat sich diese Situation aufgrund der Diskussion in den USA über das kritische Methodenbuch von King, Keohane und Verba (1994) verändert. Die drei Forscher – allesamt Politikwissenschaftler – legen strenge Standards für die qualitative Forschung fest und orientieren sich dabei an den Konventionen in der quantitativen Datenbeschaffung und -analyse. Die rigiden Standards in diesem Methodenbuch stehen allerdings in einem gewissen Widerspruch zu den gängigen Forschungstraditionen in der qualitativen Sozialforschung, und die Vorgaben von King, Keohane und Verba haben deshalb auch eine lebhafte Diskussion in der amerikanischen Politikwissenschaft ausgelöst (Brady/Collier 2004). Um diese Debatte nachvollziehen zu können, ist es allerdings erst einmal notwendig, sich der qualitativen Forschungstradition zu vergewissern und darüber hinaus auch über die theoretischen Grundlagen für die aktuelle Neuorientierung in einzelnen Subfeldern der Disziplin, wie z.B. der Policy-Forschung und in der Analyse der internationalen Beziehungen Auskunft zu geben. Die Forschungstradition wird mit knappen Hinweisen auf Max Webers Konzipierung von Idealtypen, auf die Anwendung der Hermeneutik in den Sozialwissenschaften, auf Garfinkels Begründung der Ethnomethodologie und auf Glasers und Strauss' Forschungsprogramm der ‚Grounded Theory' nachgezeichnet. Die Neuorientierung verbindet sich mit der Aufnahme von Erkenntnissen aus Foucaults Diskursanalyse, aus Habermas' Theorie des kommunikativen Handelns und aus Bourdieus praxeologischer Soziologie.

2.1 Max Webers Wissenschaftslehre und Konzeption des Idealtypus

Dilthey und Rickert

Der Beginn einer qualitativen Forschungstradition fällt mit der Grundlegung der modernen Sozialwissenschaften zusammen. Waren mechanistische Grundvorstellungen für die Analyse des Sozialen bei den Systematikern der Soziologie im 19. Jahrhundert noch vorherrschend (z. B. bei Karl Marx, Auguste Comte und Herbert Spencer), so wandelt sich das Wissenschaftsverständnis unter Einbeziehung der Kritik von Dilthey (1883) und Rickert (1921) an einer Übernahme naturwissenschaftlicher Prämissen und Forschungsideale in den Geisteswissenschaften. Insbesondere Heinrich Rickert (1921: 92ff.) hat die Wesensunterschiede zwischen den Objektwelten der Natur und der Kultur und den auf sie bezogenen Wissenschaften herausgestellt, und seine methodologischen Überlegungen haben Max

Webers (1968) Wissenschaftslehre stark beeinflusst. Für Rickert stellt sich die Natur als wertindifferenter und bedeutungsfreier Gegenstandsbereich dar, der für den Menschen nur Reize und Wahrnehmungen bereithält. Die Kultur wird dagegen als Verkörperung menschlicher Werte aufgefasst. Die Naturwissenschaft kann deshalb durchaus von menschlichen Werten abstrahieren, die Kulturanalyse muss den Ursprung der Wertsetzung – konkretes und kontingentes menschliches Handeln – erfassen. Der Naturwissenschaft ist es aufgegeben, von außen an Objekte heranzugehen und Gesetzmäßigkeiten ihrer Verteilung, Anordnung oder Entwicklung zu analysieren, die Kulturwissenschaft setzt demgegenüber – wie zuerst Wilhelm Dilthey (1883) betont hat – am einzelnen Ereignis des (historischen) Handelns an. Nach Rickert ist es dabei die Aufgabe der Kulturwissenschaft, (historische) Ereignisse auf allgemein anerkannte Werte (der Gemeinschaft) zu beziehen. Insofern interessiert sich die Kulturwissenschaft besonders für die in historischen Situationen und individuellem wie kollektivem Handeln eingeschriebenen Wertbeziehungen (Rickert 1921: 211ff.). Ihre Vorgehensweise orientiert sich am Vergleich von historischen Ereignissen und Handlungssituationen, wobei die Zuordnung von Werten und Wertbeziehungen für das konkrete Ereignis und den Handelnden im Mittelpunkt steht. Obwohl Werte und Wertbeziehungen den eigentlichen Gegenstandsbereich der Kulturwissenschaften ausmachen, nimmt der Wissenschaftler selbst keine Wertungen vor, sondern sortiert und analysiert nur die auf unterschiedlichem Grad verharrenden, in der Realität vorkommenden Wertrealisierungen (Rickert 1921: 245). Die Kulturwissenschaft ist deshalb selbst keine wertende Wissenschaft und muss sich dem Postulat der Werturteilsfreiheit unterordnen, wie Max Weber es im Anschluss an Rickert und Dilthey auch für die Sozialwissenschaften eingefordert hat.

Max Weber und der Idealtypus

Auch für Max Weber sind Wertideen Ansatz und Ausgangspunkt für jede Forschung. Anders als bei Rickert und Dilthey, bei denen die postulierte Erforschung von Wertbeziehungen relativ kryptisch bleibt, hat Weber aber ein dezidiertes Forschungsprogramm – ein Plädoyer für die Wirklichkeitswissenschaften – und eine einflussreiche Methode – das Aufstellen und die Analyse von Idealtypen – entwickelt (Burger 1987; Prewo 1979). Auch Weber (1968: 430) setzt dafür am konkreten Handeln einzelner Individuen an, ein Verstehen dieses Handelns ist aber nur möglich, wenn sich die Deutung des Verhaltens an einem Modell der Handlungsmotivation und Sinnstiftung – häufig dem Modell des zweckrationalen Handelns – orientiert. Modelle, die zum Verstehen des sozialen Handelns beitragen sollen, müssen auf idealtypischen Annahmen basieren, um den konkreten Verhaltenstypus durch einen kontrollierten Vergleich, durch Abgrenzung und Einordnung, beschreibbar zu machen. Die Analyse von Idealtypen ist Webers Versuch, Regelmäßigkeiten und Besonderheiten in der sozialen Wirklichkeit aufzuweisen (Weber 1968: 190ff.). Ein Idealtypus muss als ein wissenschaftlich konstruiertes Ideal- oder Gedankenbild verstanden werden, das in Relation zur sozialen Realität den Charakter einer Utopie aufweist im Sinne einer ideal vorgestellten Handlungsmaxime oder Rationalitätsbehauptung. Die wissenschaftliche Konstruktion erfolgt unter Einsatz einer an der Wirklichkeit geschulten Phantasie und wird gewonnen durch die einseitige Steigerung eines oder einiger Gesichtspunkte und durch Zusammenschluss einer Fülle von Einzelerscheinungen zu einem einheitlichen und konsistenten Gedankenbild. Dabei ist die Reinheit des Gedankenbilds und damit der Idealtyp in seiner völligen Entsprechung nirgends in der Realität vorfindbar. Vielmehr nimmt der Idealtypus die Funktion eines idealen Grenzbegriffs an, mit der Bestandteile der Wirklichkeit gemessen bzw. verglichen werden können:

Verstehen durch Übersteigerung und Abgrenzung

> „Er (der Idealtypus, d. Verf.) ist ein Gedankenbild, welches nicht die historische Wirklichkeit oder gar die „eigentliche" Wirklichkeit ist, welches noch viel weniger dazu da ist, als ein Schema zu dienen, in welches die Wirklichkeit als Exemplar eingeordnet werden sollte, sondern welches die Bedeutung eines rein idealen Grenzbegriffes hat, an welchem die Wirklichkeit zur Verdeutlichung bestimmter bedeutsamer Bestandteile ihres empirischen Gehaltes gemessen, mit dem sie verglichen wird. Solche Begriffe sind Gebilde, in welchen wir Zusammenhänge unter Verwendung der Kategorie der objektiven Möglichkeit konstruieren, die unsere an der Wirklichkeit orientierte und geschulte Phantasie als adäquat beurteilt." *(Weber 1968: 194)*

Natürlich stellt sich dadurch das Problem, dass Idealtypen sich nicht durch konkrete Erfahrungen und Ergebnisse widerlegen lassen. Idealtypen dürfen aber auch nicht als Hypothesen über den Kern von Alltagserscheinungen oder -handlungen aufgefasst werden, statt dessen liefern sie einen wissenschaftlichen Referenzpunkt, um die sozialen Erscheinungen durch Feststellung der Differenz zu dem oder den Idealtypen zu kategorisieren und die Gegebenheiten durch Messung der Abweichungen zu erfassen. Ziel ist deshalb, die Abweichung der konkreten Tatsache vom Idealtypus zu erklären und damit eine Erfassung und Erklärung von Handlungen und Handlungsformen bis hin zur Prognose von Handlungsverläufen und Handlungsmotiven zu leisten.

Idealtypen als Ausdruck des „Typischen"

Grundsätzlich glaubt Weber, mit der idealtypischen Begriffsbildung nur eine Praxis zu reflektieren, die jeder Wissenschaftler – der Historiker wie der Naturwissenschaftler – ausübt. Gegen die Annahme, dass Wissenschaftler vollkommen unvoreingenommen und „leer" an einen Gegenstandsbereich herangehen, weist Weber (1968: 193) auf den Tatbestand hin, dass jede begriffliche Annäherung an einen Gegenstand schon bestimmte Vorannahmen trifft und Abgrenzungen vornimmt. Diese Vorgehensweise wird in der Konstruktion von Idealtypen bewusst und gezielt kommuniziert und zur weiteren Objektivierung genutzt.

Eine gewisse Unklarheit stellt sich bei Webers Definition des Idealtypus ein. Max Scheler (1926) hat Weber vorgeworfen, dass die Idealtypen nicht auf ein Wertideal bezogen sind, sondern reine Durchschnittstypen sind, die nach einem eigenen Modell der Realität entwickelt sind. Weber kann auch den Vorwurf einer unklaren empirischen – also einer mithin subjektiven – Genese der Idealtypen nicht völlig entkräften, er wendet sich aber explizit gegen die Annahme, der Idealtypus sei bloß ein Begriff für einen Durchschnittswert (Weber 1968: 202). Der Idealtypus muss vielmehr als ein besonderer Gattungsbegriff verstanden werden, unter den sich einzelne Varianten und Erscheinungen subsumieren lassen, ohne dass er in diesen empirischen Vorkommnissen völlig zum Ausdruck kommt. Über den einfachen Gattungsbegriff hinaus, in dem nur das Gemeinsame von empirischen Erscheinungen zusammengefasst wird, fungiert der Idealtypus als ein genetischer Gattungsbegriff, d. h. er löst sich von den empirischen Gegenständen und formuliert einen typischen Umstand, eine typische Bedingung oder ein typisches Prinzip. Der Hinweis auf den genetischen Charakter des Idealtypus führt natürlich in eine gewisse Nähe zu der Behauptung, ein solcher Begriff müsse ein Ideal formulieren oder einen Hinweis auf das Wesen eines sozialen Tatbestandes oder Gegenstandsbereiches enthalten – eine Behauptung, die Weber ausdrücklich zurückweist.

2.2 Der hermeneutische Interpretationsansatz

Alfred Schütz

Webers Einfluss auf die sozialwissenschaftliche Forschung ist unermesslich, allerdings haben seine methodologischen Vorgaben auch Reaktionen ausgelöst, die – obgleich versehen mit dem Postulat der Webertreue – in einen diametralen Gegensatz zur Idealtypenbildung laufen. Für Weber war der Idealtypus bloß eine Schablone, um die realen Verhaltensweisen durch Abgrenzung und Vergleich empirisch zu bestimmen. Alfred Schütz (1974) begrüßt zwar in seinem für die soziologische Phänomenologie einflussreichen Frühwerk die handlungs-theoretische Perspektive, die Weber mit dem Idealtypus einnimmt, moniert aber einen zu reduktionistischen Begriff des Verstehens von Handlungen bei Weber (Eliaeson 2002: 74-82). Schütz plädiert dagegen für eine stärker einfühlende Handhabung des Idealtypus, um die wahren und möglichen Handlungsmotive von Akteuren kennen zu lernen. Von besonderer Bedeutung sind dabei objektive Kontexte und Bedingungen, die aus der grundsätzlichen Intersubjektivität der individuellen Handlungssteuerung herrühren. Für den Sozialwissenschaftler ergibt sich nur durch das Einlassen auf die als objektiv wahrgenommenen Parameter einer intersubjektiv konstituierten Lebenswelt die Möglichkeit, die wahren Gründe des Handelns zu entschlüsseln. Auch eine solche Herangehensweise operiert mit typisierten Sinndimensionen und Sphären einer intersubjektiv geteilten Lebenswelt, diese Typenbildung lässt sich aber kaum noch für die empirische Forschung nutzen, sondern führt zu einer variantenreichen Theorie der sozialen Intersubjektivität (Schütz/Luckmann 1979). Dem steht allerdings die Behauptung einer völligen Naivität bei der phänomenologischen Forschungspraxis gegenüber:

> „Die phänomenologische Analyse der Alltagswelt beziehungsweise der subjektiven Erfahrung der Alltagswelt enthält sich jeder kausalen oder genetischen Hypothese und auch jeder Behauptung über den ontologischen Charakter der analysierten Phänomene.“ *(Berger/Luckmann 1969: 23)*

Hermeneutik als Interpretationsanleitung

Insofern wird für das einfühlende Verstehen in der empirischen Forschung eine Methode angestrebt, die es ermöglicht, soziale Phänomene quasi von innen bzw. aus sich selbst heraus zu interpretieren. Aus diesem Grunde haben Sozialwissenschaftler, die wie die Sozialphänomenologen mit einem weiten Begriff des Verstehens operieren, ein großes Interesse an hermeneutischen Verfahren entwickelt (Heinze 1995: 96-193; Kleining 1995: 155-222; Lamnek 1995: 71-88). Im klassischen Sinne versteht man unter Hermeneutik eine Art Auslegungslehre zur Interpretation sakrosankter Texte, deren Sinn sich nicht sofort erschließt oder deren verschiedene Sinnschichten nur durch eine Tiefeninterpretation mit Hilfe gewisser Verfahren aufzuschlüsseln sind. Die Mitschriften von qualitativen Interviews oder dokumentierte Äußerungen und Verlautbarungen sind in ähnlicher Weise zu behandeln, enthalten sie doch versteckte Hinweise auf die Lebenswelt und die Konstruktionsprinzipien sozialer Wahrnehmungen des Befragten oder des Sprechers. Der Einsatz hermeneutischer Verfahren legitimiert sich somit durch die Annahme einer allgemein gebräuchlichen Praxis des Interpretierens und Ausdeutens im Alltag aller sozialen Akteure, d.h. durch die Existenz und Ausübung einer Alltagshermeneutik:

> „Sozialwissenschaftliche Hermeneutik basiert auf der ‚Alltagshermeneutik', d.h. auf der Interaktions- und Interpretationskompetenz, auf dem Regelwissen alltäglich Handelnder als kompetent und sinnhaft Handelnder. Sie setzt methodisch eben jenes Regelwissen und jene Regelkompetenz zur Rekonstruktion des Sinnes von Interaktionsprodukten ein, die alltäglich Handelnde bei der Konstruktion des Sinns von Interaktionsprozessen eingesetzt haben und immer schon einsetzen" (Soeffner 1980: 75/76).

Insofern operiert die sozialwissenschaftliche Hermeneutik zumindest in ihrer Ausrichtung als deskriptive Hermeneutik auch nicht als gegenstandsfremde Außenbetrachtung, sondern bringt nur das reflektierte Wissen über die Arten und Strukturprinzipien des Interpretierens in sozialen Zusammenhängen zur Anwendung.

Objektivierung als Anforderung

Wie funktioniert diese Methode? Übertragen auf Interviewtexte muss der Wissenschaftler mehrere Interpretationsschritte – bezeichnet als ‚hermeneutischer Zirkel' – zur reflektierten, perspektivischen Deutung der Textabschnitte unternehmen (Heinze 1995: 99f.). Im ersten Schritt werden die Antworten und Stellungnahmen aus den möglichen Situationsperspektiven des Interviewten gedeutet. Im zweiten Schritt werden die unterschiedlichen Deutungen miteinander abgewogen und im Blick auf eine Systematisierbarkeit der Aussagen für eine schlüssige Alltagswahrnehmung und Situationsdefinition geordnet. Im dritten Schritt werden innerhalb der Systematik der Deutungen und Aussagen Kernaussagen identifiziert, wobei zur Identifizierung die theoretische Fragestellung des Interpreten/Wissenschaftlers zur Anwendung kommt.

Offensichtlich bleiben die Kriterien zur Auswahl und Interpretation von Aussagen bei diesem Verfahren etwas unbestimmt, sind sie doch teilweise der Abhängigkeit des Wissenschaftlers von den Situationsdeutungen der Interviewten geschuldet. Wie lassen sich aber die Interpretationen von sozial situierten Textaussagen weiter objektivieren? Die sog. objektive Hermeneutik der Forschergruppen um Ulrich Oevermann hat hierzu konkrete Vorschläge gemacht (Oevermann et al. 1979; Oevermann/Allert/Kronau 1980). Die objektive Hermeneutik konstruiert objektive Bedeutungszusammenhänge, um vorliegende Interviewtexte zu spezifischen Themen – diese Methode hat vor allem in der Familiensoziologie und Biographieforschung Anwendung gefunden – aus einem bloß subjektiven Sinnzusammenhang herauszulösen. Dafür müssen möglichst viele Informationen über den Interviewten, seine Lebenssituation, psychische Disposition etc. vorliegen. Dazu müssen auch – falls die Hermeneutiker herangezogen werden, um vorliegende Interviews auszuwerten – die die Interviewsituation konstituierende Forschungsfrage und die Determinanten der Interviewsituation genauer bekannt sein. Auf der Basis des biographischen Materials und des Forschungsansatzes stellen die Forscher im Sinne eines Gedankenexperiments plausible Hypothesen über das erwartbare Antwortverhalten und sinnvolle Handlungsmotive des Interviewten auf. Dies führt zu – sich ergänzenden oder konfligierenden – kohärenten Interpretationsvorschlägen. Anhand der verschiedenen Interpretationsentwürfe für ein mögliches Antwortverhalten wird der tatsächliche Interviewtext analysiert, und die vorgebrachten Argumente, Motive und Legitimationen werden mit den Interpretationsvarianten verglichen und auf ihre Kohärenz und Widerspruchsfreiheit sowie auf ihre Übereinstimmung mit den plausiblen Verhaltensmodellen der Interpretationen überprüft. Auf diese Weise soll es gelingen, die objektive Bedeutungsstruktur des Textes zu erschließen und diese von den bloß subjektiv dargelegten Bedeutungszuschreibungen und Handlungsmotiven zu trennen. Diese Vorgehensweise stellt natürlich hohe Anforderungen an das Interpretationsvermögen der Wissenschaftler, die auf der Basis einer eingeschränkten Informationslage den „Rahmen" als Voraussetzung für den Aufweis der objektiven Bedeutungsstruktur eines Interviewtextes vorab produzieren müssen (zur Kritik Kleining 1995: 178-186). Darüber hinaus bleiben die Grenzen und Bestandteile eines solchen Interpretationsrahmens, der aus plausiblen Annahmen besteht, abhängig von den Wahrnehmungsmustern des Wissenschaftlers; zwar können einzelne Annahmen, aber nicht der Interpretationsrahmen als Ganzes überprüft und falsifiziert werden.

2.3 Auswertungen und Feldstudien im Sinne der Ethnomethodologie (Garfinkel)

Harold Garfinkel

Durchaus verwandt mit der hermeneutischen Forschungstradition ist der von Harold Garfinkel (1967) für die sozialwissenschaftliche Feldforschung entwickelte Ansatz der Ethnomethodologie. Auch Garfinkel strebt nach der Identifikation von Ordnungsmustern und sozialen Organisationsprinzipien, die allen sozialen Erscheinungen zugrunde liegen und dazu beitragen, dass die Koordination zwischen Akteuren in ihrer Alltagswelt oder in organisierten Handlungskontexten (z.B. in Kliniken) gelingt, ohne dass diese die Akteure explizit ansprechen oder eine Koordination erzwingen. Die einzelne Erscheinung – die Interviewaussage, der Sprechakt, ein Dialog zwischen zwei Interaktionspartnern – fungiert als Ausdruck bzw. als Dokument des zugrunde liegenden Musters. Allerdings werden diese Grundmuster nur in den Handlungen und Äußerungen von konkreten Akteuren konstituiert und präsent gemacht. Ohne die Betrachtung von individuellen Handlungen oder subjektiven Sinnzuschreibungen ist die Analyse von kollektiven Ordnungsmustern nicht möglich. Insofern radikalisiert die Ethnomethodologie noch die handlungstheoretische Position und postuliert, dass sich soziale Strukturmuster und Institutionalisierungen – soziale Tatsachen im Sinne Durkheims – nicht unabhängig von sozialen Handlungen reproduzieren können (Spöhring 1989: 73):

> „Thereby, in contrast to certain versions of Durkheim that teach that the objective reality of social facts is sociology's fundamental principle, the lesson is taken instead, and used as a study policy, that the objective reality of social facts as an ongo-

ing accomplishment of the concerted activities of daily life, with the ordinary, artful ways of that accomplishment being by members known, used, and taken for granted, is, for members doing sociology, a fundamental phenomenon. Because, and in the ways it is practical sociology's fundamental phenomenon, it is the prevailing topic for ethnomethodological study." *(Garfinkel 1967: VII)*

Analyse von Alltagswissen

Ähnlich wie in der Sozialphänomenologie beharrt auch Garfinkel darauf, vornehmlich das Alltagswissen von sozialen Strukturen zu analysieren. Dieses Alltagswissens weist dabei besondere Eigenschaften auf: Es ist in Kollektivität (Kollektivvorstellungen, Kollektiverlebnissen, kollektiven Sinnzuweisungen) eingebettet und deshalb nur bekannt in Gemeinsamkeit mit Anderen (Garfinkel 1973: 190). Das Alltagswissen ist handlungsleitend und operiert mit Rationalisierungen und Regeln, bleibt aber unbeachtet und unreflektiert. Es wird als Interpretationsschema auf die Realität appliziert und „bestätigt", bleibt aber invariant gegenüber den Inhalten der tatsächlichen Beschreibungen. Das Alltagswissen ist dabei nicht nur in alltäglichen Beschreibungen, sondern auch in soziologischen Untersuchungen wirksam, schließlich operiert auch der Wissenschaftler mit unhintergehbaren Annahmen über seine wissenschaftliche Praxis und über die Organisation seines Alltags. Der Sozialforscher muss sich deshalb bemühen, von den eigenen Wahrnehmungen zu abstrahieren und die alltägliche Logik in der Interaktion und den Sprechakten seiner Probanden aufwändig zu rekonstruieren. Er bedient sich hierfür der dokumentarischen Methode zur Erschließung des Alltagswissens, diese macht sich im Einklang mit den oben getroffenen Bestimmungen auf die Suche nach einem identischen, homologen Muster, das der Fülle von Sinnverwirklichungen zugrunde liegt, und behandelt die einzelnen Vorkommnisse und Erscheinungen im Forschungsfeld als „Dokument von" oder als „Hinweis auf" (Garfinkel 1973: 199). Für die Auswertung von Interviewmaterial gilt entsprechend die Leitfrage: Was hatte der Antwortende im Sinn?

2.4 Das induktive Forschungsprogramm der Grounded Theory (Glaser/Strauss)

Grounded Theory

Lassen sich die verstehende Soziologie, die Sozialphänomenologie und die Ethnomethodologie als Forschungsansätze interpretieren, die ausgehend von fundamentalen Annahmen über die Konstitutionsweisen des Sozialen Implikationen für eine angemessene Forschungsmethode ziehen, so haben erfahrene Forscher auch aus der eigentlichen Praxis empirischer Sozialforschung Schlüsse gezogen, die zur Legitimation einer qualitativen Vorgehensweise taugen. In diesem Sinne haben die beiden amerikanischen Sozialforscher Barney Glaser und Anselm Strauss (1967) eine Begründung der induktiven Vorgehensweise der qualitativen Forschung vorgelegt (Strübing 2004). Für die beiden Autoren lässt sich gerade in der konventionellen Forschung mit quantitativer Ausrichtung, die nach dem Theorieverständnis der Naturwissenschaften eine logisch abgeleitete Theorie empirisch testen will, die völlige Vernachlässigung des Entdeckens von Konzepten und Hypothesen herausstellen. Dagegen erlaubt das induktive Vorgehen das Gewinnen einer Grounded Theory, d.h. die Entdeckung gegenstandsbezogener Theorien und die Formulierung von Konzepten und Hypothesen aus der Erforschung des Gegenstandbereichs heraus. Dabei kann und soll die Grounded Theory für sich stehen und nicht einfach statistische Untersuchungen vorbereiten:

> „Wir behaupten, dass qualitative Forschung – ganz abgesehen von ihrer Nützlichkeit als Vorbereitung für quantitative Forschung – hinsichtlich ihrer Fruchtbarkeit für die Entdeckung gegenstandsbezogener Theorien genauer überprüft werden sollte … Wenn wir von der Entdeckung gegenstandsbezogener Theorien sprechen, meinen wir die Formulierung von Konzepten und deren Beziehungen zu einem Satz von Hypothesen für einen bestimmten Gegenstandsbereich – beispielsweise Patientenbetreuung, Bandenverhalten oder Erziehung –, die sich auf Forschung in diesem Bereich stützt. Sieht man qualitative Forschung lediglich als Vorbereitung quantitativer Untersuchungen an, so vernachlässigt und unterschätzt man einige wichtige Aspekte gegenstandsbezogener Theorien, die auf qualitativer Forschung basieren.“ *(Glaser/Strauss 1979: 91)*

Gleichzeitigkeit von Datenerhebung und -analyse

Insgesamt ergeben sich unterschiedliche Einsatzmöglichkeiten für die Grounded Theory: Sie ist häufig das Endprodukt der Forschung in einem Gegenstandsbereich und kann dann als Grundlage für die Entwicklung formaler Theorien fungieren. Mitunter erweist sich die qualitative Erforschung als die einzige Methode überhaupt, zu Informationen und Erkenntnissen über einzelne Gegenstandsbereiche zu gelangen, so dass Soziologen (und Laien) in ihrer alltäglichen Arbeit großen Nutzen aus Grounded Theories ziehen können.

Wie sieht nun die Vorgehensweise der Grounded Theory aus? Glaser und Strauss betonen die Gleichzeitigkeit von Datensammeln und Analysieren (bzw. Hypothesenbildung). Der Forscher geht in diesem Sinne nicht mit einer vorgefertigten Theorie über seinen Gegenstandsbereich an die Arbeit, sondern macht die weitere Theoriebildung von Erfahrungen im Feld und mit dem Gegenstandsbereich abhängig. Um unterschiedliche Deutungsmöglichkeiten in der empirischen Forschung ausschöpfen zu können, bietet sich der Einsatz von Vergleichsgruppen an (Glaser/Strauss 1979: 96f.). Eine große Anzahl von Vergleichsgruppen ermöglicht es dem Forscher, die an einem Einzelgegenstand gewonnene Theorie abzugleichen und ihre Geltung im Forschungskontext einzuschränken sowie neue Kategorien als Folge eines wissenschaftlichen Lernprozesses in eine gegenstandsbezogene Theorie zu integrieren. Grundsätzlich muss der Forscher aber Vertrauen in die Glaubwürdigkeit des eigenen Wissens gewinnen können, und durch die angemessene Vermittlung und Explizierung der Datenlage können auch Außenstehende von den Forschungsergebnissen und der entwickelten Grounded Theory als Endpunkt der induktiven Forschungsarbeit überzeugt werden.

In der Auseinandersetzung mit der Grounded Theory hat nicht unbedingt die Aufwertung einer induktiven Forschungspraxis Kritik auf sich gezogen, weil diese für viele qualitative Ansätze gilt. Vielmehr wird die naive Haltung, mit der der Forscher nach Glaser und Strauss an seinen Forschungsgegenstand herangeht, als unglaubwürdig gerügt. Auch qualitativen Sozialforschern ist es kaum möglich, ohne Vorannahmen und Vorwissen an ihren Gegenstand heranzutreten (Hopf 1979: 27; Lamnek 2005: 115). Dabei muss es sich nicht um explizit formulierbare Theorien handeln, doch muss auch der induktiv operierende Forscher darüber Auskunft geben können, warum für ihn/sie bzw. für das wissenschaftliche Feld das Forschungsobjekt interessant und relevant ist und durch welche Vorannahmen der Gegenstandsbereich als Thema erst wissenschaftlich erzeugt wird. In der verstehenden Soziologie wie in den hermeneutischen Zugängen finden sich zahlreiche Hinweise dafür, wie man interpretative Vorgehensweisen durch theoretische Vorannahmen legitimieren und stützen kann. Insofern sind auch qualitative Sozialforscher nicht gezwungen, ohne Theoriebildung ins Feld zu gehen.[5]

2.5 Diskurstheorie (Foucault) versus Theorie des kommunikativen Handelns (Habermas)?

die Rolle der Sprache

Eine explizite theoretische Grundierung für die neueren Zweige der qualitativen Forschung verbindet sich mit den historischen und sozialtheoretischen Großwerken von Michel Foucault und Jürgen Habermas. Dabei stehen bei Foucault (1991) die durch Diskurse gewährleistete Produktion und Reproduktion von Macht und bei Habermas (1981) die durch Verständigungsaspekte der Sprache erzeugte Kommunikationsstruktur bei sozialen Interaktionen im Zentrum der Analyse. Häufig werden Foucault und Habermas als Antipoden im Hinblick auf die aufklärerische Ausrichtung der modernen Sozialwissenschaften gegenübergestellt (Biebricher 2005; Honneth 1985; Kneer 1996). Die beiden Theoriestränge unterscheiden sich grundlegend im Hinblick darauf, welche Rolle sie der Sprache für die Konstitutionsweisen von Ordnungsmustern in der modernen Gesellschaft zuweisen: Foucault begreift sprachliche Argumentations- und Bedeutungszusammenhänge – Diskurse und Diskursformationen – als Mittel und Ergebnis im Kampf um Herrschaft und Dominanz. Habermas sieht in der Sprache basale Koordinations- und Verständigungsprozesse angelegt, die die Gesellschaft trotz aller real existierender sozialer Ungleichheiten und funktionaler Wirkungszusammenhänge auf Potenziale für einen herrschaftsfreien Austausch festlegen und rationale Geltungsansprüche für legitime Formen der Machtausübung in Demokratien erheben.

Foucault: Diskurshoheit als Machtgewinn

Michel Foucault (1989; 1991; 1998; 2003) hat in beeindruckenden historischen Studien über die Durchsetzung von wissenschaftlichen Theorien, Messformen und Behandlungsmethoden der Humanwissenschaften und über ihre Zensur- und Ausschließungsprinzipien (die Konstruktion der Perversionen, der Geisteskrankheiten und des Vernünftigen) Diskurse als Gegenstand der Analyse etabliert (Bublitz 1999; Keller 2004). Dabei ist für die Foucault'sche Machttheorie die Annahme zentral, dass in jeder Gesellschaft die Produktion des Diskurses kontrolliert, selektiert und kanalisiert wird. Da Diskurse als Legitimität und Ordnung produzierende gesellschaftliche Aussagensysteme, als Sinnzuschreibungen, Geltungsansprüche und Wissenssysteme betrachtet werden können, ist die Herrschaft über den Diskurs gleichsam eine Kontrollform zur Etablierung und Veränderung der Selbstwahrnehmung einer Gesellschaft (Foucault 1991). Dabei ist

[5] Anselm Strauss hat in späteren Arbeiten die Bedeutung des theoretischen Vorwissens durchaus anerkannt, er scheint allerdings durch diese „Wende“ in einen wissenschaftlichen Konflikt mit Barney Glaser geraten zu sein (Strübing 2004: 57ff. und 63ff.).

der Diskurs nicht bloß ein Ausdruck oder eine Übersetzung des Begehrens oder Machtstrebens, vielmehr ist der Diskurs selbst als Gegenstand des Begehrens und als Instrument der Macht bzw. als Macht, die man zu erlangen trachtet, zu sehen. Insofern fallen in dem Diskurs Aspekte der Machtausübung und Machtgewinnung immer zusammen und sind nicht klar voneinander zu trennen. Es lassen sich aber typische Formen der Kontrolle kennzeichnen, die innerhalb und durch den Diskurs wirken (Foucault 1991: 11ff.). Es sind dies aus der Außenperspektive Mechanismen und Prinzipien der Ausschließung (Tabus, verbotene Bilder und Schriften), der Grenzziehung (das Normale gegen das Pathologische, der Vernunftbegabte gegen den Verrückten) und der Manipulation des Willens zum Wissen (der Drang nach Wahrheit und Objektivität). Da diese Diskursprinzipien Dichotomien konstruieren, die immanent aufeinander Bezug nehmen, und der Wille zur Wahrheit als Aufklärung über die Bedingungen, Grenzen und Gewaltsamkeit des wissenschaftlichen Wissens sich selbst gegenüber reflexiv wird oder werden kann, sind Gegenbewegungen innerhalb der Ordnung der Diskurse immer möglich, ja fast vorherzusehen.

Prozeduren der Kontrolle

Neben den äußerlichen, sozialen und politischen Prozeduren der Generierung und Strukturierung von Diskursen lassen sich auch interne Prozeduren der Kontrolle unterscheiden (Foucault 1991: 17ff.): Die Diskurse werden durch innere Klassifikations-, Anordnungs- und Verteilungsprinzipien organisiert. Dadurch wird eine Abstufung und Reihenfolge der Diskurse möglich. Häufig geschieht dies durch Rückbezug auf Hauptquellen (Kommentare, Exegese) und die dadurch signalisierte Nähe zu den Diskursursprüngen und durch den behaupteten Grad an Authentizität des aktuellen Diskursbeitrags. Schließlich fungiert der Autor als wichtiges Prinzip der Gruppierung von Diskursen, er liefert Einheit/Ursprung ihrer Bedeutungen und bildet den Mittelpunkt ihres Zusammenhalts. Darüber hinaus können sich Diskurse durch Organisation der Disziplinen (Korpus von wahren Sätzen, Regeln und Definitionen, Techniken und Instrumenten sowie Gegenständen) weiter ausdifferenzieren und institutionalisieren.

Äußere und innere Kontrollprozeduren zusammen genommen arbeiten an einer Verknappung der sprechenden Subjekte, also derjenigen, die mit Autorität von sich und der Gesellschaft sprechen dürfen, sei es dass sie über eine spezifische Kompetenz oder Qualifikation verfügen müssen, um im öffentlichen Raum Geltungsansprüche zu erheben oder dass sich Diskursgesellschaften und -gruppen bilden, die mittels Geheimhaltung und/oder Verbreitung spezifischer Sprachcodes Diskurszugehörigkeiten schaffen (Foucault 1991: 26f.). Diese Diskurskoalitionen installieren Doktrinen, die ausgehend von der Anerkennung oder Ablehnung der Geltung von Diskursen sich in orthodoxen und häretischen Kampfpositionen ergehen können und dadurch ihre Identität beziehen.

Analyse von Diskursen

Wie lassen sich Diskurse erkennen und weiter analysieren? Foucault (1991: 33ff.) geht davon aus, dass wir Diskurse nur anhand ihrer Gewaltförmigkeit, mit der sie den freien Fluss der gesellschaftlichen Kommunikationen und Bedeutungszuweisungen ordnen und unterordnen, aufspüren können. Genauer muss sich die Analyse den Verknappungsprinzipien, die Diskurse zur Etablierung von Struktur und Ordnung benutzen, zuwenden. Diese Verknappungsprinzipien beinhalten das Prinzip der *Umkehrung* (hervorgerufen durch die Autorschaft wird der Überfluss an Informationen und Kommunikationen und deren Kontinuität umgekehrt, d.h. künstlich verknappt, beschnitten und gestört), der *Diskontinuität* (Diskurse tauchen als diskontinuierliche Praktiken auf), der *Spezifizität* (Diskurse streben keine bloße Spiegelung oder rationale Entzifferung der Welt an, sondern müssen als Gewaltakte betrachtet werden, die wir den Dingen und Bedeutungen aufzwingen) und der *Äußerlichkeit* (es wird nicht ein Wesen des Diskurses analysiert, sondern äußerliche Regelhaftigkeit). Die Analyse der Verknappungsprinzipien kann dabei zwei Richtungen einschlagen. Sie kann erstens im Sinne einer Kritik die Analyse nach dem Prinzip der Umkehrung ausrichten und sich auf die Suche nach dem Anlass und Ursprung machen; sie kann zweitens als Genealogie die Ausbildung und Abfolge von Diskursserien und der relevanten Kontextbedingungen im historischen Verlauf analysieren.

Habermas: Sprache und soziale Kooperation

Jürgen Habermas' bis in die 80er Jahre des 20. Jahrhundert hinein betriebene Theoriebildung orientiert sich an einem gehaltvollen Konzept des kommunikativen Handelns, das sich sowohl im Sinne eines forschungsleitenden Idealtypus für die Analyse konkreter Kommunikationsverhältnisse als auch für eine weitausholende Zeitdiagnose der Entwicklungstendenzen in der modernen Gesellschaft verwenden lässt (Habermas 1973; 1981a; 1981b). Habermas hat die Leitgedanken seines Konzeptes wie folgt formuliert:

> „Der Begriff des kommunikativen Handelns ... bezieht sich auf die Interaktion von mindestens zwei sprach- und handlungsfähigen Subjekten, die (sei es mit verbalen oder extraverbalen Mitteln) eine interpersonale Beziehung eingehen. Die Aktoren suchen eine Verständigung über die Handlungssituation, um ihre Handlungspläne und damit ihre Handlungen einvernehmlich zu koordinieren." *(Habermas 1981a: 128)*

Rationalität als Grundvoraussetzung

In dieser Bestimmung wird der von Habermas unternommene Versuch einer intersubjektivitätstheoretischen Einbindung (soziale Welt) von antizipierten Selbstwahrnehmungen (subjektive Welt) und Handlungssituationen (objektive Welt) in sprachliche Interaktionen deutlich. Da kommunikatives Handeln im Sinne einer Verständigung über gemeinsam zu verwirklichende Handlungspläne grundsätzlich nur als Form des sozialen Handelns aufzufassen ist, rückt das Problem der Handlungskoordinierung, also die Abstimmung über zum Handlungserfolg führende Ziele und Mittel sowie über angemessene Situationsdefinitionen, in das Zentrum der Analyse. Für Habermas setzt das Aushandeln von Situationsdefinitionen aber eine gewisse Rationalität und Argumentationsfähigkeit bei den miteinander interagierenden Akteuren voraus:

> „Ein kommunikativ erzieltes (oder im Handlungskontext gemeinsam vorausgesetztes) Einverständnis erfüllt nicht nur die Bedingungen einer faktisch bestehenden Übereinstimmung. Einverständnis kommt vielmehr nur unter Bedingungen zustande, die auf eine rationale Grundlage verweisen. Einverständnis beruht auf gemeinsamer Überzeugung. Die kommunikative Handlung des einen gelingt nur, wenn der andere sie in spezifischer Weise akzeptiert; wenn er (wie implizit auch immer) zu einem grundsätzlich kritisierbaren Standpunkt mit ‚Ja' oder ‚Nein' Stellung nimmt. Sowohl Ego, der mit seiner Äußerung einen Geltungsanspruch erhebt, wie Alter, der diesen anerkennt oder zurückweist, stützen ihre Entscheidungen auf potentielle Gründe." *(Habermas 1984: 460/461)*

Im Zuge einer weitgehenden „Entzauberung der Welt" (Max Weber) als Folge der radikal betriebenen Aufklärung und Entmythologisierung in Wissenschaft, Kultur, Religion und Politik lässt sich das kommunikative Handeln als Handlungsform verstehen, die die überlieferten, qua Normen und Werten vorgegebenen Situationsdefinitionen ablöst. Der Zerfall eines durch Normen tradierten, unhinterfragten Konsenses in der Auseinandersetzung mit der natürlichen und sozialen Umwelt zwingt zur Abstimmung der vielfältigen Anschauungen und Handlungsentwürfe, die mit gleicher Legitimität und Geltung in der Gesellschaft um Zustimmung und Verwirklichung konkurrieren. Durch den Zerfall des traditionellen Normensystems ist es den Individuen selbst aufgetragen, für das gesellschaftliche Zusammenleben einen Hintergrund geteilter Annahmen und Regeln durch das Aushandeln von gemeinsamen Situationsdefinitionen herzustellen (Habermas 1984: 465). Für die aufwändige Konstruktion einer gemeinsamen sozialen Welt mit verbindlichen Bezugspunkten können die Akteure allerdings auf Rationalitätspotentiale zurückgreifen, die ihnen kraft der besonderen Eigenschaften von sprachlicher Kommunikation zur Verfügung stehen (Habermas 1981a: 148). Gemeint sind hiermit Elemente der Verständigungsorientierung, die bei jedem Sprechakt unhinterfragt verwendet werden und die daraufhin analysiert werden können, auf welche Weise und in welchem Umfang diese Elemente bei sozialen Interaktionen verwandt werden.

Sprechakttheorie

Für Habermas weist also das Sprechhandeln als empirischer Bezugspunkt selbst auf die Bereitstellung der Mittel für eine konsensuale Lösung von Handlungsproblemen und Zielkonflikten hin, und der Aufweis der der Verständigung dienenden illokutionären Elemente von Aussagen gibt Auskunft über den Grad der Verständigungsorientierung von sprachlicher Interaktion. Die Normalform eines illokutionär motivierten Sprechaktes (z.B. ich verspreche Dir, dass p; ich verkünde hiermit, dass q) verweist auf den Anspruch auf Gültigkeit des Geäußerten, allerdings in einer Form, die den Gültigkeitsanspruch selbstreflexiv und widerlegbar thematisiert. Neben diesen offensichtlich kommunikativen Elementen des Sprechaktes müssen auch noch assertorische (z.B. ich erzähle Dir von dem Sachverhalt r) und expressive Sätze (z.B. ich fürchte mich davor, dass s) enthalten sein, die miteinander verbunden den Kommunikationsprozessen erst ihre eigentliche Funktion zuweisen (Habermas 1981b: 98-100). Entsprechend den drei Bestandteilen des Sprechaktes existiert nämlich eine dreifache Aufgabenstellung für das kommunikative Handeln als ‚symbolische Form sozialer Reproduktion': die Handlungskoordinierung als diskursive Einigung über für die Interaktionspartner gültige Regeln, die Überlieferung von kulturellen Wissensbeständen und die interaktive Formierung und Absicherung von individuellen Persönlichkeitsstrukturen (Ich-Identitäten). Primär sichern die illokutionären Angebote eines Sprechers durch das von ihnen implizit angemahnte Gebot der wechselseitigen Gültigkeit und Akzeptanz die Funktionalität des Verständigungsvorgangs. Dabei ist es wichtig hervorzuheben, dass der vom Sprecher erhobene Geltungsanspruch von dem Rezipienten durch Beibringen guter Gründe zurückgewiesen werden kann. Das wohlbegründete Nein-Sagen ist für Habermas interessanterweise das eigentliche Movens für eine konsensuelle Einigung zwischen den Gesprächspartnern:

„Weil kommunikatives Handeln die Orientierung an Geltungsansprüchen verlangt, verweist es von Anbeginn auf die Möglichkeit, dass Dissense durch die Beibringung von Gründen geschlichtet werden. Daraus können sich institutionalisierte Formen der argumentativen Rede entwickeln, in der die normalerweise naiv erhobenen, unmittelbar bejahten oder verneinten Geltungsansprüche als kontroverse Geltungsansprüche zum Thema gemacht und hypothetisch erörtert werden." *(Habermas 1981b: 114)*

Das potentielle Nein-Sagen-Können aller Kommunikationspartner ist aber noch mit einem weiteren Verständigungsmodus der illokutionären Diskurselemente verknüpft. Die mögliche Ablehnung der Geltungsansprüche eines Sprechers durch seine Gegenüber wird jenen dazu bewegen, sich immer schon die potentiellen Einwände und Gegengründe vorzustellen und anzueignen, die gegen die eigene Argumentation vorgebracht werden können. Der Sprecher versucht, in die Rolle möglicher Opponenten zu schlüpfen, und lernt hierdurch die Beschränktheit der subjektiv als gültig angenommenen Geltungsansprüche kennen. Dies befähigt ihn zu Toleranz und Selbstkritik und ermöglicht erst auf diese Weise das auf eine konsensuelle Einigung ausgerichtete gemeinsame Aushandeln von Situationsdefinitionen.

Die Theorie des kommunikativen Handelns hat in der empirischen Forschung unterschiedliche Aufnahme gefunden: Zum einen ist die Verwendung des kommunikativen Handlungstypus als Idealtypus populär geworden, mit dessen Hilfe vermachtete oder asymmetrische Kommunikationssituationen analysiert und kritisiert werden können (Holzinger 2001; Spörndli 2004). Das dialogische Prinzip des kommunikativen Handelns lässt sich aber auch auf die Forschungspraxis selbst übertragen. Hierbei muss der Forscher lernen, seine eigenen Erkenntnisse und Analysen in einem intersubjektiven Austausch mit den Probanden auf ihre Geltung und Wahrhaftigkeit hin abzuklopfen. Auf diese Weise wird – im Sinne eines intersubjektiven, demokratischen Erkenntnisprozesses – das wissenschaftliche Wissen für die Akteure des untersuchten Handlungsfeldes verfügbar gemacht (Fischer 2003).

2.6 Eine relationale Perspektive (Bourdieu)

Objektivismus versus Subjektivismus

In gewisser Weise nimmt Pierre Bourdieus (1979; 1982; 1985; 1987) Programm einer relationalen Soziologie eine Zwischenposition im Widerstreit zwischen machtkritischer Diskurstheorie und verständigungsorientierter Kommunikationstheorie ein. Lassen sich bei Foucault – zumindest in den Hauptwerken der 60er Jahre – deutliche Züge eines objektivistischen Diskursverständnisses erkennen, so nimmt bei Habermas der Wissenschaftler die Rolle eines Kommunikationspartners ein, der die Geltungsansprüche in seinem Untersuchungsfeld angemessen verstehen und wiedergeben soll. Pierre Bourdieu wendet sich in seinen soziologischen Untersuchungen über soziale Ungleichheit in der modernen Industrie- und Konsumgesellschaft gegen eine solche einseitige Positionsbestimmung (Objektivismus versus Subjektivismus). Stattdessen schwebt Bourdieu die Auflösung solcher Gegensätze in Form eines dritten Ansatzes, den er als praxeologische Soziologie bezeichnet, vor (Janning 1991). Die praxeologische Soziologie muss sowohl die alltäglich erlebte Interaktion als auch die sie determinierenden sozialstrukturellen Faktoren miteinbeziehen und im Rahmen einer komplexen Analyse miteinander in Beziehung setzen:

die praxeologische Erkenntnisweise

> „Gegenstand der Erkenntnisweise …, die wir praxeologische nennen wollen, ist nicht allein das von der objektivistischen Erkenntnisweise entworfene System der objektiven Relationen, sondern des weiteren die dialektischen Beziehungen zwischen diesen objektiven Strukturen und den strukturierten Dispositionen, die diese zu aktualisieren und reproduzieren trachten; ist mit anderen Worten der doppelte Prozess der Interiorisierung der Exteriorität und der Exteriorisierung der Interiorität“ (Bourdieu 1979: 147).

In dieser Definition drückt sich die ambivalente Haltung Bourdieus zu einer objektivistischen, d.h. strukturalistischen Soziologie wie zu einer subjektivistischen, d.h. phänomenologischen Soziologie aus: Grundsätzlich ist Bourdieu entgegen der phänomenologischen Vorgehensweise der Auffassung, dass der Beschäftigung mit der schillernden Mannigfaltigkeit der Alltagspraxis das Freilegen von objektiven Strukturen – Bourdieu (1979: 149) nennt hier als Beispiele ökonomische Preiskurven, die Verteilung von Zugangschancen zu höheren Bildungseinrichtungen und Regeln des Heiratsverhaltens – der analysierten Gesellschaft bzw. des betrachteten sozialen Handlungsfeldes vorausgehen muss. Ein wirkliches Verstehen der Sozialwelt kommt für den Wissenschaftler allerdings nur dann zustande, wenn ein ‚generatives Prinzip' aus den Praxisformen herausgelöst wird, das als unbewusstes, von allen Akteuren inkorporiertes Regelwerk die objektive Intention und Angemessenheit sozialen Handelns erklärbar macht.

die relationale Methode

Der notwendige Rückbezug der Forschung auf das Aussage- und Zeichensystem konkreter sozialer Praxis ist aber nicht als Rückkehr zu einer phänomenologischen Perspektive zu begreifen. Denn Bourdieu ist nicht bereit, das eigentlich innovatorische Moment einer strukturalistischen Betrachtungsweise gegenüber dem Einfühlen in subjektive Sinnzusammenhänge aufzugeben. Den frühen Strukturalisten und Funktionalisten, vor allem in der Ethnologie, verdanken wir nämlich die Entdeckung der relationalen Methode für die Sozialwissenschaften. Damit ist die Erkenntnis gemeint, dass die sozialen Akteure in ihrem Verhalten einem außersubjektiven Beziehungsgeflecht unterworfen sind, das die Evidenzen alltäglicher face-to-face-Kommunikation übersteigt und die Individuen im öffentlichen wie privaten Leben zu Repräsentanten objektiver Positionen im sozialen Raum werden lässt (Bourdieu 1985). Mit anderen Worten ist es dem Strukturalismus zu verdanken, dass die wichtige Frage nach den objektiven Möglichkeitsbedingungen einer primären, subjektiven Erfahrung gestellt wird, durch deren Ausschluss – mit der These von der Unhintergehbarkeit von Subjektivität – sich der phänomenologische Ansatz definiert. Für die praxeologische Erkenntnisweise gilt allerdings, dass der entschleiernde Blick der strukturalen Methode auf diese selbst angewandt werden muss, was bedeutet, dass nach den Voraussetzungen einer objektiven Erfahrung in der strukturalistischen Anschauung gefragt werden muss. Die Reflexionsfähigkeit des relationalen Denkens macht demnach insbesondere das Verhältnis zwischen Forscher und Forschungsgegenstand/Proband zum Gegenstand der Analyse und muss feststellen, dass im Strukturalismus zugunsten von vermeintlich universell gültigen Funktionsmodellen der Erfahrungsbereich des eigentlichen Handelns ausgeschlossen und der theoretischen Außenperspektive des Forschers eine größere Wahrhaftigkeit zugewiesen wird.

Die relationale Perspektive des praxeologischen Ansatzes zeigt sich demnach besonders sensibel für die Verankerung der Forschungspraxis und der Forschungsperspektiven in gesellschaftlichen Prozessen (Bourdieu 1993). Der praxeologische Ansatz versucht darauf zu achten, dass nicht die eigene, stark ausgeprägte Reflexionskompetenz des Forschers auf die beobachteten oder theoretisch konstruierten Akteure projiziert wird. Denn für alle wissenschaftlichen Rekonstruktionen von sozialen Handlungen und Akteursperspektiven gilt bislang, dass „sie … gleichermaßen im Gegensatz zur praktischen Erkenntnisweise stehen, der Grundlage der normalen Erfahrung der Sozialwelt“ (Bourdieu 1987: 49). Der Sozialforscher bleibt in den meisten Fällen auf der Stufe eines subjektiven, weil unreflektierten Verhältnisses zu seiner Forschungsperspektive (als Praxis) und seiner eigenen Sozialwelt (dem wissenschaftlichen Feld der Wissenschaftsdisziplinen, Forschungstraditionen und -ansätze) stehen. Dies ist die Folge eines unreflektierten „Intellektualozentrismus“, der den Sozialforscher in die Gefahr bringt, die eigene Beobachterperspektive, die er sich durch aufwändige theoretische und praktische Arbeit als Wissenschaftler angeeignet hat, für alle real existierenden Handlungssubjekte vorauszusetzen (Bourdieu 1987: 56). Damit wird es aber unmöglich, Denk- und Verhaltensweisen, die sich der wissenschaftlich-theoretischen Logik des Wissenschaftlers entziehen, überhaupt wahrzunehmen. Und letztlich setzen sich insbesondere Sozialwissenschaftler dadurch dem Verdacht aus, dass sie die Wirklichkeitsempfindungen und die intellektuellen Potentiale einer Bildungselite durch die wissenschaftliche Rekonstruktion der Wirklichkeit generalisieren.

Doppellung der relationalen Perspektive

Mithin kann in der Bourdieuschen Soziologie deshalb von einer doppelten oder gedoppelten relationalen Perspektive gesprochen werden. Ersten müssen alle sozialen Tatbestände, alltägliche wie formal organisierte Praktiken, kulturelle Wahrnehmungs- und Deutungsmuster, Mechanismen der Statuszuweisung und der sozialen Wertschätzung als strikt relational determiniert begriffen werden. Da diese Praktiken, Interpretationsschemata und Regeln von dem generativen Prinzip des Habitus erzeugt werden, der wiederum den Alltag des Individuums und die konkreten Situationsanforderungen des Heute mit einer kollektiv geprägten Sozialbiographie und entsprechenden typischen Sozialisationserfahrungen in Verbindung bringt, werden in aktuellen Handlungen die etablierten Selbst- und Fremdwahrnehmungen von sozialer Nähe und Distanz und von Gruppenzugehörigkeiten und sozialen Abgrenzungen reproduziert (Bourdieu 1979: 164f.; 1987: 98f.). Der Habitus ermöglicht es, dass Akteure systematische Erzeugungsschemata zur Kreation von Praktiken und Artekfakten und von systematischen Wahrnehmungs- und Bewertungsschemata zur Klassifizierung von Handlungen anderer Akteure ausbilden (Bourdieu 1982: 280; Janning 2005: 337). Der systematische Charakter der erworbenen Schemata verweist auf die Tatsache, dass die Praktiken und Wahrnehmungsweisen von Akteuren eine innere Kohärenz auszeichnet, die es angemessen erscheinen lässt, in Abgrenzung zu anderen systematischen Praxis- und Wahrnehmungsformen von der Konstitution spezifischer Lebensstile, Geschmackstypen und Handlungsethiken – dies sind empirische Konkretisierungen, die am ehesten die „Systemhaftigkeit“ des Habitus zum Ausdruck bringen – auszugehen. Die schon mit der Habitustheorie angelegte relationale Perspektive wird mit dem Denken in Feldkategorien noch verstärkt. Hierbei werden soziale Handlungssysteme in ihrer Funktion als Produktionsfelder bestimmter materieller, kultureller, symbolischer und sozialer Güter analysiert, wobei sich die Nachfrage nach diesen Gütern aus dem Kampf um Anerkennung zwischen den sozialen Klassen bzw. Statusgruppen speist (Bourdieu 1982: 283ff.). Da Güter aus Wissenschaft, Politik, Literatur etc. aber auf der Basis unterschiedlicher Relevanz- und Referenzsysteme hergestellt werden können, führt der soziale Konsum der verschiedenen Güter zu einer Ausbildung und Verschärfung feldinterner Konflikte, z.B. zwischen denjenigen, die Massenartikel herstellen und vertreiben und denjenigen, die aufwändige und erlesene Luxusartikel anfertigen und dieses Angebot bewusst verknappen wollen, um den Wert dieser Artikel weiter zu steigern. Nicht nur Produktionsfelder von Kulturgütern (Theater, Literatur, Mode etc.) folgen dieser Logik, sondern auch die Felder der wissenschaftlichen Wissensproduktion. Und da die Sozialwissenschaften selbst ebenfalls als ein bestimmtes wissenschaftliches Feld aufzufassen sind, das durch eine bestimmte Nachfrage nach Forschungsthemen und Forschungsleistungen strukturiert wird, ist jedes aktuelle Forschungsinteresse und einzelne Forschungsprojekt unter Einbeziehung der Gesamtverteilung zu betrachten. Das Interesse des Forschers an bestimmten Problemthemen oder an Abläufen in besonderen Handlungsfeldern oder innerhalb von Organisationen kann demnach nicht von seiner Statusposition und von den Konjunkturen an Themen und Relevanzzuordnungen im Feld der Sozialwissenschaften getrennt werden (Bourdieu 1985; 2004).

2.7 Die aktuelle Methodendiskussion in der amerikanischen Politikwissenschaft

Inferenz als Voraussetzung guter Forschung

In ihrem einflussreichen, kontrovers diskutierten Methodenbuch plädieren King, Keohane und Verba (1994) dafür, quantitative und qualitative Vorgehensweisen als wesensgleich zu behandeln, da beide Forschungszugänge der Logik der Inferenz folgen. Natürlich wollen die Autoren nicht unterschlagen, dass quantitative Forschung auf der Beschaffung und Analyse von numerischen Daten fußt und es das Ziel jedes Forschers ist, die Datenbasis zu verbreitern und mehr Fälle hinzuzuziehen. Aber auch qualitative Forschungsdesigns bemühen sich, von der einzelnen Beobachtung oder von einem Einzelfall gewisse verallgemeinernde Schlüsse zu ziehen, auch wenn der Gegenstandsbereich und die eingenommene Perspektive weiterhin limitiert bleiben. Der Versuch, auf wissenschaftlicher Basis und mit standardisierbaren Verfahren Verallgemeinerungen und Schlüsse aus dem Datenmaterial abzuleiten, begründet die Gemeinsamkeit zwischen den unterschiedlichen Forschungstraditionen: „All good research can be understood – indeed, is best understood – to derive from the same underlying logic of inference" (King/Keohane/Verba 1994: 4).

Wie wird diese Logik der Inferenz weiter bestimmt und welche unterschiedlichen Implikationen ergeben sich für die qualitative und quantitative Forschung? King, Keohane und Verba (1994: 7-8) unterscheiden zwischen deskriptiven und explanatorischen Schlüssen, auf die wissenschaftliche Forschung zulaufen muss. Das deskriptive Schließen geht nicht in dem Datensammeln auf, sondern versucht, ein zugrunde liegendes Muster oder einen allgemeineren Typus aus der Datenmenge zu generieren, der sich nicht einfach direkt messen oder beobachten lässt. Das kausale Schließen leitet einen Kausalmechanismus bzw. kausale Effekte aus den Daten ab. Das deskriptive oder kausale Schließen ausgehend von einer Datenmenge setzt ferner voraus, das die Methode, mit der die Daten generiert und analysiert werden, explizit gemacht wird. Nur dadurch lässt sich das wissenschaftliche Kriterium der potentiellen Über- und Nachprüfbarkeit – der Intersubjektivität – der vorgelegten Forschungen aufrechterhalten. In einem engen Zusammenhang damit steht die weitere Forderung, dass die Forschung nicht nur nachvollziehbar sein soll, sondern auch Informationen über die „Sicherheit" der gezogenen Schlüsse, d.h. über die Stärke oder Schwäche des in den Daten aufgewiesenen Zusammenhangs und die möglichen Messfehler, enthalten muss. Nur auf diese Weise wird es für einen Außenstehenden möglich, die aufgewiesenen Inferenzen in ihrer Bedingtheit und Begrenztheit zu erfassen. Als vierter Punkt kommt die Anforderung hinzu (und dies wird schon in der vorhergehenden Bestimmung deutlich), dass sich die wissenschaftliche Forschung eines (etablierten) Set an Regeln für die Produktion und Interpretation von Inferenzen unterordnen muss, um so die Basisvoraussetzungen für wissenschaftliche Qualität zu garantieren.

Inferenz in qualitativer Forschung?

Auf den ersten Blick scheinen qualitative Vorgehensweisen sich weniger deutlich der Inferenzlogik zuordnen zu lassen als die quantitativen Methoden. Probleme bereitet vor allem der dritte Punkt, der die Messbarkeit von Fehlern (durch Signifikanztests) oder von Schwäche- und Stärkegraden einer Korrelation (zwischen Variablen) anspricht. Die hierfür notwendigen Verfahren scheinen sich einem nicht-numerischen, rein interpretativen Verfahren zu verschließen (Bartels 2004; King/Keohane/Verba 1994: 32). Wie beurteilen die Autoren nun die Umsetzbarkeit ihrer Inferenzregeln in der qualitativen Politikforschung? In der ausführlichen Betrachtung der deskriptiven Inferenz wird deutlich, dass sie genau genommen nur eine Vorstufe für die kausale Zuschreibung von auslösenden Faktoren und resultierenden Wirkungen darstellt; deskriptive Inferenz wird hier nämlich als ein Forschungsprozess beschrieben, der auf der Basis deduktiver Theorien aus einer Vielzahl von Beobachtungen und Daten die wichtigen von den weniger wichtigen Variablen trennen soll, so dass nur noch die systematisch relevanten Variablen übrig bleiben, deren Relation dann durch eine Kausalhypothese über das Verhältnis zwischen unabhängigen und abhängigen Variablen spezifiziert werden kann (King/Keohane/Verba 1994: 55-60, 77). Aus diesem Grunde bleibt die besonders für die qualitative Forschung als relevant herausgestellte deskriptive Inferenz allzu stark bezogen auf quantitative Forschungsdesigns, die sich weitaus besser für die Überprüfung von Kausalhypothesen verwenden lassen. Dies schwächt den Status der Forschungsdesigns, die sich im weitesten Sinne bloß um den Aufweis von deskriptiven Inferenzen bemühen. Mit anderen Worten kann man dem Bemühen von King, Keohane und Verba, gemeinsame Standards für qualitative und quantitative Forschung zu entwerfen, vorwerfen, bloß Güte- und Relevanzkriterien aus der statistischen Datenanalyse auf die eher interpretativ orientierten Vorgehensweisen zu übertragen, ohne deren Eigenwert und besondere Forschungsorientierung angemessen zu berücksichtigen. Zu einer ähnlichen Einschätzung sind in einer vielstimmigen Debatte auch diejenigen qualitativ orientierten Forscher gelangt, die sich mit dem Beitrag von King, Keohane und Verba kritisch auseinandergesetzt haben (Brady/Collier 2004). Ihre Kritiken weisen auf folgende wichtige Gesichtspunkte hin:

- King, Keohane und Verba unterschätzen in ihren Empfehlungen die Fehleranfälligkeit der quantitativen Forschungsrichtung, insbesondere fallen für die gängigen Regressions- und Korrelationsanalysen Unschärfen und falsche Kausalhypothesen durch das Auslassen von ebenfalls relevanten unabhängigen oder „intervernierenden" Variablen an (Collier/Seawright/Munck 2004: 46-47).
- Die Autoren unterschätzen die Bedeutung und den Ertrag eines rein induktiven Vorgehens in der qualitativen Forschung, das – z.B. im Sinne der „Grounded Theory" – theoretische Modelle oder Idealtypen erst in Auseinandersetzung mit dem vorliegenden Datenmaterial bzw. durch Verarbeitung von Erfahrungen im Feld generiert; selbst bei statistischen Datenanalysen erfolgen häufig induktive Forschungsschritte, um nach einem ersten Hypothesentest die Forschungshypothesen oder aber die Instrumente der Datenanalyse zu verfeinern (Collier/Brady/Seawright 2004: 237-238).
- King, Keohane und Verba bringen wenig Verständnis für die Anwendungsmöglichkeiten interpretativer Verfahren auf und bleiben statt dessen dem Ideal der statistischen Überprüfung verhaftet; auf diese Weise werden die Einsatzmöglichkeiten qualitativer Forschungstechniken verzerrt dargestellt und die Bedeutung des Einsatzes beispielsweise von qualitativen Inhaltsanalysen oder Intensivinterviews für spezifische Forschungsgegenstände nicht erfasst (Collier/Seawright/Munck 2004: 49; Tarrow 2004).

2.8 Zusammenfassung und Übungsaufgaben

2.8.1 Zusammenfassung

In den Sozialwissenschaften haben qualitative Vorgehensweisen eine lange Tradition, allerdings lässt sich bei der Durchsicht der relevanten Grundlegungsversuche ein gewisser Widerstreit zwischen objektivierenden und immanent verstehenden Positionen markieren. Webers Konzeption des Idealtypus ist noch ganz von der Vorstellung geprägt, dass der Forscher nur durch eine theoretisch hergeleitete Außenposition die empirischen Mannigfaltigkeiten sortieren und zuordnen kann. Aus der Weber-Kritik und aus konkreten Erfahrungen in der Feldforschung entwickelt sich jedoch ein interpretatives Verständnis von qualitativer Forschung, das möglichst unvoreingenommen dem Forschungsgegenstand gegenüber treten möchte und erst auf der Grundlage einer intensiven Auseinandersetzung mit dem Untersuchungsgegenstand – wobei den Interpretationen der untersuchten sozialen Akteure selbst ein großer Stellenwert zukommt – und ersten empirischen Erkenntnissen weitere Konkretisierungen der Forschungsfrage und der forschungsleitenden Annahmen vornehmen möchte. Mitunter wird gerade die Offenheit des Forschers als grundlegender Vorzug und als Hauptabgrenzungskriterium gegenüber der quantitativen Methode vorgebracht:

> „Qualitative Sozialforschung versteht sich im Gegensatz zur quantitativen Vorgehensweise nicht als Hypothesen prüfendes, sondern als Hypothesen generierendes Verfahren. Der Hypothesenentwicklungsprozess ist bei qualitativen Projekten erst mit dem Ende des Untersuchungszeitraums vorläufig abgeschlossen. Im Untersuchungsprozess selbst ist der Forscher gehalten, so offen wie möglich gegenüber neuen Entwicklungen und Dimensionen zu sein, die dann in die Formulierung der Hypothesen einfließen können." *(Lamnek 2005: 21)*

Fraglich ist allerdings, ob der qualitative Sozialwissenschaftler ohne die „Konstruktion" eines Forschungsgegenstandes überhaupt ein wissenschaftliches Erkenntnisinteresse, bezogen auf ein gesellschaftliches Phänomen oder Problem, formulieren kann. Somit stehen Akte der Kategorien- und Konzeptbildung am Anfang jeder Annäherung an einen Forschungsgegenstand. Das Offenheitsprinzip hat dann nur zur Konsequenz, dass die Konzepte und Kategoriensysteme, mit deren Hilfe der Forscher relevante Forschungsprobleme, -objekte und -fragen auswählt und markiert, im weiteren Forschungsprozess immer wieder in Frage gestellt und bei Bedarf den empirischen Erkenntnissen angepasst werden müssen, um noch bessere Forschungsansätze als Ergebnis zu generieren. Und letztlich deckt sich diese verhalten optimistische Einschätzung über die Potentiale qualitativer Sozialforschung durchaus mit den Überlegungen von King, Keohane und Verba über die Fähigkeiten der qualitativen Analyse, mittels deskriptiver Inferenzen relevante von irrelevanten Variablen als Merkmalsausprägungen eines Untersuchungsgegenstandes zu unterscheiden und dadurch zu einer Eingrenzung der Forschungsfragen beizutragen.

2.8.2 Übungsaufgaben

1. Was versteht Max Weber unter einem Idealtypus und wie lassen sich Idealtypen im Forschungsprozess nutzen?
2. Was versteht man unter einem hermeneutischen Ansatz in den Sozialwissenschaften und wie lässt sich davon die objektive Hermeneutik abgrenzen?
3. Warum muss nach Maßgabe der Ethnomethodologie besonders das Alltagswissen in der Gesellschaft analysiert werden?
4. Was ist eine Grounded Theory und welches Forschungsprogramm verbindet man damit?
5. In welchen Punkten unterscheiden sich Foucaults Plädoyer für die Diskursanalyse und Habermas' Theorie des kommunikativen Handelns voneinander und was haben die beiden Ansätze gemein?
6. Worin unterscheidet sich Bourdieus relationale Perspektive von den kritisierten Wissenschaftspositionen des Subjektivismus (Phänomenologie) und Objektivismus (Sturkturalismus)?
7. Was verstehen King, Keohane und Verba unter deskriptiver Inferenz und welche Probleme ergeben sich für die qualitative Forschung, wenn sie sich der von diesen Autoren postulierten Logik der Inferenz unterordnet?

3 Forschungsmethoden und politikwissenschaftliche Anwendungen

Nach der Übersicht über die Vorgehensweisen qualitativer Forschung in Kapitel 1 und dem Rückbezug auf die maßgeblichen Forschungstraditionen und theoretischen Grundlagen in Kapitel 2 sollen nun wichtige Methoden der Datenerhebung und Datenanalyse behandelt werden. Mit den Methoden der Datenerhebung sind jene Verfahren gemeint, die gewährleisten, dass eine auf diese erhobenen Daten bezogene Analyse vorgenommen werden kann. Mit anderen Worten ist eine Datenerhebung oder Datensammlung immer dann notwendig, wenn eine anvisierte Datenanalyse gar nicht auf schon vorhandene Daten – in Form von Statistiken, Protokollen, Dokumenten, Interviewtexten – zurückgreifen kann:

> „Datensammlung ist immer dann notwendig, wenn das zur Auswertung benötigte Datenmaterial noch nicht in dieser Form in der Wirklichkeit vorhanden ist, sondern mittels Techniken der Protokollierung im weitesten Sinne verfügbar gemacht werden muss. Der Prozess der Datenerhebung besteht daher in einer Art von Umformung einer bestimmten Sorte von Rohmaterial in die eigentlichen Daten, die in dieser umgewandelten Form in der Wissenschaft Verwendung finden können." *(Behnke/Baur/Behnke 2006: 201)*

Interviews und teilnehmende Beobachtung

Das geläufige Rohmaterial für politikwissenschaftliche Forschung, das für wissenschaftliche Zwecke umgewandelt werden muss, stellt das konkrete Handeln in politischen Kontexten – entscheiden, wählen, abstimmen, argumentieren, diskutieren, verhandeln – dar und das darauf bezogene Rationalisieren und Deuten dieser Handlungen (durch die Akteure selbst und durch politikrelevante Beobachter). Um dieses besondere Rohmaterial zu erschließen und für weitere Analyseschritte bereitzustellen, werden hauptsächlich zwei Verfahren verwandt: das Durchführen von Befragungen und Interviews und das Veranstalten von (teilnehmenden) Beobachtungen. Die Protokolle von Beobachtungen (z.B. bei Gruppendiskussionen, Wahlveranstaltungen etc.) und die Transkriptionen von Interviews und Gesprächen fungieren als Grundlage für weitere sinnerschließende Interpretationsschritte der Datenauswertung.

Qualitative Auswertungsmethoden

Als für die Politikwissenschaft besonders relevante Methoden der Auswertung qualitativer Rohdaten werden im Folgenden die interpretative Inhaltsanalyse, die sozialwissenschaftliche Hermeneutik, die Diskursanalyse und die qualitative Konversationsanalyse behandelt. Die Darstellung der Analysemethoden zeigt Anwendungen auf politikwissenschaftliche Fragestellungen und Forschungsgegenstände auf und bezieht hierfür Fallbeispiele aus unterschiedlichen Forschungszusammenhängen der Politikwissenschaft ein.

3.1 Methoden der Datenerhebung

3.1.1 Qualitative Interviews (Intensivinterview, Leitfadeninterview, narratives Interview)

Standardisierung als Charakteristikum quantitativer Forschung

Auch für die statistische Datenanalyse fungiert eine Form der Befragung als Haupterhebungsinstrument. Der bei quantitativer Forschung eingesetzte vollstandardisierte Fragebogen gibt allerdings nicht nur die Fragen, sondern auch die Antworten bzw. die Antwortmöglichkeiten genau vor. Im Gegensatz dazu können die Interviewformen bei einem qualitativen Vorgehen stark variieren. Die Varianten reichen von der höchstens durch eine Eingangsfrage angeregten, freien Gesprächssituation im Rahmen von narrativen Interviews über die durch einen Interviewleitfaden vorstrukturierten Leitfaden- und Experteninterviews bis hin zu teilstandardisierten Interviewformen, die Kurzfragebögen oder einzelne standardisierte Frage-Antwort-Batterien einsetzen (Flick 2004a: 117-167; Lamnek 2005: 356-383). Bei allen Unterschieden in der Fragestruktur der Interviewformen besitzen qualitative Interviews aber auch erhebliche Gemeinsamkeiten, die sie von dem standardisierten Vorgehen der quantitativen Forschung unterscheiden und sie deshalb als die angemessenere Untersuchungsmethode erscheinen lassen. Im Unterschied zu der auf Fragebögen gestützten Forschung, die Antworten und daraus gewonnene Daten zur Bestätigung oder Falsifizierung der durch theoretische Deduktion abgeleiteten Hypothesen über einen Gegenstandsbereich benötigt, weist das Erkenntnisinteresse der qualitativen Interviews zumeist in eine andere Richtung (Behnke/Baur/Behnke 2006: 234-235). Der Einsatz von qualitativen Interviews bietet sich an:

- bei Forschungsthemen, die noch wenig erforscht sind,
- bei komplizierten Problemmaterien und Wirkungszusammenhängen, die eine differenzierte Rekonstruktion erforderlich machen,
- bei Einzelfällen, die detailliert und aus mehreren Perspektiven analysiert werden sollen,
- bei Befragungssituationen, in denen ein Vertrauensverhältnis zwischen Interviewer und Interviewtem aufgebaut werden muss und eine standardisierte Befragung höchstens eine „offizielle Version“ von Sachverhalten oder Abläufen erfasst.

Vorteile qualitativer Interviews

Gerade politikwissenschaftliche Forschungen werden häufig genau vor solche Anforderungen gestellt. Da mit der Fortentwicklung moderner Gesellschaften immer neuer Regulierungsbedarf entsteht und politisches Handeln stets mit neuen Problemmaterien und Entscheidungskonstellationen konfrontiert ist, lassen sich Akteurkonstellationen und Handlungsmotive im politischen Entscheidungsprozess kaum standardisieren. Um Aufschluss über bestimmte Entscheidungskonstellationen und deren Determinanten zu erhalten, müssen detailgenaue Informationen über beteiligte Akteure, diskutierte Entscheidungsoptionen, verfügbare Informationsressourcen und Handlungsrestriktionen gewonnen werden. In vielen Fällen kann schon die Rekonstruktion von einzelnen Fällen Informationen über neue Entscheidungssituationen generieren. Qualitative Interviews eröffnen dem Wissenschaftler die Chance, Hintergrundinformationen und Daten über informelle Kontakte und über die unterschiedlichen Wahrnehmungen im politischen Entscheidungsprozess zu erhalten.

Arten qualitativer Interviews

Es gibt dabei eine große Spanne an Variationsformen, um qualitative Interviewtechniken zu benutzen. Die Interviewtechniken variieren nach dem Grad der Offenheit der Interviewsituation und der Vorstrukturierung durch theoretische Annahmen und Zugänge. Bezugspunkt für die Abweichung und Annäherung stellen dabei die standardisierten Fragebögen – als Form des *geschlossenen Interviews* – in der quantitativen Sozialforschung dar, bei denen die Befragten selbst durch Ankreuzen oder auf gezielte Frage eines Interviewers in ihrem Antwortverhalten stark eingeschränkt sind und nur die vorgegebenen Varianten als Antwortmöglichkeiten angeben können. Das *narrative Interview* weicht als Spezialform des qualitativen Interviews davon am weitesten ab (Lamnek 2005: 357-361). Das narrative Interview läuft ausgehend von einer eingangs durch den Interviewer getätigten Aufforderung, über einen Sachverhalt, Ablauf oder aber über eine bestimmte Lebensphase frei und detailliert zu erzählen, weitestgehend unstrukturiert ab. Mit der Eingangsfrage bzw. -aufforderung ist es auch möglich, einen Rahmen für den erzählenden Bericht des/r Interviewten abzustecken und ihn/sie auf ein Themenfeld festzulegen. Während des Berichts sollte der Interviewer allerdings den Erzählfluss nicht stören, um die Rekonstruktion der Abläufe und Wahrnehmungen durch den Interviewpartner nicht verzerrend zu steuern. Höchstens am Ende des Berichts bieten sich Möglichkeiten zur Nachfrage. Das offene, durch den Interviewer kaum strukturierte Interview deutet auf den Verzicht von theoretischen Vorüberlegungen hin, allerdings impliziert der Einsatz des narrativen Interviews, dass Erfahrungen und Erlebnisperspektiven für die Rekonstruktion von Abläufen und Sachverhalten als besonders relevant betrachtet werden. Es kann deshalb nicht verwundern, dass die Form des narrativen Interviews besonders in der Biografie- und Lebenslaufforschung eingesetzt wird (Küsters 2006; Lucius-Hoene/Deppermann 2004).

Das *episodische Interview* versucht die Vorteile des narrativen Interviews zu nutzen, strebt aber nur eine Aufklärung über bestimmte Gegenstände und Hintergründe an und steuert das erzählende Gespräch über einen Interviewleitfaden auf die für den Forscher besonders relevanten Themen oder Ereignisse (Flick 2004a: 158-167). Durch gezielte Interventionen und Nachfragen steuert der Interviewer die einzelnen Erzählpassagen entsprechend den Schwerpunkten seines Leitfadens und wird häufig sogar zu ausschweifende Berichte unterbrechen oder auf andere Sachverhalte umlenken. Die aktive Rolle des Interviewers setzt voraus, dass dieser sich über den Gegenstandsbereich des Interviews nicht nur gut informiert hat, sondern seinerseits Annahmen über die Relevanzstruktur der Geschehnisse und Wahrnehmungen aufgestellt hat, die nun im Interview mit den Erfahrungsberichten der Interviewten verglichen werden.

Beim *problemzentrierten Interview* operiert der Forscher ganz ähnlich wie beim episodischen Interview, allerdings ist das Interview nur ein Verfahren innerhalb eines Methoden-Mix, in dem durch Interview, Fallanalyse, Gruppendiskussion und Inhaltsanalyse ein bestimmter Problembereich auf verschiedene Weise betrachtet werden soll (Witzel 1985). Der Forscher geht hier ganz dezidiert mit einer theoretischen Fragestellung ins Feld und nutzt das Interview zur

Verifikation oder Verfeinerung der theoretischen Annahmen. Insofern verlässt das episodische Interview den Pfad des rein induktiven Vorgehens. Der Forscher stellt durch Hinweise, Nachfragen und Einwände dezidiert seine Wahrnehmungen des Gespräches und seine theoretischen Annahmen im Gespräch zur Diskussion. Das Interview kann ferner durch einen Leitfaden genauer strukturiert sein und auch Formen des geschlossenen Interviews – etwa einen Kurzfragebogen mit Fragen und standardisierten Antwortmöglichkeiten zu den personenbezogenen Daten des Interviewpartners – enthalten.

Das *fokussierte Interview* ähnelt dem problemzentrierten Interview insofern, als auch hier der Forscher durch den Leitfaden theoretische Vorannahmen in die Interviewsituation hineinbringt (Lamnek 2005: 368-371). Stärker als die anderen Interviewformen dient das fokussierte Interview denn auch der Bestätigung oder Falsifikation von Hypothesen, die der Interviewer über das Verhalten seiner Interviewpartner getroffen hat. Diese Hypothesen beziehen sich allerdings auf Beobachtungen und Experimente, die dem Interview vorausgehen – beispielsweise im Rahmen der Medienwirkungsforschung das Erfragen der Reaktionen auf Film-, Bild- und Tonmaterial, dem die Probanden vorher kontrolliert ausgesetzt wurden. Insofern steht das fokussierte Interview in einem engen Zusammenhang mit einer besonderen Forschungsanordnung und markiert eine nachgeordnete Phase der Ermittlung von Verhaltensreaktionen und Einstellungen für bestimmte, künstlich hergestellte Situationen.

Das *Tiefen- und Intensivinterview* weicht von den anderen Interviewverfahren stark ab. Das Interview dient hier nicht der Übermittlung von Erfahrungs- und Hintergrundwissen und der Rekonstruktion von Abläufen und Geschehnissen aus einer subjektiven Perspektive, vielmehr versucht das Tiefen- und Intensivinterview die Mechanismen der subjektiven Bedeutungsstrukturierung und -zuweisung, die dem Befragten zumeist verschlossen bleiben, zu ermitteln. Der Interviewer begibt sich mit seinen Fragen auf eine Motivsuche und konzentriert sich deshalb auf die Gefühle und Wahrnehmungen des Interviewten, ohne an deren „objektivem" Gehalt weiter interessiert zu sein. Anwendung findet das Tiefen- und Intensivinterview vor allem in der Psychoanalyse bzw. in Therapiegesprächen, in denen die Motivstrukturen des Befragten analysiert werden sollen.

qualitative Interviews in der Politikforschung

Von den verschiedenen Interviewformen eignen sich nur einzelne Varianten für eine Anwendung in der Politikwissenschaft: Eine *Mischform* aus episodischem und problemzentriertem Interview stellt das leitfadengestützte *Experteninterview* dar, das häufig als Basis für die Fallrekonstruktion von politischen Entscheidungsverläufen, von Veränderungen und Konfliktlinien in Politikfeldern und von divergierenden oder parallelen Entwicklungen bei vergleichenden Fallstudien angewandt wird (Gläser/Laudel 2004). Auf der Basis eines durch Vorstudien und theoretische Vorüberlegungen informierten Interviewleitfadens werden Hintergrundinformationen über Sachverhalte und Geschehnisse, aber auch Informationen über Handlungsmotive und Kooperationsbereitschaften und Einschätzungen über Entwicklungen und Veränderungen erhoben. Dabei können sich innerhalb des Interviews fokussierte Phasen, in denen Informationen von dem Interviewer abgefragt werden, mit narrativen Phasen, in denen der Interviewte von seinen Erfahrungen berichtet, abwechseln. Gute Beispiele für die Konstruktion von Interviewleitfäden und für die Verwendung von Interviewmaterial lassen sich deshalb besonders in der fallstudienbezogenen Policy-Forschung auffinden, in denen die Policy-Vorstellungen und Werthaltungen von politischen Akteuren und Experten des Politikfeldes nachvollzogen werden (Hofmann 1993; Nullmeier/Rüb 1993; Reeher 1996).

Narrative Interviews finden in der Politikwissenschaft seltener Verwendungen, sind sie doch das geeignete Instrument für die historische Rekonstruktion von Lebensphasen und Zeitstimmungen. Die politische Biographieforschung steht jedoch häufig am Schnittpunkt zur Geschichtswissenschaft. Narrative Interviews können auch für Porträts von Zeitzeugen und Politikgestaltern genutzt werden, um deren biographische Deutungsmuster und generationstypische Prägungen mit politischen Geschehnissen zu vergleichen und dadurch die Strategien zur Bewertung von Brüchen und Entwicklungen in der eigenen Biographie offen zu legen und sie mit generations- oder zeittypischen Bewertungsschemata und Politikverständnissen zu korrelieren (Bude 1987; Bude 1995). Eine solche vergleichende Betrachtung von biographischem Material unter Einbeziehung von Formen der politischen Rechtfertigung und Ordnungszuweisung ließe sich durchaus auch für spezielle Bereiche der Politikanalyse nutzen.

Fallbeispiel

Experteninterviews zur Sozialpolitik

Leitfadengestützte qualitative Interviews finden häufig Verwendung in wissenschaftlichen Studien, die Gestaltung der Leitfäden und die Interpretation des Interviewmaterials wird dabei aber nur höchst selten zum Thema gemacht. Dies liegt sicherlich daran, dass in diesen Fällen auch andere Erhebungs- und Analysetechniken neben den Interviews genutzt werden und die qualitativen Interviews hier nur einen ergänzenden Status erhalten. Das ist in der Studie, die im Folgenden behandelt werden soll, anders. Sie basiert explizit und ausnahmslos auf Interviewgesprächen, in denen Politiker zu ihren Gerechtigkeitsvorstellungen befragt wurden. In der Studie von Roswitha Pioch (2000) liegt der Fokus auf Reformbestrebungen in der Sozialpolitik, wobei hier Reformvorstellungen und deren Verknüpfung mit Gerechtigkeitsvorstellungen in Deutschland und den Niederlanden miteinander verglichen werden und entsprechend Politiker aus beiden Ländern interviewt werden, die in der nationalen Debatte über Sozialpolitik hervorgetreten sind. Die Fallstudie wird gezielt daraufhin untersucht,

Kriterien der Darstellung der Fallbeispiele

- wie die methodische Vorgehensweise begründet wird,
- welche theoretischen Vorannahmen für die Interviews und die Leitfaden-Konstruktion getroffen werden,
- wie die Interviewpartner und die Leitfaden-Inhalte ausgewählt werden,
- wie das Interviewmaterial ausgewertet und interpretiert wird,
- und wie Ergebnisse aus den Interviews vor dem Hintergrund theoretischer Vorannahmen und Konzepte gedeutet und verallgemeinert werden.

Die Darstellung der Fallstudien zur Illustration der anderen Erhebungs- und Analysemethoden in den folgenden Abschnitten wird sich ebenfalls an diesen Kriterien orientieren.

Pioch versucht mit ihrer Forschungsarbeit eine Lücke zu schließen zwischen der theoretischen Bearbeitung und Begründung sozialer Gerechtigkeit in der Politischen Philosophie und Gesellschaftstheorie einerseits und der empirischen Sozialpolitikforschung, in der Reformprogramme vor allem der westlichen Industriestaaten miteinander verglichen und die nationalen Veränderungsmöglichkeiten und Pfadabhängigkeiten in der Sozialpolitik analysiert werden andererseits. Die empirische Analyse der Gerechtigkeitsvorstellungen von Politikern (und anderen politikrelevanten Akteuren) kann die Leitorientierungen, Wertbezüge und Grundideen in diesem weiterhin stark nationalstaatlich geprägten Politikfeld aufweisen und diese mit den Durchsetzungschancen von Policy-Reformen in einzelnen Industriestaaten in Verbindung bringen:

> „Im Vergleich der Gerechtigkeitsvorstellungen und der Reformvorschläge in der Bundesrepublik Deutschland und in den Niederlanden wird der Frage nachgegangen, ob die vorgefundenen Gerechtigkeitsmuster der sozialpolitischen Experten eines Landes mit der unterschiedlichen Ausgestaltung des sozialpolitischen Institutionengefüges korrespondieren. Der Ländervergleich untersucht die Pfadabhängigkeit zwischen institutionellem Handlungskontext und der Herausbildung normativer Orientierungen. Die Niederlande unterscheiden sich von der Bundesrepublik Deutschland darin, dass in ihrem System sozialer Sicherung eine Mindestsicherung zur Absicherung der unteren Grenze des Sozialstaates stärker institutionalisiert ist als dies in der Bundesrepublik Deutschland der Fall ist. Führt dies zu anderen Gerechtigkeitsvorstellungen?“ *(Pioch 2000: 33/34)*

Kritik an der Fallauswahl

Die Auswahl der beiden Vergleichsfälle wird zwar explizit begründet, sie orientiert sich aber an einem theoretischen Auswahlkriterium, das aufgrund der Kenntnis der umfangreichen Sozialpolitik-Forschung über die westlichen Industrieländer gewählt wird. Die Sozialpolitik-Modelle variieren im Hinblick auf ihre Finanzierung und ihre Definition von Leistungsbeziehern (Pioch 2000: 73ff.). Das deutsche Modell der beitragsfinanzierten Sozialversicherung garantiert eine Versorgung mit Sozialleistungen ohne Bedürftigkeitsprüfung nur denjenigen, die über Abgaben aus den Lohnzahlungen für ihre Erwerbsarbeit sich Ansprüche auf Unterstützung „verdient“ haben. Ohne Beitragsleistung können Sozialleistungen nur denjenigen gewährt werden, die sich der „peinlichen Befragung“ einer Prüfung auf Bedürftigkeit aussetzen und eine Grundversorgung nicht aus eigenen Mitteln (über Einkommen, Privatbesitz, Familienunterstützung) finanzieren können. Für einen Vergleich mit diesem Modell böte sich am besten das am stärksten abweichende Gegenmodell an – das universale System sozialer Sicherung mit allgemeiner Steuerfinanzierung der Sozialleistungen und Grundsicherung –, das man in Großbritannien oder Schweden verwirklicht findet. Allerdings wendet Pioch ein, dass die größtmögliche Abweichung auch die Chancen dieses Sozialmodells unterminiert, als Vorbild für den Ausgangsfall zu fungieren. Pioch schlägt deshalb vor, sich dem niederländischen Sozialsystem als Vergleichsfall zuzuwenden, weil hier Elemente der Beitragsfinanzierung mit Ansprüchen der universalen Bereitstellung von Leistungen verknüpft werden. Insofern taugen die Niederlande eher als Vergleichsfall, weil das dort praktizierte Sozialmodell Anknüpfungspunkte für eine Ausweitung oder Übernahme von Gerechtigkeitsprinzipien als Grundlage für Reformmodelle bietet als das extremere Gegenmodell.

Diese Annahme wird sicherlich dadurch bestätigt, dass die deutsche Debatte über Reformen der Sozialpolitik oder des Arbeitsmarkts sich schon häufiger auf die positiven Entwicklungen in den Niederlanden bezogen hat (Visser/Hemerijk 1998).

Zwei weitere theoretische Vorannahmen prägen die methodische Vorgehensweise für die gesamte Studie: Zum einen ist das die These, dass zugrunde liegende Gerechtigkeitsprinzipien sich auf die Vorschläge zur Fortentwicklung oder Veränderung des Sozialstaates auswirken bzw. diese dadurch stark motiviert werden. Diese Gerechtigkeitsvorstellungen sind aber selbst auch geprägt durch die etablierten Programmkonzepte und Maßnahmen in einzelnen Politikfeldern und deren Institutionalisierungsformen. Insofern liefert die empirische Analyse von Gerechtigkeitsvorstellungen einerseits Anhaltspunkte dafür, in welche Richtung sich die Sozialpolitik verändern könnte. Andererseits werden auch die typischen Grundüberzeugungen deutlich, die den Spielraum für Veränderungen eingrenzen und auf typische Strukturmuster festlegen. Als zweiten Gesichtspunkt stellt Pioch die These auf, dass sich explizit formulierte Gerechtigkeitskonzepte noch am ehesten bei den Akteuren dingfest machen lassen, die sich mit Sozialpolitikmodellen professionell beschäftigen und eventuell sogar eigene Reformvorschläge ausgearbeitet haben:

> „Ich habe mich dafür entschieden, die Gerechtigkeitsdeutungen von in den Reformprozessen der Sozialpolitik direkt involvierten sozialpolitischen Experten zu erheben. Die in der Bevölkerung vorhandenen Deutungen von sozialer Gerechtigkeit wirken nicht direkt und unmittelbar auf den Politikprozess ein, sondern gelangen über die Deutungsfilter der Politiker in das politische System hinein. Die Rekonstruktion der Gerechtigkeitsvorstellungen von Sozialpolitikern ermöglicht somit zugleich, etwas über die Gerechtigkeitsvorstellungen der Bevölkerung, und zwar in der Wahrnehmung der Politiker, zu erfahren. Der Selektionsprozess der Politiker darüber, welche Gerechtigkeitsvorstellungen der Bevölkerung Eingang in ihre Wahrnehmung finden, hängt wiederum auch von der subjektiven Deutung sozialer Gerechtigkeit eines jeden einzelnen Politikers ab." *(Pioch 2000: 61)*

Auswahl der Interviewform

Mit Hilfe dieser theoretischen Begründung lässt sich natürlich leicht die Auswahl der geeigneten Gesprächspartner begründen und vornehmen; es müssen sozialpolitische Experten ausgewählt werden, die dezidiert Reformvorschläge geäußert haben oder aber in der politisch interessierten Öffentlichkeit zur Diskussion solcher Vorschläge beigetragen haben. Pioch (2000: 65) geht davon aus, dass man durch die Aufforderung, diese Reformvorschläge zu erläutern und weiter zu diskutieren am ehesten die zugrunde liegenden Gerechtigkeitsvorstellungen in der sozialpolitischen Debatte der beiden Länder aufweisen kann. Gerechtigkeitsvorstellungen lassen sich nicht einfach abfragen, sondern finden sich manchmal bloß implizit angedeutet, manchmal aber auch explizit erläutert in den Argumenten und Konzepten, die für die Begründung der Reformvorschläge vorgebracht werden. Pioch plädiert deshalb für eine möglichst offene Interviewform. Hierbei wird der Bericht der Interviewpartner durch die Bitte angeregt, die individuellen Reformvorhaben dazulegen und die Geschichten darüber zu erzählen, wie es zu den Vorschlägen kam und wie sie sich im Laufe der Jahre – in Auseinandersetzung mit anderen Vorschlägen und Positionen in der Debatte – verändert haben.

Pioch glaubt deshalb, auf das narrative Interview zurückgreifen zu müssen, sie ist sich aber darüber bewusst, dass im Kontext von Experteninterviews der Interviewer eine andere Rolle einnimmt und deshalb viel stärker über Fachwissen verfügen muss, als dies in den normalen narrativen Interviewformen der sozialpädagogischen und soziologischen Biografieforschung gefordert ist (Pioch 2000: 66). Das Fachwissen der Interviewerin verleitet diese jedoch, im vorliegenden Fall, häufig in die Erzählungen und Überlegungen der Experten zu intervenieren. Diese Interventionen haben wohl nicht einen Leitfaden zur Grundlage, sind aber durch genaue Vorkenntnisse der Reformvorschläge und präzise Einschätzungen darüber, was für das Interview wichtig ist, geprägt. Die in der Studie teilweise ausführlich wiedergegebenen Interviews gleichen phasenweise eher Diskussionen und Streitgesprächen und weichen von der interviewerdezentrierten und offenen Form des narrativen Interviews stark ab (Pioch 2000: 186, 191, 211, 221, 227). Pioch verwendet deshalb eher die Vorgehensweise des episodischen Interviews, wie wir sie oben kurz dargelegt haben, allerdings ohne Leitfaden.

Auswertungsverfahren: Typologisierung

Zur Auswertung der Interviews mit den einzelnen Experten bedient sich Pioch unterschiedlicher Verfahren. Einerseits verweist sie auf die Bedeutung der objektiven Hermeneutik für ihre Interpretationen; hierfür ist allerdings die Prämisse maßgeblich, dass einzelne Interviews oder Interviewpassagen unter Heranziehung unterschiedlicher Vorverständnisse und Kontextinformationen in mehreren Zirkelbewegungen gedeutet und diese Deutungen mit wiederum variierenden Interpretationsmöglichkeiten in Beziehung gesetzt werden müssen (siehe 2.2). Eine solche Konfrontation der Interviewtexte mit „objektiven" Deutungsmöglichkeiten setzt dazu in den meisten Fällen einen intersubjektiven Austausch über Deutungsvarianten und deren Plausibilität voraus. Pioch geht aber bei ihrer Auswertung einen anderen Weg: Weder versucht sie die Informationen über ihre Interviewpartner und deren Einbettung in eine auftraggebende politische Organisation (Partei, Verband) für weitergehende Interpretationen und mögliche Varianten zu nutzen, noch lässt sie die Ergebnisse ihrer eigenen Interpretationen durch andere Perspektiven spiegeln. Stattdessen zieht sie eine aus theoretischen Vorannahmen und allgemeinen empirischen Beobachtungen zur Sozialpolitik der beiden Staaten abgeleitete Typologie der Gerechtigkeitsvorstellungen zur Interpretation heran. Dabei spielen die in der Theoriedebatte dominanten vier Gerechtigkeitsprinzipien eine besondere Rolle:

> „Die Typologien der Gerechtigkeitsvorstellungen, die am Ende der Falldarstellungen zu jedem Land entwickelt wurden, geben zunächst anhand von vier Differenzkriterien, mit denen sich die Gerechtigkeitsmuster systematisieren lassen, den Einzelfall als Typus wieder. Die Typologien zeigen die Verknüpfung der vier Gerechtigkeitsprinzipien Reziprozität, Solidarität, Subsidiarität und Individualität zu einem Deutungsmuster sozialer Gerechtigkeit eines jeden Falles. Erst die dann folgenden Überlegungen abstrahieren stärker vom Einzelfall und arbeiten mit den gefundenen Gerechtigkeitsvorstellungen als allgemeine Deutungsmuster sozialer Gerechtigkeit, über deren statistische Häufigkeit in dieser Untersuchung keine Aussage getroffen werden kann." *(Pioch 2000: 71/72)*

Die Auswertung der Interviews folgt dann dem Muster eines Abgleichens der Gerechtigkeitsvorstellungen der Experten auf die „Verteilung" und Kennzeichnung der vier Grundprinzipien (Reziprozität, Solidarität, Subsidiarität, Individualität). Ziel ist dabei die Verifikation eines für den politischen Akteur und für die Sozialpolitik in den beiden Ländern charakteristischen Gerechtigkeitsmusters, dem ein bestimmter Typus entsprechen soll. Die Interviews werden dabei aber nur bedingt – wie es für qualitative Vorgehensweisen typisch wäre – zur Entwicklung bzw. Weiterentwicklung einer Typologie genutzt, sondern müssen sich vor allem den vorab konstruierten Einordnungsmöglichkeiten unterordnen. Die aus den Interviews gewonnen Typen erscheinen in ihrer Zusammensetzung und Abgrenzung voneinander willkürlich und wenig trennscharf. Die aus der deutschen Reformdebatte interviewten acht Sozialpolitiker repräsentieren das Spektrum der diskutieren Reformvorschläge mit ihren inhärenten Gerechtigkeitsvorstellungen zwischen den Polen „reine Marktgerechtigkeit" (CDU-Regierung) bzw. „Leistungsgerechtigkeit" (FDP) und „Egalitäre Gerechtigkeit" (PDS) sowie u.a. den Zwischentypen „Marktgerechtigkeit und Solidarität" (CDU-Reformflügel), „Arbeitsmarktgerechtigkeit" (SPD) und „Gebrochene Teilhabegerechtigkeit" (GRÜNE) (Pioch 2000: 261). Diese Typologie hätte sich aber wahrscheinlich auch durch die Textanalyse der Reformprogramme und Verlautbarungen der interviewten Politiker erschließen lassen, die Funktion der narrativen Interviews für die Generierung einer solchen Typologie bleibt relativ unklar.[1] Als gemeinsames Motiv der Legitimation von Ansprüchen und Leistungen von deutschen Sozialpolitikern wird der Reziprozitätsgedanke (Leistung gegen Leistung) herausgearbeitet, der in allen Interviews als relevanter Gegenstand für die Legitimation der Sozialpolitik auftaucht und sich von den Gerechtigkeitsvorstellungen der niederländischen Sozialpolitik-Reformern unterscheidet, bei denen das Reziprozitätsmodell mit dem Universalisierungsprinzip konkurriert, das die staatliche Verantwortung für soziale Fürsorge aus unveräußerlichen Bürgerrechten ableitet und an keine Gegenleistung der Leistungsbezieher knüpft (Pioch 2000: 406-414). Der Verzicht auf universalistische Begründungen (Sozialleistungen als Bürgerrecht) in der deutschen Debatte wird von Pioch (2000: 434) als Hinweis dafür gewertet, dass in Deutschland die sozialpolitische Leistungsbemessung und -zuweisung stark auf das Lohneinkommen und die Lohnarbeit bezogen bleiben und sich deshalb wenig Unterstützung für radikalere Reformen der Finanzierung (z.B. verstärkt durch Steuermittel) und der Leistungsvergabe (z.B. soziale Grundsicherung) nach universalistischen Prinzipien erwarten lässt.

3.1.2 (Teilnehmende) Beobachtung

Forschung aus der Nähe

Die meisten prozessorientierten Fallstudien nehmen für die Rekonstruktion von Politikverläufen eine beobachtende Haltung ein, insofern als Akteure und Ereignisse aus einer bestimmten Perspektive strukturiert und in ein Verlaufsschema gepresst werden. Der Rückgriff auf *teilnehmende Beobachtung* als ein möglicher Analysebeitrag zur Fallstudie erscheint dabei denkbar, aber wenig praktikabel,

[1] In der ähnlich ausgerichteten Studie von Grant Reeher (1996) über allgemeine Gerechtigkeitsvorstellungen von amerikanischen Kongressabgeordneten werden die Narrative als wichtiges Element der theoretischen Grundvorstellungen von Akteuren behandelt und bleiben deshalb auch in der Darstellung der Forschungsergebnisse erhalten.

weil nur sehr eng eingegrenzte politische Handlungsausschnitte und Wirkungszusammenhänge aus der teilnehmenden Perspektive verfolgt werden können (Wiesner 2003). Diese Art von Mikro-Analyse, die einen engen Bezug zur Feldforschung der Ethnomethodologie besitzt (Patzelt 1987), ermöglicht es aber, politisches Handeln und Verhandlungen aus der „Nähe" zu beobachten und hat in einzelnen Fällen interessante Ergebnisse erzielt. Beispiele hierfür sind die Langzeitbeobachtung und Begleitung von Abgeordneten in ihrem Politikalltag, die Beobachtung von Wahlkampfteams und die Erschließung von informellen Verpflichtungsnetzwerken und Wissenstransfers in politischen Parteien sowie die Rekonstruktion des Rollenverständnisses von politischen Akteuren durch Beobachtungen (Fenno 1978; Fenno 1990; Loomis 1994; Searing 1994).

Die Haupteinsatzgebiete für die teilnehmende Beobachtung liegen nach wie vor nicht in der Politikwissenschaft, sondern in der Ethnologie und Kulturanthropologie; dort soll durch Teilnahme des Forschers an den Alltagsverrichtungen und Routinen eines Clans oder einer Dorfgemeinschaft das Fundament dieser „fremden" bzw. „primitiven" Gesellschaftsformen mit seinen Ritualen, Verwandtschafts- und Freundschaftsstrukturen und disziplinierenden Verhaltensregeln erschlossen werden (Lamnek 2005: 549). Da hier der Forscher die Alltagspraxis mit einer doppelten Brechung – als Wissenschaftler und als Fremder bzw. „Westler" – wahrnimmt, ist selbst bei intensiver Feldarbeit und engen Sozialkontakten das kontrollierte Fremdverstehen des Ethnologen nicht grundsätzlich gefährdet oder aber durch Akte der Bewusstmachung immer wieder einholbar. Aber auch die Soziologie hat für die Rekonstruktion sozialer Lebenswelten schon häufig auf die ethnographische Methode zurückgegriffen, und zwar insbesondere dann, wenn neue Subkulturen oder spezifische Erfahrungs- und Arbeitswelten (z.B. mittels sog. „Studies of Work"; Bergmann 1995) intensiv erforscht werden sollen (Girtler 1980; 1987). Ähnlich wie der Ethnologe verfügt auch der Soziologe über die Grundannahme, dass sich die Lebensweise von konkreten Individuen nur durch die mehr oder weniger distanzierte Teilnahme an diesem Alltagsleben erschließen lässt. Gegenüber dem anderen hier betrachteten Verfahren der Datenerhebung durch Befragung weist die Beobachtung deshalb einige wichtige Besonderheiten und Einschränkungen auf (Lamnek 2005: 552ff.):

Nachteile teilnehmender Beobachtung

- Beobachtungsverfahren sind lokal begrenzt. Da nur ein bestimmter Realitätsausschnitt erfasst werden soll, erscheint die Ausweitung der Beobachterperspektive nicht sinnvoll. Darüber hinaus erfordert die Durchführung von mehreren Beobachtungsprojekten und der dadurch mögliche Vergleich einen großen Ressourcenaufwand.
- Beobachtungsverfahren sind zeitlich begrenzt. Die Mikroanalyse von Erfahrungswelten wie Familien- oder Arbeitsplatzsituationen ist zumeist nur zeitlich eingeschränkt möglich, da sonst Eingriffe in den Beobachtungsgegenstand durch die Forschung (z.B. Störungen von Sozialkontakten, Eingriffe in persönliche Entscheidungen etc.) zu befürchten sind. Zur Herstellung einer Längsschnitt-Perspektive bietet sich höchstens die zeitlich versetzte bzw. unterbrochene Beobachtung des gleichen Realitätsabschnitts oder der gleichen Akteurskonfiguration an.

- Der Zugang zum Beobachtungsgegenstand ist beschränkt. Je nach Forschungsgegenstand ergeben sich Einschränkungen durch den nur selektiv gewährten bzw. möglichen Zugang zu bestimmten Handlungs- und Interaktionssituationen. Gerade Interaktionsfelder, die der Intimsphäre zugerechnet werden (z.B. Partnerschaft und Sexualverhalten) lassen sich höchstens indirekt erforschen. In politischen Kontexten sind insbesondere diejenigen Entscheidungsgremien kaum zugänglich, in denen unter Ausschluss der Öffentlichkeit oder im Rahmen einer gewissen Vertraulichkeit verhandelt und entschieden wird.

Varianten von Beobachtungsverfahren

Ausgehend von diesen Beschränkungen, die für einzelne Beobachtungsgegenstände unterschiedlich wirkungsvoll sein können, lassen sich spezifische Varianten von Beobachtungsverfahren diskutieren, die durch einfache Gegenüberstellungen plausibel gemacht werden können (Flick 2004a: 200; Friedrichs 1983: 272f.; Lamnek 2005: 556ff.):

- *Naive versus wissenschaftliche Beobachtung*: Gegenüber den zufälligen, ungeplanten Zeugenschaften des typischen Alltagsbeobachters setzt die wissenschaftliche Beobachtung eine gewisse Planung und Vorbereitung des Beobachtungsprozesses und eine bewusste Eingrenzung des Beobachtungsgegenstandes durch theoretische Vorarbeiten und die explizite Formulierung von Forschungsfragen voraus. Der wissenschaftliche Beobachter konstruiert seinen Forschungsgegenstand.
- *Strukturierte versus unstrukturierte Beobachtung*: Für die allgemeine Form der wissenschaftlichen Beobachtung lassen sich zwei Grundtypen unterscheiden, die jeweils einer standardisierten bzw. quantitativen und einer qualitativen Vorgehensweise entsprechen. Bei der strukturierten Beobachtung werden anhand von vorher festgelegten Kategorien die Beobachtungsinhalte markiert und bei Bedarf ausgezählt. Dies ermöglicht eine standardisierte, replizierbare Beobachtung von Vorgängen und Abläufen (z.B. die Nutzung von Verkehrsstraßen durch besondere Autotypen oder regionale und fremde Nutzer), setzt aber mithin das Vorliegen von Hypothesen und Annahmen über die zu beobachtenden Vorgänge oder Sachverhalte voraus. Die unstrukturierte Beobachtung entspricht eher der qualitativen Methodik; hier operiert man höchstens mit einem sehr groben Raster und bemüht sich um eine detailgenaue Erfassung (durch Protokollierung) des Beobachtungsausschnitts. Häufig werden hierbei „Feld-Tagebücher" erstellt, in denen der Forscher die notierten Beobachtungen mit seinen eigenen Erinnerungen vergleicht.
- *Offene versus verdeckte Beobachtung*: Die wissenschaftliche Beobachtung mit ihren stark bis wenig standardisierten Vorgehensweisen kann eher offen oder verdeckt operieren. Bei der offenen Beobachtung tritt der Forscher explizit als Wissenschaftler auf und stellt damit eine gewisse Distanz zu den von ihm beobachten Forschungsgegenstand und den involvierten Akteuren her. Die verdeckte Beobachtung vermeidet eine solche Distanzierungsbemühung, hier agiert der Beobachter unerkannt unter Gleichen.

- *Teilnehmende versus nicht teilnehmende Beobachtung*: Beobachtungen können nicht nur darin variieren, ob der Wissenschaftler sich als „professioneller Beobachter“ zu erkennen gibt, auch sein Verhältnis zum Untersuchungsfeld kann unterschiedlich intensiv ausfallen. Von einer teilnehmenden Beobachtung spricht man, wenn der wissenschaftliche Beobachter – sei es, dass er offen oder verdeckt operiert – Teil des von ihm beobachteten sozialen Feldes ist, somit als Akteur Anteil an der zu erschließenden Lebens- und Erfahrungswelt nimmt und alltägliche Interaktionsbeziehungen zu den Akteuren des Feldes aufbaut. Die nicht teilnehmende Beobachtung schließt ein solches Aufgehen des Wissenschaftlers in seinem Forschungsgegenstand aus und plädiert deshalb für eine distanzierte Außenposition gegenüber seinem Forschungsgegenstand.
- *Aktive versus passive teilnehmende Beobachtung*: Selbst die teilnehmende Beobachtung kennt allerdings noch weitere Varianten. Abhängig vom Grad der Involviertheit des Beobachters als Teilnehmer lassen sich noch weitere Untertypen aufschließen; diese reichen vom vollkommen in seiner Partizipationsrolle aufgehenden Teilnehmer bis zu den mit unterschiedlicher Offenheit und Intensität ausgestatteten Beobachterrollen, die den anderen Teilnehmern in den jeweiligen Interaktionssituationen auch verdeutlicht werden.

Für die politikwissenschaftliche Forschung ist der Einsatz einer bestimmten Beobachtungsform stark von dem untersuchten Kontext und der Untersuchungsfrage abhängig (Schöne 2003). Distanzierung und Zurückhaltung sind sicherlich eine Grundvoraussetzung zur Beobachtung der Sitzungen von Parlamentsausschüssen und Fraktionen. Eine eher kommunikative, teilnehmende Rolle übernimmt der wissenschaftliche Beobachter, wenn er beispielsweise Abgeordnete in ihren Wahlkreis begleitet und ihre Tätigkeiten in der Politikvermittlung und Programmdarstellung sowie ihren sensiblen Umgang mit Bürgerwünschen und subjektiven Problemdiagnosen analysiert (Fenno 1978). Hier steigt der wissenschaftliche Begleiter schnell zu einem Gesprächspartner auf, von dem der Politiker Hinweise und Meinungen und eventuell sogar beratende Lösungsvorschläge erwartet. Eine zu starke Distanzierung in der Beobachterrolle würde in diesem Falle die Erwartungen von Seiten des Politikers, der wichtige Aspekte seiner Arbeit und seines Lebens dem Beobachter öffnet, unterminieren. Eine gewisse Abhängigkeit vom Untersuchungsgegenstand ergibt sich auch bei der Auswahl von Standardisierungen für die Anfertigung und Auswertung von Beobachtungsprotokollen. Bei der Rekonstruktion von politischen Praktiken müssen Beobachtungsinhalte möglichst offen und nur wenig strukturiert dargestellt werden. Schließlich will der Wissenschaftler den von ihm beobachteten Individuen kein starres Beobachtungs- und Deutungsraster aufzwängen, vielmehr soll die Relevanzstruktur für das politische Handeln erst in der Beobachtung selbst ermittelt werden. Dagegen sind politische Gremiensitzungen, die in einer gewissen Regelmäßigkeit stattfinden und in ihrem Ablauf durch Verfahrensregeln strukturiert sind, viel stärker standardisierbar. Beispielsweise wurden in einer Beobachtungsstudie zum Abgeordnetenverhalten in Parlamentsausschüssen des Deutschen Bundestages und eines Länderparlaments (Sachsen) insgesamt 79 Gremiensitzungen in 239 Beobachtungsstunden protokolliert. Die Fülle des Materials lässt sich überhaupt nur dadurch bewältigen, dass ausgehend von der Funktion und den Organisationsprinzipien der Ausschüsse 19 Codierungskategorien (z.B. Inhalte der Sitzungen, Rolle des Vorsitzenden, Sitzungsatmosphäre etc.) ausgewählt wurden, um das Material zu sichten und dann weiter zu verarbeiten (Schöne 2003).

Fallbeispiel

Kongressabgeordnete in ihren Wahlkreisen

Die Methode der teilnehmenden Beobachtung soll anhand jener Fallstudie exemplifiziert werden, die diese Vorgehensweise überhaupt im Bewusstsein von Politikwissenschaftlern verankert hat und bis heute als exemplarische Beobachtungsstudie gilt – wenngleich Nachfolgestudien zumeist vor den zeitaufwändigen Beobachtungen zurückschrecken und das Abgeordnetenverhalten auf Basis von Surveys und Interviews zu rekonstruieren trachten (Patzelt 1993: 103). Richard Fennos Studie (1978) über das Verhältnis der amerikanischen Kongressabgeordneten zu ihren Heimatdistrikten versucht gerade die Frage zu beantworten, die in der bisherigen Forschungsliteratur nur ungenügend behandelt wurde:

> „What does an elected representative see when he or she sees a constituency? And as a natural follow up, What consequences do these perceptions have for his or her behavior?" *(Fenno 1978: xiii)*

Gewissermaßen wird in dieser Studie deshalb eine doppelte Beobachterposition eingenommen: Der Politikwissenschaftler Fenno beobachtet Politiker dabei, wie sie ihre Wähler bzw. ihren Wahlkreis wahrnehmen, und nur dadurch, dass die Wählerschaft „through the eyes of the representative" betrachtet wird, lassen sich präzisere Aussagen über die Motive des politischen Handelns und die Wirkungsweise von Repräsentationseffekten treffen. Hierfür ist es wiederum notwendig, die offiziellen nationalen politischen Entscheidungsarenen in Washington zu verlassen und das Verhalten der Politiker „back home", und zwar in Auseinandersetzung mit den regionalen Wählergruppen, zu analysieren. Fenno hat deshalb in einem Zeitraum von 1970 bis 1977 verschiedene Kongressmitglieder – insgesamt 18 Abgeordnete des House of Representatives – auf ihrem Weg in den Heimatdistrikt begleitet oder sie dort besucht, um ihnen bei ihrer Wahrnehmung von politischen Alltagsproblemen und Gestaltungsaufgaben über die Schulter zu schauen. Fenno hat insgesamt 36 solcher Besuche absolviert, insgesamt 110 Untersuchungstage mit den Abgeordneten in den Bezirken verbracht und dabei für die einzelnen Abgeordneten einen Beobachtungszeitraum zwischen drei (kürzester Besuch) und elf (längster oder wiederholter Besuch) Tagen eingeräumt. Elf der 18 Abgeordneten wurden nicht nur bei ihrer Wahlkreisarbeit beobachtet, mit ihnen wurden (in Washington) auch ausführliche Interviews über ihr politisches Selbstverständnis und ihre Arbeit geführt. Die Auswahl der Abgeordneten geschah dabei relativ willkürlich; da Fenno mit seiner Studie primär explorative Ziele verfolgte, wurde keinerlei Representativität bei der Auswahl der zu beobachtenden Abgeordneten angestrebt:

„I have tried to find a variety of types of representatives and districts, but I make no pretense at having a group that can be called representative, much less a sample. The eighteen include ten Democrats and eight Republicans. Three come from two eastern states, six come from five midwestern states; one comes from a border state; three come from three southern states; and five come from three far western states.“ *(Fenno 1978: xiv)*

explorativer Charakter der Studie

In dem der Studie nachgestellten methodischen Appendix geht Fenno (1978: 251) ganz explizit auf den explorativen Status seiner Beobachtungsstudien ein. Zwar stand am Ursprung seiner Untersuchung eine klar umrissene Forschungsfrage – nämlich wie der Wechsel im Abstimmungsverhalten der Abgeordneten beim „roll call voting“ mit Bedingungen und Interessen des Wahlkreises zusammenhängt[2] –, diese Fragestellung wurde nach ersten Felderfahrungen aber mit der weit offeneren Themenstellung vertauscht, herauszufinden, wie und als was der Abgeordnete seine politischen Bezugsgruppen überhaupt wahrnimmt. Diese Fragestellung formuliert keine Hypothese mehr, vielmehr dient der Forschungsprozess dazu, neue, realitätsnahe Hypothesen zu generieren, die aber nicht primär von der beobachtenden Forschung zu beantworten sind.

Vorgehensweise

Wie ist Fenno nun vorgegangen? Auffällig ist, dass er seine Abgeordnetengruppe sukzessive aufgebaut hat. Er fing an mit vier Abgeordneten im Jahre 1970, die er über persönliche Kontakte und einzelne Briefkontakte ansprach; mit den Jahren und weiteren Untersuchungsabschnitten kamen neue Abgeordnete dazu, bis die Untersuchung im Jahre 1977 bei der erreichten Höchstzahl abgebrochen wurde. Für die Teilnahme der Abgeordneten war es notwendig, ihr Vertrauen zu gewinnen, schließlich wurden fast private Lebensausschnitte des Abgeordneten mit verarbeitet und persönliche Kontakte der Politiker analysiert. Für Fenno hängt der Aufbau einer solchen Vertrauensbeziehung eng mit dem möglichst professionellen Auftreten des Wissenschaftlers zusammen:

„For my part, I began by presenting myself as a serious scholar, with a long-term professional interest in studying Congress. I came seeking information with which to write a book, information that I could not get anywhere else but from them. I presented as little as possible about the details of my project – only the few words necessary to justify a trip to the district, nothing more. My initial commitments were professional, and were unrelated to research content. ... Implicitly I agreed, as a professional scholar, not to write an exposé, not to kiss and tell, not to cause a member personal or political damage, not to quote a member when he or she wished not to be quoted. It was my hope that if I presented myself as a professional, they would realize that I have high standards to uphold and that my career, just as much as theirs, would be placed in great jeopardy if I did not keep my end of the bargain.“ *(Fenno 1978: 259/260)*

Wichtig war es für Fenno, gegenüber den Kongressmitgliedern zu betonen, dass er allgemein über das Verhältnis der Wahlkreise zu ihren Abgeordneten forscht; er kaschiert damit also den eigentlichen Forschungsgegenstand – die Wahrnehmungen und Deutungen der Abgeordneten –, um nicht durch die Forschung die

[2] Beim so genannten „roll call voting“ stimmen Abgeordnete namentlich ab, so dass man ihr Abstimmungsverhalten und ggf. Veränderungen über die Zeit feststellen kann.

politische Praxis vor Ort zu verfremden. Allerdings sind auch Fennos theoretische Vorüberlegungen relativ unspezifisch und rekurrieren nur auf die Bedeutung der Beobachtungsperspektive(n) für politisches Handeln. Fenno versucht darüber hinaus auch relativ unvorbelastet an den Forschungskontext – die einzelnen Wahlkreise der Abgeordneten – heranzugehen. Er recherchiert nicht die besonderen Probleme oder Interessenkonstellationen, die vor Ort herrschen, sondern möchte möglichst unvoreingenommen die Issues in den Wahlkreisen aus der Perspektive der Abgeordneten erleben und aufnehmen (Fenno 1978: 264).

Schwierigkeiten in der Praxis

Ein großes Problem für eine Beobachtungsstudie ist es, Zugang zu möglichst forschungsrelevanten Sitzungen zu gewinnen; hierfür ist es häufig notwendig, „Kapital" durch vorhergehende Teilnahme an weniger wichtigen Veranstaltungen zu akkumulieren. Fenno (1978: 267) schildert als Beispiel ein Organisationstreffen einer lokalen Unterstützergruppe. Die zugesagte Teilnahme des Kongressabgeordneten wird wegen anderer Termine zurückgezogen, Fenno nimmt jedoch trotzdem an der Veranstaltung teil und partizipiert an den Wahlvorbereitungen, indem er hilft, Wahlaufrufe zu verschicken und sogar an einer Telefonumfrage teilnimmt. Nur die wenigsten der lokalen Unterstützer sind mit der Person und den Absichten Fennos vertraut und können seine Beziehung zu dem Abgeordneten einschätzen. Bei dem nächsten Treffen mit dem Abgeordneten spricht dieser Fenno auf seinen Beitrag zur Unterstützung der Wahlkampagne an und fordert ihn auf, ihn zu einem wichtigen politischen Treffen mit regionalen Interessengruppen zu begleiten. Diese Art der teilnehmenden Beobachtung setzt mithin voraus „to become one of the group", womit vor allem der Abbau von Distanz gegenüber dem Forscher und seinen „merkwürdigen Forschungen" gemeint ist. Fenno selbst verliert darüber nicht die notwendige Distanz seiner Forschungsperspektive, wird aber immer weniger als Fremder wahrgenommen.

Wie sehen nun einige Ergebnisse aus, die Fenno aus seinen Beobachtungsstudien gewonnen hat, und inwieweit ist für ihre Gewinnung die beobachtende Methode eine notwendige Voraussetzung? Als erstes plädiert Fenno für ein neues Verständnis der „constituency", der Wählerschaft, die konventionell über den Distrikt, seine geographische Verfassung und seine sozialen und ökonomischen Daten erfasst wird. Hier weist Fenno (1978: 8ff.) auf unterschiedliche Wählergruppen hin – die „reelection constituency" (die Mehrheitswähler), die „primary constituency" (die programmatisch festgelegten Kernwählergruppen und Unterstützer) und die „personal constituency" (der innere Kern der Parteifreunde und lokalen Vertrauten) –, die innerhalb des Wahldistrikts die Problemwahrnehmung des Abgeordneten auf unterschiedliche Weise beeinflussen. Eine rein quantitative Auswertung der Reisewerte der Abgeordneten des House of Congress demonstriert eine große Varianz in der Häufigkeit, in der Abgeordnete von Washington zu ihrem Heimatdistrikt zurückkehren (zwischen 4 mal und 365 mal pro Jahr, mit dem Mittelwert von 35 Reisen) und entsprechend auch der Zeit, die sie mit Wahlkreisarbeit verbringen. Als relevanten Faktor zur Erklärung dieser Varianz ermittelt Fenno (1978: 35ff.) durch einfache Vergleiche die Dauer der Kongresszugehörigkeit der einzelnen Abgeordneten (seniority); Abgeordnete, die schon relativ lange dem Kongress angehören und ihr Amt und den Wahlkreis „sicher" verteidigen, treiben nicht mehr so viel Aufwand, um ihre Wiederwahl zu organisieren und konzentrieren sich dafür auf die Ausschussarbeit in Washington. Gerade für die jüngeren oder angezweifelten Abgeordneten, die viel Zeit in ihre Wahlkreisarbeit investieren, ist es wichtig die Unterstützung relevanter Wählergruppen zu erhalten bzw. zu festigen. Fenno (1978: 56ff.) beschäftigt sich deshalb mit den unterschiedlichen, von ihm vor allem bei Wahlveranstaltungen beobachteten Strategien von Abgeordneten, für sich Vertrauen einzuwerben, sich ehrlich und aufrichtig zu geben und die (vermeintliche) Identität der Wählerschaft anzusprechen. Dies gelingt häufig genug nur dadurch, dass die Abgeordneten neben ihren Reden auch direkte Kontakte (person to person) zu Wählern und Wahlhelfern unterhalten, ungezwungen Konversation bei Veranstaltungen treiben und Bekanntschaften zu besonders treuen Unterstützern pflegen. Gerade bei diesem Thema fließen Detailbeobachtungen zu den Kampagnen von einzelnen Abgeordneten ein, die ihre Sprache und Selbstdarstellung und die in Wahlkampfreden behandelten Themen eng auf die lokalen Gegebenheiten und Unterstützergruppen abstimmen.

Fenno (1978: 125) fasst seine Beobachtungen damit zusammen, dass es für die Abgeordneten von übergroßer Bedeutung für ihre Wiederwahl ist, dass sie mit ihrem Auftreten und bei persönlichen Kontakten einen typischen und wiedererkennbaren Stil entwickeln (einen „home style"), der sie als authentische Persönlichkeiten mit klaren Meinungen und Zugehörigkeiten (z.B. das local boy-Image) und einer identifizierbaren Wahlkampfstrategie präsentiert. Die genaue Ausprägung dieses Home Style hängt natürlich weiter davon ab, mit welchen Strategien die Abgeordneten kämpfen bzw. kämpfen müssen; er ist also abhängig von der „seniority" des Abgeordneten und von der nötigen Intensität, mit der sich die Abgeordneten in ihren Wahlkreisen – eine fundamentale Gefahr für sie tritt durch eine Neugliederung des Wahlbezirkes auf – um ihre Wiederwahl bemühen müssen (Fenno 1978: 176ff.).

3.2 Methoden der Datenanalyse

3.2.1 Qualitative Inhaltsanalyse

unreflektierte Verfahren

Zur Analyse von Interviewmaterial und teilweise auch von Beobachtungsprotokollen (wenn diese von Fremden und nicht vom Forscher selbst erstellt wurden) werden in den Sozialwissenschaften häufig unreflektiert Verfahren der *qualitativen Inhaltsanalyse* angewandt (Mayring 2003). Methodisch reflektierter wird die qualitative Inhaltsanalyse etwa in Ergänzung zur quantitativen Bearbeitung von Dokumenten als Untersuchungsverfahren zur Entschlüsselung der Sinndimensionen von Aussagen und Texten angewendet. Dies kann sich beispielsweise auf die Analyse von Medienberichterstattung zu politischen Themen und von Gesetzestexten bzw. -entwürfen sowie von Parlamentsdebatten und Parteiprogrammen erstrecken (z.B. Barthe 2001; Bleses/Rose 1998; Opp de Hipt 1987; Sabatier/Jenskins-Smith 1993). Mit Hilfe von konzeptbasierten Kategorienschemata werden hier eventuell widerstreitende oder übereinstimmende Programmpositionen, politische Grundüberzeugungen und Wertvorstellungen oder populistische Vorurteile und Feindbilder kenntlich gemacht. Darüber hinaus erlaubt die Art und Ausrichtung der für die Beschreibung der politischen Interaktion benutzten Terminologien den Rückschluss auf zugrunde liegende Politikverständnisse und kommunikative bzw. antagonistische Interaktionsstrategien, weshalb auch Forschungen über internationale Konflikte und Beziehungen, die auf die Relevanz von Ideen, Werten und Verständigungsorientierungen hinweisen, verstärkt auf inhaltsanalytische Verfahren zurückgreifen (Albin 2001; Crawford 2002; Steffek 2002; Ulbert 1997).

Vergleich mit der quantitativen Inhaltsanalyse

Auf welche Verfahren und Techniken kann eine inhaltsanalytisch operierende Politikwissenschaft zurückgreifen? Gerade im Vergleich zur quantitativen Inhaltsanalyse erscheint die Methodik der qualitativen Inhaltsanalyse wenig ausdifferenziert (Lamnek 2005: 493ff.). Für die quantitative Inhaltsanalyse ergeben sich klare Vorgaben für die zu ziehende Stichprobe bei einer größeren Grundgesamtheit von Untersuchungsgegenständen (z.B. Jahrgänge einer überregionalen Tageszeitung), für die zu analysierenden Untersuchungseinheiten (z.B. Schlagzeilen, Kommentare, Artikel) und die vorab theoretisch hergeleiteten Analysedimensionen und -kategorien (z.B. Personennamen von Politikern, Sportlern etc.). Und für die Analyse der gewonnenen Daten und den Aufweis von statistischen Zusammenhängen hat sich ein breites Angebot an Techniken entwickelt (Merten 1995). Von der qualitativen Inhaltsanalyse unterscheidet sich die quantitative Analyse vor allem durch das Kriterium der Non-Reaktivität, d.h. die von der quantifizierenden Textanalyse untersuchten Texte und Dokumente wurden nicht durch eine Interaktion zwischen Forscher und Forschungsgegenstand produziert, sondern werden als „systematische Dokumente“ von dem Forscher nicht beeinflusst und nur in ihrer Struktur analysiert (Atteslander 2003). Die Interpretation von Beobachtungs- oder Gesprächsprotokollen und Interviewtexten in der qualitativen Forschung vollzieht sich als wertvolle Phase der Datenanalyse im Anschluss an die Datenerhebung. Dadurch ergibt sich eine enge Verbindung zwischen Forschungsgegenstand und der Phase der Datenerhebung und den Interpretationen des Forschers. Für die quantitative Inhaltsanalyse ist die Auswertung solcher „akzidentaler Dokumente“ eher problembehaftet, weil sich hier nur eingeschränkt objektivierbare und unabhängige Datenanalysen vornehmen lassen.

Forschungsansätze

Die verschiedenen Forschungsansätze, die eine qualitative Auswertung von Texten und Kommunikationsinhalten vornehmen, beziehen allerdings unterschiedliche Positionen im Hinblick darauf, wie sich eine objektivierbare Inhaltsanalyse mit qualitativer Ausrichtung durchführen lässt und welche standardisierbaren Verfahren bzw. Verfahrensschritte hierfür einzusetzen sind. Flick (2004a: 308ff.) sieht deshalb einen Unterschied zwischen den qualitativen Ansätzen der Textinterpretation darin begründet, dass sie unterschiedliche Textmengen verarbeiten (Gesamt- oder Globalanalysen versus sequentielle Fein- und Fallanalysen) und die Entwicklung von Kodierungsinstrumenten und Kategorienschemata entweder vorab oder erst in der Interpretationsphase entwickeln (theoretisches Codieren und explizierende Inhaltsanalyse versus hermeneutisches und diskursanalytisches Verfahren). Die im Folgenden zu behandelnden Forschungsansätze lassen sich dann genauer klassifizieren:

Die *qualitative Inhaltsanalyse* versucht, aus der großen Gesamtmenge der im Forschungsprozess anfallenden Textdaten, seien es transkribierte Interviews oder Dokumente, die für die Forschungsfragen relevanten Passagen und Aussagen herauszufiltern. Sie muss deshalb als ein nach expliziten Regeln vorgehendes Verfahren zur Reduktion von Datenmengen und zur Explizierung der Kernaussagen oder Kernthemen verstanden werden.

Die *Diskursanalyse* orientiert sich ähnlich wie die qualitative Inhaltsanalyse an einer Gesamtauswertung der im Forschungsprozess akkumulierten Daten, strebt dabei aber keine Reduzierung der Datenmenge an, sondern versucht einen Gleichklang der Motive und Themen sowie ein übergeordnetes Bedeutungsschema – den Diskurs – durch Vergleich der unterschiedlichsten Textsorten und Datenträger aufzuweisen. Häufig führt diese Vorgehensweise dazu, noch weitere Quellen und Informationen heranzuziehen und den Forschungsprozess auszuweiten, um die spezifische und allgemeine Logik des aufgewiesenen Diskurses zu erfassen.

Mittels des *hermeneutischen Ansatzes* werden besondere Gegenstände – einzelne Fallbeschreibungen, Statements oder Vortragsreden, aber auch bildliche Darstellungen und Filme – auf ihre objektive Sinnstruktur hin analysiert. Hermeneutische Verfahren können deshalb auch als Hilfsinstrument zur Tiefeninterpretation in Forschungsphasen eingesetzt werden, in denen besonders relevante Texte oder Darstellungen schon herausgearbeitet wurden.

Ähnlich wie das hermeneutische Verfahren fokussiert die *Konversationsanalyse* auf einzelne Fälle und Textpassagen, wobei sie hauptsächlich für die Analyse von dokumentierten Gesprächen und Gesprächsabläufen verwendet wird. Die Konversationsanalyse versucht die interaktive Genese von Bedeutungen und Identitäten oder das Konfliktniveau in sprachlichen Interaktionen zu ermitteln und führt hierfür Vergleiche zwischen den dokumentierten Konversationsformen und zwischen einzelnen Gesprächspassagen durch.

qualitative Inhaltsanalyse nach Mayring

In diesem Kapitel soll zuerst die qualitative Inhaltsanalyse als Datenmengen strukturierendes und reduzierendes Verfahren erläutert werden. Zu diesem Zweck wird kurz auf die Hinweise und Überlegungen von Mayring (2003) eingegangen, die in den Sozialwissenschaften als einschlägig gelten (Flick 2004a: 279ff.; Lamnek 2005: 517ff.). Mayring (2003: 47ff.) unterteilt die Vorgehensweise der qualitativen Inhaltsanalyse in acht Schritte:

1. Festlegung des Materials
2. Analyse der Entstehungssituation
3. Formale Charakterisierung des Materials
4. Richtung der Analyse
5. Theoriegeleitete Differenzierung der Fragestellung
6. Definition der Analyseeinheit
7. Bestimmung der Analysetechnik und Analyse des Materials
8. Interpretation

Im ersten Schritt erfolgt die genaue Festlegung des Textmaterials, das durch eine Inhaltsanalyse erschlossen werden soll. Bei der Analyse von Textdokumenten (systematischen Dokumenten) muss eine sinnvoll begründete Auswahl bzw. Stichprobe aus der Grundgesamtheit der Quellentexte gezogen werden. Bei der Analyse von im Forschungsprozess selbst gewonnenen Datenmengen (akzidentelle Dokumente) muss die Auswahl des weiter zu betrachtenden Materials nach anderen Kriterien durchgeführt werden: Es muss vorab eine Sichtung der transkribierten Interviews daraufhin erfolgen, welche Textstellen für die Beantwortung der Forschungsfrage(n) besondere Relevanz besitzen. Nach der Auswahl relevanter Textstellen werden im zweiten Schritt die Informationen über den Entstehungszusammenhang des produzierten Textmaterials gesammelt und verzeichnet; hiermit sind Informationen zur Interviewsituation, verfügbare Hintergrundinformationen über den Befragten und über seine Funktion in seiner Heimatorganisation und Beobachtungen aus der konkreten Gesprächssituation gemeint. Im dritten Schritt muss das Textmaterial formal charakterisiert werden; hierbei sind vor allem Informationen über die Transkriptionsarten und die Detailgenauigkeit der Transkription aufzuführen. Der vierte Schritt beinhaltet eine genaue Klärung der Interpretationsrichtung; es geht darum „sich zu fragen, was man eigentlich daraus herausinterpretieren möchte" (Mayring 2003: 50). Etwas weniger allgemein gehalten, muss die Frage geklärt werden, welchen Status das im Detail betrachtete Interviewprotokoll und der hierdurch zu Wort kommende Interviewpartner im Forschungsprozess einnimmt und welchen Erkenntnisgewinn man von der Interpretation erwartet. Im fünften Schritt muss die theoretische Fragestellung auf den konkreten Forschungsgegenstand bezogen und weiter ausdifferenziert werden. Dies bedeutet, dass die qualitative Inhaltsanalyse im Unterschied zu anderen qualitativen Forschungsansätzen sehr wohl von dezidierter Theoriebildung getragen ist. Dabei handelt es sich primär um Theorien über den Forschungsgegenstand, die in dieser Forschungsphase präzisiert und an den bisherigen Forschungsstand über den Forschungsgegenstand angebunden werden (Mayring 2003: 52). Danach erfolgen die zur Aufbereitung des Textmaterials besonders relevanten Schritte: Im sechsten Schritt müssen die genauen Analyseeinheiten festgelegt werden, dabei unterscheidet Mayring (2003: 53) zwischen der Kodiereinheit – sie legt fest, welcher der kleinste Textbestandteil ist, der unter eine Kategorie fallen kann und deshalb ausgewertet werden darf –, der Kontexteinheit – sie legt fest, welcher der größte Textbestandteil ist, der unter eine Kategorie fallen kann – und der Auswertungseinheit – sie legt fest, welche Textteile in welcher Reihenfolge ausgewertet werden. Im siebten Schritt erfolgt eine Auswahl der Analysetechniken, mit denen die ausgewählten Interviews oder Dokumente inhaltlich analysiert werden sollen. Dabei diskutiert Mayring drei Varianten:

- *die Zusammenfassung*: das Ziel dieser Operation ist es, das Material so zu reduzieren, dass nur die wesentlichen Inhalte eines Textes oder Textabschnitts erhalten bleiben und durch abstrakte Zusammenfassung der Textinhalte ein Überblick über die Themen und Schwerpunkte eines Textkorpus möglich wird, ohne diesen zu verzerren; *(praktisch werden den Texten oder Textstellen paraphrasierende Überschriften oder Kernbotschaften zugeordnet, die im zweiten Schritt verallgemeinert werden)*;
- *die Explikation*: das Ziel dieser Operation ist es, einzelne fragliche oder mehrdeutige Textstellen durch Hinzuziehen externen Materials verständlicher zu machen und dadurch die Funktion der jeweiligen Textstelle (für den Gesamttext oder Gesamtkorpus) zu erläutern; *(praktisch wird nach einer Klärung des sprachlichen Inhalts eines in mehrerer Hinsicht unverständli-*

chen Textabschnitts und seiner Bedeutung (durch Lexika oder Grammatikbücher) dieser zu einer weiteren Klärung mit angrenzenden Textabschnitten oder ähnlichen Abschnitten im Gesamttext verglichen und dafür auch externes Material (z.B. andere Interviews zum gleichen Frageninhalt) eingesetzt; Ziel ist die Abfassung einer explizierenden Paraphrase, die statt des unverständlichen Textstücks in den Gesamttext eingefügt werden kann und dem ausgedrückten Inhalt eine sinnvolle Bedeutung verleiht);

- *die Strukturierung*: das Ziel dieser Operation ist es, eine Struktur in das Textmaterial einzufügen, um bei der Vielzahl zusammenhängender Daten einen Querschnitt durch das Material zu legen und damit eine Gesamteinschätzung zu ermöglichen; *(praktisch soll das Textmaterial mittels eines Kategoriensystems gedeutet werden; dafür müssen im Rahmen mehrerer Durchgänge durch den Text Fundstellen markiert werden, die sich den vorher definierten Kategorien zuordnen lassen; die Fundstellen werden aus dem Text „herausgeschrieben"; je nach Strukturierungsinteresse (Fokus auf formale Struktur eines Arguments, auf inhaltliche Aspekte eines Textes, auf Aussagen und Abschnitte, die sich in einer Typologie zuordnen lassen oder auf Aussagen, die sich im Sinne von Merkmalsausprägungen auf einer Skala eintragen lassen) ergeben sich besondere weitere Analyseschritte (Mayring 2003: 85ff.)).*

Im achten Schritt werden die Ergebnisse auf Basis der Analyse und unter Heranziehen der durch Theorien über den Forschungsgegenstand informierten Fragestellung interpretiert. Ausgehend von den herangezogenen gegenstandsbezogenen Theorien ist es möglich, von den Ergebnissen des Einzelfalls bzw. der Einzelstudie fallübergreifend insofern zu generalisieren, als die Anwendbarkeit der Theorien für diesen Einzelfall getestet und bei Bedarf verworfen werden kann, wobei sich im letzteren Fall die Suche nach neuen Theorien auf der Basis der vorliegenden qualitativen Inhaltsanalyse einstellt.

Fallbeispiel

Deutungen in der Sozialpolitik

Stärker noch als bei Fallstudien aus Psychologie und Soziologie ergibt sich bei einer Durchsicht relevanter qualitativer Forschungsstudien aus der Politikwissenschaft das Problem, dass die inhaltsanalytischen Verfahren der Deutung und Interpretation kaum expliziert werden. Noch weniger wird in diesen Studien an einzelnen Beispielen deutlich gemacht, wie bei der (zusammenfassenden, explizierenden oder strukturierenden) Inhaltsanalyse verfahren wurde und wie man zu den vorliegenden Interpretationsergebnissen gelangt ist. Nichtsdestotrotz wurde eine Studie ausgewählt, die von der Forschungsfrage und Theoriebildung her explizit den Einsatz inhaltsanalytischer Verfahren bedingt. Interessant ist diese Studie auch deshalb, weil sowohl quantitative als auch qualitative Verfahren der Inhaltsanalyse verwendet und in ihrer Erklärungsleistung miteinander verglichen wurden. Die Studie von Bleses und Rose (1998) beschäftigt sich – davon kündet schon der Titel des Buches – mit einem besonderen Aspekt, der bei der Analyse von Reformprozessen in der Sozialpolitik nur höchst selten thematisiert wird, nämlich mit den Deutungen entscheidungsrelevanter politischer Akteure und der Stabilität bzw. dem Wandel dieser Deutungen. Die Autoren konstatieren:

> „Ausgangsannahme der vorliegenden Analyse ist es, dass sich in eben diesen Deutungen der sozialpolitischen Akteure in Reaktion auf die zum Teil erheblich veränderten politischen, gesellschaftlichen und wirtschaftlichen Bestandsbedingungen des Wohlfahrtsstaates in den vergangenen Jahrzehnten ein beträchtlicher Wandel vollzogen hat. Dieser manifestiert sich nicht nur in veränderten öffentlichen Rechtfertigungen der Politik nach außen, sondern beginnt, die Gestalt des deutschen Wohlfahrtsstaates grundlegend zu verändern." *(Bleses/Rose 1998: 13/14)*

normative Rechtfertigungen in der Gesetzgebungsdebatte

Der Deutungswandel betrifft allerdings nicht primär die persönlichen Einstellungen von Politikern, sondern nur solche Positionen und Meinungen, die einer interessierten Öffentlichkeit als Programmalternativen vorgestellt werden. Die Vermittlung und Darstellung von Programmalternativen – als Öffentlichmachung von unterschiedlichen Deutungen – findet in Demokratien explizit in öffentlichen Parlamentsdebatten statt. Parlamentsdebatten kommt dabei eine doppelte Funktion zu: zum einen sind sie ein öffentlicher Zugangsort (access point), um Ansichten und Meinungen über politische Themen und Programmvorhaben (im Rahmen von Anhörungen, aber auch durch die Medienreaktion auf Parlamentsdebatten) aus der Gesellschaft in den politischen Diskurs einfließen zu lassen, zum anderen dienen sie der öffentlichen Rechtfertigung von politischen Entscheidungen bzw. Entscheidungsvorhaben (Bleses/Rose 1998: 15). Ausgehend von diesen Überlegungen wird natürlich der Gegenstandsbereich für die Erforschung von Deutungswandel in der Sozialpolitik noch genauer spezifiziert und zwar soll die Frage beantwortet werden,

> „wie sich die normativen Rechtfertigungen in der sozialpolitischen Gesetzgebungsdebatte im Deutschen Bundestag in den vergangenen Jahrzehnten angesichts der schwieriger werdenden Bedingungen der Sozialpolitik im Sinne eines politischen Deutungswandels verändert haben. Hierzu wird die Ausgangsthese vertreten, dass sich die parlamentarischen Akteure den immer unübersichtlicher und vielschichtiger werdenden Problem- und Interessenlagen sowie Werthaltungen im politischen Publikum durch eine Senkung der normativen Voraussetzungen ihrer Rechtfertigungen anzupassen suchen, um bei den Politikadressaten zustimmungsfähig zu bleiben." *(Bleses/Rose 1998: 16).*

Bevor Bleses und Rose mit der eigentlichen empirischen Untersuchung des Deutungswandels in sozialpolitischen Parlamentsdebatten beginnen, unternehmen die Autoren eine Reihe von theoretisch-konzeptuellen und historischen Exkursen, um ein Kategorienschema für sozialpolitische Deutungen bezogen auf spezifische Typen der Rechtfertigung zu erarbeiten.

- in einem ersten Theoriekapitel (Kapitel 2) wird die Auseinandersetzung mit Deutungen und Deutungskonflikten in der Politik gerechtfertigt; dies geschieht im Rückgriff auf Frank Nullmeiers (1993) Konzept der Wissenspolitologie, das auf die Bedeutung von Policy-Kontroversen – verstanden als Deutungskonflikte über wissenschaftliche Prognosen, Daten und Einschätzungen und über politische Situationseinschätzungen – für die Generierung von politischen Entscheidungen und entscheidungsrelevantem Steuerungswissen rekurriert (Schneider/Janning 2005: 89); Bleses und Rose (1998: 32, 39) machen dabei ergänzend den Aspekt der Politikvermittlung und Rechtfertigung unter den Bedingungen der Konkurrenz um öffentliche Aufmerksamkeit und Zustimmung stark;

- in einem eher historisch orientierten Teil (Kapitel 3) werden dann – leider wenig systematisch – die unterschiedlichen Rechtfertigungen und Rechtfertigungsansprüche für unterschiedliche Phasen der deutschen Sozialpolitik im Untersuchungszeitraum (von 1967 bis 1994) herausgearbeitet; Ziel dieses Kapitels ist es, aufzuzeigen, dass in den 80er und 90er Jahren andere Rechtfertigungskriterien – solche, die sozialpolitische Leistungen eher nach der Finanzierbarkeit und Effizienz beurteilen – zur Anwendung kommen als in den 60er und 70er Jahren, in denen bei noch günstigeren ökonomischen Bedingungen der Risikoschutz (Schutz vor krankheitsbedingtem Lohnausfall und vor Berufs-unfähigkeit) und die Verteilungsgerechtigkeit als normative Leitorientierungen in der Sozialpolitik dominierten;
- im nachfolgenden Kapitel (Kapitel 4) werden die institutionellen Leitbilder des Parlamentarismus und die Organisationsprinzipien für das deutsche Parlament in den Blick gerückt; hier betonen Bleses und Rose (1998: 77, 81) besonders die öffentliche Funktion des Parlaments sowie die Relevanz von Parlamentsdebatten für die politische Willensbildung; darüber hinaus wird auf die Wirkungen der massenmedialen Vermittlung von politischen Debatten hingewiesen; die Mediendarstellung beeinflusst die Art und Weise, wie Politiker um Aufmerksamkeit miteinander ringen, wie dabei versucht wird, in der Vermittlung die Komplexität von Policy-Lösungen zu reduzieren und wie Politiker sich selbst und ihren Erfolg wahrnehmen;
- in einem weiteren eher policybezogenen Kapitel (Kapitel 5) werden die Themenfelder der Sozialpolitik, für die Parlamentsdebatten analysiert werden sollen, weiter eingegrenzt; Bleses und Rose konzentrieren sich auf zwei issue areas des Politikfeldes, nämlich Arbeitsmarktpolitik und Familienpolitik im angesprochenen Zeitraum (1967-1994); hier lässt sich allerdings einwenden, dass es sich hierbei um relativ eigenwertige Politikfelder handelt, die sich nicht einfach der Sozialpolitik zuordnen lassen; Bleses und Rose (1998: 112) wählen aber innerhalb der beiden Politikbereiche einzelne Gesetzesvorhaben aus, die eine starke sozialpolitische Komponente haben, nämlich für die Arbeitsmarktpolitik das Arbeitsförderungsgesetz (von 1967) mit seinen zahlreichen Novellierungen und für die Familienpolitik zum einen den Kinderlastenausgleich mit den Komponenten Kindergeld und Kinderfreibeträge (seit 1974) und zum anderen das 1979 eingerichtete Mutterschaftsurlaubsgeld, das 1985 in den Regelungen zum Erziehungsgeld aufging; insgesamt werden aus beiden issue areas 23 Gesetzgebungsverfahren ausgewählt;
- besonders wichtig ist das darauf folgende zweite Theoriekapitel (Kapitel 6), in dem vier Typen sozialpolitischer Rechtfertigung in Abgrenzung voneinander entwickelt werden; diese Typen fungieren später als Kategorien, um den Wandel der Deutungen und Rechtfertigungen zu analysieren; Bleses und Rose (1998: 155) gehen davon aus, dass sich die Gesamtheit an Werten,

Prinzipien und Zwecken, die in parlamentarischen Debatten als argumentative Prämissen in Anspruch genommen werden, auf spezifische Argumentationstypen reduzieren lassen. Der Fokus auf Argumentationstypen zur Legitimation sozialpolitischer Maßnahmen hilft auch die Textmasse der Redebeiträge mit überflüssigen Floskeln, Zusammenfassungen vorheriger Argumente und Paraphrasierungen des Gesetzesvorschlages auf die interessanten Passagen der Argumente für eine Rechtfertigung zu reduzieren:

> „Ein Kernsatz der Argumentationsanalyse lautet, dass das Ziel einer jeden Argumentation darin besteht, die für bestimmte Prämissen bereits vorliegende (oder vermutete) Zustimmung des Publikums auf angestrebte Schlussfolgerungen zu übertragen... Die Sprecherinnen und Sprecher können also nur soweit hoffen, die Zustimmung ihrer Zuhörerschaft zu ihren Deutungsangeboten zu erzeugen, wie es ihnen gelingt, den (potentiell streitigen) Gegenstand ihrer Rede auf unstreitige normative oder deskriptive Behauptungen zurückzuführen... Ein überzeugungskräftiges Argument benötigt daher zunächst mindestens zwei Eigenschaften: es muss gültig und geeignet sein ... : die Prämissen müssen im jeweiligen Adressatenkreis streitlos gestellt werden können, und es muss eine materiale Beziehung zwischen Prämissen und Schlussfolgerungen vermittelbar sein“ (Bleses/Rose 1998: 158/159).

Unter den Bedingungen zunehmender Komplexität und staatlicher Steuerungsunsicherheit werden Politiker insbesondere auf die Argumentationstypen zurückgreifen, die möglichst geringe Anforderungen an die Verarbeitungskompetenzen und Konsensfähigkeit des Publikums stellen; unter Heranziehung von Unterscheidungsversuchen in der aktuellen Politischen Philosophie und der allgemeinen politischen Debatte stellen die Autoren vier Ideen heraus, die geeignet sind, als Begründungsmotive für politisches Entscheiden zu taugen (Bleses/Rose 1998: 160-177): a) eine teleologisch auf Gemeinschaftswerte und -ziele ausgerichtete Idee des Guten (Typ I: material-wertethische Argumente/das Gute), b) eine prinzipiengesteuerte Konzeption von (distributiver) Gerechtigkeit (Typ II: moralischprinzipiengestützte Argumente/das Gerechte), c) ein Verständnis von dem kollektiven Nutzen politischer Maßnahmen (Typ III: kollektivnutzenorientierte Argumente/das Nützliche), d) eine an Verfahrensfragen und Zuständigkeiten orientierte Idee des formal Korrekten (Typ IV: formalprozedurale Argumente/das Korrekte). Mit Hilfe dieser Argumentationstypen, die ein Kategoriensystem zur Erfassung und Bewertung der in Redebeiträgen benutzten Argumente bereitstellen, sollen die 23 Gesetzgebungsakte aus den Bereichen Arbeitsmarkt- und Familienpolitik mit 468 Reden aus 50 Lesungen analysiert werden (Bleses/Rose 1998: 178).

erster Schritt: quantitative Analyse

Erst in Kapitel 7 startet die eigentliche empirische Untersuchung. In einem ersten Schritt haben sich Bleses und Rose zu einer quantitativen Analyse der in den Redebeiträgen verwendeten Argumente entschlossen. Mit der vorab theoretisch entwickelten Typologie wird die Hypothese einer zunehmenden Aushöhlung und Verdünnung von Begründungsaspekten in der parlamentarischen Debatte verbunden. Hierfür unterscheiden die Autoren vier Argumentationstypen und vermuten, dass sich im Zeitverlauf eine Verschiebung des argumentativen Musters ergeben hat:

„...von den normativ voraussetzungsvollsten Argumenten des „Guten“ (Typ I) über jene normativ in anderer Weise voraussetzungsvollen, aber die Individuen weniger verpflichtenden Argumente des „Gerechten“ (Typ II) und/oder die sehr viel wertoffeneren Argumente des „Nützlichen“ (Typ III) hin zu den normativ weitgehend neutralen Argumenten des „formal Korrekten“ (Typ IV).“ *(Bleses/Rose 1998: 181/182).*

Die einfache Auszählung der argumentativen Anteile bestätigt allerdings nicht diese Hypothese. Nach Bleses und Rose (1998: 182) lässt sich weder für die einfache Phasenunterscheidung, die nur zwei politische geprägte Phasen in dem Untersuchungszeitraum (1967-1994) – die Phase der Großen und sozial liberal ten Koalition 1967-1981 – unterscheidet, noch für die komplexere, nach konjunkturellen Zeitabschnitten gegliederte Phaseneinteilung – vier Phasen: 1967-1974 (Hochkonjunktur, niedrige Arbeitslosenzahlen), 1975-1983 (Verschlechterung der Konjunkturdaten), 1984-1989 (relative Erholung der Konjunktur) und 1990-1994 (neue Schwierigkeiten aufgrund der Wiedervereinigung) – eine Zunahme der simpleren Legitimationstypen aufzeigen. Allerdings ist in beiden Auszählungen der Anteil des anspruchsvollsten Begründungstyps (Typ I) im gesamten Untersuchungszeitraum sehr gering (eine Varianz im Zwei-Phasenvergleich zwischen 1,7% (1967-1981) und 2,3% (1982-1994). Dagegen dominieren von vornherein die drei anderen Argumentationstypen, wobei die Kostenargumente (Typ III) den stärksten Anteil (im Zwei-Phasen-Vergleich über 40%) ausmachen. Für die Häufigkeitsverteilung der Argumentationstypen lässt sich insgesamt kein klarer Trend ausmachen (Bleses/Rose 1998: 186). Besonders die detailliertere Vier-Phasen-Analyse dokumentiert eine diskontinuierliche Veränderung der Häufigkeitswerte mit einem Höchstwert für die anspruchsvollen Gerechtigkeitsargumente (Typ II) in der Phase 1984-1989 (40,2 %) und einem Höchstwert für die Kostenargumente (Typ III) bereits in der Phase 1967-1974 (47,7%), auch die Korrektheitsargumente (Typ IV) haben bereits in dieser Phase ihren Höchstwert (28,9%).

Es lässt sich keine Zunahme der simpleren Legitimationstypen aufzeigen. Ein Problem der Auswertung besteht allerdings darin, dass die Häufigkeit des Auftretens der verschiedenen Begründungstypen sehr unterschiedlich ist. Die quantitative Auswertung der Parlamentsreden widerlegt somit die Forschungshypothese über eine Abnahme anspruchsvoller Begründungstypen in der Sozialpolitik, statt dessen legen die Ergebnisse eine Gegenthese nahe, die nur durch eine qualitative Feinanalyse des Debattenmaterials weiter bearbeitet werden kann:

„Die Sprecher und Sprecherinnen von Volksparteien, die auf breite Wählerschichten abzielen und deren normative Pluralität wie unterschiedlichen Interessenlagen berücksichtigen müssen, bedienen sich, um zustimmungsfähig zu bleiben, gerade auch der Vielfältigkeit unterschiedlicher Argumentationstypen. Das Repertoire wird entsprechend in großer Breite aufrechterhalten und nicht etwa auf bestimmte – normativ möglichst neutrale – Typen verengt. Wir vermuten, dass sich die Akteure davon versprechen, für ein plurales Publikum ein entsprechendes Deutungsangebot bieten zu können. Voraussetzung ist allerdings, dass es ihnen gelingt, die Deutungen der sehr unterschiedlichen, teils gegensätzlichen Argumentstypen widerspruchsfrei zu verknüpfen.“ *(Bleses/Rose 1998: 214)*

Der zweite Schritt der empirischen Analyse (Kapitel 8) versucht, durch eine qualitative Inhaltsanalyse einzelner Debattenbeiträge und Beitragspassagen die Kombinationsmöglichkeiten in der Verwendung der Argumentationstypen weiter zu analysieren. Dabei gehen die Autoren nunmehr von der Hypothese aus, dass durch geschickte Kombination der anspruchsvolleren Begründungsformen der Typen I und II mit anderen Argumenten die Ansprüche an das Verständnis und die Konsensbereitschaft eines öffentlichen Publikums minimiert werden können (Bleses/Rose 1998: 218). Insofern findet in den Parlamentsdebatten über Sozialpolitik im historischen Wandel nicht einfach eine Reduktion der Legitimationsformen statt, sondern es müssen sich politische Konstruktionsakte nachweisen lassen, die eine Verringerung der normativen Voraussetzungen durch die strategische Öffnung und Schließung von inhaltlichen Debatten durch eine Zusammenführung oder Neueinführung von Argumenten unterschiedlichen Typs betreiben. Die Analyse muss dann besonders die Erfolgsbedingungen und Erfolgsvoraussetzungen für die Durchsetzung und Verbreitung von dauerhaften Argumentationslinien adressieren bzw. die Kontextbedingungen für den Austausch von Argumenten und Wirklichkeitskonstruktionen thematisieren (Bleses/Rose 1998: 219). Die vergleichende Detailanalyse der Nutzung von Argumenten demonstriert für den Politikbereich der Arbeitsmarktpolitik das Aufkommen und die Durchsetzung von vier Argumentationsstrategien, die eine Kombinatorik unterschiedlicher Argumentationsweisen erlauben und sich gerade dadurch als überparteilich erfolgreich erweisen (Bleses/Rose 1998: 222-246):

zweiter Schritt: qualitative Inhaltsanalyse

- das Argument von der gewandelten, abnehmenden Steuerungskompetenz des Staates, das die Möglichkeit bietet, aus der Perspektive mangelhafter Effektivität von staatlichen Hilfeprogrammen sowohl Argumente des formal Korrekten (Typ IV) und des Nützlichen (III) – mit dem Hinweis auf die mangelnde Effizienz der Programme – zu verbinden;
- das Argument von der notwendigen Umverteilung der Verantwortung, mit dessen Hilfe andere Träger und vor allem die Bundesländer stärker an die Finanzierung arbeitsmarktpolitischer Leistungen beteiligt werden sollen; hierbei lassen sich sowohl Finanzierungs- und Effektivitätsgesichtspunkte (Anerkennung von föderalen Kompetenzen etc.) als auch gerechtigkeitstheoretische Aspekte (Typ II) integrieren;
- das Argument von dem Sparzwang, das ausgehend von der Neubewertung ökonomischer Entwicklungen und Kontextbedingungen die Rücknahme und Kürzung von aktiven Maßnahmen der Arbeitsmarktpolitik betreibt und dafür durch geschickte Anwendung des Sachzwang-Argumentes auf die Amalgamierung von Kostenaspekten und formalen staatlichen Handlungsanforderungen setzt;
- das mit der Spardiskussion eng verbundene Argument des Leistungsmissbrauchs, das die enger gewordenen finanziellen Rahmenbedingungen für Umverteilung und Unterstützung mit gerechtigkeitstheoretischen Maximen und Verantwortungsdiskursen (Typ I) – mit Hilfe von Argumenten gegen die Ausnutzung der Solidargemeinschaft, für den Kampf gegen die Schwarzarbeit und gegen überzogene Ansprüche an staatliche Unterstützung – verbindet.

Ähnlich erfolgreiche Kombinatoriken werden von den Autoren auch noch für die Familienpolitik analysiert (Bleses/Rose 1998: 246-267). Die Analyse beschränkt sich aber für beide Politikbereiche auf eine quasi deduktive Verwendung des Textmaterials, d.h. die Redetexte bzw. einzelne Passagen aus den Parlamentsreden werden als Belegstellen (als Daten) für die angenommene Neukombination der Argumentationsstile benutzt. Zumindest in der veröffentlichten Fassung der Studie werden die möglichen Kombinatoriken höchstens im Ansatz induktiv aus den Textausschnitten entwickelt, eine theoretische Herleitung der Zwischentypen und Kombinationsformen ausgehend von den vier Grundtypen findet aber auch nicht statt. Vielmehr scheint während der ersten quantitativen Forschungsphase und der damit verbundenen Durchsicht des Materials eine Reduktion des Debattenmaterials auf relevante oder für die Einordnung problematische Textabschnitte stattgefunden zu haben. Die Autoren greifen in der zweiten Forschungsphase auf diese Texte und Textstellen zurück, lassen aber das Material quasi wieder für sich selbst sprechen.

In gewisser Weise verdeutlicht deshalb die Studie von Bleses und Rose sehr gut die Probleme, die aus der Anwendung der von Mayring (2003) propagierten Form qualitativer Inhaltsanalyse resultieren können. Großen Wert wird in dieser Forschungsmethode – zu Recht! – auf die theoretische Herleitung von Kategorienschemata zur Reduzierung und Strukturierung des Textmaterials gelegt. Und die Trennung von wichtigen und unwichtigen Textpassagen sowie die Einordnung des verbliebenen Textmaterials in ein theoretisch induziertes Argumentationsraster scheinen zu den Hauptaufgaben des „qualitativen" Forschens zu gehören. Die Praxis des Interpretierens und das Auslegen von als relevant empfundenen Textpassagen müssen demgegenüber zurücktreten.

3.2.2 Die sozialwissenschaftliche Hermeneutik

Tiefeninterpretation einzelner Textsequenzen

Als eine Vertiefung der inhaltsanalytischen Methode erscheint die *Hermeneutik*, die im Sinne einer Tiefeninterpretation einzelne Textsequenzen oder einzelne Bilddarstellungen einer perspektivierenden Deutung unterzieht. Wie schon in Abschnitt 2.2 ausgeführt wurde, unterscheiden sich die in den Sozialwissenschaften gemeinhin verwandten hermeneutischen Zugänge nach der Art der von ihnen angestrebten Objektivierbarkeit der Interpretation. Die allgemeine sozialwissenschaftliche Hermeneutik sucht nach den besonderen und typischen Sinndimensionen in einem Text, vollzieht dafür mehrere Interpretationsgänge, nimmt aber nur sehr selektiv auf Informationen von außen Bezug. Die objektive Hermeneutik strebt danach, den objektiven Sinngehalt eines Berichts oder von Interviewpassagen zu ermitteln, und bezieht die individuellen Äußerungen oder Beobachtungen eines Textsubjekts auf möglichst vollständige Informationen über den Textverfasser oder Interviewten und über alle relevanten Kontextvariablen (Sekundärinformationen zur Erschließung des Forschungsgegenstandes, Thema und Vorgehen des Forschungsprojektes, für das die Texte oder Protokolle produziert worden sind, Rollenverständnis des Interviewten in der Interviewsituation, Daten über Beruf, biografischen Hintergrund etc. des Interviewten). Erst durch die Herstellung der Kontextbezüge kann der Interviewtext oder Bericht objektiv betrachtet werden, und es lassen sich im Anschluss von der Forschergruppe im intersubjektiven Austausch theoretische Varianten für das Antwortverhalten und die im Interview bezogenen Positionen entwickeln, die im nächsten Interpretationsschritt mit den vorliegenden Antworten oder Textpassagen verglichen werden.

sozialwissenschaftliche Hermeneutik

Die objektive Hermeneutik scheint in ihrem Vorgehen stark auf ihren primären Verwendungshorizont – die Rekonstruktion und objektivierende Interpretation von Fällen und Berichten aus der angewandten therapeutischen Arbeit in der Sozialpsychologie und Familiensoziologie – zugeschnitten zu sein, so dass eine Anwendung dieser interpretativen Forschungstechnik auf für die Politikwissenschaft interessante Gegenstandsbereiche nicht besonders ratsam wäre. Dagegen kann die allgemeine sozialwissenschaftlich Hermeneutik mit ihrer intensiven Auslegungsbemühung von Text- oder Bildaussagen gerade helfen, die Verzerrungen auszugleichen, die sich bei der stark theoriegeleiteten qualitativen Inhaltsanalyse als potentiell problematisch erwiesen haben. Für die sozialwissenschaftliche Hermeneutik erscheinen insbesondere die theoretischen und methodologischen Überlegungen maßgeblich, die Soeffner (2004a; 2004b) in einigen programmatischen Texten vorgelegt hat.[3] Nach Soeffner (2004a: 79-92) lässt sich die sozialwissenschaftliche Hermeneutik ausgehend von drei Basispostulaten genauer charakterisieren:

1. Die sozialwissenschaftliche Hermeneutik versteht Texte als Interaktionsprodukte.
2. Die sozialwissenschaftliche Hermeneutik operiert mit Hilfe von Sequenzanalysen.
3. Die sozialwissenschaftliche Hermeneutik ist nicht auf die Deutung von Schrifttexten und sprachlich vermittelter Kommunikation beschränkt.

Interaktionsbezug von Texten

Eine Grundannahme der sozialwissenschaftlichen Hermeneutik stellt den Interaktionsbezug von Texten jedweder Art heraus. Nicht nur Transkriptionen von Interviews oder Protokolle von Parlamentsdebatten, sondern auch literarische Texte und biographische Berichte sind Produkte, die aus Interaktionen (z.B. zwischen Wissenschaftler und Befragtem) hervorgegangen sind. Soeffner (2004a: 79) betont deshalb den Handlungscharakter von Texten, wobei besonders die Abbildung von Interaktionssequenzen und Handlungsreihen im Text zu berücksichtigen ist. In diesem Sinne sind Texte Protokolle von realen Handlungen, die in der Vergangenheit liegen und bereits unwiderruflich abgeschlossen sind. Diese realen Handlungen und Interaktionssituationen lassen sich durch die hermeneutische Analyse nicht vollständig wiederherstellen, jedoch ist eine Rekonstruktion der Art und Weise, wie diese Handlungen als Repräsentationen in den Text eingeflossen sind, möglich. Der Forscher muss deshalb Texte und einzelne Textpassagen als Beispiele von Aktion und Reaktion in historischen Gesprächssituationen analysieren. Dies bedeutet, dass vor allem die Wahrnehmung und Deutung des Textautors als implizite Auseinandersetzung (Aktion/Reaktion)

[3] Der Begriff der sozialwissenschaftlichen Hermeneutik kann natürlich auch als Sammelbegriff verwendet werden, unter den sich verschiedene Forschungsansätze und Methoden subsumieren lassen (Hitzler/Honer 1997). Allerdings bleibt auch Soeffners Hermeneutikkonzeption offen für unterschiedliche Anwendungen und Vertiefungen.

mit realen oder vorgestellten Interaktionspartnern erschlossen werden muss. Somit ergibt sich als erste Aufgabe eine Interaktionsanalyse des Textes:

> „Da … die ersten Interpreten dieses Textes die Unterhaltungs- und Interaktionspartner selbst sind, besteht der erste Schritt der Analyse im wesentlichen darin, diese Interpretationsleistungen der Handlungs- und/oder Sprechpartner zu rekonstruieren, sie gleichzeitig als Handlungsbezüge und Interpretationsleistungen hervorzuheben und zu beschreiben, von welchen Darstellungsregeln sie geleitet sind.“ *(Soeffner 2004a: 79)*

Interpretation von Textpassagen als Sequenzen

Ausgehend von der Grundannahme, dass Texte Protokolle von abgeschlossenen Interaktionssequenzen sind, ergibt sich der zweite Basissatz der sozialwissenschaftlichen Hermeneutik: Texte oder einzelne Textpassagen müssen als Sequenzen eines Handlungszusammenhangs interpretiert werden. Dies bedeutet, dass keine Einzelpassage eines Textes nur für sich stehen und entsprechend losgelöst interpretiert werden kann. Vielmehr ist für alle Texte und Textausschnitte der Gesamthorizont der zugrunde liegenden Interaktionssituation mit antizipierten Redebeiträgen und Erwiderungen präsent. Genauer stellen nach Soeffner (2004a: 81) die Einzeläußerungen fünf Bezüge bzw. Bezugnahmen des Textes auf Interaktionsgehalte her:

- auf die vorausgehenden Äußerungen und den Handlungskontext insgesamt,
- auf die unmittelbar vorausgehende Äußerung,
- auf die zu erwartenden Anschluss- oder Nachfolgeäußerungen,
- auf den Sinn des Handlungszusammenhangs insgesamt
- und auf eine typische, historisch kontingente Interaktionsstruktur, die sich im konkreten Interaktionsprozess reproduziert.

Sequenzanalyse

Nur mit Hilfe einer interaktionsangepassten Sequenzanalyse können diese Bezugnahmen der einzelnen Äußerungen und Textpassagen rekonstruiert werden. Soeffner (2004a: 82) spricht in diesem Zusammenhang auch von einer Art Simulation, die durch die Sequenzanalyse ermöglicht wird, und die interaktive Funktion des Textes aufweist, ohne ihn mit dem Handlungsdruck konkreter Interaktion zu belasten. Aus welcher Perspektive wird nun die Interaktivität des Textes hermeneutisch erschlossen? Zu erwarten wäre in diesem Zusammenhang ein Plädoyer für das Einfühlen in die von dem Autor/Sprecher in den Text einfließende subjektive Intentionalität, quasi als Versuch, den Interaktionsbeitrag des Textes aus der Perspektive des Interaktionsteilnehmers selbst zu interpretieren. Soeffner (2004a: 83) wendet sich aber dezidiert gegen eine empathische Lesart des Textes. Zwar soll auch die subjektive Intentionalität innerhalb des Textes herausgearbeitet werden, sie muss aber objektiviert werden, d.h. verglichen werden mit den für einen kompetenten Sprecher objektiv möglichen Intentionen und Bedeutungen eines Textes. Soeffners Hermeneutikkonzept ist deshalb an einem zweistufigen Interpretationsverfahren orientiert, „indem ich zunächst die egologisch-monothetische Perspektive postuliert konsistenter Intentionalität eines Sprechers rekonstruiere, um sie in einem zweiten Schritt mit der Perspektivenneutralität, den objektiv möglichen Textbedeutungen zu konfrontieren“ (Soeffner 2004a: 83). Für das perspektivenneutrale Verstehen des Textes wird nun wiederum die Sequenzanalyse interessant, die Soeffner (2004a: 83-86) auf vier Schritte zuspitzt:

1. Ein erster Interakt wird mit allen objektiv möglichen Bedeutungen interpretiert, ohne dass dafür auf die nachfolgenden Interakte (Textpassagen, anderes Textmaterial) oder das Thema des Gesamttextes zurückgegriffen werden darf.
2. Der von der ersten Operation erzeugte Bedeutungshorizont möglicher Bedeutungen des ersten Interaktes wird mit Informationen über den historischen Interaktionszusammenhang oder anderen verfügbaren Kontextinformationen verglichen. Lässt sich durch Vergleich mit dem faktischen Kontext ein Entwurf aus den potentiellen Bedeutungen des Interaktes als passend herausstellen, ergeben sich dadurch Ausschlusskriterien für die anderen möglichen Bedeutungen. Kann der Vergleich mit den Kontextinformationen keine der objektiven Bedeutungen als passend identifizieren, kann die sich abzeichnende Abweichung des Interaktes von Common Sense-Normen objektiver Bedeutungen als Ertrag des Vergleichs aufgefasst werden.
3. Die Ergebnisse aus den ersten beiden Interpretationsprozeduren bilden den Kontext für die Interpretation des nächsten Interaktes, der als Reaktion auf den ersten Interakt angesehen und gedeutet wird. Somit geben die zuerst herausgearbeiteten Grundbedeutungen einen Interpretationshorizont für alle weiteren Deutungen der nachfolgenden Interakte vor. Dieser Tatbestand stellt natürlich hohe Anforderungen an die ersten Interpretationsschritte, fußen doch alle weiteren Interpretationen auf diesen Grundannahmen. Soeffner (2004a: 85) betont deshalb auch, dass das Aufsuchen von objektiven Bedeutungen und der Vergleich mit der vermeintlichen subjektiven Intentionalität des Textes möglichst ausführlich durchgeführt werden müssen.
4. Mit der weiteren Interpretation von nachfolgenden Interakten lässt sich die Sequenzierung des Textes aus einer bestimmten Richtung interpretieren. Der Wechsel von Aktion und Reaktion und der Vergleich mit den objektiven Bedeutungen machen den konkreten Text durch voranschreitende Interpretation immer stärker als Fall kenntlich. In den an die Textabfolge anknüpfenden Interpretationen und Deutungen konturiert sich immer deutlicher die Zuspitzung auf die fallspezifische Handlungsselektion. Und damit ist der Sinn und Zweck der hermeneutischen Interpretation erfüllt:

   > „Mit der Aufdeckung der Abfolge- und Selektionsmechanismen des Textes ist die Interpretation am Ziel. In der hypothetischen Rekonstruktion einer Handlungs- und Problemsituation und in der Konfrontation der in dieser Situation objektiv möglichen Handlungs- und Bedeutungsalternativen mit den fallspezifisch gewählten und konkretisierten Bedeutungen zeigt sich die objektive Struktur und Bedeutung dieses Falles. Die Spezifik des Falles, seine „Subjektivität", besteht in der selektiven Konkretisierung einer der objektiv gegebenen Welten aus dem gesellschaftlichen Kosmos der objektiv möglichen." *(Soeffner 2004a. 86)*

Anwendungsfeld

Das dritte Basispostulat zeigt weitere Anwendungsfelder für die sozialwissenschaftliche Hermeneutik auf. Zwar hat Soeffner das hermeneutische Instrumentarium nur für die Analyse von Textinterakten entwickelt (als Anwendung: Soeffner 2004a: 210-238). Er betont aber immer wieder, dass sich die sozialwissenschaftliche Hermeneutik auch für die Analyse von anderen menschlichen Äußerungsformen eignet, die sich nicht so einfach in Texten repräsentieren lassen bzw. dort repräsentiert finden – etwa Gesten, Kleidung, Bilder. Besonderes Interesse genießt hierbei die Milieu-Analyse, verstanden als die sowohl objekt- als auch handlungsbezogene Analyse der konkreten Umgebung bzw. alltäglichen Lebenswelt eines Menschen (Soeffner 2004a: 87). Die methodologischen Implikationen einer solchen Ausweitung der Hermeneutik bleiben allerdings relativ verschwommen.

Fallbeispiel

Legitimitätsvorstellungen der demokratischen Ordnung

Der Ansatz der sozialwissenschaftlichen Hermeneutik soll anhand einer Studie exemplifiziert werden, die sich explizit zu dieser Forschungsausrichtung bekennt und sogar im engeren persönlichen Forschungsumfeld von Soeffner (an der Universität Konstanz) entstanden ist. Die Studie von Thilo Raufer (2005) beschäftigt sich mit Legitimitätsvorstellungen bezogen auf die Rechtfertigung oder Kritik der bestehenden demokratischen Ordnung in Deutschland. Wie Raufer (2005: 10ff.) in der Einleitung seiner Arbeit hervorhebt, stellt gerade die Demokratie hohe Anforderungen an die Begründung von politischer Herrschaft und die Einforderung einer generellen Folgebereitschaft von Seiten der Bürger. Durch Ausübung seiner individuellen politischen Rechte kann der Bürger Legitimitätsvorbehalte gegenüber einer konkreten Regierungspolitik erheben und auch generellen Verdacht gegenüber der Legitimierbarkeit von politischer Herrschaft in der Demokratie artikulieren. Das potentielle Infragestellenkönnen der politischen Ordnung setzt die gewählten politischen Repräsentanten unter Druck. Sie sind gefordert, in politischen Debatten zur Begründung ihrer Handlungen und Entscheidungen Legitimationskonstruktionen zu entwerfen, die nicht nur konkrete Maßnahmen begründen, sondern auch einen neuen Legitimitätsglauben bei den Bürgern erzeugen (Raufer 2005: 17). Gerade Auseinandersetzungen über Grundprobleme der Gesellschaft oder über Reformvorschläge zur Fortentwicklung des politischen Systems bieten dabei die Möglichkeit, den Streit zwischen den unterschiedlichen Positionen als „gelebte Demokratie" zu symbolisieren. Als Ergebnis stellen sich Demokratiefiktionen ein, die neue Leitbilder der „legitimen Demokratie" entwerfen und den potentiellen Legitimationsentzug verhindern:

> „Material betrachtet ziehen diese Versuche der Legitimation in Auseinandersetzungen um die Form der Demokratie demzufolge darauf, der fraglich gewordenen faktischen Ordnung wieder einen möglichst demokratischen Sinn zu geben und somit auf die Erzeugung und Aufrechterhaltung einer gemeinsamen legitimierenden Demokratiefiktion: Idealiter auf die Konstruktion und Darstellung der demokratischen Selbstregierungsgemeinschaft als symbolische Einheit aus Herrschenden und Beherrschten. Diese Arbeit der Herstellung, Sicherung und Aufrechterhaltung der Legitimität der faktischen Ordnung als Demokratie vollzieht sich in den kommunikativen Handlungen, d.h. den Legitimationsanstrengungen der politischen Akteure. Durch diese Legitimationsanstrengungen wird die faktische Ordnung als Demokratie legitimiert und gleichzeitig konstituiert und es ergibt sich ein spezifisches Bild der legitimen

> Demokratie, d.h. eine spezifische Deutung der faktischen politischen Ordnung, die so als Demokratie Wirklichkeit und – zumindest dem Anspruch nach – auch Legitimität gewinnt" (Raufer 2005: 18).

Legitimitätskonstruktionen von Abgeordneten

Für die Analyse der Legitimitätskonstruktionen von Abgeordneten wählt Raufer (2005: 18) ein politisches Gremium aus, in dem explizit entsprechende Debatten über die Reform der politischen Institutionen in Deutschland geführt wurden, nämlich die nach der Wiedervereinigung eingerichtete Verfassungskommission von Bund und Ländern (GVK). Hier bezieht sich Raufer besonders auf Debatten über die Einführung bzw. Verstärkung plebiszitärer Elemente im Grundgesetz. Schließlich ist zu erwarten, dass in der Debatte um die Potentiale und Probleme von Plebisziten die grundsätzlichen Legitimitätsprobleme der repräsentativen Demokratien und die Legitimitätserwartungen, die an sie gestellt werden, ausführlich zum Thema gemacht werden. Zur Rekonstruktion und Analyse der um Legitimitätsvorstellungen kreisenden Argumentationen und Deutungen betreibt Raufer Einzelfallanalysen mit Hilfe der sozialwissenschaftlichen Hermeneutik, d.h. einzelne Redebeiträge werden im Sinne Soeffners als Fälle rekonstruiert. Für die Rekonstruktionsarbeit formuliert Raufer (2005: 19) folgende Forschungsfragen:

- Wie und mit welchen Mitteln wird in der Debatte Legitimität hergestellt?
- Welche politischen Legitimitätskonstruktionen wurden hierfür verwendet?
- Welche Ideen, Modelle und Argumente fließen in die Konstruktionen ein?
- Welche politischen Leitvorstellungen, z.B. des Volkes, des politischen Prozesses oder des Repräsentanten, werden hierbei konzipiert?
- Welche Alltagstheorien der Demokratie werden dabei aufgebaut?
- Welche Legitimitätstypen kann die Analyse rekonstruieren?
- Wie ist die Demokratiedebatte der Abgeordneten und Funktionsträger insgesamt strukturiert?
- Was heißt und bedeutet aus der Perspektive der Repräsentanten legitime Demokratie?

Wie Raufer (2005: 22-38) in einem kurzen Theoriekapitel (Kapitel 1) verdeutlicht, orientiert sich die Studie nicht an den gängigen Legitimationskonzepten (z.B. Webers Legitimationstypologie), sondern versteht sich als Beitrag zu einer empirischen Legitimationsforschung, die an den konkreten Legitimitäts-vorstellungen von politischen Entscheidungsträgern ansetzt. Raufer wendet sich dementsprechend ausdrücklich gegen die Verwendung einer theoretisch abgeleiteten Typologie, sondern will diese erst induktiv aus der Erforschung der empirischen Legitimitätskonzepte entwickeln. Deutlich wird in diesem Theoriekapitel, dass Raufer (2005: 33ff.) vor allem auf die sprachliche Vermittlung und Konstruktion bei der Produktion von Legitimitätsvorstellungen setzt – im Gegensatz zu den Positionen, die eher auf die Bedeutung von Symbolen oder bildlichen Darstellungen zur Reproduktion von politischen Ordnungsvorstellungen hinweisen. Erst in der politischen Rede gelangen die legitimen Konzepte von Demokratie zur Sichtbarkeit und erfahren durch die sprachliche Praxis gleichzeitig eine Bestätigung (als Alltagstheorien der Demokratie). Mit dieser konzeptionellen Orientierung lässt sich offensichtlich gut die Auswahl der einzusetzenden Methode begründen, schließlich geht es der sozial-wissenschaftlichen Hermeneutik gerade darum, die Handlungskonzepte und Wirklichkeitskonstruktionen aus der Perspektive von Interaktionen und Redesituationen zu deuten. Im nachfolgenden Kaptitel (Kapitel 2) wird entsprechend die Anwendung der hermeneutischen Forschungsmethode zur Interpretation der Kommissionsbeiträge begründet:

> „Im hier untersuchten Fall sind dies die Textprotokolle der Verfassungsdebatten, die als Objektivationen von Interaktionen betrachtet werden, d.h. als Protokolle von Handlungs- und Interaktionssequenzen, die diskursiv zugänglich sind und eine Bedeutung haben. In diesen Texten materialisiert sich eine fallspezifisch konkrete und die historischen Rahmenbedingungen mitbeinhaltende „objektive" Sinnstruktur im Zusammenspiel von objektiven Wissensvorräten und subjektiven Deutungen (Sinnselektionen) in den Handlungen der Akteure. Die Welt ist also nicht Text, aber in Texten kommen Ausschnitte dieser Welt in einer fallspezifisch gebrochenen Form zum Ausdruck." *(Raufer 2005: 49)*

Sequenzanalyse als Methode

Im vorstehenden Zitat werden die zu untersuchenden Legitimationsvorstellungen etwas weiter operationalisiert; diese Vorstellungen entstehen durch spezifische Sinnselektionen und im Rückgriff auf die unterschiedlichen Wissensbestände der Akteure. Eine weitere Operationalisierung der Legitimationsvorstellungen soll absichtlich nicht erfolgen, denn getreu der phänomenologisch-hermeneutischen Methodik sollen Kategorien zur Interpretation nicht vorab, sondern erst aus dem Untersuchungsgegenstand selbst heraus entwickelt werden (Raufer 2005: 50). Raufer bedient sich hierfür der Methode der Sequenzanalyse, wie sie von Soeffner für die sozialwissenschaftliche Hermeneutik eingeführt worden ist:

- eine erste Sequenz wird mit möglichst vielen Bedeutungen und Lesarten konfrontiert bzw. interpretiert,
- die Vielzahl der Interpretationen wird dann mit dem tatsächlichen Anschluss verglichen, den der Sprecher/Autor im Text vornimmt,
- dabei werden aber auch hier wieder verschiedene Lesarten (für die beiden Sequenzen und ihren Anschluss) „ausprobiert",
- dadurch kann für die erste Sequenz ausgehend von den potentiell möglichen Anschlüssen und Interpretationen auf der Basis der realisierten Verknüpfung ein auch für die nächsten Sequenzen gültiger Sinnhorizont aufgezeigt werden,
- damit wird durch eine Zug-um-Zug-Rekonstruktion des Textes die Geltung möglicher Lesarten des Textes immer weiter eingeschränkt,
- so dass die fallspezifischen Selektionsmechanismen und die realisierten objektiven Sinnstrukturen – hier die politischen Legitimationskonstruktionen – deutlich werden (Raufer 2005: 51).

Stärker als Soeffner betont Raufer (2005: 52ff.) die Möglichkeiten der idealtypischen Konstruktion auf Basis der Sequenzanalysen. Zwar hatte auch Soeffner (2004: 73; 153f.) die idealtypischen Rekonstruktionen als Hilfsinstrument zur Deutung des konkreten Falls durch Vergleich diskutiert, Bezugspunkt der Analyse blieb aber der historisch vorfindbare Einzelfall. Raufer scheint demgegenüber eine generalisierende Funktion des Idealtypus auf Grundlage der induktiven Schlüsse der Sequenzanalysen zu favorisieren. Als Ertrag der hermeneutischen Forschungsergebnisse mündet seine Analyse der Einzelfälle in eine Diskussion von fünf Legitimationstypen (Kapitel 5).

Vorgehen bei der hermeneutischen Textanalyse

Wie sieht nun die konkrete Vorgehensweise der hermeneutischen Textanalyse aus? Raufer (2005: 54) hat die Textprotokolle der Reden von sieben Sprechern, vier Abgeordneten von den im Bundestag vertretenen Parteien und drei Ministern aus den Bundesländern NRW, Sachsen und Rheinland-Pfalz, die in der ersten von zwei Sitzungen der Gemeinsamen Verfassungskommission (GVK) zum Thema Bürgerbeteiligung/Plebiszite Stellung bezogen haben, in der Reihe ihres Auftretens analysiert. Zur Verdeutlichung der Methode soll nur die hermeneutische Analyse des Redetextes des ersten Sprechers – des Bundestagsabgeordneten Norbert Geis (CDU) – genauer betrachtet werden (Raufer 2005: 70-104). Zuerst fällt auf, dass der knapp vierseitige Redetext, der im Anhang von Raufers Studie abgedruckt ist (Raufer 2005: 286-290), Anlass bietet für eine fast 35seitige Interpretation. Insofern bestätigt sich der generelle Eindruck, dass die Hermeneutik gegenüber der qualitativen Inhaltsanalyse einen radikal anderen Zugang zu Texten nimmt. Raufer wendet sich der ersten Textsequenz zu, die aus zwei Aussagesätzen besteht. Norbert Geis konstatiert:

> „Die Einführung plebiszitärer Elemente in das Grundgesetz ist ein Thema, das sicherlich heiß umstritten ist. Wir werden bei diesem Thema wohl nicht so schnell einen Konsens finden, vor allem, wenn ich berücksichtige, welche Äußerungen bislang dazu in der Öffentlichkeit gemacht worden sind.“ *(N. Geis zit. n. Raufer 2005: 70)*

Die Interpretation von Raufer wendet sich einzelnen Schlüsselwörtern in der Sequenz zu:

- *„Einführung“*: Mit dem Begriff „Einführung“ wird auf Einfügung von etwas Neuem in eine bestehende Ordnung rekurriert; hier rekurriert der Autor (N. Geis) auf die Hinzufügung der neuen plebiszitären Elemente zu dem seit langem bestehenden Grundgesetz und baut dadurch einen Gegensatz zwischen den „plebiszitären Elementen“ und dem Grundgesetz auf.
- *„plebiszitärer Elemente“*: Insbesondere der Begriff „Elemente“ wertet die Reformen für mehr Bürgerbeteiligung ab, sind hiermit doch nur Einzelteile gemeint, die erst im Zusammenwirken mit andern Bestandteilen ein großes Ganzes ergeben. Der Begriff „Element“ wird demgemäß eher abwertend genutzt – im Sinne einer Störung der Ordnung durch einzelne (subversive, verbrecherische etc.) Elemente.
- *„das Grundgesetz“*: Mit dem Hinweis auf das Grundgesetz appelliert der Redner an die Bilder von Stabilität und nationaler Identität (Verfassungspatriotismus), die sich mit dem Verständnis von der Bedeutung des Grundgesetzes als Demokratiefaktor nach 1945 verbinden. Raufer (2005: 71) nutzt hier politikwissenschaftliches Kontextmaterial, um auf den hohen Status des Grundgesetzes im politisch-akademischem Diskurs hinzuweisen. All dies trägt natürlich zur weiteren Abwertung der „plebiszitären Elemente“ bei.

- *„heiß umstritten"*: Mit dem frühen Rekurs auf das Grundgesetz versucht der Sprecher die aufgeladene Diskussion über Plebiszite auf eine Meta-Ebene umzuleiten. Eine direkte Auseinandersetzung mit strittigen Positionen versucht Geis zuerst einmal aus dem Weg zu gehen.
- *„Äußerungen"*: Der Redner wendet sich gegen Aussagen über die Verfassung, die – als (Ent-)Äußerungen – nach außen getragen wurden; Geis meint hiermit die Öffentlichkeit. Diese Statements sind offensichtlich von denen unterschieden, die das kollektive „wir" nach innen richten würde, um einen Konsens zu erzielen.
- *„Öffentlichkeit"*: Die Rolle der Öffentlichkeit wird schon in diesem Eingangsstatement eher negativ gedeutet, sie ist empfänglich für bloße „Äußerungen". Dagegen hebt sich das „wir" der im politisch-administrativen System Aktiven (als weitere Sprecher und Beobachter, denen man das „wir" andient) ab. Dieses „wir" wird als eher zu rationaler Entscheidungsfindung fähig betrachtet, als die aufbrausende, heiß diskutierende Öffentlichkeit.

Strukturhypothesen

Wichtig für die hermeneutische Herangehensweise ist es, bereits aufgrund der frühen Rekonstruktionen von Bedeutungen in der ersten Textsequenz Strukturhypothesen über die Themen und den Tenor des Textes zu entwerfen. Raufer fasst das bisher Gesagte in zwei Strukturhypothesen zusammen:

> „Erstens wird das bestehende Grundgesetz als abgeschlossene und symbolisch überhöhte Einheit präsentiert und dadurch seine Unantastbarkeit manifestiert. In der Gegenüberstellung von plebiszitären Elementen, die hier eine negative Konnotation haben, und dem erwiesenermaßen lange bestehenden und allgemein akzeptierten Grundgesetz, wird diese symbolische Überhöhung zum Ausdruck gebracht. Zweitens wird eine Unterscheidung zwischen der politisch-administrativen Sphäre und ihren Entscheidungs-trägern und der Öffentlichkeit eingeführt. Die Öffentlichkeit wird als Sphäre konstruiert, deren Einbeziehung in Entscheidungsprozesse die Konsensfindung erheblich behindert. Den Entscheidungsträgern wird zugeschrieben, dass sie in der Lage sind, rationale Konsense zu finden, was die Öffentlichkeit auszeichnet, kann allerdings noch nicht genau gesagt werden. Die Verfassung wird damit dem öffentlichen demokratischen Prozess entzogen, sie wird als etwas Nicht-Öffentliches konzipiert, das außerhalb der öffentlichen politischen Diskussion zu stehen und über das bestenfalls die politische Elite zu diskutieren und zu entscheiden hat." *(Raufer 2005: 74)*

Die beiden Strukturhypothesen fungieren offensichtlich auch als Leitsystem zur Auswahl weiterer Textsequenzen. Denn Raufer überspringt ganze Passagen in Norbert Geis' Rede, in denen er Verständnis für die Aufnahme von Plebisziten in einzelne Länderverfassungen signalisiert. Für Raufer ist erst die Textpassage relevant, in der Geis die Ablehnung seiner Bundestagsfraktion (CDU/CSU) begründet:

> „Wir meinen, vor allem deshalb zu plebiszitären Elementen im Grundgesetz nein sagen zu sollen, weil wir der Auffassung sind, dass dadurch das parlamentarische Regierungssystem, so wie wir es haben, die parlamentarische, repräsentative Demokratie, erheblich geschwächt werden würde." *(N. Geis zit n. Raufer 2005: 75)*

Auch diese Textsequenz wird von Raufer mit Hilfe der Interpretation von Schlüsselbegriffen oder -wendungen entschlüsselt, zum Tragen kommen dabei der Begriff des kollektiven „*wir*", der die CDU-Fraktion bezeichnet, der Begriff des „*Meinens*", der auf ein abwägendes, vernünftiges Urteil verweist, die Wendung des „nein sagen zu sollen" als normatives Gebot aufgrund guter Gründe und die Wendung das die institutionelle Ordnung („*das Regierungssystem*", „*die repräsentative Demokratie*") „*erheblich geschwächt*" werden würde. Auch diese Textsequenz bestätigt die in den beiden Strukturhypothesen zum Ausdruck kommende Abwertung der partizipationssteigernden Reformen zu Gunsten der etablierten institutionellen Ordnung. Dabei wird auch in der zweiten Textsequenz die Willensbildung innerhalb der konventionellen politischen Gremien als besonders positiv dargestellt.

Die Auswahl der weiteren Textpassagen für eine detaillierte Sequenzanalyse nimmt dann auch weiter auf die Strukturhypothesen Bezug und sucht die Sequenzen heraus, die weitere Argumente für die Aufwertung des repräsentativen Institutionensystems bringen und den Status der Öffentlichkeit als rationaler Entscheider diskreditieren.

Im Einzelnen beziehen sich die ausgewählten Sequenzen auf:

- die Qualitäten des konventionellen parlamentarischen Regierungssystems; hier rekurriert Geis auf die rationalen Verfahren der Willensbildung innerhalb des Gesetzgebungsprozess, die von der Aufgabenteilung zwischen den politischen Institutionen geprägt ist und Akteure aus der Öffentlichkeit (hier: Verbände und andere Interessengruppen) gezielt einbindet (Raufer 2005: 76/77);
- die Fähigkeit des repräsentativen Parlamentarismus auch Minderheitsmeinungen zu berücksichtigen und komplexe Sachverhalte in Gesetzesform zu bringen (Raufer 2005: 78);
- eine generelle Skepsis gegenüber den plebiszitären Reformen vor dem Hintergrund der Leistungen des repräsentativen Systems und den positiven Erfahrungen mit ihm in den vergangenen 40 Jahren (Raufer 2005: 79);
- die besonderen Vorzüge der nicht-öffentlichen Aspekte im Gesetzgebungsverfahren (Raufer 2005: 83), womit sich die ursprüngliche Oppositionsbildung zwischen Gesetzgebung/Verfassung und Öffentlichkeit fortsetzt;
- die Überforderung der Bürger durch komplexe Entscheidungsmaterien verdeutlicht am Beispiel einer Volksabstimmung in Bayern über Müllkonzepte, bei der nach Geis die konkreten Probleme des praktischen Nutzens von Plebisziten offensichtlich wurden (Raufer 2005: 84);
- als neues Argument die Schwächung des deutschen Föderalismus durch die Einführung bundesweiter Volksabstimmungen (Raufer 2005: 87);
- das letztgenannte Argument in der gleichen Sequenz wird dadurch begründet, dass Plebiszite vor allem die Stellung des Bundesrats im Gesetzgebungsverfahren unterminieren würden (Raufer 2005: 88);
- als abrupter Themenwechsel erfolgt in der nächsten Sequenz der Hinweis auf die Gefahr, dass Plebiszite einer momentanen Stimmung in der Bevölkerung ausgesetzt sind, was an zwei Beispielen (Todesstrafe und Asylge-

setzgebung) konkretisiert wird, ohne auf die Konsequenzen wirklich einzugehen (Raufer 2005: 90);

- diese Sequenz wird mit dem Hinweis auf die Gefahr der Stimmungsdemokratie und des Populismus abgeschlossen (Raufer 2005: 91);
- als wiederum neues Thema des Textes widmet sich die nächste Sequenz der Auseinandersetzung mit dem formalen Status der Volksentscheide gegenüber der konventionellen Gesetzgebung:
  - Wie lassen sich Gesetze, die durch einen Volksentscheid zustande gekommen sind, ändern (Raufer 2005: 92)?
  - Das Parlament wird nur ungern Gesetze resultierend aus Volksentscheiden abändern, weil hier das Volk selbst initiativ wurde (Raufer 2005: 93).
  - Wenn das Volk selbst über Gesetze entscheiden kann, wird dann nicht der Gesetzgebungsprozess im Parlament zweitrangig (Raufer 2005: 94)?
- in der gleichen Sequenz erfolgt dann noch der Rekurs auf die „Weimarer Erfahrungen": nur durch die Ablehnung der Plebiszite wird die richtige Lehre aus Weimar gezogen (Raufer 2005: 95);
- in einer neuen Sequenz wird der zusätzliche Einwand vorgebracht, dass durch Plebiszite die Verfassung gebrochen oder neue Verfassungsartikel installiert werden können, was wieder die frühe Strukturhypothese von der Verfassung als überhöhter Einheit illustriert (Raufer 2005: 97);
- in der letzten Sequenz mit Blick auf die historischen Erfahrungen (Weimarer Verfassung) und auf das aktuelle Beispiel der Schweiz wird die letztgültige Ablehnung der Plebiszite noch einmal begründet:
  - Keine andere westliche Demokratie außer die Schweiz sieht Plebiszite vor (Raufer 2005: 99).
  - In der Schweiz orientiert sich die Regierungspolitik an den Referenden, was dazu führt, dass für alle anstehenden Referenden ein Kompromiss zwischen Regierung und Opposition und für die Ausformulierung der Plebiszite der kleinste gemeinsame Nenner gesucht wird (Raufer 2005: 100).

Formal betrachtet überrascht die von Raufer durchgeführte Sequenzanalyse insofern ein wenig, als er die Auswahl der Sequenzen eher theoriegeleitet – durch Rückbezug auf die Strukturhypothesen – begründet, als dass er sie als Folge der bisherigen Textinterpretation darstellt. Raufers Vorgehen nähert sich hier durchaus der theoriegeleiteten qualitativen Inhaltsanalyse an, die den Text auf Belegstellen hin durchforstet. Darüber hinaus spaltet Raufer ohne Begründung einzelne Abschnitte, deren Aussagen zusammen gehören, in einzelne Sequenzen auf und behandelt sie damit genau so wie Textabschnitte, die für ihn Sequenzeinheiten bilden. Die durch die Analyse vollzogene Strukturierung des Textes erscheint deshalb etwas willkürlich.

Ergebnis der Sequenzanalyse

Als Ergebnis der ersten Sequenzanalyse auf Basis des Textes von Norbert Geis stellt Raufer (2005: 101ff.) zwei Argumente in den Vordergrund, die im Text implizit für die Legitimation von Demokratie angeführt werden und somit Geis „Alltagstheorie der Demokratie" ausmachen: Erstens zeigt der Text von

Geis beispielhaft das Verständnis von der *Demokratie als rationale Bewältigung von Praxis* auf, wobei zweitens die *pragmatische Lösung praktischer Probleme* als eigentliche Aufgaben der Politik verstanden wird. Für die aufgewiesene Demokratievorstellung werden die in der Sequenzanalyse herausgearbeiteten Deutungen dann als Beleg aufgeführt.

Ähnlich verfährt Raufer auch bei den anderen Redetexten. Allerdings gelangt er insgesamt nicht zu sieben verschiedenen Demokratiekonzepten, sondern nur zu insgesamt vier Begründungsweisen der legitimen Demokratie (Raufer 2005: 252-264):

1. Legitimation durch die Idee der Rationalität,
2. Legitimation durch praktische Erfahrung,
3. Legitimation durch Entwurf eines Volkstypus,
4. und Legitimation durch Historisierung der politischen Ordnung.

Die festgestellte und auch von Raufer (2005: 252) zugestandene Abweichung hat sicherlich damit zu tun, dass sich nur der Redetext von Geis auf einen spezifischen Typus beziehen bzw. reduzieren lässt. In den anderen Texten vermischen sich eher unterschiedliche Vorstellungen von der Verfassung, vom Volk, von der Bewertung der historischen Erfahrungen, von den Staatsaufgaben etc. zu eher inhomogen Demokratiekonzepten. Nichtsdestotrotz bleibt dann die Frage im Raum stehen, wie empiriegesättigt Raufers Legitimationstypologie überhaupt ist. Diese Typologie wird nicht wirklich induktiv als Desiderat aus den hermeneutischen Interpretationen gewonnen, sondern auf der Grundlage eher konzeptueller Überlegungen der empirischen Analyse bloß angehängt.

3.2.3 Diskursanalyse

Abgrenzung von Inhaltsanalyse und Hermeneutik

Auch die Diskursanalyse benutzt wie die qualitative Inhaltsanalyse und die sozialwissenschaftliche Hermeneutik interpretative Verfahren, strebt aber stärker die Kontextualisierung von Redebeiträgen, Stellungnahmen, Programmschriften etc. in übergeordnete Diskussionslinien und Machtkonstellationen an (Keller 2004). Allerdings können auch innerhalb der diskursanalytischen Forschung Forschungsansätze wie der von Fairclough (1995a; 1995b), der sehr stark auf detailgenauen Textanalysen fußt, von anderen, offeneren Vorgehensweisen abgegrenzt werden (Kerchner 2006; Titscher et al. 2000: 144-171). Die für die Diskursanalyse wichtige Kategorienbildung zur Ermittlung von Begriffs- und Sinnbeziehungen zwischen den Diskursen erfolgt in jedem Fall noch deutlicher theoriegeleitet als bei den anderen qualitativen Verfahren. Wie in Abschnitt 2.5 schon erörtert wurde, ist ein wichtiger theoretischer Bezugspunkt für die Rezeption der Diskursanalyse in den Sozialwissenschaften das Werk von Michel Foucault. Dieser hat in seinen Studien über die Humanwissenschaften und ihre Zensur- und Ausschließungsprinzipien die historische Diskursanalyse etabliert. Über die Foucault-Rezeption hinaus hat in den letzten Jahren aber auch eine methodologisch orientierte Diskussion über die Potentiale der Diskursanalyse als Forschungsansatz eingesetzt (Angermüller/Bunzmann/Nonhoff 2001; Bublitz et al.

1999; Howarth/Norval/Stavrakakis 2000; Keller/et al. 2001; Keller/et al. 2003; Kerchner/Schneider 2006; Wodak/Chilton 2005; Wodak/Meyer 2001).

Definition von „Diskursen“

Welche Ziele verfolgt nun die Diskursanalyse und welche Methoden wendet sie an? Hier sollen nur die grundsätzlichen Überlegungen vorgestellt werden, die Keller (2004; 2005) über die sozialwissenschaftliche Diskursanalyse angestellt hat. Nach Keller (2005: 228ff.) müssen erst theoretische Voranannahmen geklärt werden, bevor man sich mit den Methodenfragen beschäftigen kann. Die Auseinandersetzung mit der Diskursanalyse beginnt deshalb mit der Frage, was ein Diskurs ist bzw. wie man ihn als Analysegegenstand oder Idealtypus definieren kann. Einen Bezugspunkt für eine solche Definition bietet das weiter gefasste Verständnis von Foucault, der Diskurse je nach Forschungsgegenstand als Aussagensysteme, Sinnzuschreibungen, Geltungsansprüche oder Wissenssysteme bezeichnet hat. Keller wagt sich an die folgende Definition:

> „Als Diskurs bezeichne ich einen Komplex von Aussagenereignissen und darin eingelassenen Praktiken, die über einen rekonstruierbaren Strukturzusammenhang verbunden sind und spezifische Wissensordnungen der sozialen Realität prozessieren. Dieser Strukturzusammenhang umfasst die den Ereignissen gemeinsamen Regeln und Ressourcen der Diskursformation. Er bezieht sich auf die Konstitution der Inhalte und auf Äußerungsmodalitäten. ... Das diskursanalytische Untersuchungsinteresse richtet sich weder auf die situative Einmaligkeit noch auf die Summe der einzelnen Äußerungen, sondern auf ihren strukturellen Zusammenhang als diskursive Ereignisse (Aussageereignisse). Nicht jedes Sprachereignis – bspw. eine Begrüßung – ist automatisch Bestandteil eines Diskurses, nur weil es als soziale Praxis konventionalisiert ist. Im hier verfolgten Verständnis handelt es sich bei Diskursen um strukturell verknüpfte Aussagenkomplexe, in denen Behauptungen über Phänomenbereiche auf Dauer gestellt und mit mehr oder weniger starken Geltungsansprüchen versehen sind.“ *(Keller 2005: 230/231)*

Eigenschaften und Funktion von Diskursen

Ausgehend von dieser Definition kann man spezifische Eigenschaften von Diskursen herausstellen:

- Diskurse sind Ensembles von Kategorien und Praktiken, die Akteure mit Argumenten und Deutungsmustern ausstatten;
- durch das Handeln der sozialen Akteure werden diskursive Ereignisse produziert und die soziale Realität von Phänomenen hergestellt und reproduziert;
- Verschiedenartige Diskurse treffen in Diskussionen aufeinander und ringen – soziale Gruppen und besondere Akteure mit Deutungsmacht werden dabei aktiv – um die Durchsetzung der Diskurshoheit;
- Diskurse sind dauerhafte und regelhafte Systeme der (kollektiven) Bedeutungszuschreibung;
- Diskurse fokussieren und formulieren Themen als gesellschaftsrelevante Deutungs- und Handlungsprobleme;
- Diskursformationen sind voneinander abgrenzbare Gruppierungen, die den gleichen Regeln für die Strukturbildung und Abgrenzung folgen;
- Diskursfelder sind Arenen, in denen Diskurse miteinander in Konkurrenz stehen;

- Diskursverhältnisse und Diskursregime sind Beziehungsgefüge zwischen Diskursen oder zwischen Diskursen und Anwendungsfeldern;
- Diskurse manifestieren sich in Gestalt von Dispositiven und Praktiken konkreter Akteure;
- das in Diskursen gesammelte Wissen liefert Kategorien zur Wahrnehmung und Deutung von Phänomen und darauf bezogenen akzeptablen Handlungsformen;
- Diskurse liefern Begründungen für die soziale Anerkennung eines solchen handlungsbezogenen Wissens und stellen entsprechend Bewertungsmaßstäbe zur Verfügung;
- Diskurse stellen „Know how" für ein auf bestimmte Anwendungen und Wissensprobleme bezogenes instrumentelles Handeln in spezifischen von den Diskursen erfassten Phänomenbereichen zur Verfügung.

Nachdem die Eigenschaften von Diskursen und ihre (soziale) Funktion herausgestellt wurden, stellt Keller (2005: 235ff.) die inhaltliche Struktur von Diskursen dar: Er schlägt hierfür vier Konzepte vor, die in gewisser Weise auch Elemente und Instrumente der Diskurse beschreiben:

1. *Deutungsmuster*; gemeint sind hiermit allgemeine Interpretationsschemata für die Organisation der Wahrnehmung und Erfahrungen von Akteuren, die durch Diskurse verbreitet werden (Keller 2005: 235, 238);
2. *Klassifikationen*; gemeint sind hiermit soziale Typisierungsprozesse, aber auch das gesamte Reservoir an solchen Typisierungen, mit deren Hilfe neue Handlungssituationen von Akteuren kategorial erfasst und mit schon erlebten Situationen und Situationselementen (Gegenstände, Personen, Eigenschaften, Ereignisse etc.) verglichen werden können (Keller 2005: 239);
3. *Phänomenstrukturen*; gemeint ist hiermit die Grundeigenschaft des Diskurses, dass er bei der Bestimmung seines „Themas" bestimmte Elemente oder Dimensionen des Gegenstandsfeldes, auf das der Diskurs sich bezieht, in eine bestimmte Ordnung bringt, also zu einer Phänomenkonstellation verbindet; wichtig ist, dass mit diesem Begriff keine Struktureigenschaft des Diskurses beschrieben wird, sondern dass durch Rückgriff auf ihn relevante diskursive Zuschreibungen und Bezugnahmen in systematischer Weise erfolgen (Keller 2005: 243);
4. *narrative Strukturen*; gemeint sind hiermit Erzählungen und Argumentationsstrukturen, die die einzelnen möglicherweise disparaten Aspekte und Elemente des Diskurses – einzelne Sinnzuschreibungen, Klassifikationsversuche und Bezugnahmen – sinnvoll miteinander in Beziehung setzen und verknüpfen; Narrationen ermöglichen es, den Diskurs mit seiner eigenen Geschichte und Prozesshaftigkeit zu konfrontieren und nach außen Veränderungen oder Neuinterpretation als legitim erscheinen zu lassen (Keller 2005: 246f.).

„materielle" Eigenschaften von Diskursen

Neben diesen inhaltlichen Dimensionen des Diskurses, die sozusagen nach innen gerichtet sind und die interne Einheit und Struktur des Diskurses verbürgen, aber auch sein Einsatzgebiet markieren, diskutiert Keller (2005: 247ff.) auch einige wichtige Eigenschaften und Elemente des Diskurses, die ihn als manifeste, wahrnehmbare Realität ausmachen. Es handelt sich um drei Aspekte, die hier kurz angeführt werden sollen, weil sie teilweise noch unten von Hajer im Fallbeispiel weiter erläutert werden:

Erstens werden Diskurse materiell in einem realitätsbestimmenden Sinne dadurch, dass Akteure sich auf die Themen und inhaltlichen Festlegungen einlassen und die entsprechenden Diskursregeln und Anwendungsbezüge der vom Diskurs adressierten Diskursfelder adaptieren. Die Akteure werden dadurch zu sozialen Rollenträgern der Diskurse und verfolgen implizit – unabhängig davon, ob sie an Interessen einer Organisation gebunden sind oder selbst subjektive Interessen formulieren – die „Interessen des Diskurses". Da Diskurse aber immer auf überindividuelle Kategoriensysteme verweisen, sind die Akteure, die sich auf einen Diskurs beziehen, immer Mitglieder eines größeren kollektiven Ensembles – einer Diskursgemeinschaft oder *Diskurskoalition* (Keller 2005: 249). Innerhalb der sozialen Handlungsfelder und selbst innerhalb einzelner Organisationen oder Kollektive sind unterschiedliche Diskurspositionen denkbar, so dass eine erste Aufgabe ausgehend von dieser Dimension der Materialisierung der Diskurse der Aufweis der in Diskussionen und Debatten vorfindbaren Diskurskoalitionen ist. Der zweite Aspekt, durch den Diskurse materiell werden, bezieht sich auf die Annahme, dass Akteure im Rückgriff auf Diskurse auf konventionalisierte und typisierte Handlungsmodelle zugreifen, die ihnen Praktiken – Muster für Handlungsvollzüge – zur Verfügung stellen (Keller 2005: 250ff.). Diese Handlungsmuster oder Praktiken unterscheiden sich darin,

- inwieweit sie für den Diskurs Aufgaben der Diskursreproduktion übernehmen, wobei diese Praktiken in sprachlich-diskursiver (ein bestimmtes Vokabular, Schreib- und Sprachregelungen etc.) oder in nicht-diskursiver (spezifische symbolische Gesten oder ein Zeichen setzender Bekleidungsstil) Form vorkommen können,
- inwieweit sie in einem Handlungsfeld modellhafte Anwendungen produzieren, wie die Beichte für den religiösen Diskurs oder die Mülltrennung für die rituelle Umsetzung einer umweltpolitischen Doktrin,
- oder inwieweit sie eigentlich unabhängig bzw. extern von dem jeweiligen Diskurs in einem Handlungsfeld bestehen und temporär unter einen bestimmten Diskurs fallen können (beispielsweise in Foucaults Studien bestimmte Praktiken des Kasernieren, Wegsperrens und Bestrafens, die diskursabhängig auf spezifische Bevölkerungsgruppen angewandt werden können).

Neben den Diskurskoalitionen und Praktiken eines Diskurses gibt es dann noch einen dritten Aspekt der Diskursmaterialisierung. Die Umsetzung des Diskurses wird durch Standardisierungen und Situationsdefinitionen ermöglicht, die für die Handlungskonzepte der Akteure eine Infrastruktur aus Regeln und Institutionen bereitstellt. Keller bezeichnet diese Infrastruktur der Diskursproduktion und Problembearbeitung in Anlehnung an Foucault als *Dispositive*:

> „Dispositive sind die tatsächlichen Mittel der Machtwirkungen eines Diskurses. Dispositive vermitteln als ‚Instanzen' der Diskurse zwischen Diskursen und Praxisfeldern (Praktiken). Ein Dispositiv ist der institutionelle Unterbau, das Gesamt der materiellen, handlungspraktischen, personellen, kognitiven und normativen Infrastruktur der Produktion eines Diskurses und der Umsetzung seiner angebotenen ‚Problemlösung' in einem spezifischen Praxisfeld. Dazu zählen bspw. die rechtliche Fixierung von Zuständigkeiten, formalisierte Vorgehensweisen, spezifische (etwa sakrale) Objekte, Technologien, Sanktionsinstanzen, Ausbildungsgänge u.a. Diese Maßnahmenkomplexe sind einerseits Grundlagen und Bestandteile der (Re-)Produktion eines Diskurses, andererseits die Mittel und Wege, durch die ein Diskurs in der Welt interveniert." *(Keller 2005: 253)*

Analysemethoden

Angesichts der von Keller diskutierten Materialisierungsformen von Diskursen rückt natürlich die Frage in den Vordergrund wie – mit welcher Analysetechnik und Methodik – der Diskursforscher aus seinem Material, welches es auch noch genauer einzugrenzen gilt, diese Formen ermittelt oder rekonstruiert. Zwei Probleme für die Methodik der Diskursforschung werden schon aus dem bisher Gesagten deutlich: Zum einen stellt sich das Problem der Eingrenzung der Untersuchungseinheit ‚Diskurs': Wie lässt sich der zugrunde liegende Diskurs überhaupt von seinen Materialisierungen (Praktiken, Dispositive) oder von Subdiskursen, die ihn auf konkrete Anwendungsbereiche und Problemtypen anwenden, trennen? Keller (2005: 259) weist selbst darauf hin, dass nur die wissenschaftlichen Disziplinen und politische oder religiöse Doktrinen es dem Betrachter relativ einfach machen, die Strukturen, Begründungsprinzipien und ausführenden Kollektive dieser Diskurse zu identifizieren und in ein Bezugssystem einzugruppieren. Zum anderen ist der Diskursforscher mit dem Problem konfrontiert, dass sein Untersuchungsfeld und seine Datenbasis nicht fest eingrenzbar sind, sondern sich mit den Erkenntnissen über die unterschiedlichen Materialisierungsformen des Diskurses womöglich beständig erweitern:

> „Die Identifikation der Daten für eine Diskursanalyse ist deswegen ein eher offener Suchprozess in verschiedene Richtungen, der sich immer nur vorläufig an Themen, Referenzphänomenen, Schlüsselbegriffen usw. orientieren kann. Denn ein wesentliches Ziel der Diskursforschung ist ja gerade die Beantwortung der Frage, welche(s) Wissen, Gegenstände, Zusammenhänge, Eigenschaften, Subjektpositionen usw. durch Diskurse als ‚wirklich' behauptet werden, mit welchen Mitteln – etwa Deutungsschemata, Klassifikationen, Phänomenstrukturen, story lines, moralische und ästhetische Wertungen – dies geschieht, und welche unterschiedlichen Formationsregeln und -ressourcen diesen Prozessen zugrunde liegen." *(Keller 2005: 260)*

Bevorzugung natürlicher Aussagenereignisse

Vor diesem Hintergrund erstaunt es nicht, wenn die sozialwissenschaftliche Diskursforschung sich nicht auf bestimmte Datenformate oder interpretative Methoden festlegen will, sondern statt dessen ihren multimethodischen Zugang unterstreicht und die Auswertung unterschiedlichster Datenformate (textförmige, audiovisuelle und objektbezogene Daten) empfiehlt (Keller 2004: 82f.; 2005: 263; Meyer 2001). Grundsätzlich präferiert die Diskursforschung – allein schon aus Gründen des zu betreibenden Aufwandes bei beschränkten Forschungsressourcen – die Auswertung von textförmigen Daten, wobei ausdrücklich auf die Heranziehung von „natürlichen" Aussagenereignissen (Zeugnisse von) und deren

Protokollierungen – Zeitungskolumnen, Parlamentsreden, Gesetzestexte, Werbeplakate, Internettexte, Interviewaufzeichnungen, Gutachten von Sachverständigen etc. – hingewiesen wird. Für die Textanalyse sollen vor allem qualitative Analyseverfahren eingesetzt werden, obwohl etwas unklar bleibt, welche der entwickelten Auswertungsverfahren wirklich zur Anwendung kommen sollen. Zwar weist Keller (2004: 73f.) auf die Bedeutung der sozialwissenschaftlichen Hermeneutik für die Diskursanalyse hin, wendet sich aber gegen eine Orientierung an subjektiven oder objektiven Fallrekonstruktionen, weil hier einzelne Fälle nicht als Einzelnes betrachtet werden sollen, sondern als Gesamtkorpus möglicher relevanter Äußerungsformen, der auf die Existenz und Wirkung eines Diskurses hindeutet. Für die Zusammenstellung eines Gesamtkorpus ist es durchaus wichtig, möglichst viele und heterogene Dokumente zusammenzutragen, um erst im zweiten Schritt eine Feinanalyse von Diskursstrukturen in ausgewählten Texten zu betreiben. Allerdings soll die Feinanalyse nicht zu einer Reduzierung des Textkorpus genutzt werden:

> „Die Datenauswahl zur Feinanalyse ist ein offener, kriteriengeleiteter Suchprozess, der nicht vorschnell zur Bildung eines definitiven Teilkorpus innerhalb des Gesamtkorpus führen sollte, sondern sukzessive die Bandbreite des gesamten Datenmaterials durchschreitet und erfasst. Nach Maßgabe einzelner Detailanalysen ergeben sich möglicherweise neue Kriterien für die weitere Auswahl." *(Keller 2004: 88)*

Schließlich geht Keller (2004: 109ff.) davon aus, dass sich nur durch Aggregierung und Vergleich der diversen Feinanalysen eine Bestimmung des Diskurses insgesamt – seiner inhaltlichen Stoßrichtung und der von ihm verwandten Instrumente und Sprachmittel – vornehmen lässt.

bewusster Einsatz von Vorannahmen

Wie sieht die Methodik der interpretativen Feinanalyse aus? Im Unterschied zur sozialwissenschaftlichen Hermeneutik und ganz ähnlich wie die qualitative Inhaltsanalyse geht die Diskursanalyse nicht naiv oder unvorbelastet an die Texte heran, sondern operiert ganz bewusst mit theoretisch hergeleiteten Kategorienschemata und Kodierungen zur Strukturierung und Auswertung des Textmaterials. Keller (2004: 93-108) fasst die Vorgehensweise im Rahmen einzelner Arbeitsschritte wie folgt zusammen:

1. Für die Einzelaussagen, die dem Diskurs zugeordnet werden, müssen zentrale Kontextbestimmungen vorgenommen werden; hiermit sind Bestimmungen a) des allgemeinen historischen und sozialen Kontextes (Frage nach dem zeit-geschichtlichen Bezug), b) des institutionell-organisatorischen Kontexts der Aussagen (Frage nach dem institutionellen Feld und organisatorischem Setting) und c) des situativen Kontexts (Frage nach dem Autor oder Verfasser des Textes bzw. Protokolls) gemeint.
2. Die formalen Merkmale der analysierten Textgattungen (z.B. Sachbücher oder Zeitungskommentare) und die damit verknüpften typischen rhetorischen Merkmale und Strategien (z.B. häufige Verwendung von Metaphern) müssen analysiert werden.
3. Anschließend erfolgt eine detaillierte interpretativ-analytische Erfassung und Rekonstruktion der Aussageinhalte der ausgewählten Texte. Dabei lassen sich wiederum drei Analyseschritte unterscheiden:

a. Die Analyse der Phänomen- und Problemstrukturen von Aussagen: die Interpretation versucht Kategorien für die im Text behandelten Themen herauszuarbeiten, um den Argumentationsaufbau und die Hierarchisierungen im Text zu verstehen.
b. Die Analyse von verwendeten Deutungsmustern: als Anwendung und Realisierung des Diskurses bringt der Text allgemeine Deutungsmuster (des Diskurses und der ihn unterstützenden Diskurskoalition) zum Einsatz. Deshalb wird in diesem Analyseschritt versucht, die Wissenssysteme und Interpretationsschemata, die der Text aufnimmt, herauszuarbeiten.
c. Die Analyse der narrativen Struktur: in den Aussagen werden durch den Einsatz von story lines einzelne Bestandteile oder Sinneinheiten des Textes in eine Kausalordnung oder zeitliche Phasenanordnung gebracht; die Rekonstruktion der narrativen Muster versucht diesen Mechanismen der Ordnungsbildung in Texten, die sich wiederum untereinander vergleichen lassen, auf die Spur zu kommen.

Fallbeispiel

Diskurse in der Politik

In der Politikwissenschaft findet die Diskursanalyse ihre Anwendung bei der Rekonstruktion und theoretischen Durchdringung von öffentlichen Debatten im Wechselspiel mit offiziellen Sprachregelungen und Diskussionsbeiträgen (z.B. Kriegsdiskurse zur Legitimierung des Kosovo-Krieges oder des Irak-Krieges), bei politischen Kontroversen, in denen ein Freund/Feind-Schema erzeugt wird (z.B. Debatten über nationale Identitäten) oder im Rahmen von Politikfeldanalysen bei der diskursiven Konstruktion von Problemverursachern oder „target groups" (z.B. in der Umweltpolitik oder in der Sozial- und Arbeitsmarktpolitik) oder bei dem „framing" von Policy-Problemen (Gerhards/Neidhardt/Rucht 1998; Hajer 1995; Jäger/Jäger 2007; Jung 1994; Keller 1998; Litfin 1994; Schneider 2001; Schwab-Trapp 2002; Wodak et al. 1998). Neuerdings wird insbesondere die ausufernde Debatte über eine europäische Verfassung mit Hilfe diskursanalytischer Verfahren bearbeitet (Scholl 2006; Wiener 2007). Wir diskutieren hier exemplarisch die Diskursanalyse von Maarten Hajer, die dieser im Politikfeld Umweltpolitik durchgeführt hat, weil Hajer zur Anwendung und Weiterentwicklung der Diskursanalyse in der Politikwissenschaft wichtige Vorschläge unterbreitet hat.

Hajers Vorgehensweise

Hajer (1995; 2003a; 2003b; 2007) schlägt eine zweistufige Vorgehensweise vor, die einerseits – ähnlich wie die bisherigen inhaltsanalytischen Ansätze – die Sprach- und Textanalyse auf differenzierte Weise betreibt, andererseits auch die Akteurskonstellationen im Hinblick auf ihre Formulierung von spezifischen Diskursen analysiert. Der *erste Teil* der Diskursanalyse hat den Aufweis von Bedeutungsstrukturen (*terms of policy discourse*) zum Gegenstand; hiermit sind die Hilfsmittel der Textanalyse angesprochen, die einen Bias in den Diskussionsbeiträgen und Programmformulierungen dokumentieren können. Genauer schlägt Hajer (2003b: 103-107) in der späteren Darstellung der Diskursanalyse als Instrument der Policy-Forschung drei Operationen vor, die drei unterschiedliche Schichten (layers) des Policy-Diskurses betreffen: erstens die Analyse von Handlungsfäden (story lines), Mythen und Metaphern im Diskurs, zweitens die Untersuchung des Policy-Vokabulars und drittens die Rekonstruktion von epistemischen Grundüberzeugungen (epistemic figures). Die Handlungsfäden konstruieren Narrative und ‚catchphrases' und stellen dadurch in der Policy-Debatte Verbindungen zwischen einzelnen Argumenten und Sachverhalten her und machen die Verdichtung einer komplexen Problemmaterie auf einzelne Begriffe oder Leitsätze möglich:

> „Story lines are defined as (crisp) generative statements that bring together previously unrelated elements of reality. The main function of story lines is that these short narratives help people to fit their bit of knowledge, experience or expertise into the larger jigsaw of a policy debate." *(Hajer 2003b: 104)*

Die Handlungsfäden verwenden Metaphern, um einen Sachverhalt oder eine Kausalitätsannahme bildlich zu verdeutlichen und im Bewusstsein der Policy-Akteure zu verankern. Mit der Untersuchung des Policy-Vokabulars auf der zweiten Ebene ist die Beschäftigung mit wissenschaftlichen Ansätzen und Erklärungsmodellen, die die Policy-Akteure zur Legitimation ihrer Vorschläge und Sichtweisen heranziehen, gemeint. Häufig werden beispielsweise in der Umweltpolitik wissenschaftliche Ansätze aus der Biologie oder Umweltforschung eingesetzt, um das Policy-Problem zu erschließen und Gestaltungsvorschläge abzusichern. Die dritte Schicht der epistemischen Grundüberzeugungen betrifft demgegenüber noch grundlegendere, unhintergehbare und kaum offen zugestandene Leitbilder und Denkstrukturen, die bei der Wahrnehmung eines Problems und bei der Reflexion über Problemlösungen zum Tragen kommen. Am Beispiel der Umweltpolitik lassen sich unterschiedliche Grundüberzeugungen in der Perspektive aufweisen, wie die Umwelt als Gegenstand gesehen wird, nämlich entweder als schützenswertes Gut, das vor weiterer Veränderung oder Zerstörung bewahrt werden muss (nature conservation) oder aber als entwicklungsfähiger Lebensraum, der mit anderen Lebensräumen in Beziehung steht und dessen Stellung in ökologischen Netzwerken neu austariert oder gestärkt werden muss (nature development) (Hajer 2003b: 106).

Diskurskoalitionen

Der Hinweis auf diese Analysegegenstände führt über das Reflexionsniveau anderer qualitativer Ansätze in der Policy-Forschung kaum hinaus. Dazu kommt in der Diskursanalyse aber noch die dezidierte Auseinandersetzung mit Diskurskoalitionen, d.h. mit Akteursgruppen, die sich mit den vorgetragenen Handlungsfäden, Policy-Ansätzen und Grundüberzeugungen identifizieren oder sie gezielt nutzen, um in der Policy-Debatte bestimmte Interessen durchzusetzen. Damit wird aber nicht die Position vertreten, dass Diskurse sich einfach für die Realisierung vorgegebener, objektiver Interessen der Akteure instrumentalisieren lassen. Im Gegenteil muss davon ausgegangen werden, dass Interessen erst im Diskurs durch die Zuteilung von Positionen und Handlungsfäden entstehen bzw. eingenommen werden: „Interests are intersubjectively constituted through discourse" (Hajer 1995: 59). Vor diesem Hintergrund konstituieren sich Diskurskoalitionen relational durch die Bezugnahmen auf bestimmte Argumente, Konzepte, Metaphern und Erklärungsweisen mit der Intention, diese Darstellungsformen und Problemsichtweisen als hegemoniale Definitionen von der Wirklichkeit durchzusetzen. Insofern müssen Diskurskoalitionen auch als Synthese aus Akteuren und Diskursen bzw. Handlungsfäden aufgefasst werden:

> „Discourse-coalitions are defined as the ensemble of (1) a set of story-lines; (2) the actors who utter these story-lines, and (3) the practices in which this discoursive activity is based. Story-lines are here seen as the discoursive cement that keep a discourse-coalition together. ... Discourse-coalitions are formed, if previously independent practices are being actively related to one another, if a common discourse is created in which several practices get a meaning in a common political project" *(Hajer 1995: 65)*

Fallbeispiel: Umweltpolitik in Großbritannien

Wie können aber die Handlungsfäden und Diskurskoalitionen genauer identifiziert werden und zu welchen Ergebnissen gelangt eine so operierende Diskursanalyse? Hajer (1995) illustriert die Anwendungsmöglichkeiten der Diskursanalyse anhand der Debatte über Ursachen und Folgen des sog. Sauren Regens (acid rain) in Großbritannien und den Niederlanden in den 70er und 80er Jahren. Ausgangspunkt für die Debatte waren Analysen von Bodenexperten in Skandinavien, die eine Versauerung der dortigen Süßwassergewässer mit Schwefeldioxid-Emissionen aus Großbritannien und Kontinentaleuropa in Verbindung brachten (Hajer 2003a: 284). Auf Initiative der schwedischen Regierung organisierte die UN Konferenzen zur Bewertung und Regulierung der grenzüberschreitenden Luftverschmutzung, in denen Vorschläge für national-staatliche Regulierungsprogramme diskutiert wurden. Hajer markiert für die britische Diskussion über Sauren Regen und neue Luftreinhalteprogramme – auf die wir uns hier bei der Darstellung konzentrieren wollen – zwei gegensätzliche Diskurskoalitionen, die sich auf zwei unterschiedliche Handlungsfäden zur Erklärung des Umweltproblems berufen: Die erste Diskurskoalition bedient sich eines *„traditionellen Pragmatismus"* in der Problembewertung, da das neue Umweltproblem nach der etablierten Vorgehensweise gedeutet und behandelt werden soll; diese Vorgehensweise empfiehlt die eingehende und genaue wissenschaftliche Analyse der Erklärungsfaktoren bevor ein staatlicher Eingriff zu erfolgen hat:

> „This commitment to science was the primary basis for the credibility claim of traditional-pragmatist story-line. The underlying motive was that action should be ecologically effective and, as far as possible, cost-effective and that therefore an adequate understanding of what was controlling the chemical balance in nature was needed" *(Hajer 1995: 113)*.

Die dagegen opponierende Diskurskoalition der *„ökologischen Modernisierung"* beschreibt das Phänomen des sauren Regens als Kulminationspunkt einer umweltgefährdenden industriellen Entwicklung. Das Gefährdungspotential durch dieses neue Umweltproblem macht die Generierung und Durchführung neuer politischer Lösungen notwendig, das etablierte Instrumentarium der abwartenden Analyse und zögerlichen politischen Steuerung wird dem möglichen Risiko einer Destabilisierung des ökologischen Gleichgewichts nicht gerecht. In der Rekonstruktion der politischen Auseinandersetzungen um die Bewältigung des Umweltproblems beispielsweise durch Reduzierung des CO_2-Ausstoßes sieht Hajer das fortwährende Aufeinanderprallen dieser beiden Diskurskoalitionen, wobei die traditionell-pragmatische Diskurskoalition von der konservativen Tory-Regierung unter Thatcher angeführt wird und vor allem Vertreter der Energie- und Schwerindustrie umfasst, wohingegen die Koalition für die ökologische Modernisierung besonders durch Initiativen von Umweltgruppen und der parlamentarischen Opposition bestimmt wird.

Tabelle 3.1: Der Diskursraum in der britischen Policy-Debatte um den „sauren Regen"

Traditional pragmatism	Ecological modernization
	Positioning of acid rain as a policy issue
– acid rain as an SO_2-related problem, damage is foreign affair	– acid rain as an SO_2-related problem but damage is here too
– national specific: 'proud record'	– understanding of record in international terms: UK as 'dirty man of Europe'
– quasi-scientific inductive understanding of acid rain derived from *ad hoc* analysis of isolated pollution incidents. Implicit belief: 'no crisis'	– deductive understanding of acid rain in terms of the ecological crisis; acid rain as illustration of the 'cumulation of gases in the atmosphere' (WCS); explicit belief: structural pollution
– acid rain as serious incidental issue	– acid rain as programmatic issue
– 'proud record', i.e. acid rain as residual problem	– 'proud record' is anachronism: regulation of new problems requires institutional change,
– acid rain to be understood in homogeneous air-pollution discourse	– i.e. acid rain calls for heterogenization of air-pollution discourse
– acid rain as case of irresponsible scaremongering	– acid rain as potential focus for political disillusionment
	Repercussions of acid rain for the policy domain
– because of 'proud record': no need for new policy discourse	– because of seriousness of issue, need for new policy discourse
– need to prove damage to impose constraints	– because of seriousness: reversal of the burden of proof: 'guilty unless proven innocent'
– pollution is as such legitimate	– pollution is, in principle, undesirable
– against scaremongering	– against 'complacency'
– strong individualist commitment	– reluctant integration of structural dimension
– emphasis on tradition: no explicit reference to neo-liberal commitments	– explicit attempt to position environmental care within neo-liberal politics (Waldegrave, DoE Policy Review)
	Science and expertise
– 'policy in danger of running ahead of science'	– 'cannot wait until all evidence is in' (Rossi)
– imposition of Royal Society as norm for pollution science: government internalizes validity criteria of research science (understanding causal chain required)	– understanding of pollution issues necessarily limited by complexity of eco-systems and impossibility of controls (correlation suffices)
– emphasis on need for precise study of cause–effect relationships	– need for new vocabulary: multiple stress, critical load, precaution, emphasis on research and development of solutions
– primarily scientific legitimacy	– need for civil legitimacy: both measured and perceived risks are important
– Inspectorate positioned as independent authority	– emphasis on need for reorganization to create independent and unified Inspectorate
– Royal Society as ultimate authority above the sphere of pressure-group politics	– Royal Commission as respectable mediator of public concerns
	Confines of environmental regulation
– environment as sector concern	– environment as integrated concern
– regulation as a techno-administrative affair	– regulation as a socio-political affair: taking public feeling into account
– act only if experts show it would solve real environmental problems in an effective and economically feasible way	– act now: environment requires action
– avoid unnecessary expenditure	– avoid irreparable damage to nature
– control negative externalities	– internalize costs
– justice—utilitarian: is it just to use taxpayers' money to resolve foreign problems?	– distributive justice: is it just to harm innocent victims?
– problem closure: research needed	– problem closure: FGD is the obvious solution
– social accommodation: reinforcement of past achievements, education, emphasis on scientific authority	– social accommodation: abate largest emissions, remove obsolete bar on disclosure of information, take public seriously
– do just enough, just in time	– install FGD to be able to join 30% Club

Ecological Modernization in the UK

Quelle: Hajer 1995: 164/165

Allerdings sind die Akteure nicht unbedingt auf einen der beiden Handlungsfäden festgelegt, sondern können sich im Rahmen der politischen Auseinandersetzung auf beide Argumentationsstränge beziehen. Dies führt dazu, dass sich die Stellung der Diskurskoalitionen zueinander verändern kann, die Diskurse können sich aneinander anpassen oder aber auf einen dominanten Handlungsfaden zubewegen.

variable Stellung der Diskurskoalitionen

In der britischen Debatte schwenkte die Regierung Thatcher nach der zuerst ablehnenden Haltung gegenüber besonderen Luftreinhaltungsmaßnahmen auf eine Position ein, die eine Forderung der Diskurskoalition der ökologischen Modernisierung aufnahm; die Regierung beschloss im September 1986 Rauchgasentschwefelungsanlagen in allen Kohlekraftwerken zu installieren und übernahm damit eine Forderung der oppositionellen Diskurskoalition (Hajer 2003a: 286).

Für das Umschwenken in den Policy-Positionen sind aber noch andere Faktoren verantwortlich zu machen als die Handlungsfäden und Diskurskoalitionen. Hajer arbeitet besonders den Stellenwert von wissenschaftlichen Beratungsgremien, policybezogenen Forschungsprojekten und Sondergutachten für den politischen Entscheidungsprozess heraus, der auf einem Science-based Policy Approach (SPA) in einzelnen ‚*issue areas*' der britischen regulativen Politik basiert. Für Hajer mündet deshalb die diskurszentrierte Analyse von Policy-Kontroversen in eine minutiöse Rekonstruktion von politischen Einflusskanälen und von Beratungs- und Entscheidungsprozessen im Rahmen einer Prozessanalyse, die eher eine ‚dichte Beschreibung' der politischen Prozesse als eine textzentrierte Interpretation der Policy-Diskurse zum Gegenstand hat.

Kritik an der Studie

Die methodologischen Defizite dieser Studie betreffen das vorgestellte Analyseinstrumentarium für eine Interpretation und Bewertung der Policy-Diskurse. Nur höchst selten und eher beiläufig wird über die Methode der qualitativen Auswertung und über die Schritte der Zusammenstellung der Ergebnisse Auskunft gegeben. Dabei stellt gerade die Auswertung ganz unterschiedlicher Quellen (von Zeitungsartikeln, Interviews, Gutachten, Parlamentsprotokollen bis hin zu Nachrichten und Filmberichten) die Diskursanalyse vor große Herausforderungen, was die Standardisierbarkeit der Datenauswertung betrifft. Für den Aufweis der Handlungsfäden (story lines) und des Gebrauchs von spezifischen Sprachmitteln und Metaphern könnten sowohl Analysetechniken der qualitativen Inhaltsanalyse als auch hermeneutische Verfahren zur Anwendung kommen. Die Durchführung der Diskursanalyse von Hajer im Politikfeld Umweltpolitik wirkt aber so, als ob die konfligierenden Diskurse und Diskurskoalitionen primär durch eine konventionelle Prozessanalyse ohne weitere interpretative Analyseschritte bestimmt worden sind. Dieser Eindruck entsteht dadurch, dass Hajer für seine vergleichende Fallstudie hauptsächlich offizielle Dokumente von politischen Gremien und Beratungszirkeln ausgewertet hat und darüber hinaus 34 Interviews mit Policy-Akteuren in Großbritannien und Niederlanden durchgeführt hat, die er zur Anreicherung seiner Fallstudien selektiv nutzt (Zitate von Interviewäußerungen als „Belegstellen"). Die Detailanalyse der von den Policy-Akteuren verwendeten „story lines", die sich den beiden Diskurslagern zuordnen lassen müssten, wird zwar als Verfahren der Diskursanalyse von Hajer (1995: 62f.) stark gemacht, in der Studie wird eine solche Untersuchung aber nicht exemplarisch durchgeführt.

3.2.4 *Qualitative Konversationsanalyse*

Abgrenzung von der Diskursanalyse

Die qualitative Konversationsanalyse weist auf den ersten Blick eine große Ähnlichkeit mit der Diskursanalyse auf, sie betreibt aber weniger stark die Einordnung von Parlamentsreden, Gesetzentwürfen oder Einigungsvorschlägen in übergeordnete Bedeutungszusammenhänge (Diskurse, Narrative, Frames) und Konfliktlinien.[4] Stattdessen konzentriert die Konversationsanalyse sich ganz auf die Rhetorik und die kommunikative Orientierung sowie auf den Anteil spezifischer Kommunikationsmodi in Gesprächen, die wiederum anhand von Protokollen von Debatten-, Verhandlungs- und Diskussionsbeiträgen analysiert werden (Deppermann 2001; Przyborski 2004). Sie betreibt in diesem Sinne eine Feinanalyse der Gesprächsführung, Bedeutungsfixierung und Identitätsbildung in solchen Gesprächsformen und Verhandlungsrunden und versucht die Mechanismen der Ordnungsbildung in und durch Kommunikationsbeziehungen herauszuarbeiten. Ausgehend von der allgemeinen Konversationsanalyse ergeben sich Anwendungen für die Politikwissenschaft, um beispielsweise Versuche der Manipulation und Instrumentalisierung von Diskussionen bei politischen Entscheidungen zum Gegenstand zu machen und die Voraussetzungen für eine unverzerrte Verständigung und Kooperation zu thematisieren. Gerade der Abgleich der vorliegenden Gesprächsstrukturen mit Modellvorstellungen der ‚normalen' Kommunikation hat eine gewisse Bedeutung für eine empirische Demokratieforschung, die die rationalisierenden Faktoren bei formalen Gremienentscheidungen oder bei informellen Verhandlungsprozessen analysieren will (Barthe 2001). Hierfür wird häufig auf idealtypische Vorstellungen von deliberativer Demokratie und von rationaler Kommunikationsorientierung und verständigungsorientierter Gesprächsführung zurückgegriffen, wie sie beispielsweise Jürgen Habermas (1981) in seiner ‚Theorie des kommunikativen Handelns' entwickelt hat (siehe 2.5). Die an normativen Kommunikationsmodellen orientierten Studien bedienen sich leider aber nur höchst selten der Methodik einer detailgenauen Analyse von Gesprächssequenzen, was zumeist mit dem Umstand erklärt wird, dass kein Zugang zu den nicht-öffentlichen Verhandlungsrunden in der Politik hergestellt werden konnte und Analysen öffentlicher Gremiensitzungen nur bedingt aussagefähig sind. Entsprechende Studien wenden sich deshalb entweder einer indirekten Forschungsstrategie (z.B. Einzelbefragung von Teilnehmern an politischen Verhandlungen) zu (Barthe 2001) oder versuchen sich an einer standardisierten Auswertung mit größerem zeitlichen Abstand (Holzinger 2004; Spörndli 2004).

ethnomethodologische Konversationsanalyse

Dagegen werden in der Soziologie die Einsatzmöglichkeiten gerade der qualitativen Konversationsanalyse breiter rezipiert. Dies geschieht insbesondere im Anschluss an die ethnomethodologische Forschungstradition (siehe 2.3), und diese Forschungsrichtung betreibt entsprechend ‚Ethnomethodologische Konversationsanalyse' (Brüsemeister 2000: 235-253; Eberle 1997). Als exemplarisch und wegweisend für diese Forschungsrichtung kann man die methodologischen

[4] Eine gewisse Irritation angesichts der verwendeten Terminologie entsteht dadurch, dass auch für die detailgenaue Gesprächsanalyse der Begriff ‚Diskursanalyse' verwandt wird, es handelt sich hierbei allerdings um eine an Einzelsequenzen von Gesprächen ansetzende Auseinandersetzung mit den Modi der Diskursorganisation, also mit den rein sprachlichen Mitteln der Strukturierung von Gesprächen als intersubjektiver Interpretations- und Bedeutungszusammenhang (Przyborski 2004).

Beiträge von Bergmann (1988a; 1988b, 2004) ansehen; dieser bezieht sich auf die Ethnomethodologie Garfinkels und auf die Interaktionsanalyse von Goffman, stellt aber auch eine Verbindung zu einem der Gründerväter der Konversationsanalyse, Harvey Sacks, her. Wie sieht das Programm der ethnomethodologischen Konversationsanalyse (KA) aus? Bergmann versucht sich an einer allgemein gehaltenen Bestimmung:

> „Allgemein formuliert gilt das Interesse der KA den generativen Prinzipien und Verfahren, mittels deren die Teilnehmer an einem Gespräch in und mit ihren Äußerungen und Handlungen die charakteristischen Strukturmerkmale und die „gelebte Geordnetheit" (Garfinkel) des interaktiven Geschehens, in das sie verwickelt sind, hervorbringen. Der Objektbereich, auf den sich die KA zunächst konzentriert, und der ihr auch den Namen gab, sind Gespräche vom Typ des alltäglichen, gewöhnlichen, selbstzweckhaften, nicht von Satzungen und anderen formalen Bestimmungen beherrschten Gesprächs – eben die Unterhaltung oder Konversation." *(Bergmann 2004: 528)*

Wie Bergmann an dieser Stelle weiter ausführt, bedeutet die Abgrenzung der alltäglichen Konversation von den institutionell eingegrenzten Interaktionen in Schule und Beruf nicht unbedingt die Idealisierung der Alltagsform der Kommunikation, weil auch diese selbststrukturierten Gespräche immer Bezug nehmen auf tradierte Wissens- und Kulturmuster oder auf unhinterfragte Regeln der angemessenen Gesprächsführung. Vielmehr stellen die alltäglichen Gesprächssituationen Übergänge und Bezugspunkte für die institutionell geprägten Kommunikationsformen dar, die ebenfalls mit Hilfe der Konversationsanalyse analysiert werden können. Allerdings muss diese Analyse darauf achten, dass in diesen kontext- oder fremdstrukturierten Gesprächen „...die Strukturen der alltäglich-trivialen, außerinstitutionellen Kommunikation in spezifischer Weise transformiert werden..." (Bergmann 2004: 528). Für die Politikwissenschaft demonstriert diese Abgrenzung vorab zwei Gegenstandsbereiche für den Einsatz der Konversationsanalyse: Einerseits kann die Ordnungskonstruktion in informellen politischen Gesprächssituationen nachvollzogen werden, wobei hier als Gegenstand der Analyse die alltägliche Wahrnehmung und Bedeutungskonstruktion von Politik durch Mitglieder des politischen Feldes (Berufspolitiker, Verbandsvertreter etc.) oder „einfache" Bürger als Adressaten der Politikvermittlung und -darstellung fungiert. Andererseits kann das Gesprächsverhalten in nach formalen Ablaufsregeln organisierten Gremien und Verhandlungssystemen (z.B. Vermittlungsausschüsse in Parlamenten oder Konferenzen von internationalen Organisationen) daraufhin analysiert werden, nach welchen Regeln alltägliche Kommunikationsmodi reproduziert, transformiert oder erweitert werden und wie es um ihre tatsächliche Strukturierungswirksamkeit in konkreten Gesprächsabläufen beschaffen ist.

Wie geht nun die ethnomethodologische Konversationsanalyse vor? Ein Unterschied zu den bislang betrachteten Methoden der Datenauswertung macht die direkte Auseinandersetzung mit realer Kommunikation aus: Die Konversationsanalyse nimmt als Datenbasis Tonband- oder Videoaufzeichnungen von sozialen Interaktionsprozessen zum Ausgangspunkt (Bergmann 1988b: 8ff.). Das aufgezeichnete Material muss allerdings nach relativ feststehenden Regeln Vorgehensweise transkribiert werden, um als Untersuchungsmaterial für weitere Analyseschritte fungieren zu können. Noch plausibler als bei der sozialwissenschaftlichen Hermeneutik erscheint bei der KA die Forderung, dass die Gesprächsanalyse als Sequenzanalyse operieren muss (Bergmann 2004: 529). Ist die Alltagskommunikation nicht unbedingt von spezifischen funktionalen Kontextbestimmungen geprägt, so wirken jedoch die Phasen und Sequenzen des Gesprächs aufeinander ein, so dass für das Alltagsgespräch der Bezug und die Reihenfolge der Sequenzen als (immanenter) Kontextfaktor maßgeblich sind. Nicht nur durch die Sequenzanalyse, sondern auch durch die Rekonstruktion von Ordnungsprinzipien der Selbststrukturierung des Gesprächs rückt die ethnomethodologische Konversationsanalyse stark in die Nähe zur Hermeneutik:

> „Kurz formuliert besteht nun das methodische Vorgehen der KA darin, für ein beobachtbares, gleichförmiges Phänomen die generativen Prinzipien – „the machinery“ (Sacks) – zu rekonstruieren. Im Einzelnen wird dabei so vorgegangen, dass als Erstes in der Aufzeichnung bzw. im Transkript eines Interaktionsgeschehens ein Objekt als mögliches Ordnungselement isoliert wird. Welcher Art dieses Element ist – es kann eine bestimmte Interaktionssequenz, eine Äußerung, eine Formulierung, eine Geschichte, eine Interjektion, ein Räuspern, eine Kopfbewegung o. ä. sein –, steht nicht im Vorhinein fest. Für das weitere Vorgehen ist die Annahme leitend, dass dieses Element ein Bestandteil einer von den Interagierenden methodisch erzeugten Geordnetheit ist. Man wird deshalb früher oder später nach anderen Manifestationen dieses Elements suchen und so aus dem Datenmaterial eine Kollektion von Fällen zusammenstellen, in denen sich dieses Objekt – in welcher Variation auch immer – zeigt.“ *(Bergmann 2004: 532)*

Im zweiten Schritt wird das isolierte Objekt als Lösung eines wichtigen Funktionsproblems der vorliegenden Interaktion interpretiert, und zwar wird danach gefragt, für genau welches Problem das herausgestellte Ordnungselement eine Lösungsfunktion übernimmt. Am Beispiel eines einfachen Telefongesprächs wäre das Sich-Melden des Angerufenen am Beginn des Telefongespräches eine funktionsadäquate Lösung zur Initiierung eines Gesprächs durch Identifizierung der Person und seines Verantwortungsbereiches (im Fall einer angerufenen Behörde wäre die Antwort „Hier spricht Sachbearbeiter xy der Abteilung z. Was kann ich für Sie tun?“ eine solche funktionale Lösung). Die Ordnungsprinzipien, die für die einzelnen Sequenzen ermittelt werden, können – falls sie variieren – mit ihrer Funktion für die Gesprächssequenz verglichen werden. Dieser Vergleich der Problemlösungen und Ordnungsprinzipien soll die Untersuchung auf allgemeine Muster und formale Prinzipien der Gesprächsorganisation lenken, denen sich die Interaktionspartner in gewissem Sinne unterordnen müssen, um eine Kommunikation zu initiieren und am Laufen zu halten (Bergmann 2004: 533; Deppermann 2001: 81f.). Bergmann macht aber deutlich, dass nicht die Ordnungsbildung an sich als relevant betrachtet wird, sondern das Funktionsproblem der Interaktion, dass durch ein sprachliches Ordnungs- oder Steuerungsprinzip bewältigt wird:

> „Die konversationsanalytische Arbeit steht und fällt damit, dass es gelingt, für ein beobachtbares Interaktionsphänomen zu rekonstruieren, auf welche Art und Weise, d.h. mit welchen Ethno-Methoden, die Interaktionsteilnehmer die Geordnetheit die-

> ses Phänomens in ihrem Handeln produzieren. Der primäre Sinn dieser Ethno-Methoden ist dabei natürlich nicht die Erzeugung von „Geordnetheit" um ihrer selbst willen, das ist vielmehr nur das wahrnehmbare Resultat ihrer Anwendung. Der primäre Sinn dieser Methoden liegt in ihrer Bedeutung als Mittel zur Lösung von Problemen, die in der Interaktion als strukturelle Probleme auftauchen. Beobachtbare Geordnetheiten werden in der Konversationsanalyse also verstanden als methodisch produzierte Lösungen von strukturellen Problemen der Interaktionsorganisation" *(Bergmann 1988b: 35).*

theoriefreies und selbstrekursives Verfahren

Da das Erkenntnisinteresse der ethnomethodologischen Konversationsanalyse auf Grundfragen und Konstitutionsweisen der alltäglichen Interaktion und Kommunikation gerichtet ist, scheint ein Vergleich der in konkreten Gesprächssituationen vorliegenden Funktionsprobleme mit den in Anschlag gebrachten sprachlichen Lösungsversuchen unproblematisch und stimmig. Sobald man aber eine allgemeinere oder normative Vorstellung von den anthropologischen oder formal-pragmatischen Grundlagen von Interaktion und Kommunikation hat, wird man sich mit einem dermaßen theoriefreien und selbst-rekursiven Verfahren nicht zufrieden geben, auch wenn die Konversationsanalyse sich als strikt „datengeleitet" versteht (Eberle 1997: 259). Stattdessen wird man versuchen, die konkreten, in Gesprächen aufweisbaren Funktionsprobleme und Ordnungsprinzipien mit theoretisch abgeleiteten Typologien zu vergleichen und entsprechend die untersuchten Gespräche in ein kategoriales Raster typischer Gesprächs- und Problemlösungsmodelle einzuordnen. Gerade für die Politikwissenschaft empfiehlt sich eine solche Vorgehensweise, die die zu stark induktiven Vorgaben der Ethnomethodologie zurechtrückt. Denn schließlich muss für viele Fragestellungen in der Politikwissenschaft das Problem der Einbeziehung der institutionellen Kontexte in Gesprächen und Verhandlungen zu politischen Lösungsfragen bearbeitet werden. Beispielsweise kann die Kongruenz oder Nicht-Übereinstimmung der konkreten Ordnungsprinzipien in den politischen Gesprächen und Verhandlungen durch Vergleich mit den in den institutionalisierten Gremien eingeschriebenen Verhaltenserwartungen bestimmt werden, um so die Bindungswirkung für Kommunikation solcher formalisierten Austauschformen zu analysieren. Für eine solche Themenstellung ist aber eine gewisse theoretische Vorarbeit nötig, etwa durch Aufstellen einer Typologie von formal bereitgestellten Kommunikationsmodi in Verhandlungsgremien oder anderen Kommunikationsforen.

zögerliche Rezeption von Konversationsanalysen

Insofern sind zwar verschiedene politikwissenschaftliche Anwendungsmöglichkeiten für eine theoriegeleitete qualitative Konversationsanalyse, die Aspekte einer qualitativen Inhaltsanalyse aufnimmt, sich aber primär als eine Sequenzanalyse versteht, vorstellbar. Bislang lassen sich höchstens Fallstudien auffinden, die im Grenzbereich zwischen Medienwissenschaft und Politikwissenschaft operieren (Gamson 1992; Thomas 2003). Einem Anwendungsfall werden wir uns nachfolgend zuwenden. Die zögerliche Rezeption von Konversationsanalysen in der Politikwissenschaft erscheint umso erstaunlicher, als die empirische Analyse von Kommunikationsmodi in politischen Interaktionszusammenhängen in mehreren politikwissenschaftlichen Forschungsströmungen propagiert wird:

- In der Policy-Forschung wurde von amerikanischen Forschern ein „argumentative turn" ausgerufen (siehe 1.1.3). Die empirische Analyse der sprachlichen Vermittlung von Programmideen und der Nutzung von rhetorischen Überzeugungsinstrumenten in den Prozessen der politischen Interessenvermittlung und Konfliktregulierung wird aber nur selten direkt angegangen – beispielsweise mittels einer Konversationsanalyse von politischen Verhandlungen –, statt dessen werden nur Leitbilder in der öffentlichen Wahrnehmung der Policy-Konflikte gedeutet (Barthe 2001) oder Transkriptionen von Verhandlungsgesprächen auf relevante Belegstellen hin durchsucht – ein Kennzeichen für ein deduktives Verfahren – und nicht durch eine detaillierte Sequenzanalyse aufbereitet (Wiesner 2006).

- Eine analoge Entwicklung lässt sich beim Studium der internationalen Beziehungen (IB) aufzeigen; hier werden vermehrt konstruktivistische Perspektiven und kommunikationstheoretische Ansätze mit ihren empirischen Anwendungsmöglichkeiten und theoretischen Grundpositionen diskutiert (siehe 1.1.2). Die empirische Analyse der Verständigungsorientierung in internationalen Verhandlungen scheint allerdings auf große Schwierigkeiten zu stoßen, insbesondere was die Möglichkeit der Teilnahme von Wissenschaftlern an solchen Verhandlungsrunden und ihre vollständige Dokumentation und Transkription betrifft (Ulbert/Risse/Müller 2004). Bislang bleiben entsprechende Analysen auf die inhaltsanalytische Sekundärauswertung von Verhandlungsprotokollen und die Durchführung von Prozessanalysen beschränkt.

Fallbeispiel

Konstruktion nationaler Wir-Identitäten im Fernsehtalk

Wir haben deshalb zur Illustrierung der methodischen Vorgehensweise eine Studie ausgewählt, die zwar nicht direkt auf politisches Handeln und Entscheiden in institutionellen Kontexten konventioneller Politikgestaltung rekurriert, aber wichtige Aspekte und Interpretationsleistungen der Konversationsanalyse verdeutlicht. Darüber hinaus versteht sich die Studie von Tanja Thomas (2003) über die Konstruktion nationaler Wir-Identitäten in deutschen Fernsehtalkshows als stärker theoriegeleitet, als es das Vorgehen der ethnomethodologischen Konversationsanalyse vorsieht. Mit dem Thema der Studie versucht Thomas einen Beitrag zur allgemeinen Diskussion über nationale Identität und Staatsbürgerschaft zu leisten. Kategorien wie „Nation", „Identität" und „Rasse" sind natürlich – dies betont Thomas (2003: 10f.) schon in der Einleitung – keine objektiven, allgemein verbindlichen Begriffe, vielmehr sind sie zahlreichen, teilweise widersprüchlichen Konstruktionsakten unterworfen, in denen soziale Gruppen einer Gesellschaft um die Anerkennung von Mitgliedschaftsstatuten und Mitgliedschaftsregeln für den sozialen Gesamtzusammenhang miteinander ringen. Für die häufig in aller Öffentlichkeit geführten Auseinandersetzungen um Zugehörigkeit und Identität bietet besonders ein „kaltes Medium" (McLuhan) wie das Fernsehen, das die Beteiligung der Konsumenten einfordert, eine wichtige Plattform. Der Diskurs in den Medien über diese Themen wirkt sich aber auch selbst auf das Verständnis solcher kollektiven Ordnungsmodelle und Deutungsschemata aus:

„Medialen Angeboten kann wesentlicher Einfluss auf Kommunikationsprozesse zugeschrieben werden: Sie bewirken eine qualitative Veränderung der menschlichen Erfahrung, strukturieren Zeit und Raum, sie formen den Alltag, über sie konstituieren sich auch kollektive und nationale Identitäten…“ *(Thomas 2003: 15)*

Für die Analyse solcher Konstitutionsprozesse unter Beteiligung von Medien wird der Untersuchungszeitraum sinnvoll eingegrenzt: Die Diskussion über die doppelte Staatsbürgerschaft von September 1998 bis Februar 1999 – ein erstes wichtiges Gesetzgebungsprojekt der neuen rot-grünen Bundesregierung unter Kanzler Gerhard Schröder – wird als Fokus gewählt, weil die Diskussion über Vorteile und Nachteile einer großzügigeren Einbürgerungspolitik, die mit der Veränderung des Staatsbürgerschaftsrechtes verbunden ist, in den Medien einen großen Raum einnimmt und auch Unterhaltungssendungen im Fernsehen erfasst. Insbesondere Talkshows, die Politiker und Experten zu spezifischen Themen versammeln, aber auch als „daily talks“ den Normalbürgern Möglichkeiten zur Selbstdarstellung und Stellungnahme einräumen, eignen sich sehr gut, um die Konstruktionsakte, die für die Beschreibung und Gewichtung von politischen Problemen und die vorgeschlagenen Lösungsmodelle verwandt werden, aufzuzeigen:

„Aufgrund dieser Prozessorientierung eignen sich Talkshows, deren Sendungskonzeptionen „Gesprächen“ zentralen Stellenwert einräumen, als Analysematerial ganz besonders; die Prozesshaftigkeit der Interaktionen erlaubt es, Aushandlungsprozeduren einer detaillierten Analyse zugänglich zu machen. Schon erste Grobanalysen zur Konstruktion des „nationalen Wir“ in Talkshows des deutschen Fernsehens erlauben es, die Fragestellung zu präzisieren: Dass moderne Nationen heterogen zusammengesetzte, uneinheitliche Gebilde sind, wird nämlich von Talkshowgästen weder zurückgewiesen noch steht es dem entgegen, dass Interagierende in Talkshows auf die Einheit der Nation rekurrieren und sich auf nationale „Identität“ beziehen. … Eine Art Inventarisierung des (argumentativen) Sprachgebrauchs kann zwar die Verwendung des Konzepts Nation“ und ihr Ausmaß verdeutlichen. Die Herausforderung aber besteht m.E. darin, das, was als Resultat der Konstruktionen des „Eigenen“ und „Fremden“ erscheint, auf den Vollzug seiner Herstellung hin zu beobachten, um Regeln und Ressourcen aufzudecken, den Wegen der Konstruktion nachzugehen und die strukturbildende (generative) Wirkung zu erkennen, die es fast unmöglich macht, sich zu entziehen“ *(Thomas 2003: 16-18).*

theoretische Vorannahmen und Kontextwissen

Thomas (2003: 10, 18) sieht gerade im Rahmen ihres Forschungsthemas hervorragende Anwendungsmöglichkeiten für die „ethnomethodologische Gesprächsanalyse“, allerdings nimmt sie theoretische Vorannahmen – aus dem aktuellen Bestand soziologischer und konstruktivistischer Beiträge zur Identitätsforschung – und Erkenntnisse aus der Forschung über die Rolle der Medien in der Politikvermittlung mit auf und verfügt über ein erhebliches Kontextwissen, was später in der Typisierung entsprechender Fernsehsendungen deutlich wird. Thomas geht also offensichtlich an die Konversationsanalyse nicht völlig theoriefrei und unvorbelastet heran. So werden in den ersten beiden Kapiteln der Forschungsstand und die relevanten Theorieansätze in der Rassismus- und Nationalismusforschung rezipiert und dazu der Diskurs in den Medien über Migration und über die Situation von Migrantengenerationen dargestellt. Ziel dieser Sondierungen ist es, neben den diskursiv-interaktiven Gesichtspunkten, die für eine Konversationsanalyse von Interaktionen zwischen Diskussionsteilnehmern im Fernsehen relevant sind, auch die strukturell-dynamischen Prozesse, die in die nationalen Wir-Konstruktionen eingehen (z.B. die Bedeutung von sozialen Lagen und Statusängsten von Gruppen für nationalistische oder rassistische Positionen oder der bewusste Einsatz von ausländerfeindlichen Schließungsprinzipien zur Ausgrenzung und Abgrenzung von sozialen Gruppen), wahrzunehmen und diese in die mikroanalytische Form der Analyse zu integrieren (Thomas 2003: 49).

Der Versuch, die Konversationsanalyse mit strukturellen bzw. kontextuellen Faktoren anhand eines konkreten Untersuchungsgegenstands in Beziehung zu setzen, prägt dann auch das wichtige Kapitel 3 zur Legitimation der verwandten Analysemethode. Eine grobe Durchsicht des mitgeschnittenen und transkribierten Analysematerials – Aufzeichnungen von Fernseh-Talkshows mit unterschiedlichen Teilnehmern und für unterschiedliches Publikum – führt zu einer Eingrenzung des theoretischen Interpretationsrahmens und zu einer Bestätigung der konversationsanalytischen Methodik, freilich unter Berücksichtigung einiger wichtiger Ergänzungen. Thomas führt einzelne transkribierte Äußerungen von Talk-Gästen als Belegstellen an, um zu verdeutlichen, dass Zuschreibungen von sozialer, nationaler oder ethnischer Zugehörigkeit oder Fremdheit zwar mit stereotypen und allgemeinen Kategorien operieren, diese Kategorien aber von unterschiedlichen Sprechern und in unterschiedlichen Interaktionskontexten mit neuem Inhalt gefüllt werden. Der Rückbezug beispielsweise auf Eigenschaften des „Deutsch-Seins“ (deutsche Sprache, vermeintliche Tugenden wie Pünktlichkeit und Disziplin) bietet Spielräume für eine spezifische Umdeutung und Verwendung, je nach Anforderungen der Interaktionssituation. Diese Ausdeutung von Kategorien und Bildern der Zugehörigkeit zu einer Wir-Gruppe oder des Fremdseins in einer Gesellschaft ist aber auch nicht völlig beliebig, sondern an der Herstellung von Differenzen und an der Reproduktion der differenzbildenden Kategorien orientiert:

> „Selbst- und Fremdbilder sind Gegenstand von Aushandlungsprozessen; sie sind, so ist zu konstatieren, von Spaltungen und Differenzierungen durchzogen. Dies spiegelt sich in den widersprüchlichen Aussagen der Medienakteure. Doch zugleich wirken die Selbst- und Fremdbilder einheitlich und gemeinschaftsstiftend und werden auch als solche von den Interaktionsbeteiligten verwendet: Sie definieren sich entlang nationaler Kategorien und reproduzieren Vorstellungen eines nationalen „Wir“. Mit der (Re-)Produktion der medialen Inszenierung findet scheinbar u.a. mit Blick auf Imagewahrung und Beziehungsgestaltung eine relative „Vagheit“ der nationalen Selbst- und Fremdbilder Unterstützung, die zugleich Grundlage dafür zu sein scheint, dass sich unterschiedlichste Personen auf ein konstruiertes nationales „Wir“ als konsensstiftende Einheit beziehen können“ *(Thomas 2003: 91).*

Dieses erste Zwischenergebnis, basierend auf einer groben Durchsicht des Talkshow-Materials, hat dann besondere theoretische und methodische Konsequenzen für die Vorgehensweise:

- Zum einen kritisiert Thomas (2003: 93-116) Analyseperspektiven innerhalb der sozialwissenschaftlichen Phänomenologie und des Konstruktivismus, die zu sehr die gestaltende, selbsttätige Rolle der Akteure bei Konstruktionsprozessen von Sinn in sozialen Interaktionen betonen und diese Konstruktionsakte von übergreifenden gesellschaftlichen Diskursen (über Nation, „race“, Klasse etc.) und strukturellen Ressourcenverteilungen (von Geld, Wissen, sprachlicher Kompetenz etc.) abkoppeln. Thomas (2003: 111ff.) spricht sich deshalb für eine vermittelnde Position aus, die sie in der Habitustheorie von Pierre Bourdieu verwirklicht sieht und die die Strategien und Redebeiträge von Akteuren in konkreten Situationen als Widerspiegelung von nur teilweise bewusst erfahrenen Positionskämpfen sozialer Akteure in einer ressourcenbasierten Statusordnung ansieht (zur Diskussion Janning 1991).

- Zum anderen spricht sie sich zwar für die Konversationsanalyse als Forschungsmethode aus, will aber den engen Fokus auf die Bestandteile und Prozesse der Interaktion im Fernsehtalk erweitern. Hierfür setzt sie sich kritisch mit der Diskursanalyse auseinander, die einzelne Themen und Redebeiträge von übergreifenden Diskursen oder Diskursordnungen dominiert sieht, dadurch aber den kreativen Akt einer Verwirklichung solcher Ordnungssysteme in konkreten Interaktionsprozessen weitestgehend ausblendet (Thomas 2003: 105ff.). Thomas favorisiert demgegenüber eine kontextsensible Form der Konversationsanalyse, die „die Analysen interaktiven sprachlichen Handelns der Subjekte auf den Hintergrund institutioneller und sozioökonomischer, politischer Strukturen sowie diskursiv etablierter Bedeutungen beziehen und den „Gebrauchswert“… der in Frage stehenden Konstruktionen des nationalen „Wir“ in diesem Rahmen reflektieren (soll)“ (Thomas 2003: 111).

Vorgehensweise

Wie sieht nun die genaue Vorgehensweise einer derart gekennzeichneten Konversationsanalyse aus? Zuerst werden die genauer zu analysierenden Gespräche und Interaktionen in dem Medienformat „Fernseh-Talk“ genauer eingegrenzt. Insgesamt werden acht Sendungen ausgewählt, in denen sich die Talkrunden dezidiert mit dem Thema „Doppeltes Staatsbürgerrecht und die politischen Reaktionen darauf“ als auch allgemein mit den Problemen und der Situation von Ausländern in Deutschland beschäftigt haben (Kapitel 4). Thomas weist auf die Geschichte von Fernseh-Talkshows in Deutschland hin und unterscheidet dann spezielle Formate wie den Polit-Talk (Sabine Christiansen, Talk im Turm, Streit im Schloss), zusammengesetzt aus Gästen, die der politischen Klasse angehören, den Prominenten-Talk (Nachtcafé, NDR Talk Show), an dem Prominente wie Schauspieler, Musiker, Autoren als auch Politiker teilnehmen und den Daily Talk (Bärbel Schäfer, Jürgen Fliege), der einfache Bürger mit ihren Meinungen zu Wort kommen lässt. Die unterschiedlichen Talk-Formate werden mit unterschiedlicher Häufigkeit zu unterschiedlichen Zeitpunkten ausgestrahlt, wenden sich an ein unterschiedliches Publikum, was das Bildungsniveau und das Alter betrifft, und verfügen, da sie teilweise nur in Regionalprogrammen der öffentlichen Anstalten gesendet werden, über eine unterschiedliche Reichweite. Thomas hat nun jeweils gezielt Sendungen (insgesamt 8 Sendungen) ausgewählt, in denen sich die Talkrunden dezidiert mit dem Thema „Doppeltes Staatsbürgerrecht und die politischen Reaktionen darauf“ als auch allgemein mit den Problemen und der Situation von Ausländern in Deutschland beschäftigt haben:

- eine Sendung *Talk im Turm* (Sat1) vom 31.01.1999 zum Thema „Der christdemokratische Angriff auf die Operation Doppelpass",
- zwei Sendungen *Sabine Christiansen* (ARD) mit den Themen „Politschlacht ums Ausländerrecht" (10.01.99) und „Fremd im eigenen Land – der Islam auf dem Vormarsch" (08.11.98),
- eine Sendung *Streit im Schloss* (SR) vom 26.02.99 zum Thema „Doppel-Pass – Pro und contra neues Ausländergesetz",
- zwei Sendungen *Nachtcafé* (SWR) mit den Themen „Typisch deutsch – respektiert und unbeliebt?" (27.11.98) und „Wie viel Heimat braucht der Mensch?" (04.09.98),
- eine Sendung *Bärbel Schäfer* (RTL) vom 16.11.98 zum Thema „Du bist Türke und deutscher als die Deutschen"
- und eine Sendung *Jürgen Fliege* (ARD) vom 16.11.98 zum Thema „Wie deutsch muss ein Deutscher sein?".

Analyse in sechs Schritten

Die Inhalte der jeweiligen Sendung und der Gesprächsverlauf sowie beruflicher und biographischer Hintergrund der Gäste werden kurz zusammengefasst, dann wird die Analyse in sechs Schritten unternommen. In die Gliederung und Abfolge der Analyse fließen dezidiert die vorher angestellten theoretischen Vorüberlegungen ein, die Talkshow-Sequenzen sollen nämlich untersucht werden hinsichtlich (Thomas 2003: 156-159):

1. des Gebrauchs von nationalen Kategorien und Kategorisierungen, denen Personen und Gruppen zugeordnet werden (Antworten auf die Frage „*wer oder was ist typisch deutsch oder türkisch?*"),
2. der Wahrnehmung und Erzeugung von Ambiguitäten im Rahmen der kategorialen Zuschreibungen (Selbstreflexionen des Typus „*inwieweit kann man Eigenschaften des Deutsch-Seins oder des Türkisch-Seins überhaupt generalisieren oder festlegen?*")
3. von Konstruktionen eines nationalen „Wir" trotz aller Brüche, Widersprüche und Ambiguitäten (Identität herstellende Aussagen wie „*man fühlt sich nur im Ausland als Deutscher*")
4. des Einsatzes von Legitimationswerkzeugen – zentrale Begriffe, Metaphern und Schlagwörter zur Konstruktion und Behauptung des nationalen „Wir",
5. der Rolle, die der mediale Kontext für die Inszenierung der Gespräche und Gesprächsbeiträge und damit für sprachlichen Strategien zur Produktion des nationalen „Wir" spielt,
6. der Verteilung von Handlungsspielräumen und der Ungleichverteilung von Redezeiten und Artikulationsmöglichkeiten innerhalb der einzelnen Gespräche.

Ausgehend von dieser Unterscheidung zwischen sechs Analyseschritten werden in den einzelnen, für jeden Analyseschritt vorgesehen Abschnitten spezifische Sequenzen quasi als Belegstellen aus dem Gesamtmaterial der jeweiligen Talksendung herausgesondert und als besonders aufschlussreiches Beispiel für die Illustrierung der Fragestellung bzw. für die Beantwortung der Analysefrage eingeführt sowie anschließend weiter interpretiert. Die Techniken zur Grobstrukturierung des Gesamtmaterials an potentiellen Sequenzen werden nicht erläutert, faktisch handelt es sich aber um eine ähnliche Vorgehensweise wie bei der Materialreduktion und deduktiven bzw. theoriegeleiteten Auswertung der qualitativen Inhaltsanalyse. Die Vorgehensweise soll hier nur an dem ersten inhaltlichen Analyseschritt verdeutlicht werden. In diesem ersten Analyseabschnitt sollen nationale Selbstkategorisierungen herausgestellt und analysiert werden. Im Abbildung 3.1 werden die zu analysierende Sequenz einer Polit-Talkshow und die Interpretation der Autorin wiedergegeben.

Diskussion

Dieses Beispiel verdeutlicht auch einen Vorteil der qualitativen Konversationsanalyse, gerade wenn diese sich auf Bildmaterial (in diesem Fall Aufzeichnung einer Fernsehsendung, die Dokumentation von alltäglicheren Gesprächssequenzen durch Videoaufzeichnungen ist aber auch manchmal möglich) beziehen. Der Abgleich zwischen Gesprächstranskription und Fernsehbild wird bei Thomas als Analysetechnik nicht weiter erläutert. In den analysierten Gesprächssequenzen ermöglicht der beobachtende, visuelle Nachvollzug der Gespräche aber auch eine Auswertung von Graden der Emotionalität, Routine oder Verunsicherung, mit denen die Sprecher ihre Zuschreibungen ausstatten. Ein grundsätzliches Problem neben der Auswahl der einzubeziehenden Gesprächssequenzen stellt ihre Reihung dar. Thomas (2003: 161) ordnet – in diesem Analyseabschnitt wie in den fünf folgenden – die in eine ähnliche Richtung zielenden Gesprächsabschnitte der unterschiedlichen Talkformate einer von ihr stammenden analytischen Argumentationslogik unter, die sich in dem betrachteten Analyseabschnitt von der einfachen, verfestigten nationalen Selbstkategorisierung über die distanzierende Selbstkategorisierung und den Versuchen der Neukategorisierung zu den Irritationen über Selbst- und Fremdkategorisierungen und zur Abwehr von Kategorisierungen überhaupt bewegt. Diese Gliederung der einzelnen Sequenzanalysen und ihrer Tiefeninterpretationen wirkt plausibel, aber auch etwas willkürlich. In der Zusammenfassung der Analyseergebnisse dieses Abschnitts werden die analysierten Beispiele dann als typisch für bestimmte Eigenschaften von Kategorisierungen interpretiert (Thomas 2003: 186).

Abbildung 3.1: Fallbeispiel qualitative Konversationsanalyse

- *„meine türkische Bundestagskollegin . und ja deutsche ...“: Von der Abwehr einer Überwindung binärer Deutungsmuster*

Auch in dem folgenden Ausschnitt aus der Sendung SABINE CHRISTIANSEN werden, wie im vorangegangenen Beispiel, Loyalitätsfragen aufgeworfen; auf diese werde ich an anderer Stelle wieder zurückkommen. Hier sei jedoch die Aufmerksamkeit gelenkt auf Bundesinnenminister Otto Schily, der sich auf seine Bundestagskollegin Ekin Deligöz bezieht *(Z003/005)*. Durch Wiederholungen, Korrekturen und Reformulierungen ist die Bezugnahme deutlich markiert.

INDEX
ED = Ekin Deligöz
RR = Roland Reuter
OS = Otto Schily
RS = Rupert Scholz

SABINE CHRISTIANSEN:
FREMD IM EIGENEN LAND? – DER ISLAM AUF DEM VORMARSCH

001	OS	aber ich wollte noch mal auf Herrn Herrn Scholz zurückkommen, mit der Loyalität,
002		das ist in der Tat ja ein ernsthafter Einwand, mit dem man sich auseinandersetzen
003		muss, allerdings glaube ich, ist hier meine junge türkische Bundestagskollegin auf
004	RS	ja *[nickt mehrmals]*
005	OS	dem richtigen . und JA deutsche, JA, ich sehe also jetzt, beide BEIDE kulturellen
006	ED	abstämmig, türkisch abstämmig
007	OS	Richtungen sind dabei . also vertreten, glaub' ich auf dem richtigeren Wege, weil das
008	RR	*[gestikuliert, lächelt] [?]*
009	OS	der modernen Entwicklung entspricht, also ich sage das auch, Jugendliche sind gut
010		beraten, wenn sie in mehreren Kulturen zu Hause sind, wir sind das übrigens
011		manchmal auch als Ältere, ich fühle mich der italienischen Kultur bekannter maßen
012		sehr zugetan, ich finde, daran scheitert nich' meine Loyalität gegenüber der dem
013		deutschen Staat ...

Frau Deligöz hat einen deutschen Pass und gehört als Abgeordnete der Grünen dem deutschen Bundestag an. Trotzdem kategorisiert Schily seine Kollegin als *türkische* Bundestagsabgeordnete. Erst nach einem Zwischenruf von Deligöz *„abstämmig, türkisch abstämmig“ (Z006)* korrigiert sich Schily. Mit einem Lächeln in Richtung von Frau Deligöz, mit betonten Mehrfachbestätigungen und intonatorischen Hervorhebungen *(„und JA, deutsche, JA ich sehe also jetzt, beide BEIDE kulturellen Richtungen sind dabei, also vertreten“)* kennzeichnet Schily den Zwischenruf als altbekannten Einwand. Schily vermeidet die zu dieser Zeit gebräuchlichen kategorialen Bezeichnungen wie „deutschtürkisch“ oder „türkische Deutsche“, er spricht von *„kulturellen Richtungen“*, die *„vertreten sind“ (Z007)*. Die Menschen als Handelnde geraten aus dem Blick; sein Kulturkonzept wirkt mehr statisch denn dynamisch. Deligöz sei *„auf dem richtigen Wege“ (Z007)*, so Schilys vage Stellungnahme. Diesen „Weg“ verknüpft er mit seinem Hinweis auf den Nutzen eines utilitaristisch geprägten Kulturgebrauchs z.B. im Beruf (Deligöz sprach kurz vorher von dem Vorteil der Mehrsprachigkeit) oder im Urlaub. In einer *„anderen Kultur zu Hause“* oder ihr *„zugetan“* zu sein, ist hier also durchaus positiv besetzt, jedoch immer auch gekoppelt mit einer Nutzenorientierung. Dass diese jedoch, so lässt sich sein Hinweis interpretieren, die Loyalität zum deutschen Staat nicht stören darf, soll dabei unhinterfragbare Prämisse bleiben *(vgl. Z012/013)*.

Quelle: Thomas 2003: 178-179

Insgesamt mutet Thomas' Analyse als eine Art „Spurensuche" im dem Talkshow-Material mit Hilfe der Konversationsanalyse an. Die Ziele dieser Suche sind relativ stark vorab festgelegt, und die Sequenzanalyse springt von einem Talkshow-Format zum anderen, um für die immer weiter spezifizierte Fragestellung Beispiele – in gewisser Weise aus dem Zusammenhang der einzelnen Gespräche gerissene „Belegstellen" – für die Reproduktionsweisen von Wir-Identitäten und für die unterschiedlichen Legitimations- und Abgrenzungsstrategien aufzuspüren. Mit der Zusammenfassung ihrer Ergebnisse gibt Thomas implizit wieder eine Rechtfertigung ihrer Vorgehensweise: Kritik

> „Dem Material näherte ich mich auf der Interaktionsebene mit der gesprächsanalytischen Untersuchung der Prozesse, in die Aufrufen und Füllen von nationalen Kategorien eingebettet sind. Ich habe gezeigt, wie nationale Kategorisierung als bedeutungsvolles Element der Identitätskonstruktion des Individuums und zugleich als Basis für die Partizipation im gesellschaftlichen Prozess wirksam wird. Die Vorstellung von nationaler Gemeinschaft wird keineswegs stets manifest zum Zwecke der Grenzziehung aktualisiert und verwendet, doch latent (re-)produziert. Der „Einigkeit" bezüglich der Relevanz nationaler Kategorisierung stehen Uneindeutigkeiten und Mehrdeutigkeiten nationaler Zuschreibungen im Konkreten gegenüber. Im interaktiven Prozess sind die nationalen Kategorienzuschreibungen „da", ihre Verwendung als Instrumente einer Öffnung bzw. Schließung der Grenzen zwischen dem nationalen „Wir" und den „anderen" variiert beispielsweise je nach politischer Einstellung der Akteure, ihren primären Interessen, ihren Artikulationschancen, die zusammenhängen mit Redezuteilung durch ModeratorInnen, ihrer eigenen kommunikativen Durchsetzungskraft oder der ihrer InteraktionspartnerInnen." *(Thomas 2003: 397)*

3.3 Computereinsatz in der qualitativen Forschung

Qualitative Forschung erzeugt als Datenbasis für weitere Auswertungen und Interpretationen Texte, sei es, dass qualitative Interviews oder Gespräche durch Transkriptionen wiedergegeben werden oder Beobachtungen in Form von Protokollen dargestellt werden. Darüber hinaus werden auch Sekundärtexte, die nicht direkt aus der eigenen Forschung hervorgehen, für weitere Analysen genutzt (z.B. Positionspapiere von politischen Parteien, Gesetzesentwürfe und Gesetzestexte, interne Anweisungen und Stellungnahmen, ausgearbeitete Redemanuskripte etc.). Der qualitative Forscher ist dabei häufig mit dem Problem konfrontiert, dass er/sie eine unübersichtliche Textmasse überblicken, sortieren und bearbeiten muss. Natürlich bieten weit ausgefeilte Textverarbeitungssysteme viele Möglichkeiten, um Texte systematisch in Dateiordnern abzulegen und zu archivieren. Über diese einfachen Möglichkeiten der systematischen Textarchivierung und -sammlung hinausgehend lassen sich aber spezielle Software-Lösungen für Qualitative Data Analysis (QDA) anwenden, die Hilfsinstrumente für die Codierung von Texten und Textpassagen bereitstellen und die darüber hinaus die variablengestützte Kombination von Textsegmenten erlauben (Kuckartz 1999; 2005). Das Vorgehen mit einer solchen Software erlaubt eine relativ standardisierte Textauswertung in mehreren Schritten (Kuckartz 1999: 23-30):

1. Zuerst muss ein Projekt (z.B. Name oder Thema des Forschungsprojektes) angelegt werden, dem alle Texte und Materialien zugeordnet werden, danach schließt sich die Sortierung und Benennung der Textgruppen ausgehend von dem spezifischen Anlass oder Gegenstand der Texte an (z.B. Interviews mit Akteuren, Interviews mit Experten, Beobachtungsprotokolle, Sitzungsprotokolle).
2. Nun erfolgt der Import der Primärtexte in das QDA-Programm. Dafür sollten die Texte bzw. Transkriptionen in korrigierter und anonymisierter Fassung vorliegen. Nach dem Einlesen werden die Texte in eine zeilennummerierte Form gebracht, was den Zugriff auf einzelne Aussagen, Textpassagen oder Sequenzen erleichtert.
3. In der dritten Phase kann mit der Codierung der Texte begonnen werden. Einzelnen besonders relevanten Textpassagen werden hierfür aussagekräftige Codes (ausgehend von dem forschungsleitenden Theorierahmen) zugewiesen. Über die Länge des codierten Textsegments entscheidet der Forscher selber, auch können einem Textausschnitt mehrere Codes zugeordnet werden (z.B. wenn in einer Interviewpassage gleich mehrere Aussagen zu unterschiedlichen politischen Akteuren oder Vorfällen enthalten sind).
4. Die meisten QDA-Softwareprogramme bieten die Möglichkeit, Notizen und Kommentare zu einzelnen Texten oder Textpassagen in Form von Memos anzulegen. Memos, die auf Überlegungen bei den Codierungen zurückgehen oder allgemeine Reflexionen dokumentieren, können ein wichtiges Hilfsinstrument sein, um Hypothesen oder den theoretischen Interpretationsrahmen (als Raster an Kategorien) im Auswertungsprozess weiterzuentwickeln.
5. Durch die vorgenommenen Codierung bei der Textsegmentierung verdichtet sich ein Kategoriensystem, das die Codes hierarchisiert und neue Überkategorien einsetzt oder aber für einzelne Codes (bzw. standardisiert für alle Codes) sinnvolle Unterdifferenzierungen anbietet. Die QDA-Software erleichtert den Überblick über die Ordnung und den Zusammenhang der gefundenen Codierungen und die eventuelle Neuzuordnung der Textsegmente.
6. Für einzelne Texte können ausgehend von Informationen über den Interviewpartner (Geschlecht, Beruf, Alter etc.) oder über den Interviewkontext Fallvariablen definiert werden. Anhand dieser Fallvariablen können für die Auswertung der Codierungen neue Selektionskriterien aufgestellt werden, was das Text-Retrieval, d.h. das Wiederfinden von codierten Textpassagen, vereinfacht und die Menge der codierten Daten neu ordnet (z.B. durch Auswahl aller Textpassagen von christdemokratischen Politikern, die religiöse Motive für ihr Handeln geltend machen).
7. Ausgehend von der Definition der Fallvariablen und den vorgenommenen Codierungen/Kategorisierungen lassen sich durch das Text-Retrieval einfache, aber sehr sinnvolle Auswertungen vornehmen. Beispielsweise lassen sich alle Textsegmente zu einer Kategorie oder Unterkategorie aus dem gesamten Textmaterial zusammenstellen. Die Textpassagen können in eine Liste eingetragen und entsprechend gespeichert und ausgedruckt werden. Schon diese einfache Operation ermöglicht eine an spezifischen Codierungen ansetzende, vergleichende Themenanalyse. Falls Textstellen mehrfach

codiert wurden, können diese gesammelten Textpassagen zu einer Codierung noch weiter gruppiert werden.

8. Natürlich lässt sich das Text-Retrieval mit weiteren Operationen noch komplexer und differenzierter gestalten. Auch der Einsatz quantitativer Verfahren kann an der Codierung ansetzen, wenn für die Textinformationen entsprechende Variablenwerte festgelegt wurden. Statistische Verfahren wie die Faktorenanalyse, die Korrespondenzanalyse oder die Clusteranalyse können dann dafür genutzt werden, um nach Mustern und Beziehungen zwischen den „Fällen" und den Textpassagen zu suchen.

Neben den allgemein zugänglichen und teilweise auch kommerziell vertriebenen QDA-Programmen (z.B. WinMAX, Atlas-Ti, NUD.IST, Ethnograph 5) bieten einzelne Forscher ihre spezifischen Auswertungsprogramme zur Inhaltsanalyse auch für fremde Nutzer an. Gläser und Laudel (2004: 205ff.) operieren beispielsweise für ihre Auswertungen in verschiedenen Forschungsprojekten mit einem Auswertungsprogramm (MIA = Makrosammlung für die qualitative Inhaltsanalyse), das Extraktionsmakros für die Textauswertung einsetzt und für alle Interessierten zugänglich ist.

3.4 Zusammenfassung und Übungsaufgaben

3.4.1 Zusammenfassung

Obwohl die qualitative Sozialforschung ein reichhaltiges Instrumentarium vor allem für die Datenauswertung bereitstellt, machen selbst die politikwissenschaftlichen Forschungsarbeiten, die sich der qualitativen Tradition verpflichtet fühlen, nur höchst selten und wenig systematisch Gebrauch von den zur Verfügung stehenden Analysetechniken. Selbst für das Hauptinstrument der Datenerhebung in Fallstudien bzw. Fallrekonstruktionen, das qualitative Interview, werden selten die genauen Anwendungsmöglichkeiten und Durchführungsregeln wirklich reflektiert. Die sich deshalb abzeichnende Neigung zu einem „hemdsärmeligen" Gebrauch der qualitativen Analysemethoden schlägt sich in der Auswertung des Interviewmaterials und weiterer Textdokumente noch deutlicher nieder. Häufig führt das dazu, dass gar nicht nachvollziehbar gemacht wird, mit welchem Auswertungsverfahren das Textmaterial gesichtet, vorstrukturiert und im Hinblick auf besonders relevante Textsegmente durchselektiert wird. Zwar werden – wie in den Fallstudien von Pioch (2000) und Bleses und Rose (1998) – die für eine Interpretation des Interview- oder Redematerials herangezogenen theoretischen Konzepte oder Idealtypen genauestens erläutert und hergeleitet, eine Übertragung eines solchen theoretischen Interpretationsrahmens in ein Kategorienschema, das sich für die Codierung von Aussagen und Textpassagen verwenden lässt, wird allerdings nur höchst selten geleistet. Mit ähnlichen Problemen hat die Diskursanalyse zu kämpfen: Hier werden die Probleme, die aus einer nicht geleisteten Feinanalyse des Argumentationsaufbaus in politischen Debatten oder Programmvorschlägen resultieren, noch verstärkt durch eine gewollte Ausweitung der diskursrelevanten Dokumente. Damit wird die Eingrenzung des Untersuchungsgegenstandes weiter erschwert, und der Aussagewert von Diskursanalysen wird in Frage gestellt. Am überzeugendsten erscheinen die Anwendungen von qualitativen Analysetechniken in den Fallstudien, die sich der sozialwissenschaftlichen Hermeneutik und der Konversationsanalyse bedienen (Raufer 2005; Thomas 2003). Allerdings sind die Forschungsfragen dieser Art von Untersuchungen auf bestimmte Fragestellungen eingegrenzt und rekurrieren auf die Relevanz von einzelnen politischen Äußerungen (z.B. Reden im Parlament oder in anderen Gremien) oder von spezifischen Interaktionen (z.B. politische Diskussionen in Fernseh-Talkshows). Mit einem solchen Mikro-Fokus lassen sich aber in der Politikwissenschaft nur besondere Einzelthemen und ausgewählte Gesichtspunkte bearbeiten. Hinzu kommen noch der hohe zeitliche Aufwand, der für die detaillierte Datenauswertung anfällt, und die Restriktionen, die für die Beobachtung und Aufzeichnung von relevanten politischen Verhandlungen oder Abstimmungsgesprächen in Gremiensituationen gelten. Die bisherigen Schwierigkeiten und Defizite in der Anwendung qualitativer Analysetechniken können aber nur als Ansporn verstanden werden, das Niveau der Datenerhebung und der Datenanalyse für qualitative Politikforschung zu verbessern.

3.4.2 Übungsaufgaben

1. In welchen Forschungssituationen ist der Einsatz qualitativer Interviews als Untersuchungsmethode besonders geboten?
2. Welche Arten von qualitativen Interviews werden gemeinhin unterschieden und worin sind die Unterschiede begründet?
3. Welche Rolle spielen qualitative Interviews für die Analyse von Gerechtigkeitsvorstellungen von Sozialpolitikern in der Fallstudie von Pioch?
4. Diskutieren Sie die Vorteile und Nachteile der (teilnehmenden) Beobachtung insbesondere mit Blick auf politikwissenschaftliche Fragestellungen.
5. Warum glaubt Fenno in seiner Fallstudie auf Beobachtungen nicht verzichten zu können, um das politische Handeln von amerikanischen Kongressabgeordneten angemessen zu erfassen?
6. Welche Schritte muss die qualitative Inhaltsanalyse nach Mayring unternehmen? Diskutieren Sie die einzelnen Forschungsabschnitte.
7. Welche Erkenntnisse ziehen Bleses und Rose in ihrer Fallstudie aus dem Einsatz der quantitativen Inhaltsanalyse für die Bedeutung von Begründungen in der parlamentarischen Debatte und für welche Erkenntnisprozesse ist die Anwendung der qualitativen Inhaltsanalyse notwendig?
8. Mit welchen Grundannahmen operiert die sozialwissenschaftliche Hermeneutik?
9. Zu welchen Ergebnissen führt die Sequenzanalyse in der Fallstudie von Raufer? Wie gelangt der Autor zu diesen Ergebnissen?
10. Wie analysiert man Diskurse? Wie läuft insbesondere die Feinanalyse von Diskursen ab?
11. Welche Diskurskoalitionen glaubt Hajer in der britischen Umweltpolitik aufweisen zu können? Wie grenzen sich diese Diskurskoalitionen voneinander ab, was haben sie gemeinsam?

12. Welche Anwendungsmöglichkeiten für die qualitative Konversationsanalyse bieten sich in der Politikwissenschaft? Warum wird aber in der qualitativen Politikforschung bislang so selten von der Konversationsanalyse Gebrauch gemacht?

4 Fallstudien in der Politikwissenschaft

> „The demands of a case-study on a person's intellect, ego, and emotions are far greater than those of any other research strategy." *(Yin 1994: 55)*

Im folgenden Teil des Lehrbuchs wird der Fallstudien-Ansatz in den Politikwissenschaften vorgestellt. Zuerst müssen wir uns darüber klar werden, was wir unter Fallstudien verstehen, denn es gibt sehr unterschiedliche Perspektiven und Definitionen dazu. Im zweiten Schritt wird den Fragen nachgegangen, wann und warum der Einsatz von Fallstudien sinnvoll bzw. nützlich ist. Die Antworten darauf ergeben sich aus einer Gegenüberstellung der Stärken und Schwächen von fallzentrierten und variablenzentrierten Forschungsdesigns. Der dritte und vierte Abschnitt konzentrieren sich auf spezielle Werkzeuge bzw. Hilfsmittel für den Fallstudien-Ansatz. Schließlich stellen wir im letzten Teil das Vorgehen beim Einsatz von Fallstudien in logischen Schritten vor, auch wenn sich in der forschungspraktischen Realität die einzelnen Schritte deutlich überlappen.

4.1 Was sind Fallstudien?

umstrittener Status

Fallstudien besitzen eine paradoxe Stellung in der Politikwissenschaft. Sie werden bis heute sehr oft eingesetzt, und viele Fallstudien besitzen den Status von Klassikern des Faches (z.B. Dahl 1961; Lehmbruch 1967; Lijphart 1975b; Scharpf 1987). Fallstudien haben die Theorieentwicklung des Faches entscheidend geprägt. Andererseits wurden Fallstudien von den Methodologen des Faches mit Misstrauen betrachtet und als Notlösungen eingestuft. Letzteres galt vor allem für die führende amerikanische Politikwissenschaft und fand seinen Ausdruck nicht zuletzt in dem umstrittenen Werk von King, Keohane und Verba (1994). Primär in Reaktion auf dieses Buch gibt es in jüngster Zeit verstärkte Anstrengungen, Fallstudien-Ansätze methodologisch stärker zu reflektieren und ihre Stärken (und Schwächen) herauszustellen. Die wichtigsten Beiträge stammen dabei aus den USA, aber auch in Deutschland gibt es wichtige Beiträge (siehe vor allem: Brady/Collier 2004; Ragin 1987, 2000; Gomm, Hammersley & Foster 2000; Ebbinghaus 2005; George/Bennett 2005; Kropp/Minkenberg 2005; Pickel/Lauth/ Jahn/Pickel 2003).

verschiedene Definitionen

Die Tatsache, dass wir uns gegenwärtig erst in einer Phase der methodologischen Selbstvergewisserung über Fallstudien befinden, wird dadurch deutlich, dass es sehr unterschiedliche Vorstellungen darüber gibt, was Fallstudien eigentlich sind bzw. was das Besondere an ihnen ist. So lassen sich folgende Charakterisierungen von Fallstudien in der Literatur finden (auch Gerring 2007: 17):

a. Fallstudien umfassen nur einen Fall (z.B. Stake 1995; Muno 2003: 21);
b. Fallstudien umfassen wenige, vergleichbare Fälle (Comparable Cases; Small-N-Design) (Lijphart 1971, 1975a);

c. Fallstudien umfassen relativ wenige Fälle im Vergleich zur Anzahl der berücksichtigten Einflussfaktoren/Variablen, sie sind „fallzentriert" im Gegensatz zur „Variablenzentrierung" der quantitativen Forschung (Ragin 1987:34-68; Ragin 2004: 136).
d. Fallstudien sind an der (vollständigen) Erklärung von besonderen Fällen und Ergebnissen und weniger an universellen Wirkungen von einzelnen Einflussfaktoren interessiert. „As one moves from qualitative to quantitative analysis, the focus moves from the causes of effects to the effects of causes" (Goertz 2003a: 55);[1]
e. Fallstudien sind durch die Technik der Prozess Analyse geprägt (George/ Bennett 2005) bzw. sie konzentrieren sich auf „kausale Mechanismen" statt auf „kausale Effekte" (Brady /Collier 2004: 277);
f. Fallstudien konzentrieren sich auf Phänomene, bei denen keine klare Grenze zwischen dem Phänomen und dem Kontext existiert (Yin 2003: 13);
g. Fallstudien sind durch ein Verständnis von Fällen als „Konfigurationen" gekennzeichnet, d.h. dem epistemologischen Ansatz und der spezifischen Methode liegt eine holistische Ontologie zugrunde (Ragin 2000: 39, siehe dazu auch Patzelt 2005: 21-24).

Aus der Perspektive einer qualitativen Politikforschung ist es wenig sinnvoll, Fallstudien-Designs dadurch zu definieren, dass man sich bei Fallstudien auf eine Untersuchungseinheit (z.B. ein Land) konzentriert, während andere Forschungsdesigns durch den systematischen Vergleich von mehreren Untersuchungseinheiten gekennzeichnet sind (Definitionen a und b). Statt dessen orientieren wir uns an den Autoren, die auf grundsätzliche Differenzen zwischen variablenzentrierten und fallzentrierten Ansätzen auf den Ebenen der Forschungsziele, der Ontologie und der Epistemologie verweisen und daraus bestimmte Erhebungs- und Auswertungstechniken ableiten, die wiederum eine Konzentration auf einen oder wenige Fälle nahe legen bzw. notwendig machen (Definitionen c-g).

eigene Definition

Dies bedeutet, dass es keinen grundsätzlichen Unterschied zwischen einer Einzelfallstudie und einer vergleichenden Studie mit einigen wenigen Fällen gibt, denn beide Forschungsdesigns sollten zwei analytische Strategien umfassen, um zu deskriptiven oder kausalen Schlussfolgerungen zu kommen:

a. Prozessanalysen innerhalb der Einzelfälle und
b. Vergleiche von Faktoren und Prozessen in einem oder mehreren Fällen mit theoretischen Konzepten (d.h. der Vergleich zwischen mehreren Fällen ist immer über das theoretische Konzept vermittelt).

[1] Ganghoff (2005: 77) bezeichnet die auf die Wirkung von einzelnen Kausalfaktoren ausgerichteten Forschungsdesigns als X-zentrierte und die auf Erklärung von einzelnen Ergebnissen ausgerichteten Forschungsdesigns als Y-zentrierte Designs. Er schildert die Argumente für die verschiedenen Designs und plädiert schließlich für mehr X-zentrierte Designs innerhalb von qualitativ vergleichenden Fallstudien, weil er ausschließlich ein auf Kovarianz ausgerichtetes Kausalitätsverständnis heranzieht.

Im Gegensatz zu Gerring (2007) vertreten wir die Meinung, dass in Fallstudien auch die kausalanalytischen Schlussfolgerungen weniger über die Feststellung von Kovarianz (d.h. die gleichgerichtete Variation von Variablen über mehrere Fälle oder über die Zeit hinweg) erfolgt, sondern primär über die Feststellung von Kongruenz zwischen theoretischen Erwartungen (in Bezug auf vielfältige Charakteristika von zentralen Variablen und in Bezug auf kausale Prozesse und Mechanismen) und empirischen Informationen.

Konsens besteht allerdings in einer Hinsicht: Eine Fallstudie besteht immer aus mehr als einer Beobachtung (observation)! Im Gegensatz zu quantitativen Analysen sind diese Beobachtungen allerdings nicht standardisiert (sog. „data-set observations") und können deswegen nicht mit statistischen Methoden ausgewertet werden. Das heißt aber nicht, wie Gerring (2007: 177, 180) annimmt, dass die Beobachtungen „isoliert" oder „nicht-vergleichbar" sind. Die Beobachtungen besitzen stattdessen einen zeitlichen Zusammenhang (sog. „causal process observations") und/oder gewinnen ihre Bedeutung durch den Vergleich (sic!) mit aus Theorien abgeleiteten Erwartungen (sog. „congruence method").

Diese Begrifflichkeiten und analytischen Strategien werden im Abschnitt 4.3 näher erläutert. Zuerst wenden wir uns aber der Frage zu, wann (d.h. bei welchen Zielen und Kontexten) und warum Fallstudien-Designs sinnvoll und nützlich sein können.

4.2 Wann und warum sind Fallstudien sinnvoll?

kein methodischer Königsweg

Collier, Brady & Seawright (2004a: 221/222) betonen, dass es in den Sozialwissenschaften keinen einzelnen Königsweg für das Erreichen der zwei zentralen Ziele wissenschaftlicher Forschung gibt. Das erste Ziel besteht in der Theorieentwicklung und das zweite in der Validierung von deskriptiven und kausalen Schlussfolgerungen. Zwischen diesen primären Zielen einerseits und nachgeordneten Zielen andererseits, zu denen etwa Universalität, Sparsamkeit, Präzision oder die Entwicklung eines vollständig spezifizierten Kausalmodells gehören, gibt es *trade-offs*, die von verschiedenen Forschungsdesigns und Methoden in unterschiedlichem Maße gewichtet werden. Gerring (2004: 346) formuliert die grundsätzlich gleiche Überlegung induktiv: Danach haben Fallstudien und nicht fallorientierte Untersuchungsdesigns jeweils charakteristische Stärken und Schwächen in Bezug auf bestimmte wissenschaftliche Ziele, ontologische Annahmen und methodische Standards. Deswegen bestehen klare Affinitäten zwischen fallzentrierten Forschungsdesigns und bestimmten Zielen, Konzepten und Methoden und zwischen variablenzentrierten Forschungsdesigns und anderen Zielen, Konzepten und Methoden. Gerring (2004: 346) betont, dass es sich um Affinitäten und nicht um eindeutige Gesetzmäßigkeiten handelt. D.h., Fallstudiendesigns sind nicht ausschließlich mit bestimmten Zielen, Konzepten und Methoden verbunden, aber es gibt inhärent-logisch und empirisch-forschungssoziologisch deutliche Zusammenhänge.

Im Folgenden werden acht Aspekte skizziert, in denen Fallstudiendesigns und variablenorientierte Designs jeweils konträre Stärken und Schwächen in Bezug auf unterschiedliche Ziele, Annahmen oder Techniken besitzen. Diese

Aspekte können in der praktischen Forschung dazu benutzt werden, zu entscheiden, welches Forschungsdesign für ein konkretes Forschungsprojekt in seinem theoretischen und empirischen Kontext angemessen ist.

4.2.1 Art der Forschungsfrage und der Schlussfolgerungen: Deskriptiv versus kausal

deskriptive und kausale Fragestellungen

Vielfach wird zwischen zwei grundlegenden Typen von Forschungsfragen für empirische Untersuchungen unterschieden:

a. *deskriptive Fragestellungen*: Was- und Wie-Fragen; z.B. Was charakterisiert den gegenwärtigen Wandel des Regierens (bzw. von Governance-Formen) in der westlichen Welt? Bzw. Wie verändert sich das Regieren in der westlichen Welt?
b. *kausale Fragestellungen*: Warum-Fragen; z.B. Warum verändert sich das Regieren in der westlichen Welt?

Tendenziell lässt sich feststellen, dass in der qualitativen Sozialwissenschaft deskriptive Fragestellungen ein größeres Gewicht besitzen und in der quantitativen Sozialwissenschaft Kausalanalysen im Vordergrund stehen.[2] Dies führt zu spezifischen Affinitäten im Bereich der Forschungsdesigns. Fallstudiendesigns besitzen besondere Stärken bei der deskriptiven Analyse, und variablenzentrierte Designs besitzen eher Vorteile bei kausalen Fragestellungen.

Variablenzentrierte Designs zielen primär auf kausale Schlussfolgerungen ab. Deskriptive Analysen stellen dann einen ersten, immer notwendigen, aber konzeptionell nicht zentralen Schritt innerhalb von Kausalanalysen dar. Sowohl konzeptionell wie auch im Forschungsprozess wird relativ wenig Aufwand auf diesen ersten Schritt verwandt, weil die Forschungsenergien auf den Nachweis von kausalen Effekten gerichtet sind. Hierbei besteht dann die Gefahr, dass relativ wenig komplexe Kategoriensysteme entwickelt werden, mit deren Hilfe die empirischen Ausprägungen der Variablen gemessen werden. Häufig folgt aus diesem Vorgehen auch, dass man sich bei der Operationalisierung von einzelnen Variablen in erster Linie von vorhandenen Datensätzen statt von theoretischen Überlegungen leiten lässt.

---

[2] Kausalanalysen implizieren ein instrumentelles Verständnis von Wissen und Wissenschaft. Man geht davon aus, dass Ursache und Wirkung von sozialen Prozessen differenziert, verschiedene Einflussfaktoren isoliert, in ihrer Stärke gemessen und dann zielgerichtet manipuliert werden können. Deskriptive Analysen implizieren ein interpretatives Verständnis von Wissen und Wissenschaft. Hier geht man davon aus, dass eine klare Differenzierung von Ursachen und Wirkungen nicht möglich ist, die Interaktion der verschiedene Einflussfaktoren für ihre Wirkung von zentraler Bedeutung ist, so dass eine Messung der spezifischen Wirkungsstärke einzelner Faktoren nicht möglich ist und dass sich deswegen soziale Prozesse kaum zielgerichtet manipulieren lassen. Die Sozialwissenschaften liefern aus dieser Perspektive Orientierungs- und Reflexionswissen. Aus diesen Wissenschaftsverständnissen ergeben sich dann natürlich wieder Affinitäten zu bestimmten Theorien, besonders zu bestimmten Handlungstheorien (strategisches Handeln einerseits und soziologische Handlungsmodelle andererseits). Interessanterweise betonen aber einige wichtige Vertreter von Fallstudiendesigns den instrumentellen Nutzen von Fallstudien (George & Bennett 2005).

Fallzentrierte Designs zielen dagegen eher auf eine tiefer gehende Beschreibung und Interpretation von sozialen und politischen Strukturen und Prozessen. Sie benutzen komplexere Kategoriensysteme und Typologien zur Beschreibung und Einordnung von empirischen Informationen und verlangen oftmals eine aufwändige Erhebung von Informationen und den Einsatz von Erhebungstechniken, die man im Normalfall nicht in standardisierter Form für eine Vielzahl von Fällen einsetzen kann (siehe Kapitel 3). Darüber hinaus beschäftigen sie sich oftmals mit Themenbereichen, bei denen die Grenzen der Fälle nicht von Beginn an festgelegt sind, wie dies bei quantitativen Studien oft durch die Konzentration auf nationalstaatliche Untersuchungseinheiten geschieht. Eine konzeptionelle und forschungspraktische Konzentration auf die Beschreibung und Interpretation von sozialen und politischen Prozessen ermöglicht außerdem eine breitere und offenere Berücksichtigung von (alternativen) Interpretationsrahmen, Typologien und Kategoriensystemen.

komplexere Beschreibung

Diese Affinität von Fallstudiendesigns zu deskriptiv-interpretativen Fragestellungen schließt natürlich die Bearbeitung von kausalen Fragestellungen durch Fallstudiendesigns nicht aus. Im Gegenteil, ein Großteil der Fallstudien sind auf die Beantwortung von kausalen Fragestellungen ausgerichtet, wobei allerdings zu betonen ist, dass bei den der qualitativen Forschungstradition verbundenen Fallstudiendesigns ein anderes Kausalitätsverständnis vorherrscht als in der quantitativen Sozialwissenschaft (siehe Kapitel 4.2.4 und 4.2.5).

4.2.2 Ausrichtung der Forschung und der Schlussfolgerungen: Breite versus Tiefe

Fallzentrierte und variablenzentrierte Untersuchungen unterscheiden sich auch in Bezug auf die Ausrichtung der Forschung und der Schlussfolgerungen. Die einen setzen eher auf die „Tiefe" und die anderen eher auf die „Breite" der Analyse und der Schlussfolgerungen (Gerring 2004: 347). Während die variablenzentrierten Untersuchungen typischerweise auf breite Gültigkeit bzw. auf Aussagen mit universellem Gesetzescharakter zielen, streben fallzentrierte Untersuchungsdesigns eher nach einer „tieferen" Erklärung bzw. nach einem genaueren Verständnis einzelner besonders wichtiger Fälle. Diese Affinität lässt sich auch anders herum formulieren. Variablenzentrierte Forschungsdesigns besitzen klare Vorteile für die Entwicklung genereller Aussagen und Schlussfolgerungen, vor allem verfügen quantitative Methoden über bessere Instrumente, um die Reichweite der Aussagen abschätzen zu können. Fallstudien vermitteln dagegen ein reichhaltigeres und präziseres Bild einzelner Fälle. So kann z.B. viel detaillierter beschrieben und beurteilt werden, ob und warum ein Land demokratisch ist oder ob und warum ein politischer Prozess demokratisch verläuft. Fallstudien besitzen aber für die wissenschaftliche Entwicklung und Prüfung von generellen Gesetzmäßigkeiten nur eingeschränkte Funktionen (vor allem bei der Theorieentwicklung und bei der Falsifikation bzw. Modifikation von Theorien; siehe dazu Kapitel 4.4.3).

Unterschiede in den Untersuchungsbereichen

Nun wiegen die spezifischen Stärken und Schwächen der beiden Forschungsdesigns in unterschiedlichen Untersuchungsbereichen der Sozial- und Politikwissenschaft unterschiedlich schwer. In Feldern, in denen es eine große

Anzahl von Fällen gibt, ist es nützlicher, z.B. nach dem durchschnittlichen Einfluss einer unabhängigen Variable zu fragen, als in Untersuchungsfeldern mit einer geringen Zahl von Fällen. In Forschungsfeldern, in denen z.B. nur 10 Fälle existieren, ist das Wissen aus zwei Fallstudien nützlicher als in Forschungsfeldern, in denen Tausende Fälle existieren. Eine oder mehrere Fallstudien erscheinen somit als einzig adäquates Untersuchungsdesign, wenn es z.B. darum geht, Revolutionen in Staaten zu erklären, die keine koloniale Herrschaft erfahren haben (Skocpol 1979) oder wenn das Verhalten von hegemonialen Herrschaftssystemen oder das Wesen von kontinentalen Integrationsprozessen untersucht werden soll. Die Alternative, diese Phänomene unter generelle Konzepte (wie z.B. Europäische Integration unter „politische Institutionenbildung“ oder „Regimebildung“) zum Zweck der Fallzahlerhöhung zu subsumieren, bringt erhebliche Kosten mit sich (siehe Kapitel 4.2.7).

4.2.3 Primäre Funktion im Forschungszyklus: Innovation versus Kontrolle

Einzelne Forschungsprojekte und Untersuchungen sind immer in einen umfassenderen Forschungskontext eingebunden. Für die Auswahl des Untersuchungsdesigns ist deswegen auch zu berücksichtigen, in welcher Phase des Forschungszyklus sich ein Untersuchungsfeld befindet. Wenn es in einem spezifischen Untersuchungsfeld bereits eine Anzahl von etablierten Theorien und konkreten Erklärungsmodellen gibt, dann steht bei weiteren Untersuchungen die Überprüfung dieser Theorien und Modelle im Vordergrund. Gibt es aber noch wenig spezifische Theorien und kaum konkrete Modelle, dann kann eine Untersuchung sich primär auf das Ziel der Theorie- und Modellgenese konzentrieren.

wichtige Quelle von theoretischen Innovationen

Fallstudien zeigen ihre Stärken eindeutig bei der Theoriegenese und -modifikation. Sie sind dadurch eine wichtige Quelle von theoretischen Innovationen. Die quantitative Forschung – und mit ihr der Großteil der sozial- und politikwissenschaftlichen Methodologie – ist dagegen stärker auf das Testen von Theorien ausgerichtet. Nun gibt es bei Forschungsmethoden und -techniken klare *trade-offs* in Bezug auf das primäre theoretische Ziel. Methodologische Empfehlungen, die der Sicherheit und Zuverlässigkeit der Aussagen und Schlussfolgerungen dienen, können kontraproduktive Effekte für die Kreativität und Innovationsfähigkeit der Forschung hervorrufen. Das wichtigste Beispiel dafür ist die Empfehlung von King, Keohane und Verba (1994), die Anzahl der Untersuchungsfälle möglichst groß zu machen. Wie die Vertreter der qualitativen Politikforschung betonen, besitzt eine solche Strategie schwerwiegende Gefahren und Nachteile. Dadurch können nicht nur die spezifischen Vorteile der Fallstudie (genaueres Verständnis durch detailliertere Analyse und breitere Interpretation) verloren gehen, sondern es ergibt sich oftmals das Problem der „Begriffsüberdehnung“ (Patzelt 2005: 36) bzw. des „conceptual stretching“ (Sartori 1970) und/oder einer Veränderung der Forschungsfrage (siehe Kapitel 4.2.7).

Ob wir wirklich zu wenige entwickelte Theorien in den Sozial- und Politikwissenschaften besitzen, wie einige Vertreter des Fallstudiendesigns behaupten, darf getrost bezweifelt werden. Auf jeden Fall scheinen Fallstudiendesigns aber besonders gut geeignet, für spezifische Forschungsfelder aus existierenden theoretischen Ansätzen jeweils konkretere und feldbezogene „middle-range-theories“ bzw. Modelle zu entwickeln. Während Alexander George und Andrew Bennett die praktische Nützlichkeit solcher spezifizierter und kombinierter Theorien in den Vordergrund stellen, ist im Hinblick auf das Ziel der Theorieentwicklung die Möglichkeit der Präzisierung und der Kombination von bestehenden Theorien der entscheidende Vorteil von Fallstudien. Dafür müssen Fallstudienuntersuchungen aber noch viel mehr als variablenzentrierte Arbeiten auf die Berücksichtigung einer Mehrzahl von grundlegenden theoretischen Konzepten achten. Denn die Qualität von Fallstudien und ihr Beitrag zur Theorie-Entwicklung hängen in erster Linie an der breiten und kreativen Verwendung von Theorien (George/Bennett 2005: 80). Nur wenn Fallstudien an grundlegende Theorien anschließen, kann die Gefahr verringert werden, dass sich dadurch eine Vielzahl idiosynkratischer Theorie-Inseln entwickelt. Es lässt sich also festhalten, dass qualitative und fallorientierte Ansätze auf das kreative Schaffen von neuem Wissen bzw. von neuen Sichtweisen ausgerichtet sind. Um den Neuigkeitswert des Wissens zu beurteilen (bzw. zu kontrollieren), ist in erster Linie ein umfangreiches theoretisches Wissen notwendig.

Auch an dieser Stelle ist zu betonen, dass die Affinität der Fallstudiendesigns für die Theorie-Entwicklung nicht bedeutet, dass ein Einsatz zum Zweck des Theorie-Testens nicht möglich ist. Dafür ist aber die sorgfältige Auswahl von Theorien und Fällen notwendig. An erster Stelle steht eine Reflexion über die ontologische Basis und die epistemologischen/methodologischen Implikationen von bestimmten Theorien. Diesen Aspekten wenden wir uns in den nächsten beiden Kapiteln zuerst zu, um dann daraus in den weiteren Kapiteln Überlegungen zur Fallauswahl, zur Fallanzahl und zum Verhältnis von Theorie und Empirie anzustellen.

4.2.4 Die ontologischen Vorstellungen von Kausalität: Wahrscheinlichkeit versus Zeitlichkeit und Notwendigkeit

Zeitlichkeit

Ontologien sind die grundlegenden Annahmen darüber, wie die Welt ist bzw. funktioniert. Wenn wir mit Hilfe von empirischen Untersuchungen überprüfen wollen, ob die Bilder, die wir uns von der Welt machen (Theorien und Modelle)[3] sinnvoll und nützlich sind, weil sie relevante Aspekte der Welt adäquat abbilden, dann müssen die epistemologischen/methodologischen Konzepte sich nach den ontologischen/theoretischen Konzepten richten. Wie Peter Hall (2003) überzeugend dargestellt hat, gibt es in der jüngeren Theorieentwicklung implizite oder explizite ontologische Annahmen, die besonders für den Einsatz von Fallstudien als adäquate Methode der Erkenntnisgewinnung sprechen. Hall (2003: 384/385) selbst betont vor allem die zunehmende Bedeutung, die der zeitlichen bzw. sequentiellen Abfolge, mit der Erklärungsfaktoren in einem Prozess auftreten, in jüngeren Theorien (Spieltheorie und Historischer Institutionalismus, mit dessen

[3] Es gibt in den Sozialwissenschaften keine einheitliche Verwendung der Begriffe „Theorien“ und „Modelle“. Wir verwenden den Begriff „Theorien“, um generellere Strömungen in einer Disziplin zu bezeichnen und den Begriff „Modell“ als theoriegeleiteter und spezifizierter Erklärungsansatz in einem konkreten Forschungsprojekt.

Betonung von Pfadabhängigkeiten; siehe dazu Beispiele in Kapitel 4.4) beigemessen wird und leitet daraus ein Plädoyer für Prozessanalysen innerhalb von Fallstudien ab.

„Galtons Problem"

Auf theoretischer Ebene stellt das Phänomen der Globalisierung das wichtigste gedankliche Gegenkonzept zur Pfadabhängigkeit dar. Mit der zunehmenden Globalisierung und der damit verbundenen „Entgrenzung der Staatenwelt" erscheint es plausibel, dass die Entwicklungen in einzelnen Ländern immer mehr von den Entwicklungen in anderen Ländern abhängen – was allerdings nicht unbedingt zur Konvergenz führen muss. Vor diesem Hintergrund wurde das „Elend bzw. das Ende des methodologischen Nationalismus" beschworen (Zürn 2001) oder weniger drastisch auf die theoretisch und auch methodologisch zunehmende Bedeutung von „Galtons Problem" hingewiesen (Jahn 2003; Patzelt 2005: 47). Mit dem Begriff „Galtons Problem" wird ganz generell auf das Problem hingewiesen, dass Phänomene, wie z.B. Demokratie, nicht nur durch Faktoren innerhalb von Untersuchungseinheiten (wie z.B. Nationalstaaten), sondern auch durch Diffusionsprozesse von außen erklärt werden können. Das bedeutet, dass die Unabhängigkeit der Fälle, die für quantitative Auswertungstechniken besonders wichtig ist, nicht mehr gegeben ist. Um zwischen internen und externen Erklärungsfaktoren differenzieren zu können, empfiehlt Patzelt (2005: 47) die prozessanalytische Herangehensweise, wie sie bei Fallstudien meist zur Anwendung kommt.

ontologische Differenzen

Neben der Bedeutung, die das „Timing", bzw. die Abfolge des Auftretens von Kausalfaktoren für deren Wirkung hat, und der Bedeutung von „Diffusionsprozessen" für aktuelle soziale und politische Prozesse, verweisen qualitative Methodologen noch auf andere Aspekte von Kausalität, die in jüngeren Theorien zentrale Bedeutung besitzen und für den Einsatz von fallzentrierten im Gegensatz zu variablenzentrierten Untersuchungsdesigns und Analysetechniken sprechen. Diese ontologischen Grundannahmen in Bezug auf Kausalität lassen sich am Besten im Kontrast zu den ontologischen Annahmen darstellen, die bei variablenzentrierten Theorien, Forschungsdesigns und Methoden im Vordergrund stehen:

a. Probabilistische versus deterministische Wirkung von Kausalfaktoren,
b. Additive versus interaktive/kombinatorische Wirkung von Kausalfaktoren,
c. Lineare versus nicht-lineare Wirkung von Kausalfaktoren,
d. Homogenität versus heterogene Wirkung von Kausalfaktoren (Äquifinalität).

An dieser Stelle wird vor allem auf den Unterschied zwischen probabilistischen und deterministischen Konzepten von Kausalität eingegangen, weil dieser Aspekt für Einzelfallstudien und Small-N-Studien am wichtigsten ist. Die anderen Aspekte liefern zwar auch gute Argumente für die Angemessenheit von Fallstudien, sind aber noch wichtiger für die Begründung von Qualitative Comparative Analysis (QCA) und werden deswegen bei der Beschreibung dieser Methode genauer erläutert (siehe Kapitel 5.2.2).

Probabilismus und Determinismus

Die Wirkung eines Kausalfaktors kann im Kontext von sozialwissenschaftlichen Theorien entweder probabilistisch oder deterministisch konzipiert werden.

Im ersten Fall wird davon ausgegangen, dass ein Einflussfaktor dazu beiträgt, die Wahrscheinlichkeit des Prozessergebnisses zu erhöhen. Im zweiten Fall wird davon ausgegangen, dass ein Einflussfaktor eine notwendige Bedingung für ein Ergebnis darstellt. Variablenzentrierte Forschungsansätze besitzen eine klare Affinität zu einer probabilistischen Ontologie. Fallzentrierte Forschungen tendieren dagegen zu einem deterministischen Verständnis von Kausalität, wobei bei den qualitativen Methodologen der mit vielfältigen Bedeutung behaftete Begriff „deterministisch“ zugunsten der Ausrichtung auf „notwendige (und hinreichende) Bedingungen“ in den Hintergrund rückt.

notwendig und hinreichend

Der Begriff „deterministisch“ wird meist mit „Invarianz“ gleichgesetzt, was bei dichotomen Variablen bedeutet, dass das Auftreten eines Kausalfaktors immer mit einer positiven Ausprägung des abhängigen Faktors verbunden ist und das Nichtauftreten des Faktors mit einer negativen Ausprägung des abhängigen Faktors. In anderen Worten: ein solch „deterministischer“ Erklärungsfaktor ist gleichzeitig eine notwendige und hinreichende Bedingung. Ein solch starres, doppelseitiges Verständnis von deterministischen Kausalbeziehungen wird von den Vertretern der fallzentrierten Forschungsdesigns zugunsten der weniger rigiden, aber nach wie vor deterministischen Begriffe „notwendige Bedingungen“ und „hinreichende Bedingungen“ aufgegeben.

Um den Status einer „notwendigen Bedingung“ zu erhalten, muss der Erklärungsfaktor immer eine positive Ausprägung haben, wenn eine positive Ausprägung des abhängigen Faktors existiert. Eine positive Ausprägung des abgängigen Faktors darf also nicht existieren, wenn der Erklärungsfaktor keine positive Ausprägung besitzt. Allerdings ist das umgekehrt nicht der Fall. Wenn der Erklärungsfaktor eine positive Ausprägung besitzt, kann der abhängige Faktor auch eine negative Ausprägung besitzen, ohne dass dies den Status einer notwendigen Bedingung für diesen Erklärungsfaktor unterminiert.

Um den Status einer „hinreichenden Bedingung“ zu erfüllen, muss ein abhängiger Faktor immer eine positive Ausprägung haben, wenn eine positive Ausprägung des erklärenden Faktors existiert. Eine positive Ausprägung des Erklärungsfaktors darf also nicht existieren, ohne dass das zu erklärende Phänomen ebenfalls eine positive Ausprägung besitzt. Allerdings gilt auch hier wiederum nicht die umgekehrte Beziehung. Wenn der zu erklärende Faktor eine positive Ausprägung besitzt, kann der Erklärungsfaktor auch eine negative Ausprägung besitzen, ohne dass dies den Status einer hinreichenden Bedingung für diesen Erklärungsfaktor unterminiert. Denn der hinreichende Faktor mag nur einen unter mehreren möglichen Erklärungsfaktoren darstellen (eine ausführliche und anschauliche Darstellung dazu findet sich auch in Kapitel 5.2.1).[4]

Fallzentrierte Forschungsdesigns haben eine klare Affinität zu einem deterministischen Verständnis von Kausalität in dem gerade beschriebenen Sinne. Das bedeutet, dass sie die Existenz von notwendigen und hinreichenden Bedingungen annehmen und sowohl ihre theoretischen Konzepte und Hypothesen wie auch ihre Strategien der Erkenntnisgewinnung danach ausrichten. Variablenzentrierte

[4] Für umfassende Überlegungen und Diskussionen zum Verständnis und zur Relevanz von „notwendigen Bedingungen“ siehe Goertz & Starr (2003) und das Symposium zu diesem Thema im Newsletter Vol. 3, No. 1 der Sektion Qualitative Methoden der American Political Science Association (Spring 2005).

Forschungsansätze formulieren dagegen ihre Hypothesen und konzipieren ihr Forschungsdesign auf der Basis einer probabilistischen Ontologie. So zeigen sich die unterschiedlichen ontologischen Verständnisse von Kausalität z.B. in den folgenden Hypothesen (nach Goertz/Starr 2003: 17):

a. Je weiter ein Land ökonomisch entwickelt ist, desto wahrscheinlicher ist es eine Demokratie.
b. Ein Minimum an ökonomischer Entwicklung ist notwendig für eine Demokratie.

Ist eine Fallstudie ausschließlich auf die Erklärung eines Einzelfalls ausgerichtet, dann ergibt ein probabilistisches Kausalitätsverständnis wenig Sinn, denn wir wollen dann wissen, welche Faktoren in genau diesem Fall relevant waren und nicht, ob diese Faktoren nun in 30% oder 80% aller Fälle eine Rolle spielten. Werden Fallstudien aber mit der breiteren Zielsetzung der Theorieentwicklung oder des Theorietestens eingesetzt, müssen sie mit Theorien verbunden sein, die ein deterministisches Kausalitätsverständnis im oben skizzierten Sinne beinhalten. Nur dann erscheinen die in Kapitel 4.3.2 präsentierten Möglichkeiten, durch eine gezielte Fallauswahl Theorien zu testen, logisch konsequent.

große Verbreitung von deterministischen Thesen und Theorien

Während vielfach angenommen wird, dass die (soziale) Welt eher probabilistisch als deterministisch ist (so z.B. King/Keohane/Verba 1994: 89), verweisen die qualitativen Methodologen darauf, dass es in den Sozial- und Politikwissenschaften (und in den Naturwissenschaften) eine Vielzahl von Fragestellungen, theoretischen Ansätzen und Hypothesen gibt, die auf einer deterministischen Ontologie im Sinne von notwendigen und hinreichenden Bedingungen aufbauen.[5]

Zusammenfassend lässt sich feststellen, dass fallzentrierte und variablenzentrierte Forschungsdesigns unterschiedliche Vorstellungen und Ausgangspunkte in Bezug auf die ontologischen Grundlagen von Kausalität besitzen. Fallzentrierte Ansätze entsprechen besonders gut theoretischen Ansätzen, die explizit oder implizit auf folgenden ontologischen Grundannahmen basieren: Kausalität beruht auf einer deterministischen (im oben definierten Sinne), kombinatorischen, nichtlinearen und heterogenen Wirkung von Einflussfaktoren. Während Ragins Methode der Qualitative Comparative Analysis vor allem den kombinatorischen und heterogenen Wirkungen von Kausalfaktoren durch die Verbindung von einer mittleren Anzahl von Fällen und der Boolschen Algebra nachspürt (siehe Kapitel 5), fokussieren Forschungsdesigns, die aus einer oder wenigen Fallstudien bestehen, mehr auf die deterministischen und nicht-linearen Wirkungen von Kausalfaktoren und ziehen dementsprechend andere epistemologische und methodologische Konsequenzen. Diese werden im nächsten Abschnitt dargestellt.

---

[5] Gary Goertz (2003b) hat 150 solche Hypothesen und Fragestellungen zusammengestellt. Hier einige Beispiele: Deutsch et al. (1957: 58): „Altogether we have found nine essential conditions for an amalgamated security-community: (1) mutual compatibility of main values; (2) a distinctive way of life; (3) expectations of stronger economic ties or gains; ....“; Dahl (1956: 64): "[L]et us pose the key question in slightly different form: What are the necessary and sufficient conditions for maximizing democracy in the real world?“; Gilpin (1987: 73): [T]hree prerequisites – hegemony, liberal ideology [in hegemon], and common interests – must exist for the emergence and expansion of the liberal market system."

4.2.5 *Das epistemologische Verständnis von Kausalität: Effekte versus Mechanismen*

Der quantitativen Forschungstradition verhaftete Methodologen akzeptieren nur eine einzige erkenntnistheoretische Möglichkeit von kausalen Schlussfolgerungen: Valide Schlussfolgerungen basieren auf der Abschätzung eines kausalen Effektes – der Effekt, der sich bei der abhängigen Variablen Y durch eine Änderung bei der unabhängigen Variablen X feststellen lässt, unter der Bedingung, dass die anderen Rahmenbedingungen sich nicht verändern. Ausgehend von einer probabilistischen Ontologie sind sie in ihrem Forschungsdesign und ihren Methoden dann vor allem darauf ausgerichtet, die Wahrscheinlichkeit des kausalen Effektes zu bestimmen. Die Bestimmung des durchschnittlichen kausalen Effekts lässt sich nur mit einer relativ großen Anzahl von Fällen und dem Einsatz von statistischen Methoden durchführen. Das bedeutet, dass die Affinität zwischen variablenzentrierten Untersuchungsdesigns und der epistemologischen Entscheidung für die Suche nach kausalen *Effekten* besonders hoch ist.

kausale Effekte

Qualitative Methodologen betonen dagegen, dass es zwei legitime Möglichkeiten gibt, zu kausalen Schlussfolgerungen zu kommen. Neben der statistischen Abschätzung des kausalen Effektes besteht für sie die Möglichkeit der empirischen Identifikation von „kausalen Mechanismen", die Ursache und Wirkung in einem konkreten kausalen Prozess miteinander verbinden.

Seawright/Collier definieren die beiden epistemologischen Grundlagen für Kausalität folgendermaßen:

kausale Mechanismen

> „**Causal effect:** The impact of a given explanatory variable on a particular outcome. More specifically, other things being equal, the causal effect is the difference between the two values of the dependent variable that arise according to whether an independent variable assumes one of two specific values. Causal inference seeks to estimate such causal effects. This definition is understood as applying both to quantitative and qualitative analysis." *(Seawright/Collier 2004: 275-276)*
> „**Causal mechanism:** A link or connection in a causal process. In the relationship between a given independent variable and a given dependent variable, a causal mechanism posits additional variables, sometimes called intervening variables, that yield insight into how the independent variable actually produces the outcome, including the sequence through which it occurs. Compared to the original causal relationship that the scholar is considering, the causal mechanism is often located at a more fine-grained level of analysis." *(Seawright/Collier 2004: 277)*

Die Suche nach Kausalmechanismen trägt dazu bei, in die „black box" zwischen abhängigen und unabhängigen Variablen einzudringen und den Wirkmechanismus nicht nur theoretisch-abstrakt (im deduktiv gewonnen Modell) sondern empirisch-konkret zu benennen. Sehr oft wird die spezifische epistemologische Logik dieser Suche nach Kausalmechanismen mit der „smoking-gun"-Metapher assoziiert bzw. illustriert. Der Forscher nimmt bei Fallstudien sehr stark die Rolle eines Detektivs ein; besonders starke Evidenz für einen kausalen Zusammenhang entspricht dann der Situation, in der er den Mörder mit rauchendem Colt am Tatort erwischt (und die Situation durch Bilder festhalten oder durch Zeugen belegen kann).

der Blick in die "black box"

Kausalmechanismen sind allerdings nicht nur in ihrem eigenständigen Status als epistemologische Grundlagen für kausale Schlussfolgerungen umstritten (King/Keohane/Verba 1994: 85/86), es besteht im Moment auch bei den qualitativen Methodologen noch keine Einigkeit, was Kausalmechanismen eigentlich sind. Trotzdem findet dieser Begriff eine rasante Verbreitung und wird von bedeutenden sozialwissenschaftlichen Theoretikern genauso propagiert (z.B. Elster 1998; Stinchcombe 1993) wie in Lehrbüchern zu Fallstudiendesigns (George/ Bennett 2005). George und Bennett (2005: 135/136) verweisen auf unterschiedliche Wurzeln des Begriffs und definieren dann Kausalmechanismen folgendermaßen:

> „... as ultimately unobservable physical, social, or psychological processes through which agents with causal capacities operate, but only in specific contexts or conditions, to transfer energy, information, or matter to other entities. In so doing, the causal agent changes the affected entity's characteristics, capacities, or propensities in ways that persist until subsequent causal mechanisms act upon it." *(George/Bennett 2005: 137)*

Kausalmechanismen als „ultimate causes"

James Mahoney (2003a) hat jüngst nicht nur eine Zusammenstellung der verschiedenen Definitionen von Kausalmechanismen geliefert, sondern daraus dann folgende Definition entwickelt, die deutlich spezifischer ist als diejenige von Seawright und Collier und deutlich stärker auf Generalisierung ausgerichtet ist als die Definition von George & Bennett. Für ihn sind Kausalmechanismen „unobserved entities, processes, or structures that generate outcomes and that do not themselves require explanation. Causal mechanisms are hypothetical 'ultimative causes'" (Mahoney 2003a: 1). Im Bereich der historisch-vergleichenden Sozialwissenschaften existieren nach Mahoney drei solche fundamentalen Kausalmechanismen: In funktionalistischen Theorien ist es der „funktionale Bedarf (need)" des sozialen Systems, in Rational-Choice-Theorien ist es die „instrumentelle Rationalität" einzelner Individuen und in Machttheorien sind es die „eingesetzten Ressourcen (exercised capacity)" von kollektiven Akteuren. Wenn man allerdings die oben aufgeführte Definition von Seawright und Collier ernst nimmt, in der betont wird, dass der Kausalmechanismus meist auf einer fein-körnigeren Ebene zu finden ist als der eigentlich interessierende soziale oder politische Zusammenhang, dann sind eigentlich nur handlungstheoretische Grundannahmen als „ultimate causes" akzeptabel (so auch Büthe 2002: 483; Norkus 2005). Allerdings ist zu betonen, dass es natürlich nicht nur eine sozialwissenschaftliche Handlungstheorie, die Theorie der rationalen Wahlhandlung mit der Wert-Erwartungstheorie als konzeptionellem Kern, gibt. Mit der auf *Framing*-Effekte ausgerichteten *Prospect Theory* ist längst eine Alternative herangewachsen, die in der Ökonomie und vor allem auch in Fallstudien-orientierten Politikwissenschaft bereits große Bedeutung besitzt (z. B. Mercer 2005: 13). Für die Politikwissenschaft sollten darüber hinaus auch die verschiedenen handlungstheoretischen Ansätze eine Rolle spielen, die aus der Soziologie und den Kulturwissenschaften erwachsen sind (so das normbasierte Handeln, das kommunikative Handeln, das performative Handeln, das identifikatorische Handeln und das emotionale Handeln: Schimank 2000; Blatter 2007).

Insgesamt lässt sich festhalten: Fallstudiendesigns, die auf einen theoretischen Beitrag über den Einzelfall hinauszielen, sind auf eine stärker verallgemeinerbare Definition von fundamentalen Kausalmechanismen angewiesen als Fallstudien, die auf die detaillierte Erklärung eines konkreten Falles zielen. Bei den einen liegt der Schwerpunkt der Analyse darauf, theoretisch grundlegende Mechanismen empirisch präzise nachzuweisen, während die anderen auf die Entdeckung von kombinatorischen Wirkungen oder von realweltlich-konkreten Mechanismen sowie auf die zeitliche Abfolge von Faktoren und Mechanismen besonderen Wert legen.

Process-Tracing

Unabhängig von der jeweiligen Festlegung, was als Kausalmechanismus gilt, sind alle Fallstudien darauf ausgerichtet, Kausalmechanismen im Untersuchungsfeld zu identifizieren. Dabei spielt die detaillierte Rekonstruktion der zeitlichen Abfolge von Prozessen und Mechanismen eine entscheidende Rolle. Deswegen konzentrieren sich fallorientierte Forschungsdesigns auch auf Prozessanalysen, bzw. auf das sog. „process tracing" (George/Bennett 2005; Hall 2003). Das bedeutet, dass sie im Gegensatz zu den variablenzentrierten Ansätzen weniger auf die Suche nach sog. „data-set observations" ausgerichtet sind. Stattdessen konzentrieren sich auf sog. „causal-process-observations" (Collier/Brady/Seawright 2004b: 252-258). Seawright und Collier definieren diese unterschiedlichen Arten von empirischer Information folgendermaßen:

Data-set observations und causal-process observations

> „**Data-set observation:** All the scores in a given row, in the framework of a rectangular data set. It is thus the collection of scores for a given case on the dependent variable and all the independent variables. This includes intervening and antecedent variables. Put another way, it is 'all the numbers for one case.' A data point in a two- or multidimensional scatterplot is a data-set observation" (Seawright/Collier 2004: 277).
>
> „**Causal-process observation:** An insight or piece of data that provides information about context, process, or mechanism, and that contributes distinctive leverage in causal inference. A causal-process observation sometimes resembles a 'smoking gun' that confirms a causal inference in qualitative research, and is frequently viewed as an indispensable supplement to correlation-based inference in quantitative research as well" (Seawright/Collier 2004: 283).

Konkrete Hinweise und Beispiele, wie Prozess-Analysen zur Identifikation von Kausalmechanismen durchgeführt werden können, finden sich in Kapitel 4.4. Zuerst soll allerdings in den nächsten Kapiteln auf einige wichtige forschungspragmatische Konsequenzen hingewiesen werden, die sich aus den unterschiedlichen ontologischen und epistemologischen Grundlagen für variablenzentrierte und fallzentrierte Forschungsdesigns ergeben.

4.2.6 Forschungspraktische Konsequenzen I: Wie wichtig ist Varianz?

Kann man sich bei Fallstudien auf Fälle mit extremen Ausprägungen bei der abhängigen Variablen konzentrieren? Darf man seine Fallauswahl überhaupt nach der abhängigen Variablen treffen? Inwieweit ist es problematisch, wenn die so ausgewählten Fälle keine Varianz bei der abhängigen Variablen aufweisen?

Ist es z.B. sinnvoll, ausschließlich Fälle mit erfolgreichen Revolutionen zu vergleichen (wie z.B. Skocpol 1979)? Oder was bringt eine Fallstudie über eine Stadt bzw. ein Land, das eine umweltpolitische Vorreiterrolle einnimmt?

„selection bias“

Auf diese Fragen geben quantitative Methodologen ganz andere Antworten als qualitative Methodologen. Für King, Keohane und Verba (1994: 130) stellt die bewusste Auswahl von ausschließlich „positiven Fällen“ einen extremen Fall von ‚selection bias' dar. Sie stellen fest: „We will not learn about causal effects from them“ (ebd.) und geben den eindeutigen Rat, immer Varianz sicherzustellen bzw. zu ermöglichen. Diese forschungspraktisch fundamentale Anweisung basiert (a) auf einem epistemologischen Verständnis von Kausalität, dass ausschließlich „kausale Effekte“ einzelner Variablen umfasst (siehe Kapitel 4.2.4) und (b) auf Erkenntnissen, die aus der Methode der Regressionsanalyse abgeleitet sind.

Qualitative Methodologen bewerten die Problematik der Auswahl von extremen oder ausschließlich positiven Fällen anders und verweisen auf potentielle Kosten, die bei einer krampfhaften Suche nach Varianz entstehen können. Das zentrale Argument gegen die unbedingte Suche nach Varianz bei der Auswahl der Fälle liegt in dem Verweis, dass Fallstudien weniger an kausalen Effekten, denn an kausalen Mechanismen interessiert sind und die Probleme des „selection bias“ bei „within-case“-Analysen bzw. bei Prozessanalysen keine Rolle spielen. Die Validität von „causal-process observations“ hängt nicht von der Repräsentativität der Beobachtung ab, sondern von der Entdeckung konkreter Mechanismen und Zwischenfaktoren, die abhängige und unabhängige Variablen miteinander verbinden. Allerdings müssen qualitative Forscher vorsichtig sein, diese kausalen Erkenntnisse nicht vorschnell zu verallgemeinern.

Varianz in den Variablen ist also nicht zwingend notwendig, um Prozessanalysen durchzuführen und um Kausalmechanismen aufzuspüren. Die Untersuchung von mehreren Fällen mit unterschiedlichen Ausprägungen der abhängigen Variablen ist aber auch in einem qualitativen Forschungsdesign nützlich, da dadurch weitere Möglichkeiten für deskriptive und kausale Schlussfolgerungen eröffnet werden. Entscheidend ist allerdings, dass diese zusätzlichen Möglichkeiten mit potentiellen Kosten abgewogen werden müssen. Solche Kosten entstehen vor allem dann, wenn die Suche nach empirischer Varianz eine Veränderung der theoretischen Fragestellung oder sogar die Abwendung von substantiell oder theoretisch interessanten Untersuchungen impliziert oder wenn dadurch die interne Validität der Schlussfolgerungen gefährdet wird (siehe nachfolgendes Kapitel).

reine Positivauswahl als erster Schritt

In den Sozial- und Politikwissenschaften richtet sich das Forschungsinteresse sehr oft auf substantiell besondere Fälle, die starken Einfluss über ihre örtlichen und zeitlichen Grenzen hinweg besaßen bzw. besitzen (wie z.B. soziale Revolutionen, Weltkriege oder Regionen mit besonderer Innovationskraft, wie bspw. das Silicon Valley). Solche substantiell besonderen Fälle sind sehr oft rare Fälle, d.h. es gibt nur wenige Fälle mit einer positiven Ausprägung der interessierenden Variablen und ein prinzipiell unendliches Feld von Fällen mit negativen Ausprägungen (Länder ohne soziale Revolutionen, Zeiten ohne Weltkriege oder Regionen ohne besondere Innovationskraft). In diesem Kontext erscheint es sinnvoller, in einem ersten Schritt einen oder mehrere Fälle mit positiver oder extremer Ausprägung zu untersuchen, um aus dieser Untersuchung wichtige Faktoren und Ähnlichkeiten herauszuarbeiten und dann, in einem zweiten Schritt, negative Fälle auszuwählen, die entsprechend den im ersten Schritt generierten Faktoren potentielle Kandidaten für das interessierende Phänomen (Revolutionen, Innovationsregionen) waren, um mit dieser zweiten Untersuchung die zentralen Abweichungen im Entwicklungsprozess zu analysieren (Gerring 2004: 351, Ragin 2004: 128-133).

Insgesamt lässt sich feststellen, dass es zwischen quantitativen und qualitativen Methodologen unterschiedliche Vorstellungen zur Fallauswahl gibt. Während für die ersteren die Auswahl von ausschließlich positiven Fällen auf der abhängigen Variablen einen großen Fehler darstellt, verteidigen letztere ein solches Vorgehen für bestimmte Phasen im Forschungszyklus. Unterschiedliche Empfehlungen zeigen sich aber nicht nur bei der Frage, wie die Fälle ausgewählt werden sollen, sondern auch bei der Frage, wie viele Fälle. Wie im nächsten Absatz dargestellt, liegt dies an unterschiedlichen Schwerpunktsetzungen in Bezug auf die Art der angestrebten Validität der Untersuchung.

4.2.7 Forschungspraktische Konsequenzen II: Welche Art von Validität?

externe und interne Validität

Variablenzentrierte und fallzentrierte Forschungsdesigns besitzen unterschiedliche Affinitäten in Bezug auf die Frage, welcher Art von Validität größere Bedeutung beigemessen wird. Variablenzentrierte Designs und Methoden besitzen klare Vorteile in Bezug auf die externe Validität, fallzentrierte Designs und Methoden sind normalerweise stärker in Bezug auf die interne Validität. Aber auch in Bezug auf die Konstruktvalidität besitzen Fallstudien Vorteile, denn Fallstudien können mehr und vielfältigere Indikatoren für die Repräsentation eines theoretischen Konzepts einsetzen als Studien mit einer Vielzahl von Fällen. Bevor dies genauer begründet wird, vergegenwärtigen wir uns die unterschiedliche Bedeutung von externer und interner Validität anhand der Definitionen von Seawright und Collier:

> „**External validity:** The degree to which descriptive or causal inferences for a given set of cases can be generalized to other cases. It is also called generalizability“ *(Seawright/Collier 2004: 288)*
> „**Internal validity:** The degree to which descriptive or causal inferences from a given set of cases are correct for those cases.“ *(Seawright/Collier 2004: 292)*

Wie Gerring (2004: 348) erläutert, gibt es hinsichtlich der Anzahl der untersuchten Fälle einen eindeutigen *trade-off* zwischen externer und interner Validität. Variablenzentrierte Methodologen legen mehr Wert auf die externe Validität und empfehlen deswegen konsequent, die Anzahl der Fälle wann immer möglich zu erhöhen. Denn eine höhere Anzahl von Fällen – sofern kein systematischer Auswahlfehler besteht – steigert normalerweise die Wahrscheinlichkeit, dass die Schlussfolgerungen aus diesen Fällen auch repräsentativ für eine Grundgesamtheit sind. Wenn die Grenzen dieser Grundgesamtheit klar festgelegt sind, dann lässt sich die Repräsentativität der untersuchten Fälle durch statistische Methoden bestimmen.

Mit der Untersuchung von einem oder wenigen Fällen fällt es dagegen leichter, die Voraussetzungen der internen Validität zu erfüllen, als bei der Untersuchung von vielen Fällen. Für die interne Validität von Schlussfolgerungen ist es hilfreich, wenn (a) die Untersuchungsfälle sich in Bezug auf alle Kontextfaktoren möglichst wenig unterscheiden und (b) in Bezug auf die interessierenden Faktoren „kausale Homogenität" gegeben ist. Insbesondere bei einer Einzelfallstudie kann man von relativ konstanten Rahmenbedingungen ausgehen und Veränderungen in der abhängigen Variablen deutlich leichter mit spezifischen Veränderungen von einzelnen Faktoren in Verbindung bringen, als dies bei einer Untersuchung mit einer Vielzahl von Fällen der Fall ist, da sich diese Fälle in der Realität immer in vielfältiger Hinsicht unterscheiden und deswegen die Zuordnung der Varianz der abhängigen Variablen zu einem bestimmten Erklärungsfaktor ungewisser ist und meist nur unvollständig kontrolliert werden kann.

Messfehler und Begriffsüberdehnung

Bei identischen bzw. sehr ähnlichen Fällen treten weniger leicht Messfehler auf, wie dies z.B. bei der Verwendung eines einheitlichen Indikators über sehr unterschiedliche Fälle geschieht. Ein klassisches Beispiel ist die Verwendung von monetären Indikatoren für die Messung der Höhe der wirtschaftlichen Aktivitäten. Dies mag für westliche Gesellschaften ein relativ adäquater Indikator sein, aber nicht für Entwicklungsländer, in denen ein hoher Anteil der wirtschaftlichen Aktivitäten ohne Geld erfolgt. Ein anderes Beispiel ist die Bedeutung von „Parteien". Parteien in der Bundesrepublik, in der DDR, in Mexiko oder in den USA besitzen so unterschiedliche Charakteristika und Funktionen, dass ein einfacher Vergleich, z.B. der Anzahl der Parteien im Parlament, für viele Untersuchungskontexte einen klaren Fall von „Begriffsüberdehnung" darstellen würde (Patzelt 2005: 43). Bei geringer Fallanzahl hat man nicht nur weniger Schwierigkeiten mit der Konstanz von Kontextfaktoren und der Angemessenheit von Indikatoren, sondern auch mit dem Problem der „kausalen Heterogenität" (Munck 2004: 113). Insbesondere der letzte Faktor ist für qualitative Forscher wichtig, denn sie betonen sehr viel stärker als quantitative Forscher die Bedeutung von verschiedenen Kausalpfaden für die Erklärung des gleichen Ergebnisses (siehe Kapitel 4.2.4).

4.2.8 Forschungspraktische Konsequenz III: Welches Zusammenspiel von Theorie und Empirie?

iteratives Vorgehen

Die verschiedenen Schwerpunktsetzungen in Bezug auf Ziele, Annahmen und Techniken führen schließlich auch zu unterschiedlichen Empfehlungen für das Zusammenspiel von Theorie und Empirie. Während quantitative Methodologen für eine relativ strikte Trennung von Theorieentwicklung und Hypothesenformulierung einerseits und dem Testen dieser Theorien anhand von empirischer Information andererseits plädieren, verteidigen qualitative Methodologen eine durchgehende wechselseitige Bezugnahme von Theorie und Empirie während des gesamten Forschungsprozesses. Insbesondere ist umstritten, ob man ein anfängliches Erklärungsmodell durch induktiv gewonnene Erkenntnisse im Laufe des Forschungsprozesses anpassen darf und dieses angepasste Modell dann mit Hilfe der gleichen empirischen Informationen prüfen darf. Oder anders formuliert, kann ein Forschungsprozess, bei dem die theoretischen Erklärungsansätze (bzw. Modelle) iterativ aus deduktiver Ableitung und induktiver Anpassung entstanden sind, mehr sein als Theorie-Entwicklung bzw. Hypothesengenerierung? Während King, Keohane und Verba diese Frage verneinen und auf die Notwendigkeit des Tests mit Hilfe von anderen empirischen Informationen verweisen, betonen qualitative Methodologen, dass ein solches iteratives Vorgehen oftmals unumgänglich und meist sehr hilfreich ist. Statt der Notwendigkeit des Tests mit neuen Daten wird Wert auf eine explizite Dokumentation des Forschungsprozesses gelegt.

4.2.9 Schlussfolgerungen und Fazit: Zum Verhältnis von variablenzentrierten und fallzentrierten Forschungsdesigns und Methoden

zwischen Komplementariät und Konkurrenz

Die Tatsache, dass die beiden unterschiedlichen Forschungsdesigns unterschiedliche Stärken und Schwächen haben, führt dazu, dass die meisten Forscher und Methodologen sie als komplementäre Forschungsstrategien betrachten. Allerdings gibt es sehr unterschiedliche Vorstellungen, wie Komplementarität zu verstehen ist, und auch ein rivalisierendes Verhältnis von den beiden Forschungsstrategien ist im konkreten Fall möglich und wahrscheinlich sogar sehr produktiv.

a. In einem ersten Verständnis ergänzen Fallstudien die variablenzentrierten Ansätze dort, wo diese nicht möglich sind, wie z.B. bei Untersuchungsfragen, bei denen es in der Realität nur sehr wenige adäquate Fälle gibt (z.B. Skocpol 1979).
b. Ein für die Fallstudien weitergehendes Verständnis von Komplementarität setzt auf Forschungsdesigns, die sowohl qualitative wie auch quantitative Methoden einsetzen und damit Synergie-Effekte produzieren (z.B. Triangulation: Tarrow 2004 oder „Nested Analysis“: Lieberman 2005). So können z.B. die Ergebnisse von quantitativen Studien dazu genützt werden, Fälle auszuwählen und die Analyse in den Einzelfällen zu fokussieren. Fallstudien können wiederum dazu dienen, die Plausibilität von statistischen Beziehungen zu bewerten oder bessere Messinstrumente zu generieren.
c. Ein drittes Verständnis von Komplementarität geht davon aus, dass die verschiedenen Ansätze unterschiedliche Ziele verfolgen und unterschiedliche Forschungsfragen bearbeiten (siehe Kapitel 4.2.1).
d. Die mit den Komplementaritätsverständnissen verbundene Vorstellung von Synergie oder zumindest einer „friedlichen Koexistenz“ wird in den Fällen unrealistisch, in denen die unterschiedlichen Designs zu gleichen Fragestellungen eingesetzt werden und dabei zu unterschiedlichen Ergebnissen kommen. Ein solches Beispiel liefert Brady (2004b: 267-271). Er zeigt am Beispiel der amerikanischen Präsidentschaftswahlen des Jahres 2000, dass man mit einer Prozessanalyse zu ganz anderen Ergebnissen kommen kann als mit einer Korrelationsanalyse. Ausgangspunkt seiner rivalisierenden Analyse war ein Artikel von John R. Lott (2000), in dem Lott mit Hilfe einer Regressionsrechnung behauptet hatte, dass George W. Bush im westlichsten

Teil von Florida mindestens 10 000 Stimmen verloren hatte, weil die Medien Al Gore zum Gewinner ausgerufen hatten, als dort noch die Stimmlokale geöffnet waren. Vor allem mit Hilfe einer minutiösen Rekonstruktion des Ablaufs zeigt Brady, dass die maximale Anzahl der Stimmen, die Bush dadurch verloren haben kann, gerade einmal 224 betrug.

Zusammenfassend lässt sich festhalten, dass Fallstudiendesigns eine ganze Reihe von spezifischen Stärken besitzen und es deswegen kein Zufall ist, dass sie so oft eingesetzt werden. Oftmals ist der Einsatz von Fallstudien aber methodisch wenig reflektiert, was besonders den Wert solcher Studien für die Theorie beeinträchtigt. Im nächsten Abschnitt wenden wir uns deswegen verschiedenen Hilfsmitteln und Hinweisen zu, die dazu beitragen können, Fallstudien gezielter und besser einzusetzen.

4.3 Welche methodischen Hilfsmittel für (vergleichende) Fallstudien gibt es?

In diesem Kapitel werden einige Hilfsmittel vorgestellt, die dazu beitragen sollen, dass wissenschaftliche Untersuchungen mit einer oder mehreren Fallstudien zu besseren Schlussfolgerungen führen. Nach einigen sehr generellen Hinweisen, die in erster Linie dazu dienen, den Unterschied zwischen einer politikwissenschaftlichen und einer historischen Fallstudie zu verdeutlichen, konzentrieren wir uns auf drei Strategien zum Erreichen von validen und theoretisch hilfreichen Schlussfolgerungen. Zuerst werden die Strategien dargestellt, mit denen versucht wird, den Vergleich zwischen Fällen durch eine gezielte Fallauswahl so zu kontrollieren, dass man dem Idealbild des Experiments näher kommt (4.3.2). Dann folgen Hinweise zur Fallauswahl und zur Fallanalyse, bei denen der Vergleich mit Theorien im Zentrum der Überlegungen steht. Dabei wird vor allem die Kongruenz-Methode dargestellt, bei der versucht wird, durch einen systematischen und detaillierten Vergleich der empirischen Fälle mit einer Mehrzahl von Theorien Evidenz für die Gültigkeit dieser Theorien zu sammeln (4.3.3). Schließlich folgen Ausführungen zu Methoden und Herangehensweisen, mit denen „causal-process-observations" gewonnen und für sinnvolle Schlussfolgerungen eingesetzt werden können (4.3.4.).

4.3.1 Generelle Hinweise: Die Methode des strukturierten und fokussierten Vergleichs

Als generell nützliche, wenn auch noch nicht sehr konkrete Hilfestellungen können die Empfehlungen aufgefasst werden, die George und Bennett (2005: 66-72) unter dem Begriff der „Methode des strukturieren und fokussierten Vergleichs" gefasst haben.

strukturiert

„Strukturiert" bedeutet, dass Fallstudien immer von einer Reihe von Fragen angeleitet werden sollten, die sich aus der zugrundelegenden Forschungsfrage und den theoretischen Vorüberlegungen ergeben. Das bedeutet, dass bei Fallstudiendesigns üblicherweise keine eindeutigen Hypothesen abgeleitet werden, bevor die empirische Untersuchung beginnt. Mit Hilfe der entwickelten Fragen wird aber sichergestellt, dass die Datenerhebung auf die Forschungsfrage ausgerichtet und bei allen Fällen ähnlich ist. Die strukturierenden Fragen zielen vor allem auf eine Standardisierung der Datenerhebung ab, so dass die untersuchten Fälle intern miteinander verglichen und möglicherweise später weitere Fälle erhoben werden können. Je nach genereller Forschungsfrage und den inspirierenden Theorien ergeben diese strukturierenden Forschungsfragen eine mehr oder weniger starke Anschlussfähigkeit an bereits bestehende Forschungen und tragen zu Akkumulation von Wissen bei.

Der Hinweis, dass Fallstudien „fokussiert" sein sollen, macht dagegen deutlich, dass sich politikwissenschaftliche Fallstudien auf bestimmte Aspekte eines empirischen Falles konzentrieren. Das heißt, auch wenn fallzentrierte Methodologen betonen, dass Fallstudien im Vergleich zu quantitativen bzw. variablenzentrierten Untersuchungen ein umfassenderes Verständnis der Fälle erreichen können und sollen, so muss doch klargestellt werden, dass sich eine politikwissenschaftliche Fallstudie auf die politikwissenschaftlich relevanten Aspekte eines Falles konzentriert. Je stärker die Fallstudie auf generalisierbares Wissen und auf einen Beitrag zur Theoriediskussion zielt (und weniger auf das Spezifische eines substantiell wichtigen Falles), desto stärker muss die Fokussierung der Untersuchung durch theoretische Überlegungen angeleitet sein. Theorien liefern dann nicht nur die zentralen Hinweise für die Fallauswahl, sondern auch die Leitplanken für die Suche nach Informationen in den untersuchten Fällen. Konkrete historische Fälle können mit ganz unterschiedlichen theoretischen Fragestellungen verknüpft werden, so dass sich dann die Untersuchung auf jeweils andere Aspekte des Falles konzentriert. So kann z.B. die Kuba-Krise im Rahmen der Forschungen zur „Abschreckung" oder im Rahmen der Forschung zur Bedeutung von kognitiven Rahmen für individuelle Entscheidungen in Krisensituationen analysiert werden. Eine Festlegung des generellen theoretischen Untersuchungskontextes ist allerdings nicht zu verwechseln mit einer Konzentration auf einen einzigen Erklärungs- oder Interpretationsansatz. Die generelle Fragestellung klärt den grundsätzlichen Forschungskontext, in den die Untersuchung eingebunden ist. Für die konkrete Erklärung bzw. Interpretation des Falles sollte dann aber mehr als ein theoretischer Ansatz herangezogen werden. Dabei ist es sehr wohl möglich, im Laufe der Untersuchung – aufgrund von Erkenntnissen, die man im Feld gewonnen hat – weitere Theorien heranzuziehen. Wichtig ist nur, dass dies dann für alle untersuchten Fälle geschieht. fokussiert

4.3.2 Ansätze zu einem kontrollierten Vergleich zwischen Fällen

Eine lange Tradition besitzen Versuche, die Validität von Schlussfolgerungen aus Fallstudien dadurch zu erhöhen, dass man die Fälle so aussucht, dass der Vergleich der Fälle einem sozialen Experiment nahe kommt. Von zentraler Bedeutung für solche Überlegungen sind die Veröffentlichungen von Lijphart (1971, 1975a) und Przeworski und Teune (1970).

kontrollierter Vergleich und dessen Probleme

Wenn sich z.B. die untersuchten Fälle in fast jeder Hinsicht gleichen, dann ergibt die Logik, dass unterschiedliche Ergebnisse in diesen Fällen auf den einen oder mehrere verbleibende Unterschiede zurückzuführen sein sollten. Dies führt zu dem Ratschlag, dass man bei Fallstudien Fälle möglichst so aussucht, dass sie sich in Bezug auf möglichst viele Kontextfaktoren ähnlich sind und nur in Bezug auf den interessierenden Aspekt unterscheiden. Versuche, durch gezielte Fallauswahl einen „kontrollierten Vergleich" zu produzieren, stoßen allerdings auf vielerlei theoretische und praktische Probleme. Theoretisch liegen die Hauptprobleme darin, dass eine solche logische Schlussfolgerung nur bei deterministischen Theorien gilt und dass die Möglichkeit der „Äquifinalität" damit nicht erfasst werden kann. Bei probabilistisch konzipierten Theorien kann man eine solche Schlussfolgerung nicht mehr aus einem oder wenigen Fällen ableiten und braucht deswegen ein Forschungsdesign mit vielen Fällen. Praktisch liegt das Hauptproblem darin, dass sich in der Realität kaum Fälle finden lassen, die sich nur in dem gewünschten Aspekt von einander unterscheiden. Trotzdem sollen im Folgenden kurz die grundlegenden Überlegungen skizziert werden, da in der konkreten Forschungspraxis oft die Fallauswahl mit Hinweis auf eine versuchte Annäherung an das Ideal des „kontrollierten Vergleichs" erfolgt.[6]

4.3.2.1 Logische Überlegungen zur kontrollierten Fallauswahl

John S. Mill

Ausgangspunkt solcher Überlegungen ist stets John Stuart Mills *A System of Logic* aus dem Jahre 1873. Darin stellte Mill die *Method of Agreement* und die *Method of Difference* vor. Bei der ersteren Methode versucht man einen Kausalfaktor dadurch zu bestimmen, dass man bei zwei oder mehreren Fällen mit einem gleichen Ergebnis nach Erklärungsfaktoren sucht, die ebenfalls in gleicher Weise auftreten. Bei der zweiten Methode versucht man einen Kausalfaktor dadurch zu identifizieren, dass man bei zwei oder mehreren Fällen mit unterschiedlichen Ergebnissen nach Erklärungsfaktoren sucht, die parallel dazu variieren.

Most Similar Systems Design und Most Different Systems Design

Diese Logiken führen zu Empfehlungen bei der Fallauswahl, die man am besten mit den Begriffen von Przeworski und Teune (1970) beschreibt – gleichzeitig kann man dadurch einige Verwirrung aufklären, die durch die semantische Asymmetrie der Begriffe entstehen. Um die *Method of Difference* anzuwenden, sollte man bei der Fallauswahl das *Most Similar Systems Design* verwenden. Das bedeutet, dass man versucht, Fälle bzw. „Systeme" auszuwählen, die sich in möglichst vielen Aspekten ähnlich sind, in Bezug auf die abhängige Variable aber variieren. Die danach folgende Untersuchung konzentriert sich dann auf die Suche nach den unabhängigen Variablen, die eine Kovarianz mit der abhängigen Variablen aufweisen. Patzelt (2005: 39) nennt dieses Vorgehen „differenzanalytisch" und zeigt, dass dieses Vorgehen mit eher praxisnahen Fragestellungen übereinstimmt. Sie zielen darauf ab, herauszufinden, was selbst unter ganz ähnli-

[6] Für umfassendere Darstellungen und kritische Diskussionen der Logiken des kontrollierten Vergleichs und insbesondere zu Mills Methoden z.B. George/Bennett 2005: 153-162; Levy 2002: 139-141; King/Keohane/Verba 1994: 199-206. In deutscher Sprache finden sich dazu auch Ausführungen bei Tiemann (2003) und Jahn (2005), allerdings sind deren Ausführungen stark durch eine quantitative bzw. variablenzentrierte Brille gefärbt.

chen Bedingungen noch verschieden ist und welche Ursachen es für solche Verschiedenheiten geben mag.

Um die *Method of Agreement* anzuwenden, sollte man bei der Fallauswahl das *Most Different Systems Design* verwenden. Dies bedeutet, dass man Fälle bzw. Systeme sucht, die sich in Bezug auf die abhängige Variable gleichen, aber ansonsten sehr unterschiedlich sind. Zwischen diesen sehr unterschiedlichen Fällen sucht man dann (bei konstanter Ausprägung der abhängigen Variablen) nach einem konstanten Erklärungsfaktor bzw. nach einer immer gleichen Kombination von Einflussfaktoren. Patzelt (2005: 39) bezeichnet dieses Vorgehen als „konkordanzanalytisch“ und zeigt, dass es eher mit theoretisch-abstrakten Fragestellungen einhergeht und darauf abzielt herauszufinden, was selbst unter ganz verschiedenen Umständen noch gleich ist.

Differenzmethode und Konkordanzmethode

Manfred Schmidt und Nico Siegel verdeutlichen die Unterschiede zwischen diesen beiden Herangehensweisen mit der folgenden Tabelle:

Tabelle 4.1: Differenzmethode und Konkordanzmethode

Übersicht 2

	DIFFERENZMETHODE				KONKORDANZMETHODE			
	Land 1	Land 2	Land 3	Land 4	Land 1	Land 2	Land 3	Land 4
Merkmal X1	A	A	A	A	A	C	S	R
Merkmal X2	B	B	B	B	O	D	E	I
Merkmal X3	C	D	C	D	U	U	U	U
Merkmal Y	Y	Nicht Y	Y	Nicht Y	Y	Y	Y	Y

Idealtypisierende Darstellung der Differenz- und Konkordanzmethode in Anlehnung an John Stuart Mill anhand von vier Ländern (= Fälle), drei unabhängigen Variablen (oder Merkmalen; X-Variable) und einer zu erklärenden Variable (Y-Variable). Das Merkmal X3 ist das jeweils entscheidende für die Varianz der abhängigen Variable Y (differente Ausprägung) bei der Differenzmethode und für die gemeinsame (konkordante) Ausprägung der Y-Variable bei der Konkordanzmethode. Da beim Beispiel für die Differenzmethode sich die vier Länder nur bezüglich der Merkmalsausprägung einer einzigen Variable unterscheiden, ansonsten bei allen anderen theoretisch plausiblen Größen konstante Ausprägungen aufweisen, schließt man im Rahmen dieses Vier-Länder-Vergleichs, dass es die Variable X3 ist, die sich für die divergent vorliegenden Variablen verantwortlich zeichnet. Umgekehrt weisen bei der Darstellung der Konkordanzmethode die vier Fälle bezüglich der Variablen X1 und X2 sehr unterschiedliche Profile auf und haben nur die Ausprägung bezüglich der Variable X3 gemeinsam. Im Rahmen dieses Vergleichs würde man folglich schließen, dass es das gemeinsame Merkmal "U" ist, das sich für die konkordante Ausprägung der abhängigen Variable verantwortlich zeichnet. (http://www.politikon.org/ilias2/course.php?co_id=137&co_inst=935&st_id=7133&st_inst=935; 20.12.2005) diachroner Vergleich

Eine Alternative zum *Most Similar Systems Design* ist der diachrone Vergleich (George/Bennett 2005: 166/167). Dabei wird eine Untersuchungseinheit zeitlich in verschiedene Fälle eingeteilt und dann zwischen den so definierten Fällen verglichen. Diese Möglichkeit ist insbesondere deswegen reizvoll, weil man dadurch sehr ähnliche Fälle hat und die Definition der Fälle so vornehmen kann, dass dies einem experimentellen Design sehr nahe kommt. Der Wirkung eines Einflussfaktors lässt sich durch eine „Vorher-Nachher-Untersuchung" nachspüren, d.h. die Untersuchungseinheit wird durch den Zeitpunkt in zwei Fälle aufgeteilt, in denen der Einflussfaktor aufgetreten ist bzw. sich verändert hat. Auch beim diachronen Vergleich ergibt sich oft das praktische Problem, dass sich zwischen zwei Zeiträumen nicht nur der interessierende Einflussfaktor ändert. Dennoch sind diachrone Vergleiche, verstanden als Untersuchungen mit „data-set-observations" an der gleichen Untersuchungseinheit über verschiedenen Zeitpunkte hinweg, besonders dann sehr nützliche Untersuchungen, wenn sie mit Prozess-Analysen gekoppelt sind, d.h., wenn man gleichzeitig versucht, durch „causal-process-observations" die Kausalmechanismen zu identifizieren, die zwischen den einzelnen „data-set-observations" wirkten.

empirische Beispiele

Theda Skocpol (1979) hat in ihrer berühmten Untersuchung zu den drei Revolutionen in Frankreich, Russland und China die Mill'schen Methoden angewandt. Ihr Buch *States and Social Revolutions* stellt das wohl am meisten methodisch diskutierte und reflektierte Buch in den Sozialwissenschaften dar. Dies ist kein Zufall, denn ihre Arbeit besticht nicht nur durch die Einsichten, die wir in einige der politisch bedeutendsten Ereignisse und Prozesse der modernen Zeit erhalten, sondern durch die expliziten theoretischen und methodischen Reflexionen, die Skocpol ihren Fallstudien voranstellt. Skocpol bezieht sich explizit auf Mills Methoden bei der Beschreibung ihrer Methode und als Begründung ihrer Fallauswahl und beschreibt zuerst die beiden grundlegenden Methoden. Dann fährt sie fort:

> „In practice, though, it is often possible, and certainly desirable, to combine these two comparative logics. This is done by using at once several positive cases along with suitable negative cases as contrasts. That will be the approach of this book. France, Russia and China will serve as three positive cases of successful social revolution, and I shall argue that these cases reveal similar causal patterns despite their many other differences. In addition, I shall invoke negative cases for the purpose of validating various particular parts of the causal argument. In so doing, I shall always construct contrasts that maximize the similarities of the negative case(s) to the positive case(s) in every apparently relevant respect except the causal sequence that the contrast is supposed to validate. Thus, for example, the abortive Russian Revolution of 1905 will be contrasted to the successful Revolution of 1917 in order to validate arguments about the crucial contribution to social-revolutionary success in Russia of war-related processes that led to the breakdown of state repressive capacities. Moreover, selected aspects of English, Japanese, and German history will be used in various places to strengthen arguments about the causes of revolutionary political crises and peasant revolts in France, Russia, and China. These cases are suitable as contrasts because they were comparable countries that underwent no-social-revolutionary political crises and transformations in broadly similar times and circumstances to France, Russia, and China." *(Skocpol 1979: 37)*

Skocpol nutzt also die *Method of Agreement* bzw. das *Most Different Systems Design*, indem sie argumentiert, dass die drei Revolutionen innerhalb sehr verschiedener Kontexte stattfanden, aber in allen drei Fällen ähnliche Ergebnisse auf die gleichzeitige Existenz zweier zentraler Erklärungsvariablen zurückzuführen sind: internationaler Druck und Bauernaufstände (Skocpol 1979: 154). Zusätzlich nutzt sie die Logik der *Method of Difference*, indem sie an mehreren Beispielen (England, vorrevolutionäres Russland, Preußen, Deutschland, und Japan) zeigt, dass bei in vielerlei Hinsicht ähnlichen Ländern einer oder beide dieser Erklärungsfaktoren fehlten und sie (deswegen) keine soziale Revolution aufweisen.

Mahoney (1999: 1158/1159) zeigt allerdings, dass Skocpol Mills Methoden in einer ganz speziellen Weise anwendet. Sie benutzt die deterministische Logik dieser Methoden, um rivalisierende Erklärungen auszuschließen. So wird gezeigt, dass der Faktor „relative Verarmung" sowohl in Fällen auftritt, die eine soziale Revolution erfahren haben wie auch in Fällen, in denen dies nicht der Fall war. Das bedeutet, dass dieser Faktor kein ausreichender Faktor für soziale Revolutionen sein kann. In ähnlicher Weise wird aufgezeigt, dass der Faktor „Arbeiteraufstände" kein notwendiger Faktor für soziale Revolutionen darstellt, denn dieser Faktor ist nicht in allen drei erfolgreichen sozialen Revolutionen existent. Damit wird sehr deutlich, dass Mills Methoden in erster Linie zur Eliminierung von Erklärungsfaktoren bzw. zur Falsifikation der dahinter stehenden Theorien dienen. Kritisch an Skocpols Arbeit ist, dass mit der gleichen eliminatorischen Logik auch ihre zentralen Erklärungsfaktoren ausgeschlossen werden können, denn die beiden Erklärungsfaktoren finden sich sowohl in positiven wie auch in negativen Fällen (der externe Druck auch im Falle von England, ohne dass das zu einer sozialen Revolution führte; die Bedingungen für einen Bauernaufstand auch in Russland um 1905 ohne dass dies zum Erfolg einer sozialen Revolution führte). Skocpol betrachtet aber die beiden Erklärungsfaktoren als einzelnen, kombinatorischen Erklärungsfaktor wenn sie Mills Methoden anwendet. Nur dann zeigt sich eine strikte Kovarianz, d.h., dass in allen Fällen, in denen die beiden Faktoren auftreten, es zur sozialen Revolution kommt, und in allen Fällen, in denen einer oder beide Faktoren fehlen, es nicht zur sozialen Revolution kommt.

Für eine verstärkte Beschäftigung mit den Methoden von Mill lohnt sich, die Kritik von Nichols (1986) an Skocpol (1979) sowie deren Reaktion (Skocpol 1986) und den Artikel von Mahoney (1999) zu lesen. Mahoney erläutert nicht nur die Anwendung der Mill'schen Methoden bei Skocpol, sondern zeigt, dass Skocpol noch weitere Methoden und Logiken anwendet, um zu validen Schlussfolgerungen zu kommen. Zusätzlich zur „Nominal Comparison", die auf den deterministischen Grundlagen der Mill'schen Methoden beruht, erläutert er die Anwendung der „Ordinal Comparison", die eine probabilistische Logik mit einer ordinalen Skalierung der Variablen verbinden. Schließlich zeigt er auf, dass Skocpols Argumentation sehr stark auf einer „narrativen Analyse" beruht. Diese beiden letzteren Analysetechniken entsprechen den in Kapital 4.3.3 und Kapitel 4.4 skizzierten Kongruenz- und Prozess-Analysen.

Die Anwendung des sehr oft eingesetzten *Most Similar Systems Designs* soll im Folgenden noch einmal an zwei wichtigen Studien illustriert werden.

Barbara Geddes (1994) nutzte in ihrer Arbeit über die notwendigen Bedingungen für die Umsetzung von administrativen Reformen in Lateinamerika dieses Design, um die Auswahl der Fälle zu begründen, mit denen sie ein Erklärungsmodell testete, das sie vorher an einem einzelnen Fall entwickelt hatte. Am Beispiel Brasiliens entwickelt sie mit Hilfe detaillierter Prozessanalysen ein Modell zur Erklärung von erfolgreichen Verwaltungsreformen im Kontext demokratischer Regierungsformen in Südamerika. Nach der ausführlichen Darstellung reduziert sie in radikaler Weise den Fall Brasilien auf ein spieltheoretisches Modell, aus dem wiederum eine testbare Hypothese abgeleitet wird: Effizienz-orientierte Reformen sind dann zu erwarten, wenn die beiden größten Parteien(-koalitionen) über längere Zeit ungefähr die gleiche Anzahl von Sitzen in der Legislative besitzen und damit rechnen, dass dies auch in Zukunft so sein wird. Wenn dies nicht der Fall ist, besitzen die Parlamentarier der Mehrheitsparteien keinen Anreiz, auf die Patronagemöglichkeiten zu verzichten, die ihnen durch ein nicht effizienz-orientiertes Verwaltungssystem entstehen (Geddes 1994: 83-98). Nach der Entwicklung des Modells testet Geddes diese Hypothese an vier weiteren südamerikanischen Ländern (Chile, Kolumbien, Uruguay und Venezuela) und einer späteren Phase in Brasilien und begründet die Fallauswahl folgendermaßen:

> „This chapter tests the model... on South American countries that have enjoyed fifteen or more years of continuous competitive democracy since 1930 [dies ist die zentrale theoretische Rahmenbedingung, die konstant gehalten wird]. Reforms have occurred in some of these countries, but not others [dies bedeutet, dass Varianz in der abhängigen Variablen sichergestellt ist]. The choice of this set of cases holds roughly constant several variables often mentioned as possible causes of honesty and competence in government: culture, colonial institutional structure, and economic development [damit wird die Ähnlichkeit der untersuchten „Systeme" gesichert]. At the same time, it preserves sufficient variation in contemporary political institutions and reform outcomes to allow the testing of hypotheses [d.h., Varianz wird sowohl bei der zentralen abhängigen wie auch bei der zentralen unabhängigen Variablen sichergestellt]." *(Geddes 1994: 99/100)*

Der Test wird dann in Form einer sehr beschränkten Kongruenz-Analyse vorgenommen. Geddes (1994: 103-127) zeigt, dass in den Ländern und in den Zeiträumen (sic!), in denen die größten Parteien(-koalitionen) gleich stark waren, Reformen vorzufinden sind, und dass in den Länder, in denen es solche Konstellationen nicht gab, keine Reformen durchgeführt wurden, d.h., sie zeigt, dass in den fünf Untersuchungseinheiten sowohl in diachroner wie auch in synchroner Hinsicht die vermutete Kovarianz zu beobachten ist. In einem späteren Kapitel geht sie (1994: 184/185) – allerdings in nur sehr kursorischer Form – auf die institutionellen Rahmenbedingungen ein, die als Hintergrundfaktoren die Existenz der reformfördernden Parität im Parlament erleichtern oder erschweren.

Insgesamt besticht die Arbeit von Geddes durch die klare Trennung von Modellentwicklung und Modelltest, sowie durch eine Fallauswahl, die zur internen Validität der Schlussfolgerungen deutlich beiträgt. In den Testfällen wird allerdings keine Prozessanalyse mehr vorgenommen und es gibt auch keine rivalisierende Theorie bzw. ein rivalisierendes Modell, das berücksichtigt wird.

Die Analysen von Fritz Scharpf (1987, 2000) zur sozialdemokratischen Wirtschaftspolitik in den 1970er Jahren in Europa stellen ein weiteres einflussreiches Beispiel dar, wie theoretische Konzepte und eine gezielte Fallauswahl dazu benutzt werden, um ein Erklärungsmodell als Theorie mittlerer Reichweite für ein bestimmtes Untersuchungsfeld zu entwickeln, was darüber hinaus dazu diente, den Einsatz der spieltheoretischen Konzepte für die Policy-Analyse zu legitimieren und zu befördern (Scharpf 2000: 24/25). Scharpfs Analyse erklärt die unterschiedliche makroökonomische Performanz (gemessen an den Indikatoren Beschäftigung und Inflation) von vier westeuropäischen Demokratien – Deutschland, Großbritannien, Österreich und Schweden nach der Ölpreiskrise im Jahr 1973. Die Wahl des Untersuchungsfeldes begründet Scharpf (2000: 359) damit, dass die Ölpreiskrise alle Industrieländer in ähnlicher Weise getroffen hat, und man dadurch der Situation eines „natürlichen Experiments" sehr nahe kommt. In diesem Sinne konzipiert Scharpf diesen „externen Schock" als grundlegenden Einflussfaktor für die wirtschaftliche Entwicklung in den Industrieländern. Dieser Faktor ist aber zwischen den Ländern konstant, so dass man sich bei der Erklärung auf die institutionellen Unterschiede in den Ländern konzentrieren kann, die als intervenierende Variablen konzipiert werden.

Aber nicht nur der zentrale Kausalfaktor wird konstant gehalten. Unter expliziter Berufung auf das *Most Similar Systems Design* und unter Hinweis auf den Stand der Forschung begründet Scharpf (2000: 360) die Auswahl der Untersuchungsländer damit, dass diese Länder am Ausgangspunkt der Untersuchung eine ähnliche ökonomische Performanz hatten und dass in allen vier Ländern sozialdemokratische Regierungen herrschten, so dass auch der in der bisherigen Forschung als wichtig erachtete ideologische Faktor als Erklärung für die unterschiedliche Performanz ausgeschlossen werden kann. Nach dieser „Kontrolle" der Untersuchung gegenüber wichtigen potentiellen Einflussvariablen durch die Wahl des Untersuchungszeitraums und durch die Auswahl der Fälle folgt dann die Darstellung der zentralen „Mechanismen", die später für die Analyse der vier Fälle eingesetzt werden. Unter Hinzuziehung der makroökonomischen Theorie und der Spieltheorie werden zwei mit einander verbundene Situationen der strategischen Interaktion zwischen bedeutenden Akteuren dargestellt, bei denen Scharpf aus theoretischen Überlegungen heraus davon ausgeht, dass sie in allen demokratischen Industrieländern vorzufinden sind. Zum einen ein makroökonomisches Koordinationsspiel zwischen Regierungen und Gewerkschaften und zum anderen ein elektorales Spiel zwischen Regierungen und Wählern. Die Ergebnisse der strategischen Interaktionen in diesen Situationen hängen von drei institutionellen Rahmenbedingungen und deren Interaktion ab – von der Organisations- und Strategiefähigkeit der Gewerkschaften, von der Unabhängigkeit der Zentralbank und von der Natur des elektoralen Spiels. Mit diesen theoretischen Konzepten ausgerüstet, analysiert Scharpf dann die politischen Prozesse in den vier Ländern. Er zeigt, dass Differenzen der institutionellen Rahmenbedingungen in den einzelnen Ländern zu unterschiedlichen Strategien der Akteure in den Spielsituationen führten und dass sich daraus unterschiedliche bzw. unterschiedlich aufeinander abgestimmte Politiken entwickelten, die dann wiederum zur unterschiedlichen ökonomischen Performanz führten.

Geddes und Scharpf benutzen beide die Logik des *Most Similar Systems Design* zur Begründung ihrer Fallauswahl und leiten aus der Spieltheorie deduktiv die entscheidenden Mechanismen ab, die für die Kausalerklärung eingesetzt werden. Jenseits dieser Gemeinsamkeiten unterscheiden sie sich aber deutlich. Während Geddes ihre ursprünglich breite Fragestellung zur Erklärung des überdurchschnittlichen wirtschaftlichen Erfolgs von Brasilien zwischen 1930 und 1980 radikal auf einen einzelnen Mechanismus reduziert, um zu einer testbaren Hypothese zu kommen, bleibt Scharpf seiner eigentlichen Forschungsfrage treu. Der Preis liegt darin, dass er zu keinem unabhängigen Test des Modells kommt. Der Vorteil des Vorgehens von Scharpf liegt allerdings nicht nur darin, der ursprünglichen Fragestellung treu zu bleiben, sondern auch darin, die unterschiedlichen Entwicklungspfade durch eine systematische Verbindung von generellen theoretischen Mechanismen (Spielsituationen) und fallspezifischen Kontextfaktoren zu erklären und darüber hinaus die unterschiedlichen kausalen Pfade mit einer differenzierten Betrachtung des Explanandums zu verbinden. Die Beschreibung der Performanz der Länder wird nicht in eine eindimensionale Skala reduziert, sondern bleibt mehrdimensional und differenziert. Auch hier zeigt sich der typische Preis eines solchen fallzentrierten Vorgehens in der geringeren Generalisierungsfähigkeit der Ergebnisse.

Die beiden Beispiele verdeutlichen, wie man mit einer gezielten Fallauswahl bedeutende potentielle Einflussfaktoren konstant halten („kontrollieren") kann, um sich dann innerhalb der Fälle auf die Aspekte zu konzentrieren, die einen aus theoretischen Gründen am meisten interessieren. Valide Schlussfolgerungen allein aufgrund einer solchen kontrollierten Fallauswahl lassen sich aber nicht generieren, dafür müssen in der Analyse und Auswertung der Fälle weitere Methoden und Techniken wie die Kongruenz-Methode und die Prozess-Analyse angewandt werden.

4.3.3 Der Vergleich mit Theorien: „Crucial Cases" und die Kongruenz-Methode

Theorien statt Fälle

Eine deutlich andere Ausrichtung als die gerade beschriebenen Hinweise zur Fallauswahl besitzen Hinweise und Methoden, die die Fallauswahl und/oder die Fallanalyse konsequent nach einer oder, besser noch, nach mehreren Theorien ausrichten. Entscheidend für die Fallauswahl und die Schlussfolgerungen ist nun nicht mehr, wie sich die Fälle zueinander verhalten, sondern was sie in Bezug auf eine oder mehrere Theorien erwarten lassen bzw. schließlich (nach der Untersuchung) aussagen.[7] Der Wert und die Funktion von Fallstudien richten sich damit nach dem wissenschaftlich-theoretischen Kontext, in den sie eingebunden

[7] Unsere klare Präferenz für diese Ausrichtungen von Fallstudiendesigns resultiert daher, dass sich eine starke Kongruenz zwischen diesen epistemologischen/methodologischen Ansätzen und jüngeren ontologischen/theoretischen Konzepten erkennen lässt. Sowohl bei der Bayesianischen Logik, die dieser methodischen Ausrichtung zugrunde liegt wie auch bei der *Prospect Theory*, die als wirkmächtigste Innovation im Bereich der Handlungstheorien bezeichnet werden kann, spielen sozialkommunikativ konstruierte Erwartungen eine zentrale Rolle bei der Bewertung von empirischen Daten bzw. bei Entscheidungen unter Unsicherheit.

sind (King/Keohane/Verba 2004: 187). Es wird nicht mehr versucht, das funktionale Äquivalent eines Experiments zu erreichen (George/Bennett 2005: 181).

4.3.3.1 Die Auswahl theoretisch besonders wichtiger Fälle

In der Literatur finden sich verschiedene Empfehlungen, wie die Fallauswahl theorieorientiert erfolgen kann (für einen prägnanten Überblick mit erläuternden Beispielen: Muno 2003: 23-27). Grundsätzlich können Fallstudien danach unterschieden werden, ob sie in einem noch relativ neuen Untersuchungsfeld eine konsistente und potentiell verallgemeinerbare Theorie generieren oder ob sie in einem etablierten Untersuchungsfeld dominierende Theorien testen. Im ersteren Kontext stellen die untersuchten Fälle dann (a) „archetypische", (b) „repräsentative" bzw. (c) „prototypische" Fälle dar, je nachdem ob aus ihnen induktiv theoretische Kategorien entwickelt wurden (a), oder ob sie als idealtypische Illustrationen für theoretische Konzepte benutzt wurden (b,c). Damit Fallstudien das Potential zu einem solchen Status besitzen, müssen die empirisch gewonnen Schlussfolgerungen in generellere theoretische Überlegungen übersetzt werden. Ob die zugrunde liegenden Fälle dann wirklich zu „archetypischen" Fällen werden, entscheidet allerdings der nachfolgende wissenschaftliche Diskurs je nachdem ob der entwickelte Typus sich für das Verständnis und die Analyse weiterer Fälle eignet bzw. je nachdem, ob in dem entwickelten Idealtyp bzw. Kausalmodell ein konzeptionelles Element entwickelt wird, das in der politischen Praxis als besonders relevant und/oder in der politischen Theorie als besonders innovativ angesehen wird.

Ist die Untersuchung dagegen in einem bereits etablierten Feld angesiedelt, „crucial cases"
so sollte man der Empfehlung von Eckstein (1975: 113-132) folgen, in Bezug auf eine Theorie entscheidende Fälle („crucial cases") auszuwählen (dazu auch: Gerring 2007: 115-122). Eckstein (1975: 118) definiert einen entscheidenden Fall folgendermaßen: „It is a case that must closely fit a theory if one wants to have confidence in the theory's validity or, conversely, must not fit equally well any rule contrary to that proposed." Er schwächt dann diese "must-fit"-Bedingung etwas ab und argumentiert, dass man sich bei Fallstudien auf "least-likely cases" und "most-likely cases" konzentrieren solle. „Least-likely cases" sind solche Fälle, bei denen die Rahmenbedingungen die Gültigkeit einer Theorie extrem unwahrscheinlich machen. Eckstein nennt als Beispiel für eine solche Untersuchung die Studie von Michels (1911) zur ubiquitären Existenz von Oligarchien in Organisationen. Indem sich Michels in seiner empirischen Untersuchung auf bestimmte Organisationen konzentrierte, die durch ein hohes Maß an partizipativer Ideologie, durch elaborierte formale Entscheidungsprozeduren und durch eine sozial homogene Führungsschicht gekennzeichnet waren, wählte er – implizit – „least-likely cases" und konnte aufgrund der positiven Ergebnisse die These bzw. die Theorie deutlich stützen. Als Beispiel für eine Untersuchung mit einem „most-likely case"-Design verweist Eckstein auf die Studie von Malinowski (1926), in der dieser die These überprüft, ob in „Gemeinschaften" (im Sinne von Tönnies) automatische und spontane Regelbefolgung dominiert, wie dies von Anthropologen und Soziologen postuliert wurde. Malinowski führte die Untersuchung am Beispiel einer primitiven Dorfgemeinschaft durch und fand

keine Bestätigung der Theorie sondern verwies auf vermittelnde psychologische und soziale Anreize zur Umsetzung der Normen (Eckstein 1975: 118/119).

empirisches Beispiel

Für Eckstein können mit solchen entscheidenden Fällen sogar Theorien getestet und falsifiziert werden. In der jüngeren methodologischen Debatte wird der Studie von Arendt Lijphart (1975b) eine solche Funktion bzw. Wirkung zugeschrieben. Die Studie von Lijphart über die Interessensvermittlung in den Niederlanden stellt ein zentrales Element der bis zu diesem Zeitpunkt dominierenden „pluralistischen" Theorie der Interessenvermittlung in Frage. David Truman (1965) hatte in seinem für diese Theorie zentralen Werk behauptet, dass kongruente soziale Konfliktlinien (wie Klassen, Religion oder Sprachgruppen) sich gegenseitig verstärken und dadurch soziale und politische Konflikte wahrscheinlicher machen. Nur wenn sich diese Konfliktlinien orthogonal überlappen (sog. „cross-cutting cleavages"), wie z.B. in der Schweiz, wo viele deutschsprachige Schweizer katholisch sind und viele französischsprachige Schweizer protestantisch, ist ein stabiles demokratisches System zu erwarten. Lijphart konnte am Beispiel der Niederlande zeigen, dass die Nichtexistenz von „cross-cutting cleavages" trotzdem mit einem stabilen demokratischen System einhergehen kann. Damit wurde die eindeutige Hegemonie der Pluralismus-Theorie in der angelsächsischen Politikwissenschaft gebrochen und gleichzeitig eine rivalisierende Theorie (das Konzept des „Consocialism" bzw. der Konsensusdemokratie) eingeführt, denn Lijphart nutzte seine Fallstudie, um alternative Mechanismen des Interessenausgleichs zu identifizieren.

Das Beispiel von Lijphart zeigt, wie man mit einer einzigen Fallstudie erheblichen Zweifel an einer dominierenden Theorie wecken und alternative Theorien anstoßen kann. Üblicherweise findet man aber in etablierten Forschungsfeldern nicht nur einen wichtigen theoretischen Ansatz, sondern eine Mehrzahl von Interpretations- und Erklärungsansätzen, die miteinander rivalisieren (wie z.B. der Neo-Funktionalismus und der Intergovernmentalismus im Bereich der Forschung zur Europäischen Integration). In einem solchen Kontext ist es von zentraler Bedeutung, dass man sich bei der Fallauswahl klar macht, in welchem Verhältnis einer oder mehrere Fälle zu den relevanten Theorien stehen. Ist der Fall für eine Theorie ein „least-likely-case" und für die andere eine „most-likely-case"? Möglichst bereits bei der Fallauswahl, spätestens aber bei den Schlussfolgerungen sollte man deren Reichweite unter solchen Gesichtspunkten reflektieren. Da oftmals am Beginn eines Forschungsprojektes die Affinität eines Falles zu einer bestimmten Theorie nicht eindeutig ist, bleibt als pragmatische Alternative bei der Fallauswahl, einen realweltlich wichtigen Fall (bzw. mehrere solche Fälle) auszuwählen und an diesem/n die Plausibilität der rivalisierenden Theorien miteinander zu vergleichen (Flyvbjerg 2006: 229-233).

4.3.3.2 Die Kongruenz-Methode

Theorie als Vergleichsmaßstab

Aber nicht nur die Fallauswahl sondern auch die konkrete Analyse bzw. Interpretation des Falles sollte möglichst theorieorientiert erfolgen. Das dementsprechende Vorgehen bezeichnen George & Bennet (2005: 181-204) als Kongruenz-Methode. „The essential characteristic of the congruence method is that the investigator begins with a theory and then attempts to assess its ability to explain or predict the outcome of a particular case" (George/Bennet 2005: 181). Im Gegensatz zur nachfolgend dargestellten Prozessanalyse konzentriert man sich bei der Kongruenz-Methode nicht auf den zeitlichen Ablauf und die Identifikation von Kausalmechanismen, sondern auf die Übereinstimmung der aus Theorien abgeleiteten Prognosen und empirisch vorzufindenden Ergebnissen hinsichtlich der Ausprägung der Variablen.

theoretische Erwartung und empirische Evidenz

Der wichtige erste Schritt bei der Anwendung dieser Technik ist deswegen eine genaue Spezifikation der theoretischen Kausalannahmen in beobachtbare Indikatoren, d.h. eine explizite Festlegung, welches Ergebnis bei welchen Ausgangsbedingungen zu erwarten ist, wenn eine Theorie Bestätigung finden soll. Danach wird am empirischen Fall überprüft, inwieweit eine Kongruenz zwischen theoretischen Erwartungen und tatsächlicher Evidenz existiert. Eine Theorie gewinnt vor allem an Plausibilität, wenn sich in der Empirie Ähnlichkeiten in der relativen Stärke und Dauer der theoretisch bestimmten Kausalfaktoren und in dem theoretisch erwartbaren Ergebnis zeigen. Eine solche Kovarianz von abhängiger und unabhängiger Variable darf allerdings nicht vorschnell akzeptiert werden. Im Gegensatz zu quantitativen Analysen erfolgt eine kritische Kontrolle der Gültigkeit einer sich daraus ergebenden kausalen Schlussfolgerung vor allem durch die Suche nach weiteren Anhaltspunkten innerhalb des Falles und durch den Vergleich zwischen verschiedenen Theorien.

Kontrolle

Wenden wir uns zuerst den Möglichkeiten zu, die von George und Bennett (2005: 183-195) dargestellt werden. Um die kausale Signifikanz einer festgestellten Kongruenz zu bewerten, sollte sich der Forscher folgende Fragen stellen: Erstens, ist die kausale Kovarianz oberflächlich („spurious") oder theoretisch signifikant? Zweitens, ist die unabhängige Variable eine notwendige Bedingung für das Ergebnis, und wie viel Erklärungs- bzw. Prognosekraft besitzt diese Variable? Um die Möglichkeit zu reduzieren, dass die theoretisch prognostizierte und empirisch vorgefundene Kovarianz „oberflächlich" ist, sollte der Forscher den Fall nach dritten Faktoren abfragen, die möglicherweise beide theoretisch interessanten Variablen gleichgerichtet beeinflussten. Um die Oberflächlichkeit von Einflussfaktoren abschätzen zu können, muss die Kongruenz-Methode mit Prozess-Analysen verbunden werden. Insbesondere die Möglichkeit, die erwartbaren Ausprägungen von abhängigen und unabhängigen Variablen aus mehreren Theorien abzuleiten und die solchermaßen gewonnen Prognosen mit den empirischen Informationen zu vergleichen, ermöglicht theoretisch relevante Schlussfolgerungen – vor allem dann, wenn sie rivalisierende Hypothesen generieren.

interpretative Kongruenz

Aus unserer Perspektive sind allerdings andere Aspekte von zentraler Bedeutung, die insgesamt auf ein etwas anderes Verständnis der Kongruenz-Methode hinauslaufen. Geht man davon aus, dass bei Fallstudiendesigns sowohl die abhängige wie auch die unabhängigen Variablen komplexere Konstrukte darstellen, die nicht einfach mit einem quantifizierbaren Indikator gemessen werden können, so lässt sich die Kongruenz-Methode auch so verstehen, dass die Übereinstimmung der theoretischen Variablen mit der Empirie über deren Kovarianz hinausreichen muss und die Übereinstimmung von Theorie und Empirie qualitativ sowohl in Bezug auf die abhängige wie auch in Bezug auf die unabhängigen Variable(n) bewertet werden sollte. George/Bennett (2005: 181) bezeichnen die Kongruenz-Methode selbst als „within-case method of causal interpretation", verweisen in ihrer Darstellung der Methode dann allerdings viel zu wenig auf die interpretative Dimension. Aus einer solchen Perspektive ist die Basis der Kongruenz-Methode weniger die Kovarianz zwischen abhängiger und unabhängiger Variable, sondern die Kongruenz zwischen vielfältigen deskriptiven und prognostischen Elementen einer Theorie und entsprechenden empirischen Tatbeständen eines Falles. Im Gegensatz zur nachfolgenden Prozess-Analyse richtete sich die Kongruenz-Methode erst einmal ausschließlich auf die Ausprägungen der Variablen, wobei der Begriff „Ausprägung" nicht wie bei quantitativen Analysen als einfache Zuordnung zu einem Wert in einer eindimensionalen Skala misszuverstehen ist, sondern vielfältige und nichtreduzierbare Indikatoren umfasst, die meist qualitativ interpretiert werden müssen, um ihre (Nicht-) Kongruenz mit dem theoretischen Konzept zu bestimmen.[8]

4.3.3.3 Metaphorische Verdeutlichung der erkenntnistheoretischen Grundlogik der Kongruenz-Analyse

Die erkenntnistheoretische Grundlogik, die die Basis sowohl für die Kongruenz-Methode wie auch für die im nachfolgenden Kapitel beschriebenen Prozess-Analyse liefert, lässt sich in der Abgrenzung zum berühmten Elefanten-Beispiel darstellen, das auf Buddha zurückgeführt wird.

Buddhas Elefantenparabel

> „Es war einmal, so erzählt Buddha, ein König von Benares, der rief zu seiner Zerstreuung etliche Bettler zusammen, die von Geburt an blind waren und setzte einen Preis aus für denjenigen, der ihm die beste Beschreibung eines Elefanten geben würde. Zufällig geriet der erste Bettler, der den Elefanten untersuchte, an dessen Bein, und er berichtete, dass der Elefant ein Baumstamm sei. Der zweite, der den Schwanz erfasste, erklärte, der Elefant sei wie ein Seil. Ein anderer, welcher ein Ohr griff, beteuerte, dass der Elefant einem Palmenblatt gleiche und so fort. Die Bettler begannen untereinander zu streiten, und der König war überaus belustigt." *(Radharkrishnan 1952: 323)*

eigenes erkenntnistheoretisches Modell

Das in dieser Arbeit vertretene Modell der Erkenntnissuche geht nicht davon aus, dass wir blind sind und „die Realität" jemals direkt berühren, sondern dass der Untersuchungsgegenstand im völligen Dunkeln liegt und wir durch den Einsatz von selektiven Scheinwerfern selektive Rückspiegelungen aus der Realität zu unseren Wahrnehmungsorganen produzieren können. Theorien liefern Annahmen darüber, welche Form und welche Materialität der im Dunkeln liegende Gegenstand besitzt. Sie liefern damit gleichzeitig Angaben darüber, welche Konturen wir erwarten können, wenn wir in das Untersuchungsfeld hineinleuchten und sie bestimmen, mit welchen Licht-Frequenzen wir etwas erkennen können. Die Entwicklung eines theoretischen Modells umfasst deswegen gleichzeitig die Skizzierung eines substantiellen Plans, der eine bestimmte inhaltliche Erwartungshaltung enthält, und die Produktion eines sehr selektiven Scheinwerfers, der mit einer kleinen Frequenzspanne das Untersuchungsfeld (ganz) beleuchtet. Bei einem solchen Scheinwerfer reflektieren nur diejenigen Elemente des Gegen-

[8] Eine exzellente Abhandlung über die fundamentale und irreduzible Bedeutung von Interpretation sowohl bei qualitativen wie auch bei quantitativen Forschungsansätzen liefert Spiegler (2006).

standsbereichs, die dieser Frequenz entsprechen. Je nachdem inwieweit die selektiven Reflexionen dem imaginären Plan, den man sich vom Untersuchungsgegenstand gemacht hat, entsprechen, desto stärker kann man davon ausgehen, dass die Theorie „Sinn macht“ (weil aus dem Dunkel ein kohärentes Bild entsteht) und „stimmt“ (weil wir Indizien für die reale Existenz dieses Bildes gefunden haben).

Diese Metapher soll noch einmal verdeutlichen, dass in der qualitativen Sozialforschung Theorien gleichzeitig eine substantiell-ontologische und erkenntnistheoretisch-epistemologische Dimension besitzen. Es verdeutlicht auch, dass man für ein vollständigeres Bild des Untersuchungsfeldes verschiedene Theorien einsetzen sollte. Das heißt aber nicht, dass alle theoretisch abgeleiteten Bilder und Scheinwerfer sinnvolle und stimmige Eindrücke produzieren, so dass man nicht vorschnell die Rivalität zwischen Theorien zugunsten von holistisch-komplementären Forschungsstrategien aufgeben sollte. Der Streit um die angemessene Theorie ist umso verständlicher, je mehr wir von beschränkten Energieressourcen ausgehen, so dass wir uns gut überlegen müssen, von welchen substantiellen Weltvorstellungen wir ausgehen und mit welchen Frequenzen wir unsere Scheinwerfer einschalten sollten, um die beschränkte Energie zur (wissenschaftlichen) Erleuchtung der Welt sinnvoll zu nutzen.

4.3.3.4 Ausführliche Beispiele für die Kongruenz-Analyse

empirische Beispiele

Ein exzellentes Beispiel für das Testen von zwei rivalisierenden Theorien an wichtigen Fällen stellt das Werk „The Limits of Safety“ von Scott Sagan (1993) dar. An dem existentiell wichtigen Beispiel der Sicherheit von Atomwaffen analysiert Sagan die Angemessenheit von zwei einschlägigen theoretischen Ansätzen aus dem Forschungsfeld „Risiko-Management in komplexen Organisationen“ zur Beschreibung und Vorhersage der empirischen Befunde. Sagan zeigt an mehreren historischen Beispielen (Fällen), dass es bei den U.S.-amerikanischen Atomwaffen immer wieder zu Unfällen und Beinahekatastrophen gekommen ist, und bescheinigt insgesamt der pessimistischeren „Normal Accidents Theory“ gegenüber der optimistischeren „High Reliability Theory“ eine höhere Kongruenz mit der Wirklichkeit, obwohl bisher kein katastrophaler Unfall aufgetreten ist.

Zuerst skizziert Sagan die beiden „Schools of Thought“ – er zieht dies dem Begriff Theorien vor, weil die beiden Ansätze keine vollständig deduktiv abgeleiteten und in sich geschlossenen Ansätze darstellen und nicht alle dazu gehörigen Autoren in allen Bereichen übereinstimmen – ein durchaus gängiges Phänomen in den Sozial- und Politikwissenschaften. Deswegen ist es von zentraler Bedeutung, das eigene Verständnis der theoretischen Ansätze deutlich zu machen und die Implikationen für das Untersuchungsfeld explizit abzuleiten. Sagan verdichtet drei verschiedene organisationstheoretische Untersuchungen und Ansätze zu einer *High Reliability Organization Theory*. Diese Ansätze einigt eine eher optimistische Sicht auf die Möglichkeit, durch organisatorische Maßnahmen Unfälle und Katastrophen in hochkomplexen und hochriskanten Organisationen zu vermeiden. Sie entwickeln entsprechende Empfehlungen, z.B. betonen sie die Notwendigkeit von Redundanz: Vielfältige und von einander unabhängige Mechanismen der Kommunikation, Entscheidungsfindung und Implementation stellen damit theoretisch sicher, dass das Gesamtsystem sicher ist, obwohl angenommen wird, dass die Einzelelemente fehlerbehaftet sind. Dem gegenüber steht die *Normal Accidents Theory*, die Sagan in Anlehnung an das *Garbage-Can*-Modell von March & Olson und das Buch von Charles Perrow *Normale Katastrophen* (1987) beschreibt. Diese Theorie verdeutlicht die potentiell negativen Effekte von Redundanz.

In der Begründung für die Auswahl seines Untersuchungsfalles argumentiert Sagan (1993: 49-51), dass das Untersuchungsfeld der amerikanischen Nuklearwaffen ein „tough test" bzw. ein „least-likely case" für die *Normal Accidents Theory* darstellt. Er führt vier Gründe dafür auf: (a) Noch gab es keinen katastrophalen Unfall mit amerikanischen Nuklearwaffen; (b) die Sicherung der Nuklearwaffen hatte immer höchste politische Priorität in der amerikanischen Politik; (c) das Militär stellt in verschiedener Hinsicht eine „ideale Organisation" zur Risiko-Minimierung dar; (d) die Konzentration auf die amerikanischen Nuklearwaffen bedeutet, dass innerhalb des Feldes der Nuklearwaffen, das Land (der Fall) ausgewählt wurde, der aufgrund seiner Ressourcen wahrscheinlich die größten Investitionen in die Sicherheit der Nuklearwaffen unternommen hat.

Vor den empirischen Untersuchungen macht Sagan die folgenden Aussagen zur Methode und zur angestrebten Reichweite der Schlussfolgerungen. Sie sind es Wert, hier im Original wiedergegeben zu werden:

> „The methodology used in this study is quite simple in conception, although it is often difficult in execution. To determine which theory provides a more useful tool for understanding nuclear weapons safety, I identify historical situations in which the theories would provide contradictory predictions. For the high reliability theory, I identify the extent to which the factors that the theory argues lead to safety were in fact present and then examine whether those factors, in fact, had the predicted effects. For the normal accidents theory, I deduce where and when accidents should have been likely if the theory is correct, and then check the historical record for evidence of safety problems occurring in those specific areas. It is important to emphasize that the mere existence of near-accidents is inadequate evidence either to diminish the credibility of high reliability theory or to increase the credibility of normal accidents theory. Indeed, there is an irony here that could be called the catch 22 of close calls: the more near-accidents I discover, the more it could be argued that the system worked, since the incidents did not in the end lead to an accidental nuclear war. The fact that individual errors will occur is, after all, the basic reason why redundancy and other safety measures are built into complex technological systems. This is yet another reason why it is essential, in order to weigh the relative explanatory power of the two theories, to focus on their specific predictions that are in conflict. What were the causes of the incidents and the reasons why they did not escalate? For example, did adding more than one safety device prevent a serious accident, as would be suggested by high reliability theorists? Or was redundancy the cause of the problem, as predicted by normal accidents theory? And if redundancy caused this incident, what prevented it from escalating?" *(Sagan 1993: 51/52)*

Im restlichen Teil des Buches zeigt er an einer Vielzahl von historischen Beispielen, dass die Empfehlungen, die sich aus der *High Reliability Theorie* ableiten lassen, selbst zur Ursache von Beinahe-Unfällen wurden. Die konkreten Fälle werden so ausgewählt, dass mit ihnen jeweils ein zentraler Aspekt beleuchtet werden kann, bei dem sich die Theorien unterschieden, wie z.B. bei der Einschätzung von Redundanz. Anhand der minutiösen Rekonstruktion des Absturzes eines Bombers im Jahre 1968, der 1.1 Megatonnen Nuklearwaffen an Bord hatte, diskutiert Sagen detailliert Vorteile vor allem aber Probleme redundanter Systeme und schließt daraus dann auf die überlegene Prognosekraft der *Normal Accident Theory* (Sagan 1993: 156-203). Insgesamt wird an diesem Beispiel deutlich, dass die Kongruenz-Methode nach unseren Verständnis kaum auf die Feststellung der Kovarianz von abhängigen und unabhängigen Variablen zielt, sondern auf einen detaillierten Vergleich der vielfältigen Implikationen einer etablierten Theorie mit empirischen Tatbeständen in einem oder mehreren Fällen.

In einem weiteren Beispiel soll im Folgenden aufgezeigt werden, wie eine Einzelfallstudie dazu benutzt werden kann, die unterschiedliche, aber insgesamt beschränkte Reichweite von mehreren etablierten theoretischen Ansätzen zur Erklärung eines wichtigen Falles darzustellen und anschließend induktiv auf die notwendige Ergänzung des Theoriefeldes durch einen weiteren theoretischen Ansatz hinzuweisen. Joachim Blatter (2001) zeigt am Beispiel der internationalen Regulierung des Bodensees, dass die dominierenden Ansätze im Bereich der internationalen Umweltregime die symbolische Bedeutung von grenzüberschreitenden Gewässern vernachlässigen und damit den Erfolg dieses frühen und weitreichenden internationalen Umweltregimes nur unzureichend erklären können.

Vor dem Hintergrund, dass der Bodensee das zweitgrößte Binnengewässer Westeuropas darstellt ist, gilt die internationale Regulierung des Bodensees als eines der weltweit ersten und sicherlich auch erfolgreichsten internationalen Umweltregime. Insbesondere die Einführung von strikten Emissionsstandards für Bootsmotoren auf dem Bodensee im Jahre 1991 war zu diesem Zeitpunkt weltweit einzigartig und verdeutlicht die weit reichende Regulierungsintensität dieses internationalen Regimes.

Blatter argumentiert, dass die verschiedenen Ansätze im Bereich der Regimetheorie, die insbesondere am Beispiel der internationalen Zusammenarbeit im Umweltschutz entwickelt wurden, eigentlich dafür prädestiniert sein sollten, diesen Erfolg des Umweltregimes am Bodensee zu erklären. Zuerst werden deswegen die Annahmen der funktionalistischen, der rationalistischen und der kognitiven Ansätze der Regimetheorie kurz dargestellt und dann mit dem empirischen Fall verglichen. Dabei zeigt sich, dass bei den Erklärungsfaktoren, die bei diesen theoretischen Ansätzen jeweils im Mittelpunkt stehen, keine Übereinstimmung der theoretischen Annahmen bzw. Prognosen mit den empirischen Tatsachen aufzufinden ist. Weder existiert die für funktionalistische (und rationalistische) Konzepte zentrale Bedingung eines objektiven Problemdrucks für gemeinsames Handeln, noch gibt es eine im Sinne der Spieltheorie „günstige Situationsstruktur", denn die Anrainerländer und -kantone besitzen weder „objektiv" homogene Interessen noch konnten gleichgerichtete Präferenzäußerungen festgestellt werden (Blatter 2001: 7-13). Den kognitiven Ansätzen innerhalb der Regimetheorie wird eine höhere Kongruenz mit den empirischen Tatsachen bescheinigt. Die Existenz von grenzüberschreitenden *epistemic communities* kann z.B. tatsächlich dafür verantwortlich gemacht werden, dass der Schutz des Bodensees und insbesondere die Problematik der Motorboote jahrzehntelang einen zentralen Platz auf der Agenda der grenzüberschreitenden Politik einnahm. Die grenzüberschreitende Einigung lässt sich aber nicht mit der Existenz von *epistemic communities* erklären, da nicht eine, sondern mehrere solcher grenzüberschreitenden, durch normativ-kognitive Gemeinsamkeiten zusammengehaltenen Netzwerke identifiziert werden konnten. Das Konzept der *advocacy coalitions*, das von Paul Sabatier im Bereich der *Policy*-Forschung entwickelt wurde, sei daher möglicherweise auch für grenzüberschreitende und internationale Regulierungsprozesse angemessener als das Konzept der *epistemic communities* aus dem eigentlich einschlägigen Bereich der Regimetheorie. Allerdings kann auch dieses theoretische Konzept den Durchbruch bei der Regulierung der Motorboote nicht wirklich erklären. Mit Hilfe einer detaillierten empirischen Prozess-Analyse und dem Hinzuziehen von neueren theoretischen Konzepten aus dem Feld der Institutionentheorie wird diese Erklärungslücke dann geschlossen. Es wird gezeigt, dass die erfolgreiche Regulierung der Motorboote zu bestimmten Zeiten ein willkommenes Symbol darstellte, mit dem grenzüberschreitende Akteursnetzwerke ihren Anspruch auf die institutionelle Hegemonie in dem neu entstehenden politischen Raum der „Euregio Bodensee" signalisieren wollten. D.h., ohne die Berücksichtigung der symbolischen Werte einer internationalen Regulierung kann man die weitgehende Regulierung der Motorbootsnutzung auf dem Bodensee nicht erklären (Blatter 2001: 19-34).

Kongruenz-Analyse und Prozess-Analyse

Sowohl in dem Beispiel von Sagan wie auch in dem von Blatter wird deutlich, dass die Kongruenz-Methode sehr oft in Kombination mit Prozess-Analysen benutzt wird bzw. sich in der praktischen Anwendung Überschneidungen zwischen beiden Techniken ergeben. Bevor im nächsten Kapitel die Prozess-Analyse genauer dargestellt wird, soll deswegen noch einmal der zentrale Unterschied betont werden. Während bei Prozess-Analysen die Schlussfolgerungen primär auf dem zeitlichen Ablauf der politischen Prozesse basieren, ist dies bei der Kongruenz-Methode nicht der Fall. Hier konzentriert man sich auf die konkreten Ausprägungen von zentralen theoretischen Variablen (z.B. die Existenz einer materiellen Interdependenz als Basis für eine funktionalistische Erklärung von internationalen Regulierungen oder die Existenz von ähnlichen Präferenzen als Basis einer rationalistischen Erklärung) und versucht, mit Hilfe von „data-set observations" deren Ausprägung festzustellen. Mit Hilfe dieser Methode können Fallstudien dazu beitragen, etablierte Theorien zu stärken oder zu schwächen und gleichzeitig neue Theorien zu generieren. Die Kongruenz-Methode ermöglicht allerdings nicht nur eine rivalisierende Diskussion von Theorien, sondern auch die Komplementarität von theoretischen Ansätzen für die Erklärung von bestimmten Aspekten des interessierenden Phänomens zu verdeutlichen. Die Grundlage dafür ist vor allem, dass in Fallstudien die abhängige Variable bzw. das interessierende und erklärungsbedürftige Phänomen mit einem breiten Set von Indikatoren beschrieben und charakterisiert wird. So zeigt z.B. Blatter (2000; 2003: 88-93) auf der Basis von vier Fallstudien zur politischen Institutionalisierung von grenzüberschreitender Zusammenarbeit in Europa und Nordamerika, dass institutionelle Faktoren, wie Polity-Ideen und die institutionellen Identitäten der beteiligten Staaten vor allem Einfluss auf den Zeitpunkt und die Form der grenzüberschreitenden Zusammenarbeit hatten, während substantielle Faktoren wie Policy-

Paradigmen und materielle Interdependenzen die thematische Ausrichtung und die Instrumente der grenzüberschreitenden Zusammenarbeit bestimmten.

4.4 Die Prozess-Analyse

Ontologie und Methodologie

Wie wir in Kapitel 4.2.4 und 4.2.5 dargestellt haben, gehen fallzentrierte Methodologen von bestimmten ontologischen und epistemologischen Grundlagen aus, welche dazu führen, dass dem Faktor Zeit eine besondere Bedeutung zukommt und dass die Suche nach Kausalmechanismen bzw. „causal-process-observations" im Zentrum der Forschungsanstrengungen steht. Entsprechende Methoden bzw. Techniken sollen hier unter dem Begriff der Prozess-Analyse subsumiert werden, da wir uns in einem ersten Schritt vor allem an George und Bennett (2005) und Hall (2003) orientieren. Diese bezeichnen ihre Methode als „process-tracing" bzw. „systematic process analysis" und besitzen mit ihren Hinweisen am deutlichsten Affinitäten zu den Ausgangspunkten und Argumenten der fallzentrierten Methodologen, wie sie in Kapitel 4.2 präsentiert wurden. Vorgestellt werden sollen aber auch Techniken und Hinweise, die in ihren ontologischen und epistemologischen Annahmen davon abweichen, so z.B. wenn das Analysedesign in erster Linie auf die Analyse von kausalen Effekten und weniger auf die Entdeckung von kausalen Mechanismen ausgerichtet ist – wie dies bei der am Schluss dieses Kapitels skizzierten methodologischen Interpretation des historischen Institutionalismus von Lieberman (2001) geschieht.

drei Ziele von Prozess-Analysen

Für die Darstellung der verschiedenen Empfehlungen und Techniken erscheint es sinnvoll, drei verschiedene Ziele (bzw. Stärken) von Prozess-Analysen zu unterscheiden:

a. Der konkrete empirische Nachweis von kausalen Mechanismen und Kausalketten, die zu einem bestimmten Prozessergebnis führten (als komplementäres Element zur Nachweis von kausalen Effekten);
b. Die Aufklärung von sequentiellen und situativen Interaktionseffekten zwischen Einflussfaktoren (als primär induktiver Beitrag zu einer konfigurativen Erklärung);
c. Die Aufteilung einzelner Untersuchungseinheiten in Perioden, um mit longitudinalen Vergleichen Vergleiche zwischen Untersuchungseinheiten zu ergänzen und durch diese Vergleiche, aber auch durch die historische Abfolge von Veränderungen in der abhängigen und den unabhängigen Variablen kausale Effekte zu identifizieren.

Die ersten beiden Ziele stehen bei denjenigen Methodologen im Vordergrund, die ein alternatives ontologisches und epistemologisches Fundament der fallzentrierten gegenüber den variablenzentrierten Untersuchungsdesigns postulieren (Brady/Collier 2004; George/Bennett 2005; Ragin 2000), während das letztere Ziel von Autoren in den Vordergrund gerückt wird, die keinen solchen Unterschied zwischen Fallstudiendesigns und quantitativen Untersuchungen annehmen (z.B. Büthe 2002; Lieberman 2001).

4.4.1 Prozess-Analyse als Suche nach einer konkreten und geschlossenen Beweiskette

empirische Belege

George und Bennett (2005: 206/207) charakterisieren die Methode der Prozess-Analyse folgendermaßen:

> „The process-tracing method attempts to identify the intervening causal processes – the causal chain and causal mechanism – between an independent variable (or variables) and the outcome of the dependent variable." Dabei betonen sie: „Process-tracing is fundamentally different from methods based on covariance or comparisons across cases." *(ebd.)*

Damit befinden sie sich in Übereinstimmung mit Collier, Brady und Seawright (2004b: 252-264), die die Unterschiedlichkeit von „data-set observations" und „causal-process observations" betonen. Ziel von Prozess-Analysen ist es nicht so sehr, die Anzahl der Beobachtungen zu einzelnen Variablen zu erhöhen, sondern die Verbindung zwischen den Variablen möglichst detailliert nachzuvollziehen. George und Bennett (2005: 207) insistieren deswegen darauf, dass „all the intervening steps in a case must be predicted by a hypothesis… It is not sufficient that a hypothesis be consistent with a statistically significant number of intervening steps." In Abgrenzung zu deduktiven Modellen als Basis für Korrelationsanalysen verlangen sie weiterhin: „Adequate causal explanation requires empirically substantiated assertions about both the causal effects of independent variables and causal mechanisms of the observed processes that lead to outcomes."

„detailed narrative"

George und Bennetts Verständnis von Prozess-Analyse liegt damit sehr nahe an historiographischen Analysevorstellungen und -methoden – der Unterschied liegt primär in der Reichweite der Zielsetzung. Während Historiker ein adäquates und umfassendes Verständnis von historischen Einzelfällen anstreben, zielen Politikwissenschaftler auf eine vorsichtige Generalisierung von Schlussfolgerungen (aus Fallstudien). Konsequenterweise präsentieren George und Bennett bei ihrer Vorstellung der verschiedenen Formen von Prozess-Analysen zuerst und am ausführlichsten den Typ der „detailed (atheoretical) narrative" und verweisen in erster Linie auf methodologische Überlegungen von Historikern. Eine primär durch die chronologische Abfolge angeleitete Darstellung der empirischen Informationen steht für sie auch bei politikwissenschaftlichen Studien am Beginn der Analyse und wird dann in einem zweiten Schritt in analytische, bzw. theoriegeleitete Analysen überführt. Wenn dieses Vorgehen auch bei der Darstellung der Forschung beibehalten wird, trägt dies zur Transparenz und Nachvollziehbarkeit bei.

„analytical narratives"

Die Argumentation und die konkreten Hinweise von George und Bennett zielen vor allem darauf ab, die fallspezifische Validität der Schlussfolgerungen aus einer historiographischen Prozess-Analyse sicherzustellen. Die „analytical narratives" von Bates et al. (1998: 14) versuchen dagegen viel stärker, die entscheidenden Verbindungen zwischen den Prozessvariablen und dem Ergebnis durch spieltheoretische Modelle darzustellen und zu überprüfen. Nach ihren eigenen Worten möchten sie „dichte Beschreibung" mit „dünnen (formalen) Erklärungen" kombinieren. Das methodische Konzept der „analytical narratives" wird von Greif (1998) für die Erklärung des Aufstieges des spätmittelalterlichen

Genua benutzt. Rosenthal (1998) untersucht damit die Effekte unterschiedlicher Steuerpolitiken auf absolutistische europäische Regierungen, Levi (1998) die Entwicklung der Wehrpflicht im 19. Jahrhundert und Bates (1998) die Entstehung eines internationalen Kaffee-Regimes. Deutlich klarer als bei George und Bennett verfolgen sie eine doppelte Zielsetzung in ihren Fallstudien – einerseits ziehen sie spieltheoretische Modelle zur Erklärung ihres spezifischen Falls heran und andererseits versuchen sie, die spieltheoretischen Ansätze mit ihren Fällen zu überprüfen und zu verfeinern. Die Autoren der „analytical narratives" besitzen im Vergleich zu George und Bennett ein deutlich engeres und damit auch präziseres Verständnis von Kausalmechanismen. Der Vorteil der größeren Präzision von spieltheoretisch modellierten Kausalmechanismen wird durch die explizite Darstellung des theoretischen Modells und die stärkere Trennung von der empirischen Darstellung noch verstärkt, weil dadurch die Konsistenz und Transparenz der Analyse gestärkt wird (so auch Büthe 2002: 482). Diese Stärken der „analytical narratives" werden allerdings mit einer großen Schwäche erkauft. Die Autoren benutzen im Prinzip jeweils nur einen theoretischen Ansatz – alternative Erklärungsansätze werden eher als „Strohmann" skizziert oder aus theoretischen – und nicht etwa aus empirischen Gründen – verworfen.

Insgesamt lässt sich feststellen, dass George und Bennett mit ihrem sehr offenen Konzept von Kausalmechanismen Gefahr laufen, relativ idiosynkratische Erklärungsansätze anzuregen und dass die „analytical narratives" mit ihren expliziten aber auch eindimensionalen Modellen in den Verdacht geraten, Ex-Post-Rationalisierungen zu produzieren.

empirische Beispiele

Ein produktiver Mittelweg scheint dagegen bei den Beispielen vorzuliegen, die Collier, Brady und Seawright (2004b: 256-258) aufführen, um die Bedeutung von „causal-process observations" zu illustrieren. Am Beispiel von Susan Stokes' Arbeit über drastische Politikwechsel hin zu einer neoliberalen Wirtschaftspolitik in den meisten südamerikanischen Staaten zwischen 1982 und 1995 wird dargelegt, wie Prozess-Analysen quantitative Analysen ergänzen können, indem sie empirische Evidenz generieren, mit der eine kausale Theorie gegenüber einer anderen an Plausibilität gewinnt. So gab bei Stokes bereits die quantitative Analyse erste Hinweise darauf, dass der Politikwechsel in erster Linie durch Lernprozesse und weniger durch die Annahme von *rent seeking* erklärt werden kann. In einer von mehreren Fallanalysen weist Stokes dann Schritt für Schritt nach, wie der peruanische Präsident Fijumori durch die Kommunikation mit internationalen Akteuren zur Überzeugung kam, dass die peruanische Wirtschaft auf eine Katastrophe zusteuert, wenn die neoliberalen Reformen, die er in seinem Wahlkampf noch bekämpft hatte, nicht umgesetzt werden (Stokes 2001).

Eine weitere Studie, die von Collier, Brady & Seawright (2004b: 257/258) als vorbildhaft für den Einsatz von Prozess-Analysen dargestellt wird, ist die Studie von Nina Tannenwald (1999), in der sie den Verzicht auf einen nochmaligen Einsatz von amerikanischen Nuklearwaffen mit einem Tabu erklärt, das sich nach dem Einsatz im Zweiten Weltkrieg entwickelt hat. Diese einer normativen theoretischen Grundausrichtung entsprechende Erklärung wird in der Studie mit rivalisierenden realistischen Erklärungsansätzen aus dem Bereich der Abschreckungstheorie verglichen. Die Studie umfasst vier Fälle: den Zweiten Weltkrieg, den Korea-Krieg, den Vietnam-Krieg und den Golf-Krieg. Auf der Basis von

„data-set observations" werden erste Anhaltspunkte für ihre These entwickelt. Der Varianz in der abhängigen Variable, dem Einsatz von Nuklearwaffen zwischen dem Zweiten Weltkrieg und den nachfolgenden Kriegen, steht keine entsprechende Varianz in Bezug auf die Abschreckungserklärung gegenüber, denn bei allen vier Kriegen hatten die USA keinen nuklearen Gegenschlag zu befürchten. Dies ist bei der normativen Erklärung anders. Tannenwald argumentiert, dass das Tabu während des Zweiten Weltkrieges noch nicht existierte, sondern durch den Einsatz der Atombomben in Hiroshima und Nagasaki erst produziert wurde und dann während der nachfolgenden Kriege weiterhin wirksam war. Diese auf „data set observations" und Kovarianz basierende Argumentation ist angesichts von nur vier Fällen noch nicht besonders überzeugungskräftig. Deswegen verwendet Tannenwald den Großteil ihrer Arbeit auf Fallanalysen, in denen sie nachzeichnet, welche Überlegungen die politischen Führungskräfte in den USA bei der Entscheidung über den (Nicht-)Einsatz von Nuklearwaffen geleitet haben. Tannenwald konzentriert sich dabei darauf, konkrete „Spuren" des Nukleartabus aufzuspüren. Sie zeigt, dass die Führungskräfte in ihren internen Diskussionen über den möglichen Einsatz von Nuklearwaffen sich oft mit explizitem Verweis auf moralische Prinzipien und auf die in der Öffentlichkeit dominierende Werte dagegen ausgesprochen haben und liefert damit wertvolle Evidenz für ihre Hypothese und darüber hinaus für die Wirkung von Normen bzw. Moral in wichtigen politischen Entscheidungen. Tannenwalds Arbeit besticht durch die Vielzahl von „diskursiven Spuren", die sie in den einzelnen Fällen als Belege für ihre These nachweisen kann. Ihre Arbeit besitzt aber auch Schwächen, die an dieser Stelle aus didaktischen Gründen genauer dargestellt werden sollen.

Kritik an der Studie

Eine erste Schwäche der Arbeit ist darin zu sehen, dass Tannenwald bei ihren Prozess-Analysen nicht gleichgewichtig versucht hat, Evidenz für rationalistische Abschreckungsüberlegungen zu identifizieren. Während sie bei der Operationalisierung der beiden Hypothesen noch explizit auf Indikatoren bzw. Argumentationsmuster hingewiesen hat, die für eine realistische Erklärung des Verzichts auf den Einsatz von Atomwaffen sprechen würden, findet man in der Darstellung der Fallstudien nur kurz kryptische Hinweise darauf, dass solche Argumentationen nicht aufgefunden werden konnten. Eine zweite Schwäche der Arbeit wird nur deutlich, weil Tannenwald (1999: 437) in eigentlich vorbildlicher Weise vor den Fallstudien die theoretisch zu erwartenden Kausalpfade explizit dargestellt und erläutert hat. Sie skizziert vorab drei Arten von normativen Effekten, die mit einem Nuklear-Tabu verbunden sein können: (a) regulative Effekte, wie sie in rationalistischen Theorien als externe Beschränkungen des Akteurshandelns konzipiert werden; (b) konstitutive Effekte, wie sie in konstruktivistischen Theorien als Grundlage für die Definition von Verhaltensweisen, Rollen und Identitäten von Akteuren konzipiert werden, und (c) permissive Effekte als Spezialfall von konstitutiven Effekten, die dadurch wirken, dass Normen als „focal points" die Aufmerksamkeit auf bestimmte Dinge (z.B. Atomwaffen) konzentrieren und deswegen als nichtintendierte Nebeneffekt andere Dinge (z.B. nichtnukleare Waffen) aus der Wahrnehmung und dem moralischen Diskurs der Öffentlichkeit verschwinden lassen. Leider korrespondieren die theoretischen Schlussfolgerungen, die Tannenwald nach den Fallstudien zieht, nicht ganz mit diesen Ausgangspunkten. Dort differenziert sie nun drei „causal mechanisms“, durch die das Tabu wirkte: „domestic opinion, world opinion (...), and personal conviction informed by beliefs about American values and conceptions of the appropriate behavior of civilized nations“ (S. 462). Dann fährt sie fort: „More conceptually, norms work through three pathways: force, self-interest, and legitimacy“ (ebd.).

Aus unserer Perspektive ist nicht nur die Verwendung der Begriffe „causal mechanism“ und „pathway“ unglücklich – die umgekehrte Nutzung dieser Oberbegriffe wäre deutlich angemessener bei einem Verständnis von Kausalmechanismen als generalisierungsfähige „ultimate causes“ (siehe Kapitel 4.2.5). Unglücklich ist aber vor allem, dass die drei in der Schlussanalyse skizzierten Kausalmechanismen und Pfade nicht mit den in dem Ausgangsmodell skizzieren Effekten von Normen übereinstimmen. Diese Schwäche in Bezug auf die theoretische Stringenz der Arbeit ist möglicherweise eine Konsequenz daraus, dass sich Tannenwald nicht ganz entscheiden kann, ob sie die beiden grundlegenden theoretischen Erklärungsansätze (den materialistischen Realismus und den normativ-kognitiven Konstruktivismus) nun als rivalisierende Hypothesen gegeneinander testen will, oder ob sie entsprechend einer konsequent konstruktivistischen Ontologie davon ausgeht, dass Ideen und Normen Interessen konstituieren und die beiden Ansätze dementsprechend komplementäre Mechanismen in kausalen Prozessen darstellen. Es bleibt auch an dieser Stelle ein besonderer Verdienst von Tannenwald, dass sie die entsprechenden Überlegungen explizit darstellt und viel stärker als viele Konstruktivisten deutlich macht, dass man ein solch „konstitutives“ Verständnis von Ideen und Normen durchaus als sequentielle Abfolge von Kausalmechanismen modellieren und dann mit einer Prozessanalyse empirisch untersuchen kann.

Die ausgiebige Diskussion über die verschiedenen theoretischen Verständnisse zum Verhältnis von Interessen und Ideen endet bei Tannenwald mit den für Fallstudien typischen Formulierungen, die deutlich machen, dass sie weniger zur Falsifikation von dominierenden Theorien dienen, als vielmehr die notwendige Ergänzung solcher Theorien belegen sollen: „... the taboo argument does not exclude material interests, whereas the materialist explanation does exclude norms“ (Tannenwald 1999: 441). Die vorsichtigere Variante gegenüber dem Test von rivalisierenden Theorien zeigt sich auch in der Formulierung des Zieles der Studie (Tannenwald 1999: 434/435): „I do not claim that the taboo is the sole explanation for non-use nor that it explains most of non-use. Rather, in contrast to realism, which claims that material forces matter completely, I argue that the taboo is a necessary element in explaining the historical pattern of non-use...My primary question is thus how the taboo operates, and I show that the taboo has more effects than both realists and rationalists recognize.“ Diese Formulierungen sind typisch für Fallstudiendesigns, da die Schlussfolgerungen von Fallstudien fast immer auf die Fragen ausgerichtet ist, „ob“, „wann“ und „wie genau“ kausale Faktoren wirken, aber wenig dazu sagen können, „wie viel“ Gewicht ein Kausalfaktor im Vergleich zu anderen besitzt.

Trotz einiger Schwächen bleibt die Studie von Tannenwald ein exzellentes Beispiel dafür, wie man mit inhalts- und prozessanalytischem Vorgehen in mehreren Fallstudien den Wirkungspfad einer theoretischen Variable sichtbar machen und wie man diese empirischen Spuren mit verschiedenen generalisierungsfähigen Kausalmechanismen verbindet, um zu theoretisch fruchtbaren Schlussfolgerungen zu kommen.

Bei den letzten Beispielen wird deutlich, dass Prozessanalysen sehr sinnvoll eingesetzt werden können, um in konkreten historischen Situationen Evidenz für das Wirken von bestimmten kausalen Mechanismen (verstanden hier als Kernelemente von etablierten Theorien) zu finden. Um valide Schlussfolgerungen zu erreichen, ist die Berücksichtigung von mehreren Theorien bzw. potentiellen Kausalmechanismen innerhalb eines Falles und am besten auch die Analyse von mehreren ähnlichen Fällen zu empfehlen. Ein solcher Einsatz von Prozess-Analysen geht von der Existenz eines zentralen Kausalmechanismus bzw. von der Existenz eines einzigen kausalen Pfades aus, dessen Wirken durch detaillierte Prozess-Analysen bestätigt werden, während gleichzeitig andere theoretisch mögliche, aber empirisch nicht feststellbare Mechanismen und Pfade verworfen werden.

4.4.2 Der Einsatz der Prozess-Analyse zur Aufdeckung von komplexen Interaktionsprozessen

komplexe Kausalprozesse

Die Vertreter der Prozess-Analyse betonen, dass diese Methode besonders gut geeignet ist, die Interaktionsprozesse zwischen den verschiedenen interessierenden Faktoren zu beleuchten. Prozess-Analysen dienen dann nicht dazu, die Wirkungsspur eines einzelnen Kausalfaktors nachzuzeichnen und damit seine Erklärungskraft gegenüber anderen potentiellen Faktoren zu stärken, sondern die Spurensuche zielt auf Hinweise, wie spezifische Faktoren miteinander interagieren und dadurch das interessierende Ergebnis produzieren. George und Bennett (2005: 212) unterscheiden drei Formen komplexer Kausalprozesse:

a. die zeitliche Konvergenz von mehreren (additiven) Kausalfaktoren;
b. die konkrete Interaktion von Kausalfaktoren, d.h. die Einzelfaktoren beeinflussen sich gegenseitig und nicht nur die abhängige Variable;
c. Pfadabhängigkeit, d.h. die sequentielle Wirkung von Kausalfaktoren, wobei der Einfluss der zuerst wirkenden Faktoren dazu führt, dass das Feld der Entwicklungsmöglichkeiten in den nachfolgenden Sequenzen begrenzt wird.

zeitliche Konvergenz

Ad a) Die erste Form komplexer Kausalität nimmt, ähnlich wie dies in Korrelationsanalysen zumindest als Ausgangspunkt angenommen wird, eine additive Wirkung von Kausalfaktoren an, legt aber besonderen Wert auf die Kumulation bzw. Konvergenz der Faktoren zu einem bestimmten Zeitpunkt. Als Beispiel für eine Studie, die in ihrer Erklärung auf die zeitliche Konvergenz von unabhängigen Faktoren abhebt, führen George und Bennett (2005: 212) die bereits skizzierte Studie von Theda Skocpol auf. Skocpol (1979) liefert in ihrer Untersuchung eine Erklärung der Revolutionen in Frankreich, Russland und China, indem sie auf die additive Wirkung von zwei Erklärungsfaktoren verweist, die voneinander unabhängig sind. Der internationale Druck auf den jeweiligen Staat einerseits und interne Bauernaufstände andererseits sind von einander unabhängige Faktoren, die jeweils Prozesse in Gang setzen, die zur Destabilisierung des bestehenden Regimes beitragen. Aber nur das gleichzeitige Auftreten dieser Destabilisierungsprozesse führt schließlich zum revolutionären Umsturz.

Ad b) Prozess-Analysen innerhalb von einer oder mehreren Fallstudien ermöglichen es, durch ihre Ausrichtung auf zeitliche Sequenzen das Zusammenwirken von verschiedenen Kausalfaktoren bzw. Kausalmechanismen als Kausalketten darzustellen (Munck 2004: 111). Hier geht es also nicht um das gleichzeitige Auftreten von relativ unabhängigen Faktoren, sondern z.B. darum zu zeigen, wie und warum ein Erklärungsfaktor (A) zu einem bestimmten Zeitpunkt t notwendig war (als Rahmenbedingung oder als Auslöser), um einen zweiten Erklärungsfaktor (B) zu einem Zeitpunkt t+1 so zu beeinflussen, dass er eine kausale Wirkung auf den eigentlich zu erklärenden Faktor (C) entwickeln konnte, so dass C zum Zeitpunkt t+2 eine bestimmte Ausprägung besaß.

konkrete Interaktion von Erklärungsfaktoren

Mit einer solchermaßen ausgerichteten Fallstudie lässt sich zum Beispiel die klassische Argumentation von konstruktivistischen Theorie-Ansätzen überprüfen. Konsequente Konstruktivisten behaupten, dass normativ-kognitive Einflussfaktoren und rational-materielle Einflussfaktoren nicht als unabhängige Einflussfaktoren wirken und rivalisierend zueinander getestet werden sollten, sondern dass ideelle Faktoren die konkrete Ausprägung von Interessen und Präferenzen prägen. Diese Argumentation hatten wir z.B. bei der bereits ausführlich besprochenen Arbeit von Tannenwald vorgefunden. Tannenwald (1999) kann in ihrer Arbeit in der Tat zeigen, dass das Nuklear-Tabu nicht nur direkt wirkte, weil Präsident Truman es internalisiert hatte, und deswegen im Koreakrieg keine Nuklearwaffen einsetzte. Ihre Analyse zeigt auch indirekte Wirkungen durch sequentielle Kausalketten, die von der Norm ausgehend zum Nichteinsatz von Nuklearwaffen führten. Nach dem Zweiten Weltkrieg konnte das Tabu zuerst in der amerikanischen und dann auch in der weltweiten Öffentlichkeit verankert werden und wirkte für Präsident Eisenhower als externe regulative Beschränkung seines Handlungsspielraumes (er selbst hätte keine Skrupel gehabt, Nuklearwaffen im Korea-Krieg einzusetzen). In Bezug auf den Nichteinsatz von Nuklearwaffen im Irak-Krieg liefert Tannenwald dagegen eine wiederum ganz andere Kausalkette. Aufgrund der immer deutlicher werdenden Stigmatisierung der Atomwaffen konzentrierte sich das amerikanische Militär nach dem Vietnam-Krieg darauf, auch im nichtnuklearen Bereich eine solche Schlagkraft zu besitzen, dass man auf den Einsatz von Nuklearwaffen nicht mehr angewiesen war, um auch die zu diesem Zeitpunkt viertgrößte Armee der Welt ohne größere Schwierigkeiten militärisch zu besiegen (Tannenwald 1999: 459). Insgesamt zeigen sich damit verschiedene Pfade, wie Normen entweder als externe Restriktionen die Handlungsfreiheit von mächtigen Akteuren einschränken und damit indirekt deren Strategiewahl beeinflussen oder als konstitutive Grundlagen für die spezifische Ausrichtung der Präferenzen (in diesem Falle des amerikanischen militärisch-industriellen Komplexes) fungieren.

empirische Beispiele

Ad c) Eine sequentielle Analyse erlaubt nicht nur, das konkrete Zusammenwirken einer Mehrzahl von grundlegenden und unterschiedlichen Faktoren durch zeitliche Ordnung zu systematisieren, es ermöglicht auch die Endogenisierung

Endogenität und Pfadabhängigkeit

von Variablen, ohne in eine problematische zirkuläre Argumentation zu verfallen. So kann z.B. eine erste Entscheidung auf der Basis von zu diesem Zeitpunkt existierenden Präferenzen erklärt werden, diese Entscheidung kann dann aber auch dazu genutzt werden, Präferenzwandel zu erklären, wie dies z.B. Tannenwald für Präsident Truman nach dem Einsatz der Atombomben in Japan festgestellt hat. Oft ist eine solche Endogenisierung von kausalen Prozessen mit dem Konzept der Pfadabhängigkeit verbunden, da viele Wirkungen von sozialen Mechanismen aufgrund von positiven Feedback-Schlaufen die Ausgangskonstellation der Einflussfaktoren stabilisieren.

empirisches Beispiel

Ein Beispiel für eine solchermaßen argumentierende Prozessanalyse stellt die Studie von Lehmbruch (2002) zur Entwicklung des unitarischen Bundesstaates in Deutschland dar. Er argumentiert, dass die spezifische Ausformung des deutschen Föderalstaates durch entscheidende Weichenstellungen im 19. Jahrhundert erklärt werden kann und diese grundlegende Ausrichtung sich in der Folgezeit auch durch externe Schocks (v.a. Weltkriege) nicht verändern ließ, da sich das Muster des unitarischen Bundesstaates in dominierenden Ideen und in konkreten Institutionen stark etablierte und diese sich gegenseitig stabilisierten. Nach Lehmbruch verdankt sich der deutsche Exekutivföderalismus, dessen Merkmale der gesetzgeberische Primat des Bundes und die Ausführung der Bundesgesetze durch die Länderverwaltungen sind, den Weichenstellungen der Paulskirchenverfassung von 1849. Diese Weichenstellung erklärt Lehmbruch als Kompromiss aus einer zu diesem Zeitpunkt widersprüchlichen Konstellation von ideellen und institutionellen Faktoren. Während die dominierenden Leitideen auf nationale Rechtseinheit ausgerichtet waren, dominierten auf der institutionellen Seite die bereits verwaltungstechnisch modernisierten Länderverwaltungen gegenüber einer schwachen Administration auf der nationalen Ebene. Den spezifisch deutschen Kompromiss des unitarischen Bundesstaates erklärt Lehmbruch – auch durch einen Vergleich mit anderen Fällen, die aufgrund einer anderen zeitlichen Abfolge andere Systemergebnisse aufweisen – damit vor allem durch die zeitliche Priorität des Aufbaus eines modernen Staatsapparates auf der Länderebene gegenüber der nationalen Integration und Demokratisierung. In den nachfolgenden Kapiteln zeigt Lehmbruch, wie sich der unitarisierende Exekutivföderalismus gegen interne Reformbemühungen resistent zeigte und dass selbst massive externe Schocks nur marginale Veränderungen produzierten. Die Arbeit von Lehmbruch besticht allerdings in erster Linie durch kontextreiche Erklärungen, warum die verschiedenen externen Schocks nicht im Sinne von „critical junctures" zu Neuausrichtungen, sondern zur weiteren Stabilisierung des eingeschlagenen Pfades führten. Weniger deutlich werden die generalisierungsfähigen Mechanismen, die in diesen Momenten zur Pfadabhängigkeit beitrugen. Lehmbruch lehnt die mikro-ökonomische Logik der „increasing returns" als Erklärungsmechanismus ab, liefert selbst aber keine theoretisch fundierten Konzepte zu der Frage, wie genau die starken Länderverwaltungen und die unitarischen „politisch-kulturellen Orientierungen" sich selbst perpetuierten und sich gegenseitig stärkten. Eine Ausnahme bilden die „Netzwerkeffekte", die aus der immer weiter fortschreitenden Verflechtung der Ebenen resultierten. Lehmbruch argumentiert, dass diese eine komplexe Interdependenz produzierten, die jede Veränderung mit hohen Kosten und unabsehbaren Risiken verbinden würden.

4.4.3 *Die Prozess-Analyse als vielfältige Suche nach Kovarianz*

Kovarianz innerhalb von historischen Fallstudien

Lehmbruch hat seine Erklärung der Pfadabhängigkeit des bundesdeutschen Exekutivenföderalismus in den theoretischen Kontext des „historischen Institutionalismus" gestellt. Im Gegensatz zur Studie von Lehmbruch richten sich die meisten Arbeiten im Kontext des historischen Institutionalismus nicht auf die institutionelle Reproduktion, sondern sie versuchen zu belegen, dass politische Institutionen aufgrund ihrer zeitlichen Stabilität eine bedeutende intervenierende Variable bei der Policy-Produktion darstellen. Sie tun dies überwiegend mit Hilfe von Fallstudien, bei denen Vergleiche zwischen den Fällen durch Vergleiche innerhalb der Fälle ergänzt werden. Evan Lieberman (2001) hat ex-post eine methodologische Reflexion über die analytischen Strategien der „historischen Institutionalisten (HI)" vorgelegt, in der er verschiedene Strategien identifiziert, mit deren Hilfe die kausalen Effekte von Institutionen diagnostiziert werden können (die in den Originalstudien durchaus vorhandene epistemologische Strategie der Identifikation von Kausalmechanismen wird dabei allerdings vernachlässigt, was die Sekundäranalyse von Lieberman methodisch sehr selektiv, aber gleichzeitig fokussiert und damit didaktisch besonders hilfreich erscheinen lässt).[9]

Techniken der Historischen Institutionalisten

Lieberman (2001: 1015/1016) zeigt, wie die HI-Autoren normalerweise ihre Analysen mit einem Vergleich der gegenwärtigen Policy-Ergebnisse in verschiedenen Ländern beginnen. Es wird dann gezeigt, dass die Varianz dieser Policy-Ergebnisse nicht auf nicht-institutionelle Faktoren zurückzuführen sein kann, da bei diesen Faktoren zwischen den ausgesuchten Ländern keine Varianz festzustellen ist. Die Erklärung der Policy-Varianz wird dann bei den Institutionen gesucht, wobei man deren Einfluss durch unterschiedliche Strategien zu identifizieren sucht. Liebermann (2001: 1019) unterscheidet vier verschiedene Strategien, mit denen der kausale Effekt von Institutionen im Rahmen von intertemporalen Vergleichen nachgewiesen werden soll: Im Rahmen der „institutional origins strategy" wird zu zeigen versucht, dass bei einem gleichmäßigen Wandel zentraler Hintergrundsvariablen (wie z.B. ökonomische Entwicklung) die Policy-Ergebnisse genau entsprechend den verschiedenen über die Zeit konstanten Institutionenausprägungen variieren. Die „institutional change strategy" soll aufzeigen, dass die Policy-Ergebnisse in den Fällen über die Zeit konvergieren, in denen die Institutionen konvergieren, und in den Fällen eine Policy-Divergenz festzustellen ist, in denen die Institutionen sich über die Zeit immer mehr unterscheiden. Bei der „exogenous shock strategy" schließlich versucht der Forscher zu zeigen, wie gleiche externe Einflüsse gemäß den länderspezifischen Institutionen gefiltert werden. Im Rahmen der „rival causes strategy" wird versucht zu zeigen, dass eine Veränderung von nicht-institutionellen Einflussfaktoren zu keinen bemerkbaren Veränderungen innerhalb und zwischen den Ländern führte.

empirisches Beispiel

Lieberman verdeutlicht, wie z.B. Ellen Immergut (1992) diese Erklärungsstrategien eingesetzt hat, um die Unterschiede in der Gesundheitspolitik zwischen Frankreich, Schweden und der Schweiz zu erklären. Immergut zeigt zuerst, dass die unterschiedliche Rolle des Staates in der Gesundheitspolitik in

[9] Besonders klare Erläuterungen und hilfreiche Hinweise für den Einsatz von intertemporalen Vergleichen bei der Suche nach Kovarianz finden sich auch bei Gerring (2007: 152-172).

diesen Ländern nicht durch die Faktoren sozio-ökonomischer Entwicklungsstand, Stärke der Interessenorganisation und unterschiedliche inhaltliche Konzepte erklärt werden kann. Sie argumentiert stattdessen, dass die Policy-Varianz in diesen Ländern durch unterschiedliche institutionell definierte „veto points" erklärt werden kann. Dabei benutzt sie alle vier Periodisierungsstrategien, wie sie Lieberman definiert hat. Mit Hilfe der „institutional origins strategy" zeigt sie, dass die Gesundheitspolitik in den drei Ländern zu Beginn des 20. Jahrhunderts ähnlich war, so dass die spätere Varianz nicht durch kulturelle oder historische Varianz erklärt werden kann. Die „institutional change strategy" wird verwendet, indem im französischen Fall gezeigt wird, wie der institutionelle Wandel, der mit dem Übergang zur Fünften Republik verbunden war, zu einem Policy-Wandel führte. Zu dieser Strategie zählt Lieberman auch den Nachweis von Immergut, dass die zunehmende institutionelle Konvergenz von Frankreich mit Schweden von einer gleichzeitigen Policy-Konvergenz begleitet wurde. Die „exogenous shock strategy" wendet Immergut insofern an, als sie zeigt, wie der Zweite Weltkrieg die Gesundheitspolitik in allen Ländern veränderte, aber die jeweiligen Institutionen die konkrete Wirkung dieses externen Faktors massiv beeinflussten. Eine Anwendung der „rival causes strategy" findet Lieberman bei Immergut in deren Nachweis, dass eine Veränderung des schweizerischen Parlaments keine Veränderung der schweizerischen Gesundheitspolitik nach sich zog (Lieberman 2001: 1026).

Insgesamt zeigt der Vergleich von verschiedenen HI-Studien und den darin verwendeten analytischen Strategien durch Lieberman wieder den typischen „trade-off" zwischen Forschungsdesigns mit wenigen Fällen (und vielen Strategien zur Identifikation von Kovarianz) und Forschungsdesigns mit relativ vielen Fällen (und wenigen Strategien). Erstere ergeben eine höhere Plausibilität, dass die Institutionen in den untersuchten Ländern auch wirklich die Policy-Ergebnisse produziert haben, allerdings auf Kosten der Generalisierbarkeit dieser Erkenntnisse. Es ist keineswegs klar, inwieweit dieselben institutionellen Mechanismen in anderen Ländern in gleicher Weise Policy-Ergebnisse beeinflussen würden.

4.4.4 Die graphische Verdeutlichung der Logiken der Kongruenz- und Prozess-Analysen

Abschließend wollen wir noch einmal die zentralen Überlegungen der letzten zwei Kapitel graphisch illustrieren. Wir gehen davon aus, dass ein ganz zentrales und wichtiges Element, um im Rahmen von Fallstudien zu sinnvollen, nützlichen und validen Schlussfolgerungen zu gelangen, darin besteht, dass man die zu untersuchenden Fälle möglichst kontrolliert auswählt (4.3.2). Ein weiteres, und aus unserer Perspektive noch viel wichtigeres Element besteht aber darin, ausgehend von substantiell und/oder theoretisch zentralen Fällen mit Hilfe von Kongruenz- und Prozessanalysen die Beschreibungs- und Erklärungskraft von verschiedenen theoretischen Modellen zu überprüfen bzw. – noch weiter gehend – solche theoretischen Modelle zu entwickeln oder zu modifizieren.

Das dementsprechende Vorgehen kann vor der Kontrastfolie des Vorgehens im variablenzentrierten Forschungsdesign mit Hilfe der Abbildungen 1 und 2 erläutert werden. In einem variablenzentrierten Forschungsdesign gibt es idealtypischerweise ein deduktiv gewonnenes Erklärungsmodell, das zum einen die zu betrachtende abhängige (AV) und die unabhängigen Variablen (UV) spezifiziert und zum anderen den Zusammenhang dieser Variablen aus einer universellen Theorie bzw. Regel in Form einer probabilistischen Kausalhypothese ableitet. Die Datenerhebung konzentriert sich auf Informationen, die als Ausprägungen des beobachtbaren Indikators einer theoretischen Variablen auf einer ex-ante festgelegten Skala eingetragen werden können. Ziel ist es, für möglichst viele Fälle ein vollständiges Set an Informationen zu allen Indikatoren der einbezogenen Variablen zu erhalten. Diese „data-set-observations" werden daraufhin mit Hilfe von Korrelationsanalysen ausgewertet, um dann mit Hilfe der vorgefundenen Kovarianzen und der deduktiven Hypothesen Schlussfolgerungen über die Stärke der vermuteten Kausalzusammenhänge zu ziehen.

variablenzentriertes Vorgehen

Abbildung 4.1: Variablenzentriertes Design, entsprechende Datenerhebung und -auswertung

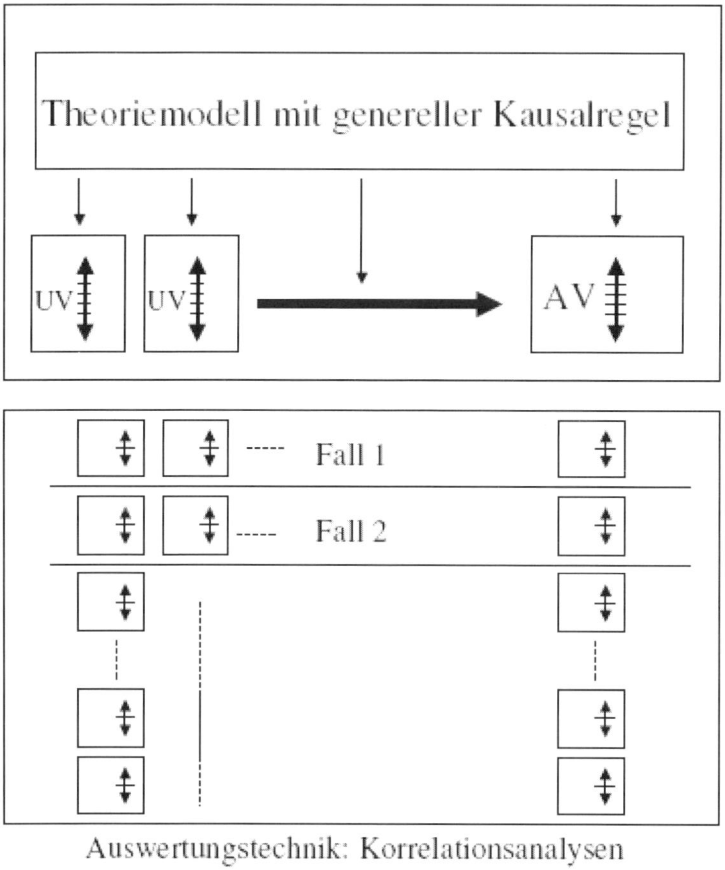

Abbildung 4.2: Fallzentriertes Design, entsprechende Datenerhebung und -auswertung

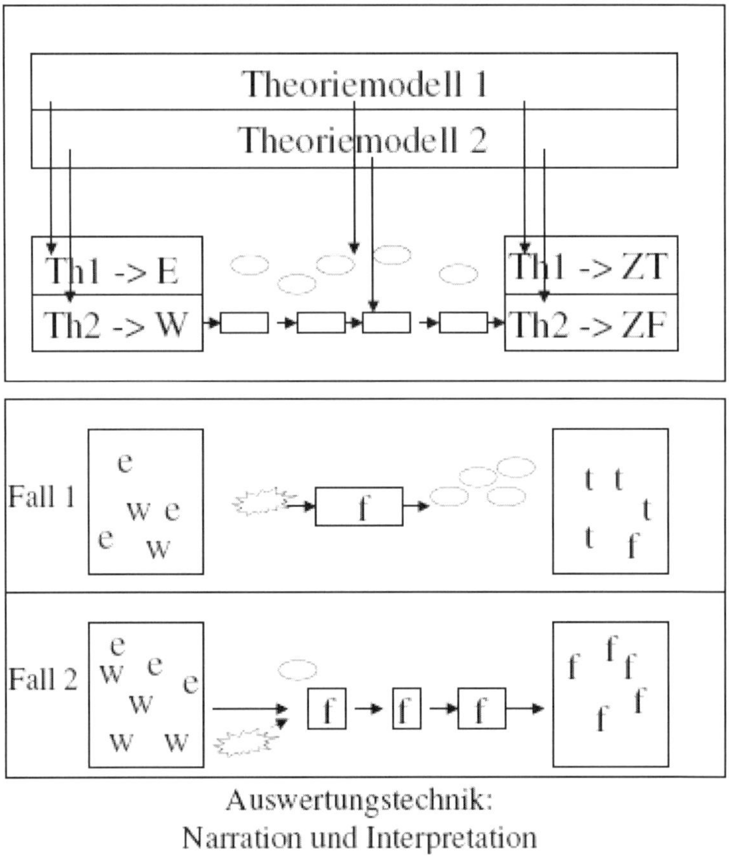

fallzentriertes Vorgehen

Bei fallzentrierten Forschungsdesigns werden idealtypisch mindestens zwei theoretische Erklärungsmodelle skizziert und daraus werden drei Typen von zu erwartenden Beobachtungen abgeleitet.

a. Zum einen werden Erwartungen darüber formuliert, welche Kovarianz zwischen einer unabhängigen und einer abhängigen Variable zum jeweiligen theoretischen Modell passen würde. Wichtiger sind allerdings die beiden weiteren Typen von theoretischen Ableitungen.
b. Aus jedem theoretischen Modell werden die dem Modell entsprechend zu erwartenden „Spuren" sowohl in Bezug auf die erklärenden wie auch in Bezug auf die abhängige Variable skizziert. Sucht man z.B. nach einer Erklärung für die Zerstörung eines Dorfes in Afrika und hat dafür zwei generelle Erklärungsansätze (Theorien) – zum einen, dass die Zerstörung auf eine Herde Elefanten zurückzuführen ist, und zum anderen, dass eine Feuersbrunst das Dorf zerstört hat – dann legt man für das erste Erklärungsmodell

in Bezug auf die unabhängige Variable fest, dass das Vorfinden von Elefanten (in der Nähe) ein erster Indikator für die Relevanz dieses Modell darstellt (E). Bei der abhängigen Variable „zerstörtes Dorf" leitet man Indikatoren ab, die auf eine genauere Beschreibung der Zerstörung zielen, so z.B. Zerstörungen, die man auf „Zertrampeln" zurückführen kann (T). Das Gleiche tut man dann für das andere Erklärungsmodell. Auf Seiten der unabhängigen Variablen ist dies z.B. die Existenz von Wind (W) und keine Regen, auf Seiten der abhängigen Variablen z.B. Spuren, die auf das Wirken von Feuer sprechen, wie z.B. Asche (A).

c. Schließlich werden aus jedem Modell spezifische potentiell zu erwartende „Spuren" in Bezug auf den kausalen Prozess abgeleitet. So können Fußabdrücke von Elefanten, die auf eine Stampede hinweisen (S), als solche Spuren für Modell 1 gelten, während eine Brandschneise in unmittelbarer Nähe des Dorfes als Indiz für die kausale Bedeutung von Feuer gilt (F).

Die Datenerhebung konzentriert sich nun auf die Suche nach solchen Spuren (e, t, s versus w, a und f), wobei es im Gegensatz zum variablenzentrierten Design kein Problem ist, induktiv gewonnene Indizien für ein Modell als Indikatoren in das Modell aufzunehmen und das Modell damit in einem iterativen Prozess zu präzisieren bzw. zu erweitern. Das geschieht z.B. indem man gefundene Spuren, die auf einen Blitzeinschlag hindeuten (b), in einen sinnvollen Zusammenhang bringt, was in diesem Fall bedeutet, dass man damit einerseits die Kausalkette von Theorie 2 induktiv erweitert und dies außerdem als Indiz für die Relevanz von Theorie 2 im Vergleich zu Theorie 1 einsetzt. Eine der zentralen Herausforderungen ist es, die gefundenen Spuren so zu interpretieren, dass sie als Indiz für Modell 1 oder als Indiz für Modell 2 gewertet werden können, und die eigene Interpretation nachvollziehbar zu begründen. In diesem Fall gilt es z.B. zu begründen, warum man den Blitzeinschlag mit Theorie 2 (Feuer) in Verbindung bringt, aber nicht mit Theorie 1 (Elefanten). Wenn beide Theorien potentiell mit der vorgefundenen Evidenz in Übereinstimmung zu bringen sind, dann muss man weitere empirische Evidenz suchen, um die erste empirische Spur zu einem überzeugenden Indiz für eine der beiden Theorien zu machen (im gegebenen Beispiel z.B. durch das Argument der räumlichen Nähe von Blitzeinschlag und Brandschneise).

Die gesamthafte Datenauswertung erfolgt dann in diskursiver, d.h. nichtmathematischer aber systematischer Weise, indem man entweder (a) zeigt, dass man deutlich mehr und vor allem gewichtigere Spuren gefunden hat, die das Modell 1 bestätigen, als Spuren, die das Modell 2 bestätigen (das soll im Fall 1 der Abbildungen 4.2 symbolisiert werden), oder (b) mit Hilfe der gefundenen Spuren sequentiell nachvollzieht, wie die Faktoren aus den verschiedenen Modellen zusammen wirkten.

In der präsentierten Graphik deuten die Spuren im Fall 2 auf ein solches sequentielles Zusammenwirken hin. In Bezug auf die unabhängige Variable gibt es Indizien für beide Modelle (e und w; d.h. eine auf Kovarianz basierte Auswertung würde keine eindeutige Schlussfolgerung ziehen können). Man findet aber in Bezug auf die abhängige Variable deutlich mehr (Trampel-)Spuren, die auf eine Zerstörung durch Elefanten hinweisen (t) – ohne die Prozessanalyse würde man damit die Zerstörung des Dorfes ausschließlich dem Faktor „Elefanten" zuordnen. Die gefundenen Prozess-Spuren lassen aber auf eine kombinatorische bzw. sequentielle Wirkung der beiden Erklärungsfaktoren schließen. Das durch einen Blitzeinschlag (b) entfachte Feuer entwickelte sich durch den Wind (Rahmenbedingung: kein Regen) zu einer Feuersbrunst (f), die allerdings das Dorf gar nicht erreicht hat – statt dessen hat die Feuersbrunst zu einer Stampede der Elefantenherde geführt (s) und letztere wiederum zur Zerstörung des Dorfes (t).

Insgesamt soll mit dieser Illustration gezeigt werden, dass bei beiden Forschungsdesigns theoretische Modelle und eine Vielzahl von empirischen Beobachtungen notwendig sind, um zu sinnvollen und (eher extern oder eher intern) validen Schlussfolgerungen zu kommen. Während sich bei variablenzentrierten Designs die Auswertung der empirischen Beobachtungen auf statistische Techniken stützt, ist bei fallzentrierten Designs ein genaues Verständnis einer Mehrzahl von theoretischen Ansätzen, die Spezifikation von Erwartungen aus der Theorie für die Empirie und die Fähigkeiten zur theoretisch gehaltvollen Narration und zur nachvollziehbaren Interpretation der empirischen Daten von zentraler Bedeutung.

4.5 Wie sind Fallstudien durchzuführen?

Im letzten Abschnitt des Fallstudien-Kapitels wollen wir praktische Hinweise geben, wie Fallstudien konkret durchzuführen sind. Obwohl dies nicht immer vollständig dem realen Ablauf entspricht (und aus der Sicht einer qualitativen Methodik auch nicht unbedingt entsprechen sollte), ist es sinnvoll, diese Hinweise als chronologische Abfolge von Phasen zu strukturieren. In der ersten Phase wird das Forschungsdesign entwickelt (4.5.1), in der zweiten Phase werden die empirischen Erhebungen durchgeführt (4.5.2), und in der dritten Phase werden die Schlussfolgerungen aus den gewonnenen Erkenntnissen gezogen (4.5.3).

4.5.1 Phase I: Die Entwicklung des Forschungsdesigns

Die erste Phase ist durch folgende Aufgaben gekennzeichnet: Zuerst sollte man sich über die Gründe der Untersuchung und über die konkrete Forschungsfrage klar werden. Dabei gibt es zwei prinzipielle Ausrichtungen: Entweder die Untersuchung ist primär theorieorientiert, dann sollte sich der nächste Schritt auf die Theorie richten (4.1.2). Dabei ist die Darstellung des *State of the Art* von zentraler Bedeutung. Daraus wird dann die Untersuchungsfrage noch einmal detailliert abgeleitet und theoretische „Puzzles" oder „Modelle" entwickelt, in denen die relevanten Variablen und die hypothetischen Zusammenhänge skizziert sind. Ist die Untersuchung primär anwendungsorientiert und auf ein ganz spezifisches Feld bzw. auf einen ganz spezifischen Fall ausgerichtet, dann konzentriert sich der reale Forschungsprozess zunächst auf die detailliertere Beschäftigung mit diesem Feld/Fall.

Fälle oder Modelle

Vom letzteren Vorgehen wird in methodischen Aufsätzen (z.B. Mitchell/ Benauer 2004) zwar abgeraten, er ist aber in der realen Forschungspraxis oft unausweichlich und besitzt den Vorteil, dass man bei der „Modell-Bildung“ nicht von vornherein auf einzelne Theorien festgelegt ist (und dadurch möglicherweise entscheidende Faktoren vernachlässigt), sondern dass man zuerst einmal sich etwas mit dem Fall vertraut macht und dabei der Frage nachgeht „What is this a case of?“ (Ragin/ Becker 1992). Aber auch beim zweiten Vorgehenspfad sollte man dann zu einem theorieorientierten „Modell“ (bzw. „Modellen“) kommen, um die induktiv gewonnenen Erkenntnisse mit deduktiven Konzepten und Theorien zu verknüpfen. Ohne eine explizite und von den empirischen Aussagen differenzierte Darstellung des „Modells“ (bei kausalen Forschungsfragen) bzw. der theoretisch fundierten Typologie (bei deskriptiven Forschungsfragen) kann die Fallstudie nicht zur Akkumulierung von Erkenntnis in der wissenschaftlichen Disziplin beitragen.

State of the Art und theoretische Ausgangspunkte

In der auch hier empfohlenen Abfolge erfolgt die Skizzierung des *State of the Art* und die theoretische Ableitung von Typologien und Erklärungsmodellen *vor* der Fallauswahl, so dass diese Fallauswahl dann gezielt erfolgen kann, um theoretisch entscheidende Fälle auszusuchen (siehe Kapitel 4.3.3.1), oder um Fälle so auszusuchen, dass man einen möglichst „kontrollierten Vergleich“ vornehmen kann (siehe Kapitel 4.3.2). Im Gegensatz zu idealtypisch rein deduktiven quantitativen Studien erfolgt die Operationalisierung der Variablen in Fallstudien nicht vor der Fallauswahl, sondern in einem iterativen Prozess, indem die Indikatoren, aber auch die Überlegungen zur Varianz der Variablen, sowohl in Bezug auf die Theorie wie auch in Bezug auf fall- bzw. kontextspezifische Besonderheiten entwickelt werden. Am Schluss dieser ersten Phase sollte der Forscher eine Reihe von spezifischen Forschungsfragen und eine Liste von notwendigerweise zu beschaffenden Daten besitzen, um „gut gerüstet“ in die zweite Phase einzutreten. Im Folgenden werden detailliertere Hinweise zu den einzelnen Schritten gegeben.

4.5.1.1 Explizite Formulierung des Ausgangspunktes, des Untersuchungsziels und der Fragestellung

Eine wissenschaftliche Untersuchung sollte letztendlich immer dazu beitragen, Orientierung und Hinweise zu produzieren, die in der „realen Welt“ von Nutzen sind. Dabei sollte man sich aber – gerade auch als qualitativer Forscher – nicht zu sehr an einem kurzschlüssigen und instrumentellen Nützlichkeitsbegriff orientieren. Wie in Kapitel 4.2.1 dargestellt, sind qualitative Forscher weniger auf kausale Schlussfolgerungen und Forschungsdesigns fixiert und betonen vielmehr die Nützlichkeit von deskriptiven Analysen als Möglichkeit, auf die Vielfalt sozio-politischer Phänomene hinzuweisen und somit anstelle technokratischer Interventionsphantasien eher kontextspezifische Anpassungsstrategien anzuregen. Andererseits zielen Fallstudien durch ihre Fokussierung auf einzelne Schritte im kausalen Prozess gerade darauf hin, konkrete und praktische Hinweise für politische Akteure zu liefern, allerdings immer in Verbindung mit einer möglichst genauen Spezifikation der relevanten Kontextfaktoren. Insofern gibt es einen großen Möglichkeitsraum bei der Suche nach substantiell wichtigen Fragen.

Theorie

Neben der Produktion von Wissen mit konkreter praktischer Relevanz sollte eine Fallstudie möglichst auch zur Theorieentwicklung beitragen. Der Forscher sollte sich von Beginn an Überlegungen machen, zu welchem wissenschaftlichen Diskurs er einen Beitrag liefern möchte. Angesichts der Breite und Ausdifferenziertheit der modernen Sozialwissenschaften erscheint es heute wenig glaubwürdig, wenn Fallstudien mit der Behauptung eingeleitet werden, dass es zu dem Untersuchungsfeld keine relevanten Theorien gibt. Ein eher induktives Vorgehen sollte nicht mit Theorielosigkeit verwechselt werden. Gerade Fallstudien sind auf umfassende theoretische Reflexionen angewiesen, da dies die im Vergleich zu quantitativen Forschungsdesigns weniger starke technische Kontrolle der Schlussfolgerungen ausgleicht (siehe Kapitel 4.2.3). Selbst wenn es für ein spezifisches Untersuchungsfeld keine spezifischen Theorien gibt, dann ist die Konsequenz nicht das theorielose Herangehen, sondern die Suche nach adäquaten generellen Theorien, die direkt oder in modifizierter Form auf das Feld übertragen werden können. Durch den Anschluss an den wissenschaftlichen Diskurs können aus empirischen Erkenntnissen aus Fallstudien deutlich bessere Schlussfolgerungen abgeleitet werden, und Fallstudien tragen damit auch zur Akkumulation von generalisierbarem Wissen in einem Forschungsfeld bei. Die Verortung der Untersuchung im wissenschaftlichen Kontext ist aber nicht nur aus der immanenten Perspektive des Wissenschaftssystems von zentraler Bedeutung, sondern auch für den Forscher in Bezug auf die Fallauswahl (bzw. deren Begründung) und die Strukturierung der Analyse eine enorme praktische Hilfe.

Forschungsstand

Deswegen steht vor der Entwicklung der Forschungsfrage immer ein Blick in die relevante Literatur, um sich mit dem Forschungsstand vertraut zu machen. Bei der schriftlichen Präsentation des Literaturüberblicks sollte man diesen so anlegen, dass die bestehenden Erkenntnis-Lücken dargelegt werden oder dass rivalisierende Interpretationen und Prognosen innerhalb der Literatur und zwischen verschiedenen Schulen deutlich herausgehoben werden. Die im nächsten Abschnitt dargestellte Entwicklung eines Modells muss inhaltlich an diesen Literaturüberblick anschließen.[10]

explizite Formulierung schafft Klarheit

Unabhängig von der Schwerpunktsetzung in Bezug auf die primäre Zielsetzung der Untersuchung ist entscheidend, dass der Forscher gegenüber sich selbst und gegenüber andern die praktische und/oder theoretische Relevanz der Forschungsfrage klar begründet und damit das Ausgangsproblem, die Zielsetzung und die zentrale Fragestellung der Untersuchung explizit formuliert.[11]

Die Formulierung des Ausgangsproblems grenzt den Inhalt der Untersuchung ab und verdeutlicht die substantielle und/oder die theoretische Wichtigkeit der Untersuchung. Die Zielsetzung formuliert den konkreten Beitrag, den die Untersuchung vor dem Hintergrund des bestehenden Wissens in einem Untersuchungsfeld leisten möchte. Bei einer theorieorientierten Zielsetzung ist dabei eine Aussage zum Stand der Theorie-Entwicklung im Forschungsfeld mit der entsprechenden Funktion der Fallstudie zu verbinden. D.h., hier sollte deutlich gemacht werden, dass die Fallstudie(n) primär zur Genese von Theorien oder

---

[10] Patzelt (2005: 41) liefert einen anregenden Überblick über Forschungsfragen, die in der vergleichenden Politikwissenschaft sowohl mit variablen- wie auch mit fallzentrierten Designs bearbeitet werden können.

[11] Hilfreiche Formulierungsvorschläge und Beispiele für drei zentrale Bausteine („problem statement“, „purpose statement“, und „research question“) zur Einleitung und Fokussierung einer Studie liefert Creswell (1998: 93-108).

eher zum „Testen“ bzw. Ergänzen von etablierten Theorien eingesetzt werden soll(en).

Durch die Festlegung auf eine klare Untersuchungsfrage werden verschiedene Entscheidungen deutlich: Besitzt die Untersuchung eine deskriptiv-vergleichende, eine interpretative oder eine kausal-analytische Zielsetzung? Konzentriert man sich auf eine umfassende Beschreibung/Erklärung eines substantiell besonders wichtigen Falles oder auf einen spezifischen Beitrag zur Beschreibung/Erklärung eines generellen Phänomens? Ist das Forschungsinteresse auf die Erklärung eines bestimmten Ergebnisses („causes of effects“) oder auf die Wirkungen eines bestimmten Faktors („effects of causes“) gerichtet?

Die Antworten auf diese und ähnliche Fragen bestimmen dann das weitere Vorgehen, wir konzentrieren uns in der weiteren Beschreibung auf das Vorgehen im Falle einer theoriezentrierten Kausalanalyse.

4.5.1.2 Identifikation und theoretische Verankerung der Variablen, Entwicklung von „Modellen“

Nach den Festlegungen in Bezug auf die Zielsetzungen und auf die zentrale Fragestellung der Untersuchung müssen weitere Elemente konkretisiert werden, die für die Fokussierung der empirischen Erhebung und die theoretischen Schlussfolgerungen von zentraler Bedeutung sind.

verschiedene Variablen

Auch in fallzentrierten Untersuchungsansätzen, die auf kausale Schlussfolgerungen zielen, ist es sinnvoll, die verschiedenen Elemente des Erklärungsmodells bzw. der Erklärungsmodelle als Variablen zu bezeichnen. Patzelt (2005: 30) unterscheidet fünf Typen von Variablen:

a. Die „abhängige“ Variable. Mit dieser Variablen wird festgelegt, welches Phänomen bzw. welches Ergebnis politischer und sozialer Prozesse genauer untersucht, tiefer verstanden und in Bezug auf seine Entstehungsursachen und -prozesse erklärt werden soll.
b. Die „unabhängigen“ Variablen. Mit ihnen wird festgelegt, von welchen Faktoren und Prozesse man sich *ex ante* erwartet, dass sie eine kausale Wirkung auf die „abhängige“ Variable besitzen. Als „unabhängige“ Variable werden dabei diejenigen potentiellen Einflussfaktoren bezeichnet, auf die man sich aufgrund theoretischer Vorüberlegungen in der Untersuchung konzentrieren möchte.
c. Die „intervenierenden Variablen“. Bei komplexeren Erklärungsmodellen werden zwischen einzelnen „unabhängigen“ Variablen und der „abhängigen“ Variable „intervenierende Variablen“ konzipiert, von denen man annimmt, dass sie als notwendige Bedingung existieren müssen, damit die „unabhängigen Variablen“ auch die unterstellte Wirkung auf die „abhängige Variable“ ausüben können. Die Einteilung von Faktoren in „unabhängige“ und „intervenierende“ Variablen hängt von den theoretischen Überlegungen und der Funktion der Fallstudie im Forschungszyklus ab. Die Unterscheidung kann die unterschiedliche Gewichtigkeit oder aber die unterschiedliche Funktion der Einflussfaktoren (als „treibende Kraft“ oder als „restringierende Rahmenbedingung“) innerhalb eines Erklärungsmodells deutlich

machen. Ein testendes Forschungsdesigns kann darauf ausgerichtet sein, eine bisher vernachlässigte Rahmenbedingung für das „Funktionieren" eines etablierten Erklärungsmodells herauszuarbeiten – dann muss sich die Fallauswahl nach dieser Variablen richten.

d. Die „Gruppierungsvariable". Diese Variable besitzt in erster Linie die Funktion, die Fallauswahl bei mehreren Fällen anzuleiten. Mit dieser Variable wird festgelegt, welcher Aspekt vor allem berücksichtigt wird, wenn nach *Most Similar Systems* oder nach *Most Different Systems* gesucht wird. So können z.B. mit der Variable „Typ von westlichem Regierungssystem" Länder der Gruppe „parlamentarische Regierungssysteme" oder der Gruppe „präsidentielle Regierungssysteme" zugeordnet werden und – je nach Forschungsfrage – dann Fälle aus einer oder beider Gruppen ausgewählt werden.

e. Die „Hintergrundvariablen". Mit diesem Begriff werden Sachverhalte bezeichnet, die einen plausiblerweise zu berücksichtigenden Einfluss auf die unabhängigen und/oder abhängigen Variablen besitzen, die aber nicht im Zentrum der Aufmerksamkeit stehen.

keine rigiden Festlegungen zu Beginn

Bei einem Fallstudiendesign sollte man sich von Beginn an Überlegungen zu diesen Variablen machen, ohne sie aber immer sofort rigide festzulegen. Vor allem bei der abhängigen Variable darf der Forscher weder mit einer zu weiten noch mit einer zu engen Definition beginnen. Im ersten Fall besteht die Gefahr, dass zu unterschiedliche Phänomene unter dem theoretischen Konzept subsumiert werden, im letzteren Fall werden möglicherweise aber zentrale Aspekte des interessierenden Phänomens ausgeschlossen. Fallstudien zeichnen sich gerade dadurch aus, dass sie sich mit komplexen theoretischen Konzepten an empirische Fälle heranwagen, so dass die Definition der abhängigen Variable meistens nicht mit einem Satz getan ist, sondern eine umfangreiche theoretische Ableitung erfordert. Das lässt sich z.B. bei den in Kapitel 4.2.1 vorgestellten Untersuchungsfragen verdeutlichen: (a) Was charakterisiert den gegenwärtigen Wandel des Regierens (bzw. von *Governance*-Formen) in der westlichen Welt? (b) Warum verändert sich das Regieren in der westlichen Welt? Sowohl bei der deskriptiven wie auch bei der kausalen Fragestellung ist eine ausführliche Diskussion über das in der Untersuchung verwendete Verständnis von „Regieren" bzw. „Governance" notwendig.

Bei der Konzeption von „Idealtypen" für die Vermessung bzw. Interpretation der abhängigen Variable wie auch bei der Definition der unabhängigen Variablen sollte man sich primär auf etablierte theoretische Richtungen stützen, um die Arbeit anschlussfähig an den wissenschaftlichen Diskurs zu halten. Zusätzlich sollte man sich aber bei der Modell-Entwicklung klar machen, welche zusätzlichen Einflussfaktoren noch eine Rolle spielen könnten, um dies bei der Fallauswahl und bei der Interpretation der empirischen Informationen so weit wie möglich zu berücksichtigen.

Visualisierung der Erklärungsmodelle

Zusammenfassend sollten die theoretischen Bausteine zu einem oder mehreren konsistenten Erklärungsmodellen verknüpft werden. Solche Modelle sind bei qualitativen Fallstudien ganz selten formal (d.h. mathematisch) spezifiziert, da sich die empirischen Ausprägungen der Variablen ganz selten gut quantifizieren lassen und da bei Fallstudiendesigns keine statistischen Auswertungsverfahren eingesetzt werden. Um trotzdem die Stringenz und die Transparenz des Erklärungsansatzes zu erhöhen, empfiehlt es sich, das Erklärungsmodell – bzw. noch besser die verschiedenen Erklärungsmodelle – mit den einzelnen Bestandteilen in einer Grafik darzustellen.

Zu einem deduktiv hergeleiteten Modell gehören zum einen Aussagen zur erwartbaren Richtung der Kovarianz zwischen den abhängigen und unabhängigen Variablen. Wie in Kapitel 4.2.4 dargestellt, sind entsprechende Hypothesen bei Fallstudien aber oftmals nicht in der klassischen probabilistischen Form zu formulieren (vgl. die folgende Hypothese a), sondern eher als Aussage über notwendige und hinreichende Faktoren (vgl. Hypothese b).

a. Je weiter ein Land ökonomisch entwickelt ist, desto wahrscheinlicher ist es eine Demokratie.
b. Ein Minimum an ökonomischer Entwicklung ist notwendig für eine Demokratie.

Festlegung von zu erwartenden Spuren

Zu einem vollkommen spezifizierten deduktiven Modell gehören aber auch Aussagen zu den Kausalmechanismen zwischen den Variablen, die man mit Hilfe von Prozess-Analysen in den Fallstudien zu identifizieren trachtet. Das bedeutet, dass man ex ante die Art der Spuren beschreibt, die man erwarteten kann, wenn der hypothetische Kausalmechanismus wirklich wirksam ist (siehe das Beispiel von Tannenwald in Kapitel 4.4). Solche Operationalisierungsschritte können im realen Vorgehen (nicht in der Veröffentlichung) auch nach der Fallauswahl erfolgen, um sie fall- und kontextspezifisch anzupassen. Bei stärker induktiven Fallstudien sollte man zumindest mit entsprechenden (offenen) Fragen deutlich machen, welchen Fokus die induktive Suche nach Einflussvariablen und Kausalmechanismen besitzt.

weitere Hinweise

Von den verschiedenen Hinweisen von King, Keohane und Verba (1994) – prägnant zusammengefasst von Munck (1998: 20/21) und von Collier, Seawright und Munck (2004: 38) – für die Entwicklung von guten Modellen sind zwei auch aus qualitativer Perspektive besonders empfehlenswert:

a. Aus den theoretischen Modellen sollten möglichst eindeutige und beobachtbare Erwartungen abgeleitet werden können.
b. Die Modelle sollten logisch konsistent sein.

Problematisch und unausgewogen sind dagegen die quantitativen Methodologen, was deren Hinweise zum Verhältnis von im Modell enthaltenen Variablen zu den untersuchten Fällen betrifft. Fallstudien leiten ihre kausalen Schlussfolgerungen primär mit Hilfe von Kongruenz-Methode und Prozess-Analysen ab und sind deswegen nicht darauf angewiesen, dass die Anzahl der Fälle im Vergleich zu den Variablen möglichst hoch ist. Eine Reduktion der einbezogenen Variablen bzw. der berücksichtigten theoretischen Ansätze ist deswegen ausdrücklich nicht empfohlen. Eine Erhöhung der Fälle (genauer der „data-set-observations") z.B. durch einen longitudinalen Vergleich innerhalb der Untersuchungseinheit kann sehr sinnvoll sein, potentielle Kosten (z.B. die Unterminierung der internen Validität;

besonders bei einer Ausweitung der einbezogenen Untersuchungseinheiten) sollten aber berücksichtigt werden (Munck 2004: 112-114; siehe Kapitel 4.2.7).

4.5.1.3 Auswahl der Fälle

Relevanz für das Forschungsziel

„Case selection is arguably the most difficult step in developing a case study research design“ (George/Bennett 2005: 234). Trotz dieser Warnung sind die Empfehlungen und Beschreibungen zur Fallauswahl von George und Bennett deutlich pragmatischer und lockerer als dies bei eher quantitativ inspirierten Methodologen der Fall ist. Der noch wenig konkrete, nichts desto trotz sehr grundlegende Hinweis lautet: „The primary criterion for case selection should be the relevance to the research objective of the study, whether it includes theory development, theory testing, or heuristic purposes“ (George/Bennett 2005: 83). D.h. vor allem, dass sich fallzentrierte Forscher nicht scheuen sollten, Fälle alleine deswegen auszusuchen, weil sie substantiell interessant oder bedeutend sind und sich erst danach auf die Suche nach angemessenen Theorien zu machen (Ragin 2004: 127). Sie müssen sich dann aber der beschränkten Generalisierbarkeit bewusst sein, oder sich im Laufe der Zeit über theoretische Reflexionen und über die Hinzuziehung von weiteren Untersuchungsfällen sowie über den potentiellen Geltungsbereich der gewonnenen Erkenntnisse Klarheit verschaffen.

theorieorientierte Fallauswahl

Um von Anfang an sicherzustellen, dass man mit der Untersuchung zur Akkumulierung von theoretischem Wissen beiträgt, sollte die Fallauswahl aber theoretisch angeleitet sein. Dafür bieten sich die in Kapitel 4.3.2 vorgestellten Überlegungen zur Kontrolle der Vergleichbarkeit der Fälle untereinander an (*Most Similar Systems Design* oder *Most Different Systems Design*).

Theoretisch interessierte Studenten und Forscher sollten aber vor allem auf die Suche nach „crucial cases“ gehen (siehe Kapitel 4.3.3). D.h., die Fälle sollten mit Blick auf bestimmte (dominierende) Theorien so ausgesucht werden, dass sie darauf bezogen „most-likely cases“ oder „least-likely cases“ darstellen, um so die Möglichkeit zu eröffnen, theoretisch besonders bedeutende Schlussfolgerungen treffen zu können. Dabei ist allerdings deutlich darauf hinzuweisen, dass man bei einer derartigen Fallauswahl bereits Einiges an Vorabwissen über die potentiellen Fälle besitzen muss.

Ergänzung zu quantitativen Studien

Besonders empfehlenswert ist auch, die Auswahl der Fälle für Fallstudien von den Ergebnissen einer vorhergehenden quantitativen Untersuchung abhängig zu machen, um mit Hilfe der Fallstudien den kausalen Pfad bzw. Mechanismus von typischen Fällen zu untersuchen, oder mit Hilfe der Fallstudien abweichende (*Deviant Cases*, *Outliers*) Fälle zu untersuchen, um besondere kausale Pfade und Mechanismen aufzuspüren (Gerring 2007: 86-115).

„selection bias“

Für die in der quantitativen Forschungstradition stehenden Methodologen ist die Fallauswahl bei *Small-N*-Forschungsdesigns deswegen besonders kritisch, weil bei diesem Untersuchungsdesign nicht über eine Zufallsauswahl vorgegangen und nicht mit Hilfe von statistischen Methoden die Repräsentativität der Untersuchungsfälle überprüft werden kann. Deswegen wird das Problem des „selection bias“ beschworen und vor allem von einer Fallauswahl abgeraten, bei der die Fälle nach der abhängigen Variable und ohne Varianz auf der abhängigen Variablen ausgesucht werden (King/Keohane/Verba 1994: 129-132). Diese Empfehlung ist eine der umstrittensten in der jüngsten methodologischen Debatte. Unsere Schlussfolgerung aus diesen Diskussionen ist die Folgende: Die Auswahl von einem oder mehreren Fällen unter dem Kriterium einer besonderen Ausprägung des zu erklärenden Phänomens (d.h., ohne Varianz auf der abhängigen Variable) ist in einer bestimmten Phase des Forschungszyklus (bei der Generierung von untersuchungsfeldspezifischen theoretischen Modellen) sehr sinnvoll und lange nicht so problematisch, wie dies aus der auf Kovarianz fokussierten Perspektive der quantitativen Forscher erscheint, da die kausalen Schlussfolgerungen in den Fallstudien primär auf Prozess-Analysen und der Identifikation von kausalen Pfaden und Mechanismen basieren. Auf der anderen Seite zeigt sich auch aus einer nicht auf statistischen Methoden basierenden Argumentation, dass Fallstudien-Designs mit mehreren Fällen und mit Varianz bei den abhängigen und unabhängigen Variablen mehr Möglichkeiten zu Schlussfolgerungen liefern, als Fallstudiendesigns ohne Varianz.

vielversprechende Herangehensweisen

Insgesamt erscheinen uns drei Herangehensweisen bei der Fallauswahl besonders vielversprechend:

a. Man findet einen substantiell relevanten Fall, der gleichzeitig für eine (möglichst zwei oder mehr) Theorie(n) einen „crucial case" darstellt, indem er z.B. für die bisher hegemoniale Theorie einen „most-likely case" und für eine Herausforderertheorie einen „least-likely case" darstellt. Wenn man zeigen kann, dass die Herausforderertheorie den Fall besser erklären kann, ist der Beitrag zur Theoriediskussion besonders stark. Aber selbst wenn sich herausstellt, dass die dominante Theorie mindestens zum Verständnis und zur Erklärung den überwiegenden Teil beiträgt (was für den theoretischen Diskurs relevant, aber nicht revolutionär ist), dann hat man immerhin noch einen wichtigen Beitrag zum besseren Verständnis bzw. zur besseren Erklärung eines substantiell bedeutenden Phänomens geleistet.
b. Ist man besonders an neueren, innovativen (oftmals wünschenswerten) politischen Phänomenen interessiert (z.B. an besonders innovativen Regionen oder an besonders hohem politischen Engagement) und dazu gibt es noch keine etablierten Modelle, dann empfiehlt sich die Wahl von mehreren Fällen, die nach der abhängigen Variable (und zwar mit besonders starken Ausprägungen, d.h. ohne Varianz) und nach der Logik des *Most Different Systems Design* ausgewählt werden. Das heißt, man sucht Fälle, bei denen das interessierende Phänomen besonders stark ausgeprägt ist, die sich aber ansonsten möglichst stark unterscheiden. Hier geht man mit einer möglichst großen Offenheit für Erklärungsfaktoren und Erklärungsmodelle in die Untersuchung hinein, versucht dann allerdings im Laufe der Untersuchung sehr wohl die induktiv gewonnen Einsichten in ein theoretisch anschlussfähiges Modell zu bringen.
c. Wenn man besonders an der Wirkung eines bestimmten Erklärungsfaktors, wie z.B. von Institutionen oder Ideen, interessiert ist, dann empfiehlt sich eine Auswahl von mehreren Fällen nach dem *Most Similar Systems Design*, um möglichst viele Faktoren konstant zu halten und die interessierenden Faktoren in gezielter Weise zu variieren. Letzteres ist dann z.B. der Fall, wenn man für die Wirkung von neuen Policy-Paradigmen oder Governance-

Ideen gezielt die zu untersuchenden Länder danach aussucht, dass sie unterschiedliche Regierungssysteme repräsentieren.

4.5.1.4 Operationalisierung der Variablen/Interpretation von theoretischen Konzepten

iterative Indikatoren-Bildung

Vor der Suche nach empirischer Evidenz für die theoretischen Modelle und die darin enthaltenen theoretischen Konzeptionen der abhängigen und unabhängigen Variablen müssen diese theoretischen Konzepte mit beobachtbaren Indikatoren versehen werden. Hier gilt zum einen der von allen Methodologen geäußerte Hinweis, dass diese Indikatoren möglichst klar und explizit definiert werden. Dieser Schritt der Operationalisierung erfolgt in Fallstudien aber in einem iterativen Prozess zwischen Theorie und Empirie, um eine sinnvolle Konzeption der Varianz bei den Variablen zu erhalten, um die Validität der Indikatoren sicherzustellen und um Messfehler zu reduzieren (Reliabilität).

theoretisches Verständnis als Grundvoraussetzung

Aus qualitativer Sicht sollte man nicht so sehr von Indikatoren sondern eher von Erwartungen und potentiellen Indizien reden, um damit die zentrale Bedeutung der interpretativen Verbindung zwischen theoretischem Modell und empirischen Tatbeständen zu betonen. Während bei quantitativen Untersuchungen dieser Schritt eher eine untergeordnete Bedeutung besitzt (ausgedrückt in technokratischen Vokabeln wie „Operationalisierung") stellt er aus qualitativer Sicht das Herzstück der Analyse dar. Wichtiger als eine präzise (und damit eng festgelegte) Ex-ante-Spezifikation von Indikatoren ist ein wirklich tiefgehendes Verständnis von Theorien, so dass man ein Indiz für eine Theorie auch als solches erkennt, wenn man es sieht.

differenzierte und iterative Konzept-Spezifikation

George und Bennett (2005: 84/85) betonen, dass man bei Fallstudien besonderen Wert auf die reflektierte und oftmals auch differenzierte Konzeption der erwartbaren Ausprägungen von Variablen legen soll. D.h., dass man sich nicht zu früh auf spezifische Elemente und einfache Dichotomien in Bezug auf die mögliche Varianz der Variablen festlegt. George und Smoke (1974) haben z.B. in ihrer Untersuchung zur Wirksamkeit von Abschreckungspolitik die einfache Dichotomie „Erfolg" – „Misserfolg" zugunsten einer differenzierteren Typologie von Misserfolgen überwunden. In den Fallstudien konnte jedem Typ von Misserfolgen eine unterschiedliche Erklärung zugeordnet werden. Das gleiche Vorgehen und ähnliche Schlussfolgerungen lassen sich in der bereits skizzierten Studie von Blatter (2000) erkennen: Während des Forschungsprozesses wurde erkannt, dass das zu Beginn als einheitlich konzipierte (und in der bisherigen Literatur mit eindimensionalen Skalen gemessene) Phänomen der politische Institutionenbildung in grenzüberschreitenden Regionen besser mit einer mehrdimensionalen Typologie gemessen werden kann und dass zu den unterschiedlichen Institutionen-Typen auch unterschiedliche Kombinationen von Kausalmechanismen und unterschiedliche Kausalpfade führten. Das bedeutet, dass eine zuerst offene und dann im Laufe des Forschungsprozesses differenzierte Konzeptspezifikation und Operationalisierung der Variablen besonders gut geeignet ist, um Phänomene der Äquifinalität bzw. der multiplen Kausalität aufzuspüren und zu differenzierten Theorien mittlerer Reichweite bzw. zu einer Pluralität von Modellen mit klar spezifizierten Geltungsbedingungen zu kommen.

Fallstudien sind besonders geeignet, systemspezifische Indikatoren statt universelle Indikatoren anzuwenden, so dass mit dem Indikator auch wirklich das konzeptuell Gleiche und nicht das nominell Gleiche gemessen wird. So wird z.B. vermieden, dass das theoretisch interessante Niveau der ökonomischen Aktivitäten sowohl in den westlichen wie auch in den nicht-westlichen Staaten mit dem gleichen monetären Indikator gemessen wird (Munck 2004: 115 mit Verweis auf Smelser 1976). Fallstudiendesigns sollten und können nicht nur solche Messfehler vermeiden, sie ermöglichen auch „kontextualisierte Vergleiche".[12]

systemspezifische Indikatoren

4.5.1.5 Formulierung der notwendigen Daten

Am logischen Schluss der ersten Phase einer Untersuchung steht die Vergewisserung der notwendigen Daten, die man für die Umsetzung des Forschungsdesigns braucht. Dies schließt unmittelbar an die vorangegangenen Überlegungen an, denn diese notwendigen Daten ergeben sich aus dem Modell und der Operationalisierung des Modells. Eine explizite Formulierung der notwendigen Daten hat vor allem zwei Funktionen. (a) Dadurch wird sichergestellt, dass man alle Fälle gleich behandelt und in allen Fällen jeweils die „entsprechenden" Informationen sucht. (b) Eine explizite Formulierung der notwendigen Daten verdeutlicht auch mögliche Schwierigkeiten bei der Datengewinnung und kann dazu führen, dass bereits an dieser Stelle aus ganz pragmatischen Gründen Anpassungen im Forschungsdesign vorgenommen werden (müssen).

Gleichbehandlung der Fälle

Zu diesem Schritt gehört auch die Erstellung eines Quellen- und Zeitplanes für die Datenerhebung, um sich vor allem auch ein zeitliches Gerüst für die dann folgende Phase der Durchführung der Feldforschung zu verschaffen.

Zeitplan

4.5.2 Phase II: Die Durchführung der Feldforschung

Wie in jedem empirischen Forschungsprojekt steht und fällt die Überzeugungskraft von Fallstudien auch mit der Qualität der empirischen Daten. Daher werden Forschungsressourcen bei Fallstudien vor allem im Feld verbraucht und man benötigt erhebliche praktische Intelligenz (wie bei einer detektivischen Spurensuche), um tatsächlich an die Daten zu kommen, die man aus theoretischen Gründen braucht.

detektivische Spurensuche im Feld

Bei der Beschreibung der verschiedenen Schritte und möglichen Probleme bei der Durchführung der Feldforschung orientieren wir uns in erster Linie an den auf Kongruenz- und Prozess-Analyse ausgerichteten Empfehlungen von George und Bennett (2005: 89-108). Dabei wird zwar auch in erster Linie die Datenanalyse behandelt, aber im Gegensatz zu anderen methodischen Abhand-

[12] Locke & Thelen (1995) illustrieren dies am Beispiel der Untersuchung zur Arbeitspolitik im Kontext des ökonomischen Strukturwandels. Sie argumentieren, dass die Forscher nicht einfach mehrere Fälle von Lohnstreitigkeiten vergleichen sollten, sondern dass sie sich auf Konfliktsituationen generell konzentrieren sollten, was dann dazu führen kann, dass in einem Fall Lohnkonflikte, im anderen Fall aber Konflikte beim Arbeitsplatzabbau und im dritten Fall Arbeitszeitkonflikte im Zentrum der Fallstudien stehen.

lungen geben die Autoren einige praktische Hinweise zum Ablauf und zu den Herausforderungen dieser Phase.

4.5.2.1 „Eintauchen und Aufsaugen“

verschiedene Datenerhebungstechniken

Ein erster wichtiger Schritt, der meist parallel zur Entwicklung des Untersuchungsdesigns verläuft, wird im Englischen mit „soaking and poaking“ paraphrasiert (George/Bennett 2005: 89). Forscher, die Fallstudien durchführen, sind darauf angewiesen, sich tief in einen oder mehrere Fälle hineinzuarbeiten, um ein umfassendes Verständnis – um nicht zu sagen ein „Gefühl“ für den Fall zu bekommen. Das beginnt meist mit einer umfassenden Literaturrecherche zum Fall, wobei dies sowohl wissenschaftliche wie auch nicht-wissenschaftliche bzw. populäre Literatur (z.B. Wochenzeitungen) umfassen kann. Fast immer sind Fallstudien aber mit weiteren Datenerhebungstechniken verbunden. Besonders gängig sind quantitative Umfragen, vor allem aber qualitative Interviews sowohl mit Akteuren im Feld, wie auch mit Experten, die ein besonderes Wissen über das Untersuchungsfeld bzw. den Fall besitzen (z.B. andere Wissenschaftler, Journalisten). Auch Archiv-Besuche und die Auswahl und Auswertung von grauer Literatur liefern oftmals einen wichtigen Beitrag zur Informationsgewinnung (siehe zu den entsprechenden Datenerhebungs- und Auswertungstechniken Kapitel 3 des Lehrbriefs).

Nähe und Distanz

Auf ein besonderes Problem für Fallstudienforscher weist das zu Beginn des Kapitels aufgeführte Zitat von Yin hin. Wissenschaftler sind bei diesem Forschungsdesign darauf angewiesen, nah an einen Fall heranzukommen, um ein tiefes Verständnis und die nötigen Daten zu gewinnen. D.h., sie müssen in diesem Schritt den wissenschaftlichen Elfenbeinturm verlassen und sich tief auf die Empirie einlassen. Zur theorieorientierten Auswahl und Auswertung des Falles ist aber eine deutliche Distanz zu Selbigem sehr hilfreich. Der Spannungsbogen, der sich für die Forscher dadurch ergibt, umfasst nicht nur die kognitiv-intellektuelle Dimension, sondern vor allem auch emotionale Aspekte und sollte nicht unterschätzt werden. So hat der Forscher z.B. während der Erhebung mit verschiedenen Akteuren im Feld eine soziale Beziehung aufgebaut, und es ist nicht immer leicht, die primär auf normative Empfehlungen ausgerichteten Erwartungen dieser Akteure an die Ergebnisse der Forschung mit den auch an dieser Stelle empfohlenen Ausrichtung auf theoretische Schlussfolgerungen zu verbinden. Ein anderes wichtiges Phänomen ist die Tatsache, dass der Fallstudien-Forscher durch das „soaking and poaking“ viel mehr Informationen über einen Fall gewonnen hat, als er nachher bei der Analyse explizit verwenden kann. Die notwendige Fokussierung bei der theorieorientierten analytischen Darstellung erfordert es, dass man wieder „loslassen“ kann, d.h. dass man aus der Vielzahl von interessanten Phänomenen, die einem in einem Fall begegnet sind, diejenigen zurückstellt, die für die Beantwortung der Untersuchungsfrage und für die Suche nach Evidenz für die theoretischen Modelle nicht relevant sind. Auf der anderen Seite sollte man sich dann auch nicht scheuen, die vielfältigen Informationen, die man zu einem Fall gesammelt hat, in verschiedenen theoretischen Kontexten (konkret in mehreren Aufsätzen) zu verarbeiten.

4.5.2.2 Chronologische Darstellung

Unabhängig davon, ob die Fallstudie auf einem klaren deduktiv abgeleiteten Erklärungsmodell basiert oder ob man eher induktiv vorgeht und sich dieses Modell interaktiv entwickelt, empfiehlt es sich, während der Erhebung die Informationen in einem ersten Schritt dadurch zu akkumulieren und zu systematisieren, dass man eine chronologische Nacherzählung produziert. Dadurch werden die zentralen Ereignisse verdeutlicht und die sequentielle Abfolge des Auftauchens bzw. der Veränderung von zentralen Variablen bzw. Indikatoren sichtbar. Der Forscher wird sich dadurch auch bewusst, welche Zeitpunkte „critical junctures" darstellen und kann sich je nach Erklärungsansatz bei der weiteren Recherche z.B. auf die spezifischen Wahrnehmungen und Motivationen der zentralen Akteure zu diesem Zeitpunkt konzentrieren, oder er kann sich auf bisher kaum berücksichtigte Kontext- bzw. intervenierende Variablen konzentrieren, deren Relevanz durch eine solche chronologische Darstellung deutlich wird.

kritische Zeitpunkte

Vor allem dient die chronologische Darstellung aber dazu, die gefundenen „Spuren", die auf die Wirkung von bestimmten Kausalmechanismen und die Existenz von theoretisch prognostizierten Kausalpfaden hinweisen, zu sammeln und in einen ersten systematischen Zusammenhang zu bringen. Diese erste rein chronologische Systematik muss dann aber durch weitere theoretisch angeleitete Systematiken ergänzt werden. Erst dadurch wird aus einer idiographisch-historiographischen eine theoretisch-fokussierte Untersuchung.

systematische Darstellung der Spuren

4.5.2.3 Deskriptive (und interpretative) Analyse der einzelnen Variablen

Wie in früheren Kapiteln mehrfach betont, sind die abhängigen und unabhängigen Variablen in Fallstudien meist theoretisch anspruchsvolle und komplexe Konstrukte. Deswegen muss man in Fallstudien einiges an Erläuterung aufwenden, um die Zuordnung eines Falles zu einer theoretisch abgeleiteten Kategorie zu begründen. So brauchte Immergut (1992) z.B. eine ganze Reihe von Argumenten und eine intensive Beschreibung, um die unterschiedliche Ausprägung der Gesundheitspolitik in Schweden, Frankreich und der Schweiz darzustellen und die diagnostizierte Varianz zu begründen.

anspruchsvolle Zuordnungen

Da das Forschungsinteresse bei Fallstudien oft sehr stark auf den substantiellen Inhalt des Phänomens gerichtet ist, gibt es jenseits der für die kausalanalytische Auswertung wichtigen Zuordnung innerhalb des Varianzraumes der abhängigen Variable weitere gute Gründe, insbesondere die empirischen Details des interessierenden Phänomens ausführlich dazustellen. So hat Skocpol (1979) die gesamte zweite Hälfte ihres Buches der detaillierten Analyse der Ergebnisse der Revolutionen in Frankreich, Russland und China gewidmet. Und Lijphart (1975) hat in seiner Studie über den Umgang mit starker Segmentierung in der niederländischen Demokratie genau dargestellt, durch welche Formen der Interessenkoordinierung eine stabile Demokratie auch unter gesellschaftlichen Ausgangsbedingungen möglich ist, bei denen die pluralistischen Theorie eine solche Stabilität nicht erwarten würde.

interessante Details

Insgesamt soll mit diesen Beispielen noch einmal betont werden, dass sehr oft der zentrale Wert von Fallstudien in ihrer vielfältigen und/oder differenzierten deskriptiven Qualität liegt und dadurch hilfreiches Orientierungswissen produziert wird.

4.5.2.4 Analyse der kausalen Mechanismen, Sequenzen und Pfade

Präsentation der empirischen Indizien nach Modellen

Nach einer solchen Kongruenz-Analyse, die sich sehr stark, aber nicht nur, auf die abhängige Variable konzentriert, sollte man sich an die systematische Auswertung der Informationen in Bezug auf die Identifikation der kausalen Mechanismen, Sequenzen und der daraus zusammengesetzten Entwicklungspfade machen. Die systematische Auswertung der aufgespürten empirischen Informationen kann direkter an die zuerst erstellte chronologische Nacherzählung anschließen, die abschließende Präsentation der gefundenen Spuren und Evidenz sollte allerdings normalerweise nicht chronologisch erfolgen, sondern sich an den verschiedenen theoretischen Modellen orientieren. D.h., nach einer kurzen chronologischen Darstellung der wichtigsten Ereignisse und Ergebnisse – und der darauf folgenden Analyse und Interpretation der abhängigen Variablen – erfolgt dann die Präsentation der Erkenntnisse nach theoretischen Modellen getrennt. Zuerst werden die empirischen Informationen präsentiert, die den Erwartungen der ersten Theorie entsprechen sowie diejenigen, die ihr widersprechen. Danach wird dies für die rivalisierende Theorie wiederholt, um abschließend die Anzahl und Gewichtigkeit der „data-set observations" und der „causal-process observations", die für und gegen die verschiedenen Erklärungsansätze sprechen, argumentativ gegeneinander abzuwägen oder zu einem kombinatorischen Modell zu verbinden und dann ein abschließendes Fazit zu ziehen.

4.5.2.5 Interpretative Herausforderungen in dieser Phase

George und Bennett (2005: 94-106) benennen und diskutieren eine ganze Reihe von Herausforderungen und potentiellen Problemen, die in der Phase der Datengewinnung und Datenauswertung auftreten (können). Nicht immer lassen sich diese Probleme lösen in dem Sinne, dass sie vollkommen überwunden werden können. Deswegen liegt der zentrale und generelle Hinweis darin, dass man sich der Probleme bewusst werden sollte und dass man die ungelösten Probleme, die eine Abweichung vom eigentlich idealen Vorgehen erzwingen, explizieren sollte, um die Transparenz und Nachvollziehbarkeit der Analysen zu erhöhen:

Distanz zu den Quellen

a. Die wohl wichtigste Empfehlung von George und Bennett richtet sich darauf, dass man eine kritische Distanz zu all den Quellen an den Tag legt, aus denen man Evidenz und Spuren für die Beschreibung und Erklärung seines Falles gewinnt. So sollte man sich bewusst sein, dass Werke und Analysen von Historikern keineswegs „objektive Tatbestände" enthalten. Statt sich auf die Analyse eines Autors zu verlassen, sollte man versuchen, sich ein umfassendes Bild der historischen Literatur und des Diskurses zwischen den Historikern zu machen, um selektive Perzeptionen und Interpretationen zu reduzieren und ein höchstmögliches Maß an Intersubjektivität herzustellen.
b. Besonders bei der Auswertung von Primärquellen und Interviews sollte man sich bewusst sein, dass solche Veröffentlichungen und Äußerungen meist

zielgerichtet und damit strategischer oder legitimatorischer Natur sind. Das bedeutet natürlich nicht, dass sie „falsch“ oder „irreführend“ sind, sondern nur, dass man bei der Nutzung dieser Informationen reflektiert vorgeht und die Hinweise berücksichtigt, die in Kapitel II dieser Arbeit zu den Erhebungstechniken skizziert sind.

c. Hilfreich und sehr empfehlenswert ist der Hinweis von George und Bennett (2005: 97), dass die Lektüre von Zeitungsberichten in den Zeiträumen, auf die sich die Analyse konzentriert, besonders gut geeignet sind, sich ein Bild über den generellen Kontext, über die öffentliche Wahrnehmung und über die Relevanz eines Falles zu machen.

Kontextwissen durch Zeitungslektüre

4.5.3 Phase III: Die Präsentation der Ergebnisse und Schlussfolgerungen für die Theorie

Die dritte und letzte Phase des Forschungsprozesses besteht praktisch in der schriftlichen Präsentation der Erkenntnisse der Studie und intellektuell in der Ableitung von fall- und theoriespezifischen Schlussfolgerungen aus der Studie.

4.5.3.1 Hinweise zur Präsentation der Ergebnisse

Hinsichtlich der schriftlichen Darstellung der Forschungsergebnisse beschränken wir uns hier auf die kurze Zusammenfassung von Hinweisen, die wir bereits an anderer Stelle gegeben haben.

theorieorientierte Präsentation der Ergebnisse

Eine politikwissenschaftliche Fallstudie darf sich normalerweise nicht auf die rein narrative Wiedergabe des historischen Prozesses im Untersuchungsfeld beschränken. In einer rein narrativen Darstellung kann man zu Beginn die entscheidenden Ereignisse und Ergebnisse des untersuchten Prozesses skizzieren, um dann die Fragestellung bzw. das Puzzle und die potentiellen Erklärungspfade in Modellen zu skizzieren. Die anschließende detaillierte Präsentation der empirischen Informationen sollte immer im Kontext der theoretischen Bedeutung erfolgen. Dass heißt. z.B., dass empirische Hinweise zu den Perzeptionen und Präferenzen von Akteuren oder die konkrete Sequenz von Interaktionen immer so präsentiert werden, dass sie theoretische Erwartungen stützen oder unterminieren.

separate Formulierung der generellen theoretischen Erkenntnisse

Sowohl bei einer (eher) induktiven als auch bei einer deduktiven Entwicklung eines Beschreibungs-/Interpretations- oder Erklärungsmodells sollte man darauf achten, dass das generelle theoretische Modell und die theoretischen Elemente separat von empirischen Aussagen formuliert und präsentiert werden. Während eine solche, rein theoretische Spezifizierung der Erklärung im ersteren Falle am Schluss der Arbeit erfolgt, sollte sie bei letzterem Fall vor dem empirischen Teil bzw. jeweils vor den einzelnen empirischen Ausführungen erfolgen. Diese Aussage bezieht sich auf die schriftliche Präsentation; der reale Ablauf ist immer durch eine Iteration gekennzeichnet, wobei sich aber doch unterschiedlich starke Orientierungen an Theorie oder Empirie feststellen lassen.

4.5.3.2 Hinweise zur Ausrichtung und Formulierung der (theoretischen) Schlussfolgerungen

normative Aussagen und positive Analyse

Die abschließenden Schlussfolgerungen einer politikwissenschaftlichen Untersuchung können sich ausschließlich auf den oder die untersuchten Fälle richten. So z.B., wenn man sich mit der Untersuchung auf einen politisch bedeutenden und normativ/ideologisch sehr umstrittenen Fall konzentriert hat. Die detaillierte Analyse des Kontextes und des historischen Prozesses erlaubt dann Schlussfolgerungen, die zu einem besseren Verständnis und – bei einem systematischen Einsatz von theoretischen Modellen – zu einer besseren Erklärung dieses Falles beitragen. Am Schluss solcher Fallstudien steht ganz oft nicht der Versuch, generelle theoretische Schlussfolgerungen zu ziehen, sondern die Erkenntnisse der positiven Analyse für einen Beitrag zur normativen Debatte zum Thema einzusetzen. Dabei erscheint es durchaus legitim, durch das Aufzeigen der Handlungsbeschränkungen und Pfadabhängigkeiten das Verständnis für die politisch Handelnden zu erhöhen und sie damit vor idealistischer Kritik in Schutz zu nehmen. Allerdings sollte man sich dabei davor hüten, in opportunistischer Manier aus dem „ist" bzw. „war" auf ein „soll" zu schließen. Genauso legitim ist es, am Schluss einer positiven Analyse auf die normativen Implikationen zu sprechen zu kommen. Nur unreflektierte, „technokratische" Wissenschaftler geben sich der Illusion hin, sie würden mit ihrer Arbeit ausschließlich der Wahrheitssuche dienen. Jedes Forschungsergebnis besitzt im Verwertungszusammenhang immer auch eine normative Bedeutung. Allerdings sollte man versuchen, die analytischen und normativen Schlussfolgerungen klar zu trennen. Bei der Konzeption des Erklärungsmodells, bei der Suche nach empirischer Evidenz und bei der Ableitung der logischen Schlussfolgerungen haben normative Überlegungen nichts zu suchen.

Meist zielen politikwissenschaftliche Fallstudien aber auf die Generierung von theoretischen Schlussfolgerungen. D.h. sie möchten einen (nicht direkt normativen) Beitrag liefern zu generellen Debatten und theoretischen Ansätzen, die ein besseres Verständnis, eine bessere Beschreibung und eine bessere Erklärung von Teilbereichen der sozialen und vor allem der politischen Welt ermöglichen.

Rückbezug auf die Ausgangspunkte der Untersuchung

Bei der Formulierung der theorieorientierten Schlussfolgerungen müssen alle Aspekte, die bei der Konzeption des Forschungsdesigns bereits im Zentrum der Überlegungen standen, nochmals reflektiert werden. Was war das primäre Ziel der Untersuchung? Welche Antwort kann abschließend auf die Untersuchungsfrage gegeben werden? Welches generelle Beschreibungs- oder Erklärungsmodell kann aus der Untersuchung abgeleitet werden? Oder bei einem deduktiven Ansatz: Inwieweit kann eine der theoretischen Typologien und/oder Modelle bestätigt werden? Inwieweit muss es modifiziert werden? Welche Schwierigkeiten sind bei der Operationalisierung und bei der Suche nach empirischen Informationen aufgetreten und welche Unsicherheiten ergeben sich dadurch für die Schlussfolgerungen?

Bei der Zusammenfassung und den Schlussfolgerungen hilft es, sich diese Fragen noch einmal explizit zu vergegenwärtigen und dann die Antworten darauf zu formulieren. Wir wollen uns abschließend mit dem wohl schwierigsten Aspekt der Schlussfolgerungen aus Fallstudien beschäftigen, nämlich mit dem Problem der Generalisierung der gewonnen Erkenntnisse.

Bewusstsein für beschränkte Generalisierbarkeit

Die große Schwäche von Fallstudien im Vergleich zu quantitativen Forschungsdesigns liegt in der geringeren Generalisierbarkeit der Erkenntnisse. Man kann aber aus der Not auch eine Tugend machen, in dem man sich dieser Schwierigkeiten bewusst ist und die Möglichkeiten und Grenzen der Generalisierbarkeit explizit diskutiert und durch eine explizite und detaillierte Spezifikation des Geltungsbereichs des Modells eine externe Validität (innerhalb des postulierten Geltungsbereichs) erreicht, die der von vielen quantitativen Studien in nichts nachsteht.

Dass man am Schluss von Fallstudienuntersuchungen Überlegungen zur Reichweite der Schlussfolgerungen anstellen sollte, liegt auch darin begründet, dass in der forschungspraktischen Realität die Auswahl der Fälle oft nicht – wie empfohlen – theorieorientiert erfolgt, sondern aufgrund der substantiellen Bedeutung des Falles oder aufgrund der bereits vorhandenen umfassenden Einblicke in einen Fall. Letzteres tritt bei Fallstudien besonders häufig auf, weil für gute Kongruenz- und Prozess-Analysen ein umfassendes und tiefreichendes Verständnis des Falles eine wichtige Voraussetzung darstellt. Es gibt also gute Gründe, die Fallauswahl entsprechend dieser Überlegungen zu treffen. Allerdings ist es dann umso wichtiger, bei den Schlussfolgerungen explizit über den Status eines Falles in Bezug auf Theorien zu reflektieren. Dabei ist zuerst zu unterscheiden, ob die Fallstudie primär zur induktiven Theorie-Entwicklung dienen soll, oder ob existierende Theorien „getestet" werden sollen.

Im ersten Fall sollte man versuchen, das induktiv gewonnene Modell so zu formulieren, dass man einerseits die zentralen Elemente des Modells in den Begriffen generellerer Theorien fassen kann, und andererseits aus anderen Elementen des Modells die notwendigen Rahmenbedingungen („scope conditions") für die Gültigkeit dieses Modellkerns ableitet. So kann man versuchen, zu „kontingenten Generalisierungen" bzw. zu „Theorien mittlerer Reichweite" (George/Bennett 2005: 112/113; ähnlich Jahn 2005: 73/74) zu kommen und Einzeltypen von umfassenderen Phänomenen zu identifizieren, die intern durch eine spezifische Konfiguration von Kausalmechanismen und extern durch spezifische Rahmenbedingungen gekennzeichnet sind.

Möchte man die Fallstudie zum „Testen" von Theorien einsetzen, so sollte man (sich) in den Schlussfolgerungen noch einmal Rechenschaft darüber ablegen, warum man spezifische Theorien und Erklärungsansätze detailliert einbezogen und andere dagegen eher randständig behandelt hat. Oder man legt kurz dar, welche Bedeutung die anderen Faktoren besitzen, wie dies z.B. Immergut (1992: 226-237) getan hat, die am Schluss ihrer Arbeit noch einmal die spezifische Rolle aller nicht-institutionellen Faktoren skizziert, nachdem sie vorher die zentrale Bedeutung der Institutionen für die Erklärung von Policy-Varianz ins Zentrum der Analyse setzte. Das heißt, man deutet an, dass man sich der relativen Bedeutung der theoretischen Konzepte bzw. Kausalmechanismen innerhalb des gesamten Spektrums von theoretischen Konzepten bewusst ist.

Als nächstes sollte man sich über die relative Bedeutung eines Falles in Bezug auf eine oder mehrere Theorien Klarheit verschaffen. Je nachdem, ob der Fall ein „least-likely case" oder ein „most-likely case" in Bezug auf eine Theorie darstellt, desto stärker oder schwächer können die Rückbezüge auf diese Theorie ausfallen. Mit Fallstudien kann man generelle Theorien (genauso wenig wie mit anderen Forschungsdesigns) weder vollständig beweisen noch im strengen Sinn widerlegen (falsifizieren). Die übliche Konsequenz einer Nichtbestätigung eines theoretischen Ansatzes ist dessen Modifikation und Ergänzung. Oder man entwickelt aus einem abweichenden Fall ein theoretisches Modell und spezifiziert die Kontextbedingungen, bei denen dieses Modell im Vergleich zur dominierenden Theorie die bessere Beschreibung bzw. Erklärung darstellt. Wenn man Glück hat, zeigt sich in späteren Untersuchungen, dass die Kontextfaktoren und die im eigenen Modell spezifizierten Faktoren bei vielen Untersuchungsgegenständen Gültigkeit besitzen und das theoretische Modell eine hohe Generalisierbarkeit besitzt.

Beitrag zur Differenzierung und Spezifizierung von Theorien

Viel gängiger ist allerdings, dass man zu einer Differenzierung der Theorie-Entwicklung beiträgt, indem man auf die Existenz von Subtypen eines Phänomens oder auf die konkrete Existenz von verschiedenen Kausalpfaden hinweist. Nicht umsonst propagieren fallzentrierte Methodologen wie Charles Ragin ihre Methoden vor einem philosophischen Hintergrund, der die Diversität der sozialen Welt betont und damit grundsätzlich den Homogenitätsannahmen skeptisch gegenüber steht, die die Suche nach universellen bzw. weit generalisierbaren Theorien anleitet. Damit soll abschließend noch einmal auf die notwendige Kongruenz zwischen Philosophie/Ontologie und Epistemologie/Methodologie hingewiesen werden. Da wir davon ausgehen, dass die gesellschaftliche und wissenschaftliche Wertschätzung von Vielfältigkeit/Diversität gegenüber der Wertschätzung von Einheitlichkeit/Homogenität eher zunehmen wird, spricht viel dafür, dass Fallstudiendesigns auch in Zukunft eine große Bedeutung innerhalb der Politikwissenschaft zukommt.

4.6 Zusammenfassung und Übungsaufgaben

4.6.1 Zusammenfassung

Fallstudien zeichnen sich nach unserem Verständnis dadurch aus, dass (a) Prozessanalysen innerhalb der Einzelfälle und (b) Vergleiche von Faktoren und Prozessen in einem oder mehreren Fällen mit theoretischen Konzepten durchgeführt werden. Das bedeutet, dass wir keinen grundsätzlichen Unterschied zwischen einer Einzelfallstudie und einer Studie mit einigen Fällen sehen, da auch bei einer vergleichenden Fallstudie die deskriptiven und kausalen Schlussfolgerungen aus der Prozessanalyse und der Kongruenzanalyse und nicht aus dem direkten Vergleich zwischen den Fällen resultieren.

Fallstudien besitzen insbesondere bei tiefergehenden, d.h. konzeptionell anspruchsvollen, Beschreibungen und zu Beginn des Forschungszyklus in einem Forschungsfeld Vorteile gegenüber anderen Forschungsdesigns. Sie sind in der Politikwissenschaft die wichtigste Quelle theoretischer Innovationen.

Fallzentrierte Untersuchungsdesigns sind besonders angemessen bei theoretischen Ansätzen, die explizit oder implizit auf folgenden ontologischen Grundannahmen basieren: Kausalität beruht auf einer deterministischen (im Sinne von notwendigen und hinreichenden Bedingungen), kombinatorischen, nicht-linearen und heterogenen Wirkung von Einflussfaktoren. Mit Hilfe von Fallstudien wird nach „kausalen Mechanismen“ und weniger nach „kausalen Effekten“ gesucht.

Im Forschungsprozess stellt die Fallauswahl eine der zentralen Herausforderungen dar. Die Auswahl der Fälle sollte sich entweder nach der substantiellen oder nach der theoretischen Bedeutung der Fälle richten. Es ist legitim und nützlich, Fälle auszuwählen, die in der gesellschaftlichen Wirklichkeit eine große Bedeutung bzw. Wirkung besitzen, auch wenn die Erkenntnisse aus diesen Fällen nicht generalisiert werden können. Nützlicher für den theoretischen Fortschritt der Disziplin ist aber eine theorieorientierte Fallauswahl im Sinne von Ecksteins „crucial cases“.

Im Zentrum der Fallstudienansätze stehen die Techniken der Kongruenz- und der Prozessanalyse. Im Rahmen einer Kongruenz-Analyse wird bei den abhängigen und unabhängigen Variablen nach Übereinstimmungen mit (mehreren) theoretischen Konzepten gesucht. Bei der Prozess-Analyse steht die detaillierte zeitliche Rekonstruktion des Ablaufs eines politischen Prozesses im Vordergrund, um daraus Evidenz für die konkrete Wirkung eines Einflussfaktors zu gewinnen.

Fallstudien besitzen damit deutlich andere ontologische und epistemologische Ausgangspunkte und Forschungstechniken als variablenzentrierte bzw. quantitative Forschungsdesigns. Die klare Wahrnehmung ihres deutlichsten Nachteils – die beschränkte Generalisierbarkeit – sollte vor unbedachten Schlussfolgerungen schützen. In einer sozialen Umwelt, in welcher der Wert der Diversität an Zuspruch gewinnt, ist dieser Nachteil allerdings nicht so groß einzustufen wie dies in einer sozialwissenschaftlichen Disziplin erscheint, die sich noch im Prozess der nachholenden Modernisierung befindet.

4.6.2 Übungsaufgaben

1. Was sind Fallstudien? Stellen Sie mindestens drei verschieden Definitionen von Fallstudien dar und vergleichen Sie die verschiedenen Definitionen.
2. Wann sollten Fallstudien eingesetzt werden? Schildern Sie die Kontexte und Zielsetzungen, bei denen der Einsatz von Fallstudiendesigns besonders sinnvoll erscheint.
3. Wie unterscheiden sich die Kausalitätsvorstellungen in fallzentrierten und in variablenzentrierten Untersuchungsdesigns?
4. Formulieren Sie zu selbst gewählten Untersuchungsfragen jeweils zwei ähnliche Hypothesen, wobei eine Formulierung ein probabilistisches und eine Formulierung ein deterministisches Kausalitätsverständnis ausdrücken soll.
5. Formulieren Sie (in deutscher Sprache) den Unterscheid zwischen einem kausalen Effekt und einem kausalen Mechanismus und vergleichen Sie die damit verbundenen erkenntnistheoretischen Strategien.
6. Was versteht man unter „externer Validität“ und was unter „interner Validität“? Welche Forschungsdesigns besitzen Vorteile in Bezug auf welche Art von Validität und warum?

7. Vergleichen Sie das Most Similar Systems Design mit dem Most Different Systems Design und schildern Sie jeweils kurz ein Beispiel aus der Forschungspraxis.
8. Was versteht man unter „least-likely cases“ und unter „most-likely cases“?
9. Skizzieren Sie die Kongruenz-Methode und verdeutlichen Sie das Vorgehen an einem Beispiel.
10. Welche kausalanalytischen Ziele können mit einer Prozess-Analyse in welcher Weise verfolgt werden?
11. Welche Probleme und Herausforderungen gibt es bei Fallstudien in der Phase der Durchführung der Feldforschung?

5 Qualitative Comparative Analysis (QCA)

In diesem Kapitel wird zum Abschluss dieses Buches eine systematische Variante qualitativer Methoden vorgestellt, nämlich die von Charles C. Ragin entwickelte „Qualitative Comparative Analysis“ (QCA). Nach einer kurzen Einführung in Entstehungshintergrund und wissenschaftstheoretische Einbettung von QCA (5.1) wird zunächst die ältere Version von QCA vorgestellt (‚Crisp-Set QCA‘, csQCA), die auf Ragins Buch von 1987 (Ragin 1987) zurückgeht. Dabei werden zuerst die technischen Grundlagen eingeführt (5.2.1), bevor erörtert wird, was QCA kann und wozu es dient (5.2.2). Diese Vorgehensweise in der Darstellung ist darin begründet, dass QCA als Technik nicht allen Lesern bekannt ist, so dass es Sinn macht, vor einer Diskussion der Methode und ihrer verschiedenen Vorzüge erst einmal die technischen Grundlagen einzuführen. Danach werden weitere Aspekte der Technik vorgestellt (5.2.3, 5.2.4 und 5.2.5), bevor wir auf einige frühere Kritikpunkte an QCA zu sprechen kommen (5.2.6). Der nächste Teil geht auf Ragins jüngeres Buch und weitere Veröffentlichungen zurück, die zur Fuzzy-Set-Variante von QCA (fsQCA) geschrieben wurden. Zuerst wird geklärt, was Fuzzy-Sets sind (5.3.1), und wozu sie gut sind (5.3.2). Danach wird fsQCA technisch vorgestellt (5.3.3 und 5.3.4), auch im Hinblick auf die computergestützte Umsetzung (5.3.5). Danach werden einige Fallbeispiele vorgestellt (5.4), bevor QCA als qualitative Methode abschließend diskutiert wird (5.5).

5.1 QCA als Mittelweg zwischen qualitativer und quantitativer Analyse

Die vorausgehenden Kapitel haben qualitative Erhebungs- und Analysetechniken dargestellt, die sich vor allem auf (vergleichende) Fallstudien mit einem oder nur sehr wenigen Fällen beziehen. Qualitative Methoden stehen somit im Gegensatz zu statistischen, quantitativen Verfahren, die im Regelfall eine große Anzahl von Fällen untersuchen. Und so kommt es auch zu einem Kuriosum in der Praxis vergleichender Sozialforschung: Forscher arbeiten entweder an einem oder zwei, oftmals vier Fällen, oder aber sie untersuchen 100 oder gar mehr Fälle. Dagegen werden seltener zehn, 30 oder 50 Fälle intensiv miteinander verglichen. Dies ist umso überraschender, als es doch eigentlich genügend interessante vergleichende Fragestellungen gibt, die diese mittleren Fallzahlen aufweisen. Typische Beispiele sind die 16 deutschen Bundesländer, die 27 EU-Staaten oder die 50 US-Bundesstaaten. Aber die Untersuchungseinheiten müssen nicht unbedingt territorial definiert sein: So können wir uns auch gut Vergleichsstudien von 20 Kommunalverwaltungen, 25 kirchlichen Friedensorganisationen, 30 Abwasserzweckverbänden oder 40 SPD-Bundestagsabgeordneten vorstellen. Dennoch existieren systematisch vergleichende Studien solcher ‚mittelgroßer‘ Fallzahlen in der Forschungspraxis kaum. Wie die Beispiele gezeigt haben, liegt dies weniger daran, dass Sozialforscher etwa nicht an solchen Fallzahlen interessiert wären, sondern dass das zur Verfügung stehende methodologische Instrumentarium sich nur bedingt eignet, um die erhobenen Daten bei Studien mittlerer Fallzahlen zu analysieren.

Fallzahlen

In der Tat scheint das methodologische Vorgehen bei kleinen oder sehr großen Fallzahlen viel einfacher zu sein. Wie im vorangehenden Kapitel angesprochen, hat die sozialwissenschaftliche Forschungstradition im Fall eines Vergleichs nur sehr weniger Fälle ein brauchbares Instrumentarium bereitgestellt. Hier sei noch einmal an die Millschen Logiken erinnert, auf denen die meisten systematischen Vergleiche beruhen. Wie ebenfalls angesprochen, sind die Fallstudienprinzipien in jüngster Zeit zudem immer stärker ausdifferenziert und (auch in Lehrbüchern) systematisiert worden, wie man an der Vorgehensweise des ‚Process Tracing' sieht (George/Bennett 2005: 205ff.), die sich in der heutigen Forschungspraxis größter Beliebtheit erfreut.

Bei großen Fallzahlen ist die Methodenwahl sogar noch problemloser, weil Statistik und Ökonometrie genügend gut bekannte Techniken bereitstellen, die meist problemlos auf politik- und sozialwissenschaftliche Fragestellungen (direkt oder in abgewandelter Form) übertragen werden können.

Dabei müssen wir uns allerdings immer daran erinnern, dass die beiden methodischen Varianten auf vollkommen unterschiedlichen Denkweisen beruhen und sich auf verschiedene Forschungsinteressen beziehen. Kurz gesagt, folgt der Vergleich weniger Fälle eher dem Interesse an der *Komplexität* der Einzelfälle, während bei statistischen Analysen eher *Generalität* (im Sinne von Verallgemeinerbarkeit) im Mittelpunkt steht. Die Unterschiedlichkeit dieser beiden Herangehensweisen hat dann auch zu entsprechenden Rivalitäten geführt, die sich im besten Fall so äußern, dass Wissenschaftler der verschiedenen Richtungen einander zugestehen, zwar mit unterschiedlichen Logiken, aber dem selben wissenschaftlichen Anspruch zu arbeiten, im schlimmeren Fall aber zu einer Spaltung von universitären Fachbereichen und zu Schismen bei Konferenzen und wissenschaftlichen Verlagen führen.

qualitative und quantitativ-statistische Verfahren

Wie wir wissen, treten bei der Verwendung qualitativer Verfahren für niedrige Fallzahlen oder auch quantitativ-statistischer Techniken für große Fallzahlen einige Probleme auf, aber dennoch scheint klar zu sein, dass die jeweiligen Methoden doch mehr oder weniger gut auf die entsprechenden Forschungsfragen anwendbar sind. Insofern liegt die Versuchung nahe, auch für die Untersuchung mittlerer Fallzahlen das für Fallstudien und statistische Analysen bereit stehende Instrumentarium heranzuziehen. Allerdings stößt der Forscher hierbei oftmals auf große Probleme. Dies hat dann auch zu dem erwähnten Umstand geführt, dass solche Forschungsdesigns in der Praxis eher vermieden werden.

Denken wir zum Beispiel nur einmal an die genaue Einzeldarstellung komplexer Phänomene, wie sie typisch für Fallstudien und Vergleiche bei kleinen Fallzahlen ist. Bei mehr als fünf oder zehn Fällen ist ein solch detailliertes Vorgehen in einem Forschungsprojekt normaler Dimensionen nicht mehr zu leisten. Zum einen stehen dem praktische Erwägungen entgegen, wie die Verfügbarkeit von Zeit-, Geld- und Humanressourcen. Auch die Datenerhebungstechniken, die in Fallstudien verwendet werden (qualitative Interviews, Textanalysen, Focus-Gruppen, Biografien, etc.) können nur für eine kleine Zahl von Fällen angewandt werden. Aber selbst wenn es gelingen sollte, die entsprechenden Daten auf brauchbare Weise zusammenzutragen, dürfte es schwierig sein, die verschiedenen im vorangehenden Kapitel vorgeschlagenen Methoden zur Fallstudienanalyse intellektuell so zu kombinieren und zu verarbeiten, dass ein sinnvoller Vergleich möglich ist. Dazu kommt, dass – von Einzelfällen abgesehen – wohl kaum jemand von sich behaupten wollen würde, genügend Detailwissen über mehr als eine Handvoll Länder (oder Parteien, Interessenverbände, Firmen, Revolutionen, usw.) zu besitzen, um sie im Sinne vertiefter Fallstudien zu analysieren und zu interpretieren.

mittlere Fallzahlen

Auf der anderen Seite wird bei mittleren Fallzahlen von statistischen Analysen aus technischen Gründen abgeraten; wie wir aus den einschlägigen Lehrbüchern wissen, können viele Vorbedingungen der Anwendbarkeit statistischer Verfahren erst ab hohen Fallzahlen erfüllt werden. Die magische Mindestzahl für vernünftige statistische Analysen, die die Literatur angibt, liegt bei 30 Fällen,[1] idealer Weise aber (um einiges) höher. Zudem werden Signifikanzaussagen aus mathematischen Gründen ebenfalls erst ab einer gewissen Mindestzahl von Fällen möglich.[2]

Ragins Vorschlag

Eine methodische Möglichkeit, auch Studien mit mittleren Fallzahlen effektiv für eine systematische Analyse zu nutzen, tat also Not. Im Jahre 1987 publizierte der amerikanische Sozialwissenschaftler Charles C. Ragin ein Buch mit dem schlichten Titel „*The Comparative Method*" (Ragin 1987). Die Verwendung des bestimmten Artikels „*the*" unterstreicht, dass die von Ragin vorgestellten Verfahren im Grunde genommen für sämtliche vergleichenden Studien anwendbar sein sollten. Der Untertitel „*Moving Beyond Qualitative and Quantitative Strategies*" macht darüber hinaus deutlich, dass Ragin vor allem eine Alternative zu rein qualitativen oder rein quantitativen Vorgehensweisen vorstellen wollte, die dann in der Konsequenz auch für mittlere Fallzahlen anwendbar war. Ausdrücklich betonte Ragin den Aspekt der Anwendbarkeit auf mittlere Fallzahlen erst 13 Jahre später (siehe Ragin 2000: 28ff.), wo er weniger von einem Mittelweg zwischen qualitativen und quantitativen Methoden spricht, sondern die von ihm entwickelten Techniken als methodische Hilfestellungen zur Schließung der empirischen Forschungslücke in Bezug auf mittlere Fallzahlen anbietet.

Ragin etikettierte das Ergebnis seiner Ideen als „*Qualitative Comparative Analysis*" (QCA), womit er schon durch seine Wortwahl das von ihm vorgestellte Instrumentarium in deutlichen Gegensatz zum vorherrschenden Primat statistisch-quantitativer Verfahren stellte. Obwohl das Akronym QCA beibehalten wird, wird ‚qualitativ' in Ragins eigenen Veröffentlichungen später durch die Adjektive ‚fallorientiert' (Ragin 2000: 23) und ‚diversitätsorientiert' (ebenda: 19) ersetzt. Mittlerweile stellt Ragin eher Grundideen der Methode, wie das Denken in Kon-

[1] Eine gute Möglichkeit für die statistische Analyse bei Vorliegen kleiner Fallzahlen stellen die sogenannten nicht-parametrischen statistischen Techniken dar (Siegel 1987). Diese Verfahren werden oftmals auch ‚verteilungsfrei' genannt, weil sie keine Vorbedingungen hinsichtlich der Verteilung der untersuchten Parameter (z.B. Normalverteilung) haben. Deswegen können sie auch bedenkenlos dann angewandt werden, wenn die Fallzahlen (zu) niedrig sind. Ihre recht einfache Struktur lässt nicht-parametrische Techniken aber oftmals als statistische Verfahren nachgeordneter Qualität erscheinen; zudem sind multivariate Varianten kaum verbreitet.

[2] Dieses Problem lässt sich auch mit nicht-parametrischen Methoden nicht lösen. Die Methoden funktionieren zwar bei niedrigen Fallzahlen, aber unterhalb einer gewissen Mindestfallzahl können sie aus mathematischen Gründen nicht zu signifikanten Ergebnissen führen.

figurationen und die Verwendung mengentheoretischer Beziehungen (siehe dazu in der Folge dieses Textes), in den Vordergrund (Rihoux/Ragin 2006).

Die Entwicklung von QCA führte natürlich zu den verschiedensten Reaktionen in den Sozialwissenschaften, auf die noch einzugehen sein wird. Sowohl quantitativ orientierte Forscher als auch qualitativ arbeitende Wissenschaftler verwiesen auf die Schwachstellen von QCA, allerdings oftmals ohne das Neue und Innovative zu würdigen. Dennoch mussten sich auch die Befürworter von QCA über die Jahre eingestehen, dass die Prinzipien von QCA (die weiter unten systematisch eingeführt werden) zwar allesamt faszinierend und wegweisend sein mochten, dass aber in der Anwendbarkeit mancher Elemente noch Verbesserungsbedarf bestand.

Fuzzy-Sets

In den folgenden Jahren arbeitete Ragin neben der Weiterentwicklung der ursprünglichen QCA-Version (‚csQCA') an einer neuen Version, nämlich den Fuzzy-Sets (Ragin 2000). Diese lösten in der Tat ein fundamentales Problem der ursprünglichen Version aus dem Jahre 1987 (siehe unten), nämlich die Notwendigkeit, alle verwendeten Konzepte zu dichotomisieren. Seit der Publikation des Buchs über die Fuzzy-Sets hat Ragin mit Mitarbeitern in den USA und Europa die Methode kontinuierlich weiterentwickelt, korrigiert und verbessert. Für lange Zeit existierten keine systematischen Zusammenfassungen dieser Aktivitäten, so dass zahlreiche Forscher, die QCA (csQCA oder fsQCA) anwenden, mitunter mit veralteten Versionen der Methode arbeiten (für jüngere, umfassende und detaillierte Darstellungen der QCA-Methodenfamilie, siehe Rihoux/Ragin 2006; Schneider/Wagemann 2007). Auch in diesem Kapitel wird der neueste Stand der Methode beschrieben.

5.2 Crisp-Set Qualitative Comparative Analysis (1987)

5.2.1 Grundprinzipien

Bevor wir QCA als Methode mit all ihren Vor- und Nachteilen diskutieren können, sollen zuerst die technischen Grundprinzipien der früheren Variante von QCA (der so genannten Crisp-Set QCA oder auch csQCA) vorgestellt werden. Kurz gesagt ist das zentrale Prinzip von QCA das Herausarbeiten *notwendiger* und *hinreichender* Bedingungen für ein bestimmtes Forschungsergebnis (z.B. das Gelingen oder Nichtgelingen einer Revolution; im Folgenden wird das ‚Forschungsergebnis' mit dem gängigen englischen Wort ‚Outcome' bezeichnet). Da die Begriffe ‚notwendig' und ‚hinreichend' im Deutschen oftmals Verwirrung auslösen, sollen sie hier kurz geklärt werden:

hinreichende Bedingungen

Eine Bedingung ist dann *hinreichend*, wenn sie in jedem Fall zum zu untersuchenden Outcome führt. Mit anderen Worten: Es darf kein Fall vorliegen, in dem die Bedingung zwar vorliegt, aber nicht das Outcome. Würden wir zum Beispiel behaupten, dass ein korporatisches Interessenvermittlungssystem eine hinreichende Bedingung für die Herausbildung eines Wohlfahrtsstaates ist, dann dürfte es zur Verifizierung unserer Hypothese keinen einzigen Fall geben, bei dem ein korporatistisches Interessenvermittlungssystem zwar vorliegt, der untersuchte Fall aber kein Wohlfahrtsstaat ist.

Die formale Logik verwendet für die Beziehung zwischen einer hinreichenden Bedingung X und einem Outcome Y die Notation X → Y. Nach den Gesetzen der formalen Logik impliziert das Vorliegen einer hinreichenden Bedingung aber auch, dass es nicht nur all diejenigen Fälle geben darf, in denen die Bedingung zum Outcome führt (also korporatistische Interessenvermittlungssysteme, die zu Wohlfahrtsstaaten führen), sondern dass es auch der Fall sein darf, dass die Bedingung nicht vorliegt (nicht-korporatistische Interessenvermittlungssysteme) und das Outcome ebenfalls nicht vorliegt (kein Wohlfahrtsstaat), sowie dass die Bedingung nicht vorliegt (wiederum nicht-korporatistische Interessenvermittlungssysteme), und das Outcome aber vorliegt (Wohlfahrtsstaat). Das heißt, dass bei der Analyse hinreichender Bedingungen all diejenigen Fälle vernachlässigt werden können, bei denen die als hinreichend vermutete Bedingung nicht vorliegt, nachdem diese Fälle in der Kausalanalyse keine Rolle spielen. Wenn wir also behaupten, dass korporatistische Interessenvermittlungssysteme zu Wohlfahrtsstaaten führen, dann interessieren uns alle Fälle nicht-korporatistischer Interessenvermittlungssysteme nicht.

Systematisch kann man dies so darstellen, wobei eine ‚0' bedeutet, dass die Bedingung bzw. das Outcome nicht vorliegen, und eine ‚1', dass die Bedingung bzw. das Outcome vorliegen:

Tabelle 5.1: Konstellationen bei der Analyse hinreichender Bedingungen

Bedingung (X)	Outcome (Y)	
0	0	Dieser Fall ist erlaubt (wenn auch nicht besonders relevant).
0	1	Dieser Fall ist erlaubt (wenn auch nicht besonders relevant).
1	0	Dieser Fall ist *nicht* erlaubt.
1	1	Dieser Fall ist erlaubt.

notwendige Bedingungen

Dagegen ist eine Bedingung dann *notwendig*, wenn sie in jedem Fall, bei dem das zu untersuchende Outcome vorliegt, ebenfalls vorliegt. Es darf also keinen Fall geben, in dem das Outcome zwar vorliegt, die Bedingung aber nicht. Wenn wir beispielsweise freie Wahlen als notwendige Bedingung für die Stabilität von Demokratien ansehen, dann dürfen wir keine stabile Demokratie finden, in denen es keine freien Wahlen gibt.

Der Pfeil der Kausalgleichung muss also in die umgekehrte Richtung zeigen, wobei hierbei mit dem Pfeil nicht die *Richtung* eines Kausalmechanismus suggeriert werden soll: X ← Y. Im Falle notwendiger Bedingungen spielen jetzt also diejenigen Konstellationen keine Rolle, in denen das Outcome nicht vorliegt.[3] Auf

[3] Diese Erkenntnis hat weitergehende Implikationen in Bezug auf eine andere Debatte, die sich mit der Möglichkeit beschäftigt, die Fallauswahl bei vergleichenden Fallstudien anhand der abhängigen Variablen vorzunehmen (‚*selection on the dependent variable*'; siehe hierzu auch Abschnitt 4.2.6), was im Extremfall sogar dazu führen kann, dass die abhängige Variable überhaupt nicht variiert, also eine Konstante ist. In der Literatur weisen die meisten Beiträge darauf hin, dass eine solche Strategie der Fallauswahl zu stark verzerrten Kausalergebnissen führt (Collier/Mahoney 1996: 8; Dion 1998: 128; King u.a. 1994: 129ff.; gegenteilige Meinungen finden sich bei Munck 1998 und Ragin 2004b:

unser Beispiel bezogen heißt das, dass wir nicht-stabile Demokratien zur Untersuchung notwendiger Bedingungen für stabile Demokratien nicht heranziehen müssen. Systematisch können diese Regeln so dargestellt werden:

Tabelle 5.2: Konstellationen bei der Analyse notwendiger Bedingungen

Bedingung (X)	Outcome (Y)	
0	0	Dieser Fall ist erlaubt (wenn auch nicht besonders relevant).
0	1	Dieser Fall ist *nicht* erlaubt.
1	0	Dieser Fall ist erlaubt (wenn auch nicht besonders relevant).
1	1	Dieser Fall ist erlaubt.

Abschließend soll noch eine dritte Konstellation dargestellt werden, nämlich für den Fall, dass eine Bedingung gleichzeitig hinreichend und notwendig ist. In diesem Fall müssen sowohl das Kriterium für eine hinreichende Bedingung (das Outcome liegt immer dann vor, wenn auch die Bedingung vorliegt) als auch für eine notwendige Bedingung (die Bedingung liegt immer dann vor, wenn das Outcome vorliegt) erfüllt sein.

Tabelle 5.3: Konstellationen bei der Analyse von hinreichenden & notwendigen Bedingungen

Bedingung (X)	Outcome (Y)	
0	0	Dieser Fall ist erlaubt (wenn auch nicht besonders relevant).
0	1	Dieser Fall ist *nicht* erlaubt.
1	0	Dieser Fall ist *nicht* erlaubt.
1	1	Dieser Fall ist erlaubt.

Wie man sieht, bedeutet der Umstand, dass eine Bedingung gleichzeitig hinreichend und notwendig ist, dass in der Folge der Wahrheitswert der Bedingung und der Wahrheitswert des Outcomes identisch sind. Statistisch gesprochen, handelt es sich hierbei um eine perfekte Korrelation. Die Notation greift auf einen Doppelpfeil zurück: $X \leftrightarrow Y$.

Wir haben es also mit verschiedenen Varianten von Determinismus zu tun (siehe hierzu auch Kapitel 4.5.2.4): Einerseits kann bei der Untersuchung von notwendigen Bedingungen (die aber nicht hinreichend sind) und bei der Untersuchung von hinreichenden Bedingungen (die aber nicht notwendig sind) nur ein teilweiser Determinismus vorliegen („wenn...dann..."), andererseits handelt es

129). Die soeben festgestellte Tatsache, dass diejenigen Fälle, bei denen das Outcome nicht vorliegt, bei einer Diskussion notwendiger Bedingungen gar nicht beachtet werden müssen, bedeutet somit, dass selbst bei nicht variierender abhängiger Variablen notwendige Bedingungen ohne Einschränkung analysiert werden können.

sich bei gleichzeitig hinreichenden und notwendigen Bedingungen um einen vollständigen Determinismus („nur wenn...dann..."). Dabei bedeutet Determinismus also, dass ein erwarteter Zusammenhang (egal ob nur in eine Richtung oder wechselseitig) in jedem Fall (siehe den Begriff der ‚Invarianz') eintreten muss.

Die drei oben vorgestellten Tabellen zu hinreichenden, notwendigen und gleichzeitig hinreichenden und notwendigen Bedingungen stellen das Grundgerüst einer jeden QCA-Analyse dar, egal ob in der Crisp-Set-Form oder in Form von Fuzzy-Sets.

Wahrheitstafeln

QCA erfasst die Daten in Form so genannter Wahrheitstafeln. In Wahrheitstafeln werden Nullen denjenigen Zellen zugeordnet, in denen das interessierende Phänomen nicht beobachtet werden kann (logisches FALSCH), während die Zellen, in denen das interessierende Phänomen vorliegt, mit Einsen kodiert werden (logisches WAHR). Eine mögliche Wahrheitstafel könnte somit wie folgt aussehen:

Tabelle 5.4: Hypothetisches Beispiel einer Wahrheitstafel

Zeile	**A**	**B**	**C**	**Y**
1	0	0	0	1
2	0	0	1	1
3	0	1	0	1
4	0	1	1	1
5	1	0	0	0
6	1	0	1	1
7	1	1	0	0
8	1	1	1	0

Y = Stabile Demokratie
A = Gewaltsamer Umsturz
B = Ethnische Homogenität der Bevölkerung
C = Pluralistisches Parteiensystem

Bei der Betrachtung dieser Wahrheitstafel ist zu bemerken, dass es sich um ein hypothetisches Beispiel handelt. In der Forschungspraxis werden wir es mit mehr, mit anderen und mit besser spezifizierten Variablen sowie mit mehr Fällen zu tun haben. Dieses Kapitel geht z.B. auch nicht gesondert auf die Problematik der Fall- bzw. Variablenauswahl ein, die üblicherweise mit großen Schwierigkeiten verbunden ist, und deren Problemlosigkeit bei unserem Beispiel vorausgesetzt wird.

Unsere hypothetische Wahrheitstafel behauptet also, dass es einen kausalen Zusammenhang zwischen den Bedingungen eines gewaltsamen Umsturzes (A), der ethnischen Homogenität der Bevölkerung (B) und eines pluralistischen Parteiensystems (C) und dem Outcome einer stabilen Demokratie (Y) gibt. Die Zeilen stellen die erhobenen Fälle dar. In der ersten Zeile handelt es sich folglich um ein Land (oder auch mehrere Länder), das keinen gewaltsamen Umsturz erduldet hat, das ethnisch nicht homogen ist und das kein pluralistisches Parteiensystem aufweist. Für diese Gruppe von Ländern wurde eine stabile Demokratie festgestellt.

Anzahl der Zeilen

Man sieht, dass in fünf Fällen (Zeilen 1, 2, 3, 4 und 6) das Outcome (‚stabile Demokratie') beobachtet werden kann, während sie in den anderen drei Fällen (Zeilen 5, 7 und 8) nicht vorliegt. Man sieht außerdem, dass die drei Bedingungen theoretisch auf acht Arten miteinander kombiniert werden können. Dies folgt der Regel

$$\text{Zeilenanzahl} = 2^{\text{Anzahl der Bedingungen}}$$

(in unserem Fall also $2^3 = 8$). Jede Variable kann zwei Ausprägungen annehmen (0 oder 1), und diese Dichotomie ist auf drei Bedingungen anwendbar ($2 \cdot 2 \cdot 2$).

Konfigurationen

Wie schon kurz angesprochen, hält diese Wahrheitstafel eigentlich keine Informationen darüber bereit, wie oft jeder einzelne Fall vorkommt. Es kann sein, dass sich hinter der ersten Zeile beispielsweise vier Länder verstecken, die alle weder einen gewaltsamen Umsturz erlebt haben, noch ethnisch homogen sind, noch ein pluralistisches Parteiensystem haben, aber dennoch als eine stabile Demokratie bezeichnet werden können. Das heißt, dass es sich bei der Analyse von Wahrheitstafeln (vorerst!) um eine rein qualitative Analyse handelt, bei der Quantitäten keine Rolle spielen. Deswegen wird bei Wahrheitstafeln weniger von ‚Fällen' als vielmehr von ‚Konfigurationen' gesprochen (Ragin 2000: 64ff.). Die Kombination der Bedingungen A, B und C führt also zu acht verschiedenen Konfigurationen, die jeweils mehrere Fälle erfassen können (oder auch leer sein können, was in der Folge noch zu erörtern sein wird).

Analyse der Wahrheitstafeln

Wie bereits erwähnt, ist die Analyse notwendiger und hinreichender Bedingungen die Grundidee von QCA. Wir werden jetzt also erörtern, wie diese Analyseprinzipien auf Wahrheitstafeln angewendet werden können. Beginnen wir aus pragmatischen Gründen mit den hinreichenden Bedingungen. Fragen wir uns zuerst, ob A eine hinreichende Bedingung für Y ist, ob also ein gewaltsamer Umsturz hinreichend für die Stabilität einer Demokratie ist. Dies wäre der Fall, wenn immer dann, wenn A (gewaltsamer Umsturz) vorliegt, auch Y (stabile Demokratie) vorliegt. A liegt in den Zeilen 5, 6, 7 und 8 vor (siehe den Wert von ‚1' in diesen Zeilen). Aber bereits in Zeile 5 stellen wir fest, dass es sich hierbei um keine stabile Demokratie handelt (Y liegt nicht vor), so dass A keine hinreichende Bedingung für Y sein kann. Es gibt noch zwei weitere Konfigurationen (nämlich die Zeilen 7 und 8), bei denen wir feststellen müssen, dass ein gewaltsamer Umsturz A zwar vorliegt, dieser aber nicht zu einer stabilen Demokratie Y führt, so dass wir auch in diesen beiden Zeilen die Bedingung A nicht als hinreichend qualifizieren können. A hat also unseren Test zur Analyse hinreichender Bedingungen nicht bestanden. (Wir hätten die Durchsicht schon nach Zeile 5 abbrechen können, denn es genügt bereits ein dem hinreichenden Charakter einer Bedingung widersprechender Fall.)

Wir untersuchen also als nächstes die Bedingung B, die ethnische Homogenität der Bevölkerung. B liegt in den Zeilen 3, 4, 7 und 8 vor. Wenn B eine hinreichende Bedingung wäre, müsste auch Y in den Zeilen 3, 4, 7 und 8 vorliegen. Dies ist aber nicht der Fall. In den Zeilen 7 und 8 ist Y mit 0 kodiert (es liegt also kein demokratisch stabiles System vor), und damit schlussfolgern wir, dass die ethnische Homogenität der Bevölkerung keine hinreichende Bedingung für eine stabile Demokratie sein kann.

Nun bietet sich nur noch die Bedingung C zur Untersuchung an, also das pluralistische Parteiensystem. C liegt in den Zeilen 2, 4, 6 und 8 vor. Wenn C eine hinreichende Bedingung wäre, müsste auch Y in den Zeilen 2, 4, 6 und 8 vorliegen. In der Tat liegt Y in den Zeilen 2, 4 und 6 tatsächlich vor, aber das Nicht-Vorliegen einer stabilen Demokratie im Fall der Zeile 8 (siehe die Null für Y) lässt uns schlussfolgern, dass auch C keine hinreichende Bedingung für Y ist. Wäre ein pluralistisches Parteiensystem also tatsächlich hinreichend für eine stabile Demokratie, so hätte auch die achte Konfiguration der Bedingungen zu einer stabilen Demokratie führen müssen. Unsere Analyse scheitert also in der letzten Zeile.

Die scheinbar traurige Erkenntnis aus dieser Übung ist, dass weder A noch B noch C hinreichende Bedingungen für Y sind. (Eine Analyse notwendiger Bedingungen wird ebenfalls zu dem Ergebnis führen, dass weder A noch B noch C notwendige Bedingungen für Y sind. Interessierte Leser mögen dies selbst nachvollziehen.) Dies ist wohl auch der Regelfall sozialwissenschaftlicher Praxis, denn so leicht ist es nicht, hinreichende (oder notwendige) Bedingungen herauszuarbeiten. Wie soll nun aber weiter vorgegangen werden? Bricht die Analyse hier ab, nur weil keine der drei Bedingungen weder als hinreichend noch als notwendig identifiziert worden ist? Auch wenn wir es nicht auf den ersten Blick sehen, so beinhaltet unsere Wahrheitstafel noch einige weitere Informationen, auf die wir im Folgenden zurückgreifen wollen.

Komplemente

Eine Möglichkeit ist, statt der eigentlichen Bedingungen ihre sogenannten *‚Komplemente'* zu untersuchen. Unter dem Komplement einer Bedingung oder eines Outcomes versteht man ihr bzw. sein Gegenteil; in der Notation werden Kleinbuchstaben verwendet. Beschreibt A also einen gewaltsamen Umsturz, so beschreibt a (Kleinbuchstabe) einen nicht-gewaltsamen Umsturz. Das heißt, dass eine ‚1' für a ‚WAHR' ist für die folgende Aussage: „Der Umsturz war nicht gewaltsam". Oder, umständlicher ausgedrückt (aber der formalen Logik entsprechend), liegt eine Abwesenheit von Gewalt vor. In Ziffern ausgedrückt, werden bei Komplementen und Ausgangsbedingungen bzw. dem ursprünglichen Outcome Nullen und Einsen einfach vertauscht. In die folgende Wahrheitstafel werden nun die drei Komplementärbedingungen a (gewaltloser Umsturz), b (ethnisch heterogene Bevölkerung) und c (kein pluralistisches Parteiensystem) hinzugefügt. Der Informationsgehalt der Wahrheitstafel verändert sich dadurch nicht; es wird lediglich die Darstellung erweitert:

Tabelle 5.5: Hypothetisches Beispiel einer Wahrheitstafel mit Komplementärvariablen

Zeile	A	B	C	a	b	c	Y
1	0	0	0	1	1	1	1
2	0	0	1	1	1	0	1
3	0	1	0	1	0	1	1
4	0	1	1	1	0	0	1
5	1	0	0	0	1	1	0
6	1	0	1	0	1	0	1
7	1	1	0	0	0	1	0
8	1	1	1	0	0	0	0

Y = Stabile Demokratie
A = Gewaltsamer Umsturz
B = Ethnische Homogenität der Bevölkerung
C = Pluralistisches Parteiensystem
a = Gewaltloser Umsturz
b = Ethnische Heterogenität der Bevölkerung
c = Nicht-pluralistisches Parteiensystem

Untersuchen wir nun a, den gewaltlosen Umsturz, dahingehend, ob es sich dabei um eine hinreichende Bedingung handelt. Wir stellen fest, dass a in den Zeilen 1, 2, 3 und 4 vorliegt. Wäre a hinreichend für Y, so müsste auch Y in den selben Zeilen 1, 2, 3 und 4 vorliegen. Dies ist, wie wir sehen, auch der Fall. Unsere Schlussfolgerung ist also, dass die Abwesenheit eines gewaltsamen Umsturzes eine hinreichende Bedingung für eine stabile Demokratie ist.

Wir sehen also, dass die Betrachtung von Varianten bereits existierender Bedingungen nützlich bei der Entdeckung hinreichender und notwendiger Bedingungen sein kann.

Um die Darstellung hier abzukürzen (interessierte oder skeptische Leser mögen dies selbst verifizieren), sei gesagt, dass weder b noch c hinreichende Bedingungen für Y darstellen.

Wir könnten nun also unsere Analyse damit abschließen, dass wir feststellen, dass ein nicht-gewaltsamer Umsturz a eine hinreichende Bedingung für eine stabile Demokratie Y ist. Damit, so könnten wir meinen, sei unser Outcome Y erklärt. Allerdings ist dies nur teilweise korrekt: a ist zwar tatsächlich eine hinreichende Bedingung für Y, aber Y ist damit noch nicht ganz erklärt. In der sechsten Zeile liegt das Outcome Y vor, aber dies wird nicht durch a erklärt, denn die sechste Zeile beschreibt Länder, in denen der Umsturz ja gewaltsam war. Dieser Umstand zeigt uns auch, dass a zwar hinreichend, aber keineswegs notwendig für Y ist. Es muss also noch alternative hinreichende Bedingungen geben, die die Fälle in Zeile 6 (und vielleicht nicht nur diese) erklären. Die Suche nach hinreichenden Bedingungen ist demnach noch nicht zu Ende.

Kombinationen von Bedingungen

Nachdem wir die Ausgangsbedingungen und ihre Komplemente schon alle untersucht haben, müssen wir die Bedingungen also noch stärker differenziert betrachten. Eine Möglichkeit ist, die *Kombinationen von Bedingungen* heranzuziehen. Die Grundidee bei dieser Vorgehensweise ist, dass ein gemeinsames Vorliegen von A und B (auch als AB, A*B, A·B oder ‚A UND B' in der formalen Logik bezeichnet) hinreichend für Y sein könnte, während wir ja eindeutig festgestellt haben, dass A *alleine* und B *alleine* nicht zum Ergebnis geführt haben. Dies entspricht auch der allgemein üblichen Tendenz, Hypothesen kontextabhängig zu formulieren, wenn wir beispielsweise vermuten, dass eine Bedingung (z.B. A) nur dann ihren Effekt entfalten kann, wenn eine weitere Bedingung (ein Kontext, z.B. B) vorliegt, und umgekehrt. Wir müssen also unsere Wahrheitstafel dahingehend erweitern, dass wir weitere Spalten hinzufügen, in denen wir erfassen, ob eine Kombination von Bedingungen vorliegt oder nicht. Dabei erhalten die Kombinationen nur dann den Wahrheitswert ‚1', wenn auch wirklich beide Komponenten der Kombination vorliegen. Eine ‚1' in der Spalte für die Kombination AB bedeutet also, dass sowohl ein gewaltsamer Umsturz als auch eine ethnisch homogene Bevölkerung vorliegen. Eine ‚0' hingegen bedeutet, dass beide oder doch zumindest eine Komponente nicht vorliegen. Unsere neue Wahrheitstafel, zu der wir die Kombinationen AB, AC und BC hinzufügen, sieht also wie folgt aus:[4]

Tabelle 5.6: Hypothetisches Beispiel einer Wahrheitstafel mit Zweierkombinationen

Zeile	A	B	C	AB	AC	BC	Y
1	0	0	0	0	0	0	1
2	0	0	1	0	0	0	1
3	0	1	0	0	0	0	1
4	0	1	1	0	0	1	1
5	1	0	0	0	0	0	0
6	1	0	1	0	1	0	1
7	1	1	0	1	0	0	0
8	1	1	1	1	1	1	0

Y = Stabile Demokratie
A = Gewaltsamer Umsturz
B = Ethnische Homogenität der Bevölkerung
C = Pluralistisches Parteiensystem
AB = Gewaltsamer Umsturz und gleichzeitig ethnische Homogenität der Bevölkerung
AC = Gewaltsamer Umsturz und gleichzeitig pluralistisches Parteiensystem
BC = Ethnische Homogenität der Bevölkerung und gleichzeitig pluralistisches Parteiensystem

Wie man sieht, stehen in den Spalten der Kombinationen weit mehr Nullen als in den anderen Spalten, nachdem für eine Eins ja der eher seltene Umstand vorlie-

[4] Diese Wahrheitstafel erfasst natürlich nicht alle Kombinationen. Es fehlen die Kombinationen, bei denen beide Komponenten Komplemente der Ausgangsbedingungen sind (ab, ac und bc), die Kombinationen, bei denen genau eine der beiden Komponenten das Komplement einer Ausgangsbedingung ist (Ab, Ac, aB, Bc, aC und bC), die Dreierkombination der Bedingungen (ABC), die Dreierkombination der Komplemente (abc) und solche Dreierkombinationen, bei denen Ausgangsbedingungen und Komplemente gemischt sind (ABc, AbC, aBC, Abc, aBc und abC). Auf deren Darstellung wird aus Platzgründen aber verzichtet.

gen muss, dass beide Komponenten der Kombination eine positive Ausprägung aufweisen. Dies ist für die Analyse hinreichender Bedingungen natürlich von Vorteil, nachdem wir Zeilen mit Nullen für die vermutete hinreichende Bedingung ja nicht in unsere Analyse miteinbeziehen müssen (die hinreichende Bedingung liegt dann nicht vor).

Dennoch werden wir scheitern, mit Hilfe dieser drei Zweierkombinationen weitere hinreichende Variablen zu finden. Wie leicht nachzuprüfen ist, sind weder AB noch AC noch BC hinreichende Bedingungen für Y.

Ergebnis der Analyse

Wir müssten nun also die Wahrheitstafel nochmals erweitern, nämlich um all diejenigen Zweier- und Dreierkombinationen von Bedingungen (und ihrer Komplemente), die wir bis jetzt noch nicht eigens untersucht haben. Die Analyse der Wahrheitstafel kann also sehr kompliziert und mitunter auch langwierig werden. Es wird hier darauf verzichtet, jede einzelne Kombination auf eine hinreichende Bedingung zu untersuchen. Interessierte Leser mögen es überprüfen, aber lediglich die Kombination aus dem Komplement von B (‚b' – ethnisch nicht homogene Bevölkerung) und der Bedingung C (pluralistisches Parteiensystem) – also bC – kann als weitere hinreichende Bedingung für Y festgelegt werden.

Tabelle 5.7: Hypothetisches Beispiel einer Wahrheitstafel inklusive der Kombination bC

Zeile	A	B	C	bC	Y
1	0	0	0	0	1
2	0	0	1	1	1
3	0	1	0	0	1
4	0	1	1	0	1
5	1	0	0	0	0
6	1	0	1	1	1
7	1	1	0	0	0
8	1	1	1	0	0

Y = Stabile Demokratie
A = Gewaltsamer Umsturz
B = Ethnische Homogenität der Bevölkerung
C = Pluralistisches Parteiensystem
bC = Ethnische Heterogenität der Bevölkerung und gleichzeitig pluralistisches Parteiensystem

Wie nun deutlich wird, liegt für die beiden Konfigurationen, die die vermutete hinreichende Bedingung bC aufweisen (Zeilen 2 und 6 der Wahrheitstafel), auch das Outcome, Y, vor. Folglich ist bC neben a die zweite hinreichende Bedingung; a ist also eine hinreichende Bedingung für Y für die Zeilen 1, 2, 3 und 4, während bC für die Zeilen 2 und 6 eine hinreichende Bedingung darstellt. Das bedeutet, dass damit alle Zeilen, in denen Y vorliegt, durch eine der beiden Erklärungen (oder durch beide gemeinsam, wie im Falle der zweiten Zeile) erfasst sind. Somit sind alle empirisch festgestellten stabilen Demokratien und damit das Outcome unserer Analyse erklärt. Wäre dies nicht der Fall, d.h., gäbe es Zeilen, in denen Y den Wert ‚1' hat, aber weder a noch bC den Wert ‚1' aufweisen, dann müssten wir mit unserer Untersuchung fortfahren und weitere Zweier- und Dreierkombinationen von Bedingungen betrachten. So lautet aber unser Ergebnis:

$$a + bC \rightarrow Y$$

In Worten bedeutet dies: Ein nicht-gewaltsamer Umsturz oder die Kombination aus einer ethnisch nicht-homogenen Bevölkerung und einem pluralistischen Parteiensystem führen im Sinne hinreichender Bedingungen zu einer stabilen Demokratie. Oder allgemein: „Nicht-A oder die Kombination aus nicht-B und C führen zu Y“. Verwirrenderweise wird das +-Zeichen der Booleschen Algebra im Sprachgebrauch mit ‚oder' und nicht etwa durch ‚und' wiedergegeben.

5.2.2 Bedeutung von QCA als Methode

Nun kennen wir also eine – zugegebenermaßen etwas umständliche, aber unmittelbar einleuchtende – Version, Wahrheitstafeln mit Hilfe der Kriterien hinreichender und notwendiger Bedingungen zu analysieren. Übrigens wäre kein anderes Ergebnis mit einer Kombination verschiedener Millscher Methoden erreicht worden. Dennoch bleibt es zweifelhaft, ob selbst geübte Anwender der Millschen Methoden die ursprüngliche Wahrheitstafel ohne die hier vorgestellte Systematik so schnell und fehlerfrei hätten analysieren können. Folglich ist QCA also keine ‚neue' Methode, sondern lediglich eine systematische (vielleicht sogar die systematischste) Anwendung bekannter Analyseprinzipien.

Nachdem wir also die technischen Grundlagen von QCA kennen gelernt haben, können wir uns mit diesem Wissen jetzt der Frage zuwenden, warum man als Sozialwissenschaftler QCA anwenden sollte. Ein großer Vorteil ist sicherlich, dass QCA es erlaubt, die Fälle mittels der Verwendung einer Wahrheitstafel in ihre einzelnen Bestandteile (= Bedingungen, Faktoren, Komponenten) zu zerlegen und somit die eigentlichen Untersuchungseinheiten hinter die Kombinationen dieser Eigenschaften zurück treten zu lassen. QCA bietet damit also ein Instrumentarium dafür, die Fälle als *Konfigurationen* ihrer Eigenschaften (= der Bedingungen) zu erfassen.

Dies ist allerdings lediglich ein Vorteil, den QCA in Bezug auf die Darstellung von Daten bietet. Der eigentliche Vorteil liegt jedoch in der Sichtweise von Kausalität:

äquifinale Kausalität

QCA gelingt es, so genannte *äquifinale Kausalität* zu erfassen. Salopp ausgedrückt bedeutet dies, dass QCA es ermöglicht, dass „viele Wege nach Rom führen“ können. Das Pluszeichen in der Kausalgleichung, das im Deutschen mit der Konjunktion ‚oder' ausgedrückt werden muss, zeigt auf, dass es sich bei den Komponenten der Kausalgleichung, also bei den verschiedenen herausgearbeiteten hinreichenden Bedingungen, um Alternativen zueinander handelt. Das Outcome kann also entweder durch die eine Komponente (gewaltloser Umsturz, wie in den Zeilen 1, 3 und 4 des Beispiels) oder – unabhängig davon – durch die andere Komponente (ethnisch heterogene Bevölkerung bei gleichzeitig pluralistischem Parteiensystem, wie in Zeile 6 des Beispiels) oder aber durch beide Komponenten gemeinsam (wie in Zeile 2 des Beispiels) verursacht worden sein.

Vergleich zur Regressionsanalyse

Vergleichen wir dieses Prinzip der äquifinalen Kausalität kurz mit der wohl prominentesten Form statistischer Zusammenhangsanalysen, nämlich der Regressionsanalyse.

Eine Regression wird mit einer Gleichung abgeschlossen, die beispielsweise wie folgt aussehen könnte:

$$y = a + b_1x_1 + b_2x_2 + b_3x_3 + \varepsilon$$

Eine solche Gleichung scheint unserem QCA-Ergebnis sehr zu ähneln: Mehrere Komponenten, die als Erklärung für das Outcome in Frage kommen, werden addiert und führen zum Ergebnis. Allerdings ist der entscheidende Unterschied, dass bei einer Regressionsgleichung lediglich verschiedene Teileffekte aufaddiert werden. Das bedeutet, dass aus dieser (linearen und nicht Booleschen) Addition lediglich ein einziger gemeinsamer Effekt resultiert. Und so ist die Schlussfolgerung, dass es nur einen einzigen *unifinalen* Weg gibt, wie das Outcome produziert werden kann, und der durch die Regressionsgleichung ausgedrückt wird. In einer Regressionsgleichung haben die unabhängigen Variablen keine wechselseitig alternative Funktion, sondern tragen ihren Teil zu dem einzigen angegebenen Weg bei, durch den das Outcome produziert wird. Bei QCA dagegen stehen die Kausalfaktoren also nicht in einem ‚Konkurrenzverhältnis' um den besten Beitrag zur unifinalen Erklärung des Outcome, stattdessen werden die einzelnen Bedingungen zu Zutaten, die, miteinander auf verschiedene Weise kombiniert, das untersuchte Phänomen erklären (Ragin 2003a: 8).

Ein weiterer fundamentaler und eher epistemologischer Unterschied zu statistischen Verfahren ist, wie in diesem Kapitel bis jetzt deutlich geworden ist, dass mit QCA solche Hypothesen untersucht werden, die auf *hinreichenden und notwendigen* Bedingungen beruhen. Statistische Verfahren arbeiten dagegen hauptsächlich mit Kovariationen zwischen einzelnen Variablen, während sie aber weitgehend keine Antwort für die Untersuchung von kausalen Bedingungen liefern (siehe hierzu auch Kapitel 4.5.2.4). Dies ist umso bemerkenswerter, als ein Großteil sozialwissenschaftlicher Hypothesen auf diesen auch ‚mengentheoretisch' genannten Beziehungen zwischen Bedingungen und Outcome beruht. Somit erweitert QCA die Methodenvielfalt um ein nützliches Instrumentarium zur Untersuchung einer gängigen Form von Hypothesen.

INUS-Bedingungen

Die Konzentration auf hinreichende und notwendige Bedingungen führt dann auch dazu, dass mithilfe von QCA auch die so genannten INUS-Bedingungen erfasst werden können. INUS ist die Abkürzung von „***i**nsufficient but **n**ecessary part of a condition which is itself **u**nnecessary but **s**ufficient for the result*" (Goertz 2003: 68; Mackie 1974: 62). Auch unser obiges Beispiel enthält INUS-Bedingungen:

$$a + bC \rightarrow Y$$

Beispielsweise ist C eine typische INUS-Bedingung. C ist keine hinreichende Bedingung („*insufficient*"), obwohl wir bei der obigen Analyse nur an einer einzigen Zeile der Wahrheitstafel gescheitert sind. C ist aber ein notwendiger (also unverzichtbarer) Bestandteil der Kombination bC („*but necessary part of a condition*"); bC als Kombination ist nun keine notwendige Bedingung („*which is itself unnecessary*"), aber hinreichend für Y („*but sufficient for the result*"). Solche INUS-Bedingungen kommen natürlich in den meisten unserer Forschungsprojekte zuhauf vor. Wie oft sind Forscher mit der Situation konfrontiert, dass Bedingungen weder allein hinreichend oder allein notwendig sind, bzw. dass Erklärungen nur dann gelten, wenn sie im Kontext mit anderen Erklärungskomponenten wirken. Weder statistische Verfahren noch die Millschen Methoden sind hierbei sonderlich hilfreich.

QCA geht dabei sogar so weit, dass einzelne Bedingungen in unterschiedlichen Kombinationen sogar unterschiedliche kausale ‚Rollen' einnehmen können. Gesetzt den Fall, eine resultierende Gleichung wäre:

$$AB + aC \rightarrow Y,$$

so hieße das, dass A nicht nur in seiner positiven Variante (‚A liegt vor') zum Resultat Y beitragen würde, sondern auch das Komplement, a (‚A liegt nicht vor'), nämlich dann, wenn es im Kontext zur Bedingung C auftritt und nicht mit der Bedingung B. Auch hier scheint es fraglich, wie ein derartiges Ergebnis mit anderen (vor allem statistischen) Methoden hätte erzielt werden können. Es steht sogar zu befürchten, dass sich A und a in konventioneller Algebra gegenseitig aufgehoben hätten, so dass die Bedingung A schließlich ganz aus der Analyse heraus gefallen wäre.

Wir können also mit QCA Antworten auf drei verschiedene kausale Fragestellungen geben: Formen der Kausalität

1. Ist eine bestimmte Bedingung kausal relevant, oder hat sie keinen kausalen Effekt?

Wir beantworten diese Frage, indem wir überprüfen, ob auch wirklich alle Bedingungen, die wir in den Hypothesen entwickelt haben, in der Endformel unserer QCA-Analyse vorkommen, egal ob als hinreichende, notwendige oder INUS-Bedingung. Fehlt eine Bedingung aus unserer ursprünglichen Wahrheitstafel (wie beispielsweise in der Gleichung

$$Ac + CD \rightarrow Y$$

die Bedingung B weder in ihrer ursprünglichen Form noch in ihrer Komplementärvariante vorkommt), so können wir schlussfolgern, dass diese keine kausale Relevanz hat.

Dieses Vorgehen ist im übrigen nicht identisch mit statistischen Signifikanztests, die ja auch einzelne Variablen als ‚irrelevant' bezeichnen. Allerdings machen es Signifikanztests nicht automatisch möglich, den kausalen Beitrag einer Variablen vollkommen auszuschließen. Eine Variable, die durch einen Signifikanztest als nicht signifikant klassifiziert wird, kann immer noch einen Beitrag zum Gesamteffekt liefern. Schließlich geht es bei Signifikanztests nur um Wahrscheinlichkeitsaussagen, ob eine Hypothese in Bezug auf eine bestimmte Variable mit einer gewissen Fehlerwahrscheinlichkeit aufrechterhalten werden kann oder nicht.

2. Ist eine Bedingung, die als kausal relevant identifiziert wurde, hinreichend, notwendig, beides, oder keines von beidem?
3. Wenn eine Bedingung weder hinreichend noch notwendig ist, welche Rolle nimmt sie dann in der Kausalgleichung ein?

Hier handelt es sich also um die Frage nach hinreichenden, notwendigen und INUS-Bedingungen, bzw. nach komplexen Kausalbeziehungen. Wie gesagt, geht diese Komplexität weit über das hinaus, was mit statistischen Verfahren erfasst werden kann, und dies entspricht auch eher unserem komplexen, sozialwissenschaftlichen Denken. Es ist ja leider so, dass die Einfachheit sozialer Welt, die durch Ergebnisse statistischer Analysen suggeriert wird, oftmals auch dazu führt, dass unsere Hypothesen und Theorien zu stark vereinfacht werden. Insofern ist die Entscheidung zwischen verschiedenen methodischen Ansätzen auch mehr als nur eine ‚Geschmacksfrage', sondern eine bewusste Entscheidung zwischen wirklichkeitsgetreuer, aber schwer zu erfassender Komplexität und wirklichkeitsvereinfachender, aber besser handhabbarer Sparsamkeit.

QCA als qualitative Methode

Wie schon erwähnt, wird die QCA-Technik als qualitative Methode bezeichnet, obwohl sie einen hohen Formalisierungsgrad aufweist, der noch dazu auf einer ‚Algebra' (nämlich der Booleschen, wie wir im folgenden noch genauer sehen werden) aufbaut. Dennoch macht es Sinn, QCA als qualitative Methode auszuweisen. Gründe hierfür sind:

- die starke Orientierung an den Eigenschaften der Fälle;
- die holistische Sichtweise von Fällen als Kombinationen ihrer Eigenschaften;
- die Notwendigkeit, auf detailliertes Fallwissen zurückgreifen zu können, bevor die Variablen mit ‚0' oder ‚1' kodiert werden können; und
- der ständige Lerneffekt bei der Analyse im Hinblick auf kausale Beziehungen, was sogar zur Überarbeitung theoretischer Konzepte und Hypothesen und zur Hinzunahme bzw. zum Ausschluss von Fällen oder Variablen führen kann.

Es besteht übrigens keine Einmütigkeit, was die Qualifizierung von QCA als qualitative Methode angeht: In der französischsprachigen Variante wird als Akronym AQQC bevorzugt, was für *Analyse quali-quantitative comparée* steht (De-Meur/Rihoux 2002). Nun kann man diesen Umstand natürlich auch auf den unterschiedlichen Sprachgebrauch im Englischen und Französischen oder auch auf die unterschiedliche Auffassung darüber, was eine ‚qualitative' Methode ist, zurückführen, aber dennoch zeigt diese Bezeichnung, dass die hohe Formalisierung und scheinbare Quantifizierung, die QCA zugrunde liegen, Zweifel an der Einordnung als qualitative Methode haben aufkommen lassen. In diesem Kapitel werden diese Zweifel allerdings nicht geteilt. Entscheidend sind eher die Konzentration auf hinreichende und notwendige Bedingungen sowie die Fallorientierung von QCA, die sich die Eigenschaften von Fällen in den Mittelpunkt stellt und nicht mit zählbaren Quantitäten arbeitet. Boolesche Algebra an sich ist ja auch keine Algebra, die Elemente ‚zählt'. Sie arbeitet vielmehr mit Wahrheitswerten und deren Operationen, was wohl eher eine qualitative Vorgehensweise ist.

5.2.3 Ein vereinfachtes Lösungsverfahren zur Analyse von Wahrheitstafeln

Nun haben wir zuerst die technischen Grundlagen von QCA kennen gelernt und, mit dieser Kenntnis, Sinn und Zweck von QCA diskutiert. Damit kennen wir QCA gut genug, um uns jetzt wieder mit technischen Aspekten zu befassen.

Wie wir oben bereits festgestellt haben, ist das Verfahren, eine Wahrheitstafel systematisch nach notwendigen und hinreichenden Bedingungen zu untersuchen, mitunter sehr aufwändig, vor allem dann, wenn wir nicht schon bei den ersten Schritten alle Konfigurationen abdecken können, die das Outcome aufweisen, also bei komplexen Kausalbeziehungen. Die Untersuchung aller potenziellen Bedingungen, ihrer Komplemente und aller Kombinationen (unter Einschluss sämtlicher Konstellationen mit Groß- und Kleinbuchstaben) wird natürlich auch langwieriger, wenn wir die Zahl der Bedingungen erhöhen. Insgesamt müssen $3^k - 1$ (mit k = Anzahl der Bedingungen) Suchprozesse durchgeführt werden.[5] Bei drei Bedingungen bedeutet dies 26 Überprüfungen, bei fünf schon 242 und bei 10 gar 59048.

Hierbei kommen uns nun aber die schon mehrfach angesprochenen, mehr formalen Regeln der Booleschen Algebra zu Hilfe (Klir/St. Clair/Yuan 1997: 61). Diese ermöglichen es uns, Wahrheitstafeln schneller und automatisierter zu analysieren. Man spricht hierbei auch von der ‚Minimierung' einer Wahrheitstafel. Als Beispiel ziehen wir nochmals unsere bereits bekannte Wahrheitstafel heran: Boolesche Algebra

Tabelle 5.8: Hypothetisches Beispiel einer Wahrheitstafel

Zeile	A	B	C	Y
1	0	0	0	1
2	0	0	1	1
3	0	1	0	1
4	0	1	1	1
5	1	0	0	0
6	1	0	1	1
7	1	1	0	0
8	1	1	1	0

Y = Stabile Demokratie
A = Gewaltsamer Umsturz
B = Ethnische Homogenität der Bevölkerung
C = Pluralistisches Parteiensystem

[5] Jede der k Bedingungen kann in einer Merkmalskombination in drei Zuständen vorkommen: Sie kann vorliegen (Großbuchstabe), sie kann komplementär vorliegen (Kleinbuchstabe) und sie kann irrelevant sein. Bei bC ist z.B. A irrelevant, B liegt komplementär vor, und C liegt vor. (Es handelt sich eigentlich um –bC, wobei der Strich die Irrelevanz von A ausdrückt). Dabei können also mit k Bedingungen 3^k Kombinationen gebildet werden, wobei die Kombination, bei der alle drei Bedingungen irrelevant sind (also ---), nicht möglich ist und am Ende noch subtrahiert werden muss.

Rohgleichung

Zuerst werden all diejenigen Kombinationen von Bedingungen erfasst, die zu einem positivem Outcome (d.h., Y = 1) führen. Alle diese Kombinationen sind nämlich *per se* bereits hinreichende Bedingungen für Y (denn sie haben ja zu Y geführt). Bilden wir beispielsweise die Dreierkombination ‚abc' (siehe die erste Zeile, die eine ‚abc'-Zeile ist, und in der das Outcome vorliegt), so erhält diese einen Wert von ‚1' in eben dieser ersten Zeile und einen Wert von ‚0' in allen anderen Zeilen. Nachdem in der ersten Zeile aber auch das Outcome vorliegt, kann auch ‚abc' als hinreichende Bedingung qualifiziert werden. Zuvor haben wir dies nicht berücksichtigen müssen, da unser Durchsuchungsprozess ja bereits alle Zeilen mit positivem Outcome erfasst hatte.

Dieser Umstand gilt auch für die anderen Zeilen, in denen ein positives Outcome vorliegt (also in den Zeilen 1, 2, 3, 4 und 6). Zeile 1 steht für die Kombination ‚abc', Zeile 2 für ‚abC', usw. Alle die so auffindbaren fünf Dreifachkombinationen sind hinreichende Bedingungen für Y. Aus unseren obigen Äquifinalitätsüberlegungen können wir also ableiten, dass die folgende Aussage logisch wahr ist:

$$abc + abC + aBc + aBC + AbC \rightarrow Y.$$

Es werden also die einzelnen ‚primitiven' hinreichenden Dreifachbedingungen mit ODER verknüpft. Diese Aussage entspricht in ihrem Wahrheitsgehalt dem oben gefundenen Ergebnis:

$$a + bC \rightarrow Y.$$

Die erste Gleichung ist nur ungleich komplizierter und komplexer als die zweite – sie ist gleichsam eine ‚Rohfassung' der weit einfacheren Endgleichung, aber in ihrem Aussagewert gleich. Diese Rohfassung würde sich in der Tat auch nur sehr kompliziert lesen lassen, nämlich auf folgende Art: Die Kombination eines gewaltlosen Umsturzes mit einer ethnisch heterogenen Bevölkerung und einem nicht-pluralistischen Parteiensystem oder die Kombination eines gewaltlosen Umsturzes mit einer ethnisch heterogenen Bevölkerung und einem pluralistischen Parteiensystem oder die Kombination eines gewaltlosen Umsturzes mit einer ethnisch homogenen Bevölkerung und einem nicht-pluralistischen Parteiensystem oder die Kombination eines gewaltlosen Umsturzes mit einer ethnisch homogenen Bevölkerung und einem pluralistischen Parteiensystem oder die Kombination eines gewaltsamen Umsturzes mit einer ethnisch heterogenen Bevölkerung und einem pluralistischen Parteiensystem führt zu einer stabilen Demokratie. Dies ist eine sicherlich wahre Aussage, aber sie ist zweifellos auch sehr kompliziert, und wir gehen über eine Beschreibung der Wahrheitstafel nicht weiter hinaus.

Vereinfachungsverfahren

Folglich muss es einen Weg geben, aus der Ausgangsgleichung zur einfachsten Endgleichung zu kommen. Dazu helfen uns, wie schon gesagt, die Regeln der Booleschen Algebra (Klir/St. Clair/Yuan 1997: 61). So können wir beispielsweise die Komponenten ‚abc' und ‚abC' zu „ab" zusammenfassen. Sowohl ‚abc' als auch ‚abC' sind hinreichende Bedingungen, und folglich ist auch ‚ab' eine hinreichende Bedingung, denn es spielt keine Rolle ob ‚C' oder ‚c' vorliegt. Dies kann noch klarer gemacht werden, wenn man diese Regel auf unser Beispiel bezieht: Wenn sowohl Staaten mit nicht-gewaltsamen Umstürzen, ethnisch nicht-homogenen Gesellschaften und nicht-pluralistischen Parteiensystemen als auch Staaten mit nicht-gewaltsamen Umstürzen, ethnisch nicht-homogenen Gesellschaften und pluralistischen Parteiensystemen stabile Demokratien werden, dann kann auch kürzer gesagt werden, dass Staaten mit nicht-gewaltsamen Umstürzen und ethnisch nicht-homogenen Gesellschaften stabile Demokratien werden, unabhängig davon, ob wir das Parteiensystem als pluralistisch oder nicht charakterisieren.

Ebenso werden ‚aBc' und ‚aBC' zu ‚aB' kombiniert. Das Zwischenergebnis ist also:

$$ab + aB + AbC \rightarrow Y.$$

Hier können wir wieder ‚ab' und ‚aB' zu ‚a' zusammenfassen, denn ‚a' führt unabhängig von der Ausprägung von ‚B' (also ‚B' oder ‚b') zum Outcome. Das mit Regeln der Booleschen Algebra nun nicht mehr zu vereinfachende Ergebnis lautet also:

$$a + AbC \rightarrow Y.$$

Nun wissen wir aber aus unserer vorhergehenden Analyse, dass das Ergebnis doch eigentlich

$$a + bC \rightarrow Y$$

sein müsste. Uns stört dabei, dass ‚AbC' Teil der durch den algebraischen Minimierungsprozess erzielten Gleichung ist, während die durch systematische Suche gewonnene Lösung lediglich ‚bC' aufweist. Ist denn nun der gewaltsame Umsturz A Teil der zweiten hinreichenden Bedingung oder nicht? Diese Frage kann durch folgende Überlegung beantwortet werden: Wie wir wissen, kombiniert ‚bC' die beiden Komponenten ‚AbC' und ‚abC'. Es ergibt sich also folgende Umformung:

$$a + bC \rightarrow Y$$
$$a + AbC + abC \rightarrow Y$$

‚abC' ist aber auch eine Teilmenge von ‚a' (gleichsam ein ‚Spezialfall' von ‚a') und kann folglich zu ‚a' hinzugefügt werden. Insofern bleibt übrig:

$$a + AbC \rightarrow Y$$

Wie wir sehen, lässt sich die eine unserer beiden Lösungen sehr leicht in die andere umformen. Der Wahrheitsgehalt der beiden gefundenen Lösungen ist also gleich.

Es ist natürlich für die mit statistischen Verfahren vertrauten Anwender nicht zufrieden stellend, wenn unterschiedliche Vorgehensweisen bei der Analyse unterschiedliche Ergebnisse (wenn auch mit identischem Wahrheitsgehalt) produzieren. Um weitere Missverständnisse zu vermeiden, sollte man also lieber auf den Computer zurückgreifen.

Software

Charles Ragin und seine Mitarbeiter haben über die Jahre zur systematischen Analyse ein Computerprogramm entwickelt. Unter der URL http://www.u.arizona.edu/~cragin/software.htm kann es kostenlos heruntergeladen werden. Es wird hier empfohlen, gleich die (später entwickelte) Fuzzy-Set-Version des Programms herunterzuladen, da diese auch alle Module zur Analyse auf der Basis des Buchs von 1987 enthält. Führt man eine computergestützte Analyse unserer Beispiel-Wahrheitstafel durch (für technische Details, siehe Schneider/Wagemann 2007), so erhält man den folgenden Computer-Output:[6]

Abbildung 5.1: Fs/QCA Software-Output

```
**********************
* CRISP-SET ANALYSIS *
**********************

Label: 1
Model: Y = A + B + C

Cases Read:        8
     Valid:        8  100.0%
   Missing:        0    0.0%
   0 Cases:        3   37.5%
   1 Cases:        5   62.5%
   - Cases:        0    0.0%

Algorithm: Quine-McCluskey
 1 Matrix: 1
 0 Matrix: 0L

*** TRUTH TABLE SUMMARY ***

Minimum Frequency 0:      1
Minimum Frequency 1:      1
Minimum Frequency -:      1
```

[6] Das Programm wird laufend überholt und verbessert. Deswegen kann sich der Output, der mit der jeweils aktuellen Version des Programms erzielt wird, in Einzelheiten (nicht jedoch im Ergebnis) von der hier abgedruckten Darstellung unterscheiden.

```
          Configs      %        Cases      %
========================================
0 Terms:        3   37.5          3   37.5
1 Terms:        5   62.5          5   62.5
- Terms:        0    0.0          0    0.0
C Terms:        0    0.0          0    0.0
      0:                          0
      1:                          0
========================================
  Total:        8  100.0          8  100.0
Dropped:        0    0.0          0    0.0

*** CRISP-SET SOLUTION ***

a+
b*C
```

Das Computerprogramm bestätigt also unsere Lösung.

5.2.4 Das Problem begrenzter empirischer Vielfalt in QCA

Oben wurde unterstrichen, dass die Besetzungszahlen der Konfigurationen keine Rolle für QCA spielen. Während wir diese Behauptung im Allgemeinen auch weiterhin aufrechterhalten wollen, soll doch auch auf den gar nicht so seltenen Sonderfall hingewiesen werden, dass eventuell eine Zeile auch gar keine Fälle aufweist. Wir können also nicht wissen, ob die entsprechende Kombination von Bedingungen zum Outcome geführt hat oder nicht. Man spricht dann von ‚begrenzter empirischer Vielfalt'. Der englische Begriff hierfür ist ‚limited diversity' (Ragin 1987: 104ff.; den deutschen Begriff führen erstmals Wagemann und Schneider 2003: 117 ein). limited diversity

Um die Implikationen begrenzter empirischer Vielfalt deutlich zu machen, greifen wir nochmals auf unser Eingangsbeispiel zurück, wobei wir es dahin gehend modifizieren, dass wir annehmen, dass für die sechste Konfiguration (also die Kombination AbC) keine empirischen Fälle vorliegen. Dies führt zu der folgenden Wahrheitstafel:

Tabelle 5.9: Hypothetisches Beispiel einer Wahrheitstafel unter begrenzter empirischer Vielfalt

Zeile	A	B	C	Y	
1	0	0	0	1	Fälle vorhanden
2	0	0	1	1	Fälle vorhanden
3	0	1	0	1	Fälle vorhanden
4	0	1	1	1	Fälle vorhanden
5	1	0	0	0	Fälle vorhanden
6	1	0	1	?	Keine Fälle vorhanden
7	1	1	0	0	Fälle vorhanden
8	1	1	1	0	Fälle vorhanden

Y = Stabile Demokratie
A = Gewaltsamer Umsturz
B = Ethnische Homogenität der Bevölkerung
C = Pluralistisches Parteiensystem

Folglich beinhaltet unser Datensatz kein Land, bei dem der Umsturz gewaltsam war, in dem die Bevölkerung nicht ethnisch homogen ist, und das ein pluralistisches Parteiensystem aufweist. Folglich wissen wir auch nicht, ob eine solche Konstellation eine hinreichende Bedingung für eine stabile Demokratie ist oder nicht. Wir haben es mit zwei möglichen Szenarien zu tun: Wenn diese Konstellation (wenn sie denn existieren würde) zu einer stabilen Demokratie führen würde (Y = 1), dann wäre unsere Wahrheitstafel identisch mit unserem Eingangsbeispiel und die Lösung würde

$$a + bC \rightarrow Y$$

lauten. Sollte dagegen diese Konstellation im Falle ihrer Existenz nicht zu einer stabilen Demokratie führen (Y = 0), würde sich die Wahrheitstafel ändern und das Ergebnis der Analyse wäre (bitte nachrechnen)

$$a \rightarrow Y.$$

Mehr noch, auch eine Analyse notwendiger Bedingungen würde zu dem Ergebnis führen, dass ein gewaltloser Umsturz nicht nur hinreichende, sondern auch notwendige Bedingung (und damit alleiniger Kausalfaktor) für eine stabile Demokratie ist. Die beiden Lösungen unterscheiden sich also in entscheidenden Punkten voneinander.

Lösungen

Wie man sich vorstellen kann, ist dieses Problem in der Forschungsrealität recht verbreitet, und die Anwender würden sich eine klare und praktikable Lösung für dieses Dilemma wünschen. Nun ist allerdings leider so, dass wir über nicht-vorhandene Fälle auch keine Information besitzen, und kein ‚analytischer Trick' uns zu Informationen führen kann, die wir in Wirklichkeit gar nicht haben. Und so sind auch die Lösungen für dieses Problem allesamt nicht ideal und auch nicht wirklich abschließend. QCA versorgt uns aber mit einigen Vorschlägen für Annahmen, auf die wir unsere (unvollständige) Analyse gründen können. Diese Vorschläge sind:

- *‚Most Parsimonous Solution'*: Hierbei werden mit Hilfe einer Computersimulation alle Möglichkeiten der Kodierung der fehlenden Outcomes durchgespielt, und die am wenigsten komplex erscheinende Lösung wird als Ergebnis ausgegeben. In unserem vorliegenden Fall kann dies schnell geschehen, nachdem nur für die sechste Konfiguration einmal eine ‚1' und einmal eine ‚0' als Outcome angenommen werden muss. Wären aber zwei von acht möglichen Kombinationen nicht durch empirische Fälle dokumentiert, müssten bereits vier Kombinationen durchgespielt werden, usw. Diese Variante ist natürlich deswegen fragwürdig, da sie dem Computeralgorithmus die Entscheidung über die nicht-existierenden Konfigurationen überlässt. Dies entspricht absolut nicht mehr der gängigen Vorstellung fallorientierten Arbeitens und führt mitunter zu sehr arbiträren Ergebnissen. Leider ist es so, dass in der Praxis viele Anwender nicht einmal angeben, ob ihre Kausalgleichung auf dieser Vereinfachungsannahme beruht oder nicht.[7]
- *‚Blanket Assumption'*: Eine andere Option ist, das Outcome aller fehlenden Fälle mit ‚0' zu kodieren. Dahinter steht die Überlegung, dass eine Konfiguration, für die kein Fall vorliegt, auf keinen Fall zur Identifizierung von hinreichenden und notwendigen Bedingungen für das Outcome herangezogen werden darf. Wie wir wissen, werden bei der Minimierung von Wahrheitstafeln nur diejenigen Zeilen betrachtet, bei denen das Outcome vorliegt. Folglich geht man bei ‚Blanket Assumptions' davon aus, dass nicht-existierende Konfigurationen bei der Minimierung von Wahrheitstafeln keine Rolle spielen sollten und folglich aus der Analyse ausgeschlossen werden sollten.
  Das Ergebnis, das mit ‚blanket assumptions' erzielt wird, ist üblicherweise (aber nicht immer) komplexer als die Gleichung der ‚most parsimonous solution', aber sie ist nicht unbedingt die komplexeste alle möglichen Lösungen.
- *Gedankenexperimente*: Selbstverständlich können einzelne Zeilen auch aufgrund theoretischer Vorannahmen von den Forscher künstlich kodiert werden. Dies ist natürlich die fragwürdigste Vorgehensweise, weil hier der Manipulation Tür und Tor geöffnet werden. Andererseits ist dies auch die fallorientierteste Lösung für das Problem begrenzter empirischer Vielfalt, weil es die einzige Vorgehensweise ist, bei der die Forscher ihre profunden Einzelfallkenntnisse in die Analyse mit einbringen können.

Es soll hier noch einmal betont werden, dass es eine perfekte Lösung für das Problem begrenzter empirischer Vielfalt nicht gibt und nicht geben kann. Die vorgestellten Lösungsmöglichkeiten stellen nur mehr oder weniger akzeptable Auswege aus dem Dilemma dar, ohne wirklich zu einer abschließenden Lösung zu führen. Es bleibt dabei, dass es schwer (wenn nicht sogar unmöglich) ist, kausale Schlussfolgerungen auf der Basis fehlender Informationen zu ziehen.

---

[7] Noch schlimmer, es wird in der Praxis oftmals nicht einmal angegeben, ob ‚Begrenzte empirische Vielfalt' überhaupt vorlag oder nicht.

Dabei ist begrenzte empirische Vielfalt durchaus kein Problem, das nur bei QCA-Analysen auftritt, sondern ist eher der Regelfall in den sozialwissenschaftlichen Analysen; allerdings wird es von den meisten Methoden übersehen bzw. in den meisten empirischen Analysen nicht weiter beachtet (Schneider/Wagemann 2006). Auch hier hilft QCA uns nachzuvollziehen, auf welchem empirischen Fundament unsere Analysen stehen, und macht unsere impliziten Annahmen sichtbar.

5.2.5 Maßzahlen zur Evaluation von QCA-Analysen

Zum Abschluss dieses Abschnittes sollen noch zwei Maßzahlen eingeführt werden, die entwickelt wurden, um statistischen Parametern wie Regressions- und Determinationskoeffizienten eine QCA-Variante entgegenzusetzen und eine Evaluierung des gefundenen Ergebnisses zu ermöglichen. Es handelt sich bei den beiden Maßzahlen um Ergänzungen der ursprünglichen Technik, wie sie in den bekannten Büchern behandelt sind (Ragin 1987; 2000; neuere Informationen finden sich bei Ragin 2003b und Schneider/Wagemann 2007).

Konsistenzmaß

Das *Konsistenzmaß („consistency")* beschreibt, welcher Prozentsatz der Fälle mit der Kausalgleichung konsistent ist. Hätten wir in unserer obigen Analyse z.B. herausgearbeitet, dass die Kausallösung

$$a + C \rightarrow Y$$

und nicht

$$a + bC \rightarrow Y$$

lautet, so wäre diese Kausalgleichung mit allen Zeilen außer Zeile 8 konsistent gewesen. Erinnern wir uns, dass in Zeile 8 das Vorhandensein von C, dem pluralistischen Parteiensystem, nämlich zu einem positiven Outcome hätte führen müssen; es findet sich aber ein negatives Outcome. Insofern wäre diese einfachere Kausalgleichung

$$a + C \rightarrow Y$$

in fünf von sechs Zeilen, in denen die Bedingung vorliegt, konsistent (‚richtig'), und das Konsistenzmaß betrüge somit 5/6. Man kann hier nun auch die Fallanzahlen berücksichtigen. Wären beispielsweise die Konfigurationen der Zeilen 1 bis 7 durch jeweils zehn Fälle repräsentiert, die Konfiguration der Zeile 8 (‚ABC') aber nur durch einen Fall – man könnte hier fast so weit gehen, von ‚begrenzter empirischer Vielfalt' zu sprechen – dann kann man unter Umständen die eingängigere und einfachere Gleichung

$$a + C \rightarrow Y$$

durchaus der vollständig korrekten Lösung vorziehen. Die Lösung hätte dann einen Konsistenzwert von 50/51 = 0,9804 (50 von 51 Fällen werden mit der Gleichung korrekt beschrieben). Zum Beispiel wäre eine solche Vorgehensweise angeraten, wenn ex ante eine Hypothese aufgestellt worden ist, wonach eine stabile Demokratie auf einen gewaltlosen Umsturz oder ein pluralistisches Parteiensystem zurückzuführen sei. Man könnte somit diese Hypothese zu 98,04 % als verifiziert ansehen.

Das *Abdeckungsmaß („coverage")* beschreibt dagegen, wie viele Einzelfälle durch die Gleichung erklärt sind. Betrachtet werden dabei nur die Fälle, in denen das Outcome auch tatsächlich vorliegt (Y = 1). Die soeben erwähnte leicht modifizierte kausale Lösung Abdeckungsmaß

$$a + C \rightarrow Y$$

würde es auf 100 % Abdeckung bringen, auch wenn sie nicht zu 100 % konsistent ist; alle fünf Fälle, in denen das Outcome vorliegt (Zeilen 1, 2, 3, 4 und 6), werden durch ‚a' oder ‚C' erklärt.

Anders sieht es für die Abdeckung dagegen aus, wenn wir beispielsweise zu dem Ergebnis

$$a \rightarrow Y$$

kämen. Wenn alle Konfigurationen je 10 Fälle aufweisen, dann müssen wir mit unserer Kausalgleichung 50 Fälle mit positivem Outcome erklären. ‚a' erklärt aber nur 40 Fälle, nämlich diejenigen, die von den Konfigurationen der Zeilen 1, 2, 3 und 4 erfasst werden. Die Lösung erfasst also nur 40 von 50 zu erklärenden Fällen; der Abdeckungskoeffizient ist 0,8.

5.2.6 Reaktionen auf QCA

Viele Abschnitte aus Ragins erstem Buch (Ragin 1987) wurden von der Fachöffentlichkeit begrüßt. Vor allem die Kapitel 3 und 4, in denen er fallorientierte und variablenorientierte Methoden einander gegenüberstellt, sind ein regelmäßiger Bestandteil von Kurssyllabi zur vergleichenden (und qualitativen) Methodik. Dennoch blieb die Kritik an QCA nicht aus. Kritik

So ist quantitativ arbeitenden Forschern QCA teilweise einfach zu simpel. Nachdem keine komplizierten mathematischen Schätz- und Testverfahren zur Anwendung kommen, erscheint die Methode nicht als wissenschaftlich robust genug, um allgemein gültige Erkenntnisse aus Daten ableiten zu können. Bezeichnend ist, dass der berühmt gewordene Band „*Designing Social Inquiry*" (King, Keohane und Verba 1994), der als Versuch gilt, die Trennung in qualitative und quantitative Methoden mittels einer Anwendung quantitativer Prinzipien auf qualitative Forschung zu überwinden (Mahoney/Rueschemeyer 2003: 17, fn. 39; Munck 2004: 106; Ragin 2003a: 10; 2004b: 123), QCA nur sehr kurz erwähnt (King, Keohane und Verba u.a. 1994: 87ff.). Es wird u.a. darauf hingewiesen, dass Ragins QCA keine besonders neuartige Methodologie ist, sondern aus bekannten Techniken aggregiert worden ist. Dazu ist zu bemerken, dass dies nicht automatisch negativ sein muss und nicht etwa die Anwendbarkeit der Methode in Frage stellt.

Aus qualitativer Sicht kann das schematische Vorgehen von QCA, das differenzierte Sachverhalte hinter Kodierungen und Kausalgleichungen verschwinden lässt, kritisch angemerkt werden. So kann man es durchaus als unmöglich ansehen, komplexe sozialwissenschaftliche Sachverhalte in derart formalisierten Maßeinheiten wie Bedingungen und Outcomes erfassen zu können.

Selbstverständlich ist jegliche Kritik dahingehend berechtigt, dass QCA im Hinblick auf Fall- und Variablenauswahl sowie auf Datenerhebungstechniken voll und ganz eklektisch ist. Egal auf welch sinnvolle oder sinnlose Weise die Bedingungen konzipiert sind, welche Fehler bei der Fallauswahl gemacht werden, oder wie die Datenqualität ist – QCA wird immer zu einem Ergebnis führen. Eine erfolgreiche Anwendung von QCA erfordert also Disziplin von den Forschern. Allerdings gilt das Gesagte auch für alle anderen methodischen Varianten, die gleich eklektisch sind.

Erfordernis der Dichotomisierung

Ein großes und wirkliches Problem der csQCA-Version von 1987 stellte aber die Notwendigkeit der Dichotomisierung aller Bedingungen und des Outcomes dar. Schließlich beruhten die Verfahren auf der binären und damit dichotomen Booleschen Algebra, und somit war die Dichotomisierung auch unbedingt erforderlich. Kritik an dieser Vorgehensweise war selbstverständlich mehr als gerechtfertigt, nicht zuletzt weil bei Dichotomien nur das einfachste Messniveau vorliegt. Insofern war das Problem von QCA, dass es als Methode sehr durchdacht und auf technisch sehr gut funktionierenden Algorithmen beruht, aber nur die allereinfachsten Datenstrukturen, nämlich Dichotomien, erfassen kann. Dazu kam noch, dass manche Forscher recht abenteuerliche Strategien zur Dichotomisierung angewandt haben. So wurden intervallskalierte quantitative Variablen in der Form ‚dichotomisiert', dass alle Werte oberhalb des Medians mit ‚1' kodiert wurden und alle anderen mit ‚0'. Eine solche Vorgehensweise macht natürlich keinen Sinn. Zum einen geht die Information der quantitativen Skala verloren. Ausreißer werden beispielsweise gemeinsam mit eher moderaten Werten einer der beiden Gruppen zugeordnet, oder von zwei sich minimal unterscheidenden quantitativen Werten wird unter Umständen einer der ‚0'-Gruppe zugeteilt und der andere der ‚1'-Gruppe. Zum anderen ist einer der Kernpunkte von QCA die *theoretisch* geleitete Dichotomisierung. Es kann nicht mit dem Median als Cutoff-point entschieden werden, ob nun das untersuchte Konzept vorliegt oder nicht. Stellen wir uns nur einmal vor, wir würden dieses Prinzip auf Werte von Demokratiemessungen anwenden. Eine solche Vorgehensweise würde bedeuten, dass immer dieselbe Prozentzahl von Ländern (nämlich 50 %) demokratisch verfasst wäre.

Nötig war also ein Instrument, das nicht den stark limitierenden Charakter dichotomer Messungen aufwies. Fuzzy-Sets, die im Folgenden dargestellt werden, wurden von Ragin als Lösung für dieses Problem angeboten.

5.3 Die Fuzzy-Set-Version von QCA (2000)

5.3.1 Fuzzy-Sets

Für den amerikanischen Begriff ‚Fuzzy-Set' gibt es keine gängige deutschsprachige Entsprechung. (‚Set' wird üblicherweise mit ‚Menge' übersetzt.) Was ist aber nun genau eine Fuzzy-Menge? Erinnern wir uns: In der klassischen Mengenlehre kann ein Element entweder einer Menge angehören oder auch nicht (Klir/St. Clair/Yuan 1997: 48). So ist beispielsweise das Element ‚Dezember' Mitglied der Menge aller Monate, während das Element ‚Dienstag' diese Eigenschaft nicht erfüllt und somit kein Element der Menge aller Monate ist.

Fuzzy-Werte

Fuzzy-Sets, die ursprünglich aus der Informatik stammen (Zadeh 1965; 1968), sind ebenfalls Mengen, nur fällt hierbei die Einschränkung weg, dass ein Element nur Mitglied einer Menge sein kann oder eben nicht; stattdessen gibt es bei Fuzzy-Sets auch teilweise Mengenmitgliedschaften (Klir/St. Clair/Yuan 1997: 73ff.). So können wir bei unserem Beispiel aus dem vorliegenden Abschnitt feststellen, dass ein Staat auch eine nur teilweise stabile Demokratie sein kann, dass ein Umsturz nur teilweise gewaltsam gewesen sein kann, dass eine Gesellschaft nur teilweise ethnisch homogen gewesen sein kann und dass ein Parteiensystem nicht vollständig pluralistisch sein kann. Andererseits kann ein interessierendes Land immer noch eine genügend stabile Demokratie aufweisen als dass es alternativ der Menge der nicht-stabilen Demokratien zugeordnet werden müsste. Folglich hat das Land einen gewissen Mitgliedschaftsgrad in der Menge stabiler Demokratien und einen (inversen) zweiten Mitgliedschaftswert in der Menge nicht-stabiler Demokratien. Diese Mitgliedschaftswerte werden als ‚Fuzzy-Werte' bezeichnet. ‚Fuzzy-Sets' ließen sich im Deutschen also am besten als ‚unscharfe Mengen' übersetzen. Dennoch soll hier aus pragmatischen Gründen die englische Bezeichnung weitergeführt werden.

Fuzzy-Sets erweitern also die Mengenbeziehungen über eine Vollmitgliedschaft bzw. eine absolute Nicht-Mitgliedschaft eines Falles in einer Menge auf verschiedene Abstufungen der Mitgliedschaft. Zwar bleiben die Werte ‚1' und ‚0' (Vollmitgliedschaft und Nichtmitgliedschaft) als Extremwerte erhalten, aber es werden quantitative Abstufungen ursprünglich qualitativer Konzepte ermöglicht (Ragin 2000: 154; 2004a: 2f.). Eigentlich wird die Dichotomie sogar zur ‚Trichotomie', denn es gibt für jedes Konzept einen so genannten Indifferenzpunkt, an dem wir nicht wissen, ob der interessierende Fall eher der Vollmitgliedschaft oder der absoluten Nicht-Mitgliedschaft zuzurechnen ist (Ragin 2000: 157), ob also ein Staat eher eine stabile Demokratie oder eine nicht-stabile Demokratie ist. Dieser Indifferenzpunkt wird mit 0,5 vercodet.

Fuzzy-Skala

Fuzzy-Werte geben die quantitativen Abstufungen dieser Differenzierung wieder. Wichtig ist hierbei, dass sprachliche Qualifizierungen die Abstufungen beschreiben (ebenda: 156). Im folgenden Beispiel werden die Werte für eine Fuzzy-Skala für Demokratie sprachlich beschrieben:

Abbildung 5.2: Einfache Fuzzy-Skala für Demokratie

1	für perfekt stabile Demokratien
0.66	für Demokratien, die eher stabil als nicht-stabil sind
0.33	für Demokratien, die eher nicht-stabil als stabil sind
0	für perfekt nicht-stabile Demokratien

Diese Fuzzy-Skala kann sich evtl. als noch nicht genau genug herausstellen. Man könnte also auf eine weiter differenzierte Fuzzy-Skala zurückgreifen wollen, wie z.B. die folgende:

Abbildung 5.3: Differenzierte Fuzzy-Skala für Demokratie

1	für perfekt stabile Demokratien
0.8	für Demokratien, die sehr stabil sind, aber nicht perfekt stabil
0.6	für Demokratien, die eher stabil als nicht-stabil sind
0.4	für Demokratien, die eher nicht-stabil als stabil sind
0.2	für Demokratien, die sehr unstabil sind, aber nicht perfekt nicht-stabil
0	für perfekt nicht-stabile Demokratien

Fuzzy-Skalen können natürlich noch genauer differenziert werden, aber natürlich wird es dann immer schwieriger, sprachliche Umschreibungen für die Fuzzy-Werte zu finden und die einzelnen Fälle den Fuzzy-Werten zuzuordnen.

Theoretisches Vorwissen

Dies führt uns zu der Frage, wie denn die Fuzzy-Werte vergeben werden. Die Antwort ist einfach und damit vielleicht etwas enttäuschend: wie auch schon bei den Dichotomisierungen im Falle von csQCA steht die *Theorie* im Vordergrund (Ragin 2000: 150). Für jeden einzelnen Fuzzy-Wert müssen überzeugende, transparente und theoretisch begründete Zuordnungsregeln erarbeitet werden und auf den einzelnen Fall angewandt werden. Im Falle der Messbarkeit von Demokratien bietet natürlich das gesamte Demokratie-Messinstrumentarium, das die Sozialwissenschaften entwickelt haben, eine wertvolle Hilfe, aber die Verarbeitung dieser Informationen liegt bei den Anwender selbst. Folglich ist eine sehr genaue Kenntnis der Einzelfälle eine unabdingbare Voraussetzung für eine sinnvolle Fuzzy-Set-Analyse. Diese Erkenntnis rückt selbst die quantitativen Abstufungen qualitativer Konzepte dann auch wieder in den Bereich fall- und nicht variablenorientierter Forschung.

Es wird dabei im Übrigen nicht empfohlen, verfügbare quantitative bzw. intervallskalierte Variablen durch linear-proportionale Transformationen in Fuzzy-Werte umzuwandeln.[8] Die Kodierung von Fuzzy-Werten muss vielmehr theore-

[8] Dies ist bei Konzepten wie ‚Stabilität einer Demokratie' schwer vorstellbar. Ginge es uns aber um den ökonomischen Wohlstand eines Staates, so läge die Versuchung nahe, das Bruttosozialprodukt der Untersuchungsstaaten in eine Skala von 0 bis 1 linear zu transformieren (z.B. durch Division des

tisch auf das Konzept, das sie beschreiben sollen, zurückgeführt werden. So benutzen wir evtl. unterschiedliche Kriterien zur Fuzzy-Kodierung der Stabilität von Demokratien, wenn wir nur westeuropäische Demokratien untersuchen als wenn wir etwa soeben demokratisierte Staaten in Lateinamerika anschauen. Fuzzy-Werte sind somit systemimmanente und keine allgemeinen Indikatoren für ein Konzept (Collier 1998: 5).

Vergleich mit Wahrscheinlichkeiten

Im Übrigen sollten Fuzzy-Werte auch nicht als Wahrscheinlichkeiten des Auftretens des zu messenden Konzepts interpretiert werden. Um den Unterschied deutlich zu machen, stelle man sich zwei Wassergläser vor. In einem der beiden Gläser befindet sich mit einer Wahrscheinlichkeit von 10 % (0,1) eine giftige Flüssigkeit. Im anderen der beiden Gläser befindet sich eine Flüssigkeit, deren Giftigkeitswert den Fuzzy-Wert 0,1 aufweist. Der Genuss vom ersten Glas kann (wenn die/der Trinkende Pech hat) tödlich enden – er kann aber auch ohne Probleme vonstatten gehen. Der Genuss vom zweiten Glas wird mit Sicherheit ein leichtes Bauchgrimmen hinterlassen, aber wird nicht tödlich sein. Das Wasser im zweiten Glas ist nämlich auf jeden Fall giftig, wenn auch nicht stark giftig.

Ein weiteres Beispiel (Cioffi-Revilla 1981: 151) stellt Wahrscheinlichkeiten und Fuzzy-Werte noch deutlicher gegenüber: Hören wir im Radio die Wettervorhersage, dass es am folgenden Tag mit einer Wahrscheinlichkeit von 80 % regnen würde, dann würden wir wohl dazu tendieren, einen höheren Fuzzy-Wert für einen Regentag zu vergeben als 0,8. Wir würden wohl sagen, dass es sich bei den Regenfällen anderntags um ein „sehr wahrscheinliches“ Ereignis handelt und unter Umständen sogar den Fuzzy-Wert 1 vergeben. Genauso würden wir, wenn ein Ereignis eine Wahrscheinlichkeit von 10 % hat, dieses Ereignis als unwahrscheinlich (mit einem Fuzzy-Wert von 0) einstufen. Insofern würden wir selbst Wahrscheinlichkeiten nicht direkt in Fuzzy-Werte übersetzen, sondern würden uns immer fragen müssen, welche inhaltliche Bedeutung eine gewisse mathematische Wahrscheinlichkeit für unseren (subjektiven) Wahrscheinlichkeitsbegriff hat.

Fuzzy-Wert von 0,5

Im Unterschied zur Darstellung in Charles Ragins zweitem Buch (Ragin 2000: 156) wird übrigens der Fuzzy-Wert von 0,5 (also der Indifferenzpunkt) nur noch als theoretisch mögliche Kategorie betrachtet, aber nicht mehr empirisch vergeben. Neben einer mathematischen Begründung (auf die wir weiter unten zurückkommen werden) spricht vor allem dagegen, dass keine Konzepte verwendet werden sollen, die die Zuordnung von Fällen so schwer machen, dass nicht einmal entschieden werden kann, ob der Fall nun eher dem Vorliegen des Konzeptes oder seinem Nicht-Vorliegen zugeordnet werden soll.

5.3.2 Fuzzy-Sets und die Bildung von Idealtypen

Im folgenden sind für zwei Fälle (aus einer natürlich größeren Anzahl von Fällen) die Fuzzy-Werte sowohl für die Bedingungen als auch für das Outcome abgebildet. Wie oben, liegen drei Bedingungen A, B und C und das Outcome Y vor:

BSP jedes einzelnen Staates durch das maximale BSP aller Untersuchungsstaaten), so dass die neue, konzentrierte Skala exakt die numerischen Intervalle und Verhältnisse der Ausgangsskala darstellt.

Tabelle 5.10: Ausschnitt aus einer hypothetischen Wahrheitstafel mit Fuzzy-Sets

Zeile	A	B	C	Y
1	1	0,8	0,9	0,7
2	0,7	0,2	0,4	0,4

Y = Stabile Demokratie
A = Gewaltsamer Umsturz
B = Ethnische Homogenität der Bevölkerung
C = Pluralistisches Parteiensystem

Idealtypen

Betrachten wir zunächst die erste Zeile. Diese repräsentiert einen Fall, in dem der Umsturz ganz klar gewaltsam war, die Bevölkerung recht ethnisch homogen ist (wenn auch nicht auf perfekte Weise) und das Parteiensystem sehr pluralistisch ist (allerdings auch dieses nicht auf perfekte Weise). Am Besten könnte diese Zeile als ‚ABC'-Zeile bezeichnet werden. Die zweite Zeile dagegen beschreibt wohl auch einen Fall, in dem der Umsturz gewaltsam war (wenn auch nicht so gewaltsam wie in der ersten Zeile), aber eine ethnische Homogenität der Bevölkerung liegt klar nicht vor, und auch das Parteiensystem scheint eher nicht pluralistisch zu sein. Stattdessen liegt eher eine ethnisch nicht-homogene Bevölkerung vor (beschreibbar durch die Bedingung ‚b', die einen Fuzzy-Wert von 0,8 annähme) und – wenn auch knapp – ein nicht-pluralistisches Parteiensystem (eine entsprechende Bedingung ‚c' hätte einen Fuzzy-Wert von 0,6). Die beste Bezeichnung für die zweite Zeile ist demnach ‚Abc'. Alternativ haben wir vielleicht noch ‚AbC' überlegt (nachdem ja nicht ganz klar war, wie es um die Pluralität des Parteiensystems bestellt war), aber da ‚C' nur einen Fuzzy-Wert von 0,4 hat, ist ‚Abc' wohl doch besser. Dennoch bleibt festzuhalten, dass auch ‚AbC' keine allzu schlechte Beschreibung der zweiten Zeile wäre.

Wir haben mit dieser Prozedur also Idealtypen gebildet. ‚ABC' ist somit der Idealtyp, dem der Fall der ersten Zeile zugeordnet werden kann, während die zweite Zeile knapp dem Idealtyp ‚Abc' zugerechnet wird, wobei ‚AbC' als Alternative evtl. in Frage käme.

Wie wir sehen, kann zwar jeder Fall einem Idealtyp zugeordnet werden, aber es gibt auch hier Abstufungen: Den ersten Fall haben wir recht klar dem Idealtyp ‚ABC' zugeordnet, während im zweiten Fall die Zuordnung zu ‚Abc' schon weniger geglückt ist. Obwohl ‚Abc' der am besten passende Idealtyp für die zweite Zeile ist, scheint er ‚weniger ideal' zu sein als ‚ABC' für die erste Zeile. Das führt uns zu der Überlegung, die Idealtypen zu bewerten. Wir brauchen also eine mathematische Vorgehensweise, mit Hilfe derer wir die Mitgliedschaft eines Falles in einem Idealtyp messen.

Fuzzy-Operationen

Eine Möglichkeit wäre z.B., dass wir die arithmetischen Mittelwerte der einzelnen Fuzzy-Werte der Bedingungen berechnen. Im ersten Fall würde dies zu 0,9 (Ausgangswerte: 1, 0,8 und 0,9) führen. Denken wir uns aber nun einen hypothetischen Fall, der gleich der ersten Zeile ist, mit Ausnahme der Bedingung B, die wir mit 0,2 kodieren. Die Fuzzy-Werte würden also A = 1, B = 0,2 und C = 0,9 lauten. Aufgrund unserer Überlegungen zu Idealtypen würden wir sagen, dass dieser Fall am besten mit dem Idealtyp ‚AbC' beschrieben ist (nachdem B ja eher nicht vorliegt als dass es vorliegt). Dennoch ist der arithmetische Mittelwert der drei Bedingungen A, B und C 0,7. Das hieße, dass bei einer solchen Vorgehensweise dieser Fall im Idealtyp ‚ABC' eine Mitgliedschaft von 0,7 hätte, also diesem Idealtyp sehr gut zugeordnet werden könnte. Nachdem dies aber nicht sein kann, scheint das arithmetische Mittel als Kriterium nicht zu funktionieren.

Die Fuzzy-Algebra schlägt stattdessen das Minimum der Fuzzy-Werte der unabhängigen Variablen vor (Klir/St. Clair/Yuan 1997: 93f.; Ragin 2000: 173f.). Dies entspricht dem Grundsatz, dass das Gesamte (= der Idealtyp) nicht höher zu bewerten sein kann als sein schlechtester Teil (= die am geringsten ausgeprägte Komponente).

Für unser Beispiel heißt das, dass die erste Zeile in ihrem Idealtyp ‚ABC' eine Mitgliedschaft von 0,8 hat (das Minimum aus 1, 0,8 und 0,9). Für die Mitgliedschaft des zweiten Falles in seinem Idealtyp (‚Abc') müssen wir uns zuerst die entsprechenden Werte von ‚b' und ‚c' in Erinnerung rufen: Wenn ‚B' 0,2 ist, dann ist ‚b' 0,8. Wenn ‚C' 0,4 ist, dann ist ‚c' 0,6. Folglich müssen wir das Minimum aus A = 0,7, b = 0,8 und c = 0,6 ermitteln. Dies liegt bei 0,6. In der Tat, die Mitgliedschaft des Falles der zweiten Zeile in seinem Idealtyp liegt mit 0,6 niedriger als die des ersten Falles. Hätten wir nun fälschlicherweise ‚AbC' als Idealtyp für die zweite Zeile angegeben, so hätten wir das Minimum aus A = 0,7, b = 0,8 und C = 0,4 ermitteln müssen, also 0,4. Dieser Wert liegt niedriger als 0,6, ist aber immer noch recht hoch. Allerdings liegt 0,4 unter 0,5. Das suggeriert, dass der so gefundene Idealtyp so ideal nicht sein kann.

Insgesamt muss bei drei Bedingungen zwischen acht (= $2^{\text{Anzahl der Bedingungen}}$) Idealtypen entschieden werden. Damit entspricht die Zahl möglicher Idealtypen der Zahl der Zeilen einer dichotomen Wahrheitstafel. Im folgenden sollen kurz die beiden hypothetischen Fälle in Bezug auf alle acht denkbaren Idealtypen dargestellt werden (das Outcome wird nicht betrachtet, nachdem es für die Bestimmung von Idealtypen keine Rolle spielt):

Tabelle 5.11: Idealtypen für die hypothetische Wahrheitstafel mit Fuzzy-Sets

	Variablen			Idealtypen							
Zeile	A	B	C	ABC	ABc	AbC	Abc	aBC	aBc	abC	abc
1	1	0,8	0,9	**0,8**	0,1	0,2	0,1	0	0	0	0
2	0,7	0,2	0,4	0,2	0,2	0,4	**0,6**	0,2	0,2	0,3	0,3

Wir sehen, dass beide Fälle in allen Idealtypen einen Mitgliedschaftswert erhalten, der aber in nur genau einem der Idealtypen größer als 0,5 ist.

Kritik am Wert 0,5

Diese Übung weist uns nun auch darauf hin, warum der Fuzzy-Wert von 0,5 nicht nur aus inhaltlicher Sicht nicht vergeben werden sollte, sondern er auch aus mathematischer Sicht nicht angeraten ist. Interessierte Leser mögen es durchspielen: Wenn eine der Bedingungen den Fuzzy-Wert von 0,5 erhält, dann wird dieser Fall in keinem der Idealtypen einen Mitgliedschaftswert von über 0,5 erhalten, dafür aber zweimal mit einem Mitgliedschaftswert von 0,5. Folglich gehört dieser Fall keinem Idealtyp richtig an. Er liegt vielmehr genau zwischen zwei Idealtypen (Ragin 2004a: 9, fn. 4).

Im übrigen weist uns diese Diskussion der Idealtypen darauf hin, dass fsQCA genauso wie csQCA Fälle als Konfigurationen ihrer (idealtypischen) Eigenschaften erfasst. Fuzzy-Sets ermöglichen es darüber hinaus anzugeben, ‚wie ideal' ein Idealtyp für einen bestimmten Fall ist.

Bis jetzt haben wir uns aber lediglich mit einer Illustration der Fälle beschäftigt. Erinnern wir uns aber, dass das eigentliche Ziel von QCA eine Kausalanalyse ist, bei der notwendige und hinreichende Bedingungen herausgearbeitet werden sollen. Im folgenden wird diskutiert, wie dies in fsQCA erreicht wird.

5.3.3 Notwendige und hinreichende Bedingungen in fsQCA

Es ist klar, dass wir bei einer komplexen Wahrheitstafel mit Fuzzy-Werten unsere oben erprobte systematische Durchforstung nach notwendigen und hinreichenden Bedingungen nicht mehr anwenden können. Im Falle von Fuzzy-Sets braucht es andere, weitergehende Verfahren.

x-y-Plot

Erinnern wir uns: in csQCA durfte im Falle hinreichender Bedingungen kein Fall vorliegen, in der die Bedingung vorlag (‚1'), während das Outcome nicht vorlag (‚0'). Ebenso durften bei notwendigen Bedingungen keine Fälle vorliegen, bei denen die Bedingung nicht vorlag (‚0'), das Outcome aber schon (‚1').

Dies lässt sich im folgenden Koordinatensystem (einem so genannten ‚x-y-Plot') darstellen, bei dem die x-Achse die Bedingung darstellt und die y-Achse das Outcome:

Abbildung 5.4: Bedingungen im x-y-Plot

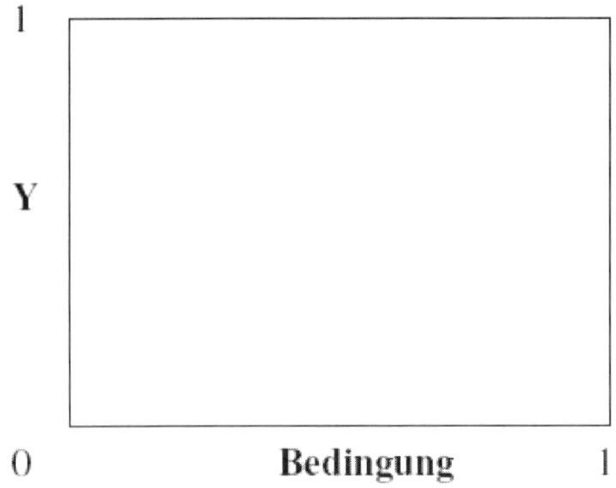

Bedingungen in fs/QCA

Wenn es sich um eine hinreichende Bedingung handelt, so werden wir Fälle in der Ecke links oben finden (Bedingung liegt nicht vor, Outcome liegt trotzdem vor ⇒ nicht direkt relevanter, aber auch kein störender Fall für eine hinreichende Bedingung), ferner rechts oben (Bedingung liegt vor, Outcome liegt vor ⇒ hoch willkommener Fall für eine hinreichende Bedingung) und links unten (Bedingung liegt nicht vor, Outcome liegt auch nicht vor ⇒ nicht direkt relevanter, aber auch kein störender Fall für eine hinreichende Bedingung). Nur rechts unten (Bedingung liegt vor, aber Outcome liegt nicht vor) dürfen wir keinen Fall finden.

Eine hinreichende Bedingung präsentiert sich uns also wie folgt:

Abbildung 5.5: Hinreichende Bedingungen im x-y-Plot

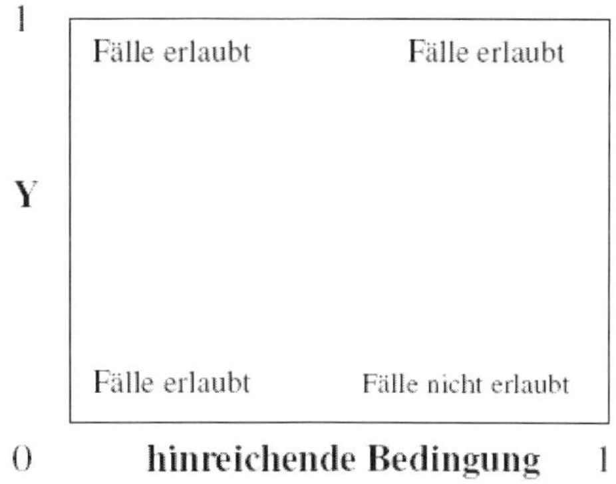

Bei notwendigen Bedingungen bleibt dagegen die linke obere Ecke eines x-y-Plots leer.

Dieser x-y-Plot, bei dem die beiden Achsen für X und Y kontinuierlich sind, weist schon darauf hin, dass sich mit einem solchen Graphen auch sehr gut Fuzzy-Werte abbilden lassen. Und so leiten wir aus dieser Darstellung ab, dass im Falle einer hinreichenden Bedingung für fsQCA die Fälle nicht unter die Diagonale fallen dürfen, während sie bei notwendigen Bedingungen nicht darüber fallen dürfen. Das Koordinatensystem wird also in den Raum ausgedehnt, während bei der dichotomen csQCA-Variante nur die Ecken betrachtet werden mussten.

Wenn es sich also um eine hinreichende Bedingung handelt, so ist der x-y-Plot der Folgende:

Abbildung 5.6: Hinreichende Bedingungen im x-y-Plot

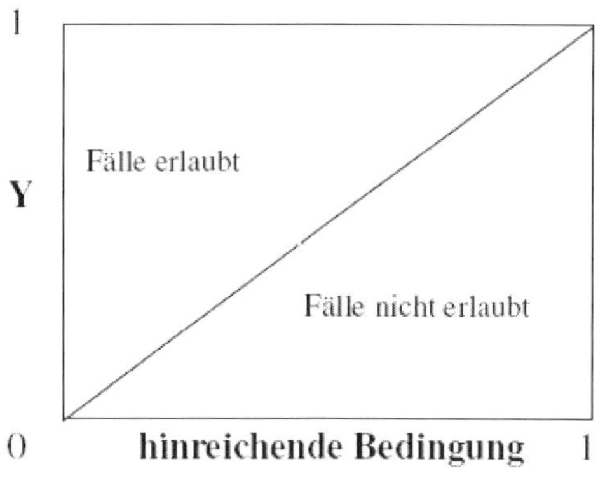

Wenn also alle Fälle auf oder oberhalb der Diagonalen liegen, dann ist die Bedingung hinreichend. Oder, in einer Formel ausgedrückt:

Fuzzy-Wert der hinreichenden Bedingung $\leq$ Fuzzy-Wert des Outcomes.

Bei notwendigen Bedingungen liegen entsprechend alle Fälle in einem x-y-Plot unter oder auf der Diagonalen bzw.:

Fuzzy-Wert der notwendigen Bedingung ≥ Fuzzy-Wert des Outcomes.

Zu bemerken ist, dass diese Überprüfung für alle möglichen hinreichenden und notwendigen Bedingungen durchgeführt werden muss, also für $2^{\text{Anzahl der Bedingungen}}$ Kombinationen, die den Zeilen einer dichotomen Wahrheitstafel bzw. der Anzahl möglicher Idealtypen entsprechen. Es müssen also $2^{\text{Anzahl der Bedingungen}}$ x-y-Plots erstellt und untersucht werden, um wirklich alle möglichen hinreichenden und notwendigen Bedingungen zu erfassen.

Nehmen wir noch einmal unsere (zugegebenermaßen) sehr stark reduzierte hypothetische Datenlage von oben, um dies zu demonstrieren.

Tabelle 5.12: Analyse notwendiger und hinreichender Bedingungen bei Fuzzy-Sets

Zeile	A	B	C	ABC	**Abc**	**AbC**	Abc	**aBC**	**aBc**	**abC**	**abc**	Y
1	1	0,8	0,9	0,8	**0,1**	**0,2**	0,1	**0**	**0**	**0**	**0**	0,7
2	0,7	0,2	0,4	0,2	**0,2**	**0,4**	0,6	**0,2**	**0,2**	**0,3**	**0,3**	0,4

Y = Stabile Demokratie
A = Gewaltsamer Umsturz
B = Ethnische Homogenität der Bevölkerung
C = Pluralistisches Parteiensystem

Wir sehen, dass in den fett gedruckten Spalten potentielle hinreichende Bedingungen vorliegen, deren Fuzzy-Werte in beiden Fällen bzw. Zeilen kleiner oder gleich dem Fuzzy-Wert von Y sind. Diese sechs Kombinationen sind also hinreichende Bedingungen für die Stabilität von Demokratien. Wenn wir diese hinreichenden Bedingungen nun wie im Falle der dichotomen Wahrheitstafeln mit ‚oder' verknüpfen und die resultierende Gleichung:

$$ABc + AbC + aBC + aBc + abC + abc \rightarrow Y$$

nun mit Regeln der Booleschen Algebra oder dem Computerprogramm minimieren, erhalten wir als Kausalgleichung:

$$a + Bc + bC \rightarrow Y.$$

Die hinreichenden Bedingungen für Y sind also ‚a', ‚Bc' und ‚bC'.

Vorgehensweise

Natürlich ist dies nur eine sehr rudimentäre Demonstration der Technik; es wäre in der Realität natürlich höchst unseriös, eine Kausalgleichung auf der Basis von nur zwei Fällen zu erstellen. Das Problem ist hierbei die ‚begrenzte empirische Vielfalt', wie sie auch schon oben angesprochen wurde. So wie bei csQCA (bei drei Bedingungen) acht verschiedene Konfigurationen empirisch vorliegen mussten (ansonsten bestand das Problem ‚begrenzter empirischer Vielfalt'), so müssen auch bei fsQCA (bei nach wie vor drei Bedingungen) acht Idealtypen durch Fälle repräsentiert werden.

Klar werden sollten aber die folgenden Punkte:

- Bei einer kausalen Fuzzy-Set-Analyse untersuchen wir alle Idealtypen daraufhin, ob sie hinreichende oder notwendige Bedingungen darstellen. Dies geschieht mit Hilfe von x-y-Plots. Es müssen also $2^{\text{Anzahl der Bedingungen}}$ x-y-Plots erstellt und überprüft werden.
- Die so herausgearbeiteten hinreichenden und notwendigen Bedingungen werden in einer kausalen Rohgleichung miteinander verknüpft. Es wird also eine Gleichung derjenigen Idealtypen erstellt, deren Kombinationen von Einzelbedingungen sich als hinreichende oder notwendige Bedingungen für Y herausgestellt haben.
- Ab diesem Moment gleicht fsQCA der dichotomen csQCA. Die Rohgleichung wird mit den Regeln der Booleschen Algebra minimiert. Eine fsQCA-Analyse ist also nichts anderes als eine csQCA-Analyse, die statt der Fälle deren am besten passende Idealtypen verwendet; spätestens hier sollte klar werden, warum jeder Fall genau einem Idealtyp zugeordnet werden können sollte und nicht zwischen zwei Idealtypen liegen darf, wie es passieren würde, wenn Fuzzy-Werte von 0,5 vergeben werden würden.

Ist also eine fsQCA-Analyse nichts anderes als die herkömmliche csQCA-Analyse, bei der Idealtypen statt der beobachtbaren Konfigurationen von Eigenschaften verwertet werden? Wohin sind die Fuzzy-Werte verschwunden, wenn doch auf die Minimierungsstrategie der dichotomen Variante zurückgegriffen wird? Wie wird die Information verwertet, die uns der Mitgliedschaftswert eines Falles in einem Idealtyp liefert? Antworten auf diese Fragen liefert uns nun die Diskussion über das Konsistenz- und Abdeckungsmaß in Fuzzy-Sets.

5.3.4 Konsistenz und Abdeckung bei fsQCA

possibilistische Sichtweise

Die Praxis zeigt, dass es nicht immer ganz einfach ist, Kombinationen unabhängiger Faktoren als hinreichende oder notwendige Bedingungen zu definieren. Während bei csQCA mindestens eine Konfiguration eine hinreichende Bedingung sein *muss*,[9] kann es bei fsQCA-Analysen durchaus vorkommen, dass keine der 2^k Konfigurationen (k = Anzahl der Bedingungen) den Test auf eine hinreichende oder eine notwendige Bedingung ‚besteht'. Alle 2^k x-y-Plots können unter Umständen Datenpunkte sowohl oberhalb als auch unterhalb der Diagonalen aufweisen (und das ist in der Analysepraxis auch leider häufig der Fall). Folglich ist im Falle von Fuzzy-Sets eine weniger deterministische Herangehensweise noch stärker angeraten als im Falle dichotomer Daten. Während Ragin anfangs noch „*Benchmark Proportions*" und „*Fuzzy Adjustments*" als hilfreiche

[9] Im Falle von csQCA hat mindestens eine der Konfigurationen eine ‚1' im Outcome. Damit ist dann zumindest diese Einzelkonfiguration (auch wenn sie nicht weiter minimiert werden könnte) schon eine hinreichende Bedingung.

possibilistische[10] Parameter eingeführt hat (Ragin 2000: 107ff.), wird heute mit dem bereits eingeführten Konsistenzmaß gearbeitet. Erinnern wir uns: Das Konsistenzmaß erfasst in der dichotomen Version den Prozentsatz der Fälle, die die Richtigkeit der Kausallösung bestätigen. Übertragen auf eine Analyse hinreichender Bedingungen bei Fuzzy-Sets würde dies bedeuten, dass das Konsistenzmaß messen muss, welcher Prozentsatz der Fälle tatsächlich oberhalb der Diagonalen liegt. So wird für jeden der 2^k x-y-Plots ein eigenes Konsistenzmaß berechnet. Liegen viele Fälle unterhalb der Diagonalen, wird das Konsistenzmaß sehr klein sein – wir würden in diesem Fall davon Abstand nehmen, die Konfiguration als konsistent mit der Aussage, es handele sich um eine hinreichende Bedingung, zu bezeichnen. Liegen dagegen die meisten Fälle oberhalb der Diagonalen, so wird das Konsistenzmaß höher sein, und die Konfiguration wird als ‚nahezu hinreichende Bedingung' akzeptabel sein.

Es mag vielleicht unbefriedigend klingen, auf ‚nahezu hinreichende Bedingungen' zurückgreifen zu müssen und unter Umständen keine deterministisch hinreichende Bedingung zu finden, aber dennoch dürfen wir nicht vergessen, dass Fuzzy-Daten bereits derart komplexe Datenstrukturen darstellen, dass sie sich nur schwer mit rigiden und deterministischen Vorgehensweisen vereinbaren lassen.

Konsistenzmaß

Nun ist es bei Fuzzy-Sets aber so, dass das Konsistenzmaß nicht nur aufgrund der *Anzahl* der Fälle, die ungewollter Weise unter die Diagonale fallen, berechnet wird, sondern es werden vielmehr die Fuzzy-Werte der abweichenden Fälle in die Überlegungen einbezogen. Ein Fall, der im Eck rechts unten landet (der also eine sehr starke Ausprägung der Bedingung aufweist, aber nur eine sehr schwache Ausprägung des Outcomes), zerstört die Behauptung, es handele sich bei der Konfiguration um eine hinreichende Bedingung, natürlich um vieles mehr als ein Fall, der knapp unterhalb der Diagonalen liegt. Insofern wurde eine Formel kreiert, um den Abstand zur Diagonalen zu messen. Technisch gesprochen, setzt diese Formel die Summe der Minima der Fuzzy-Wertepaare aus der jeweiligen Konfiguration der Bedingungen und des Outcomes in Relation zur Summe aller Fuzzy-Werte der jeweiligen Konfiguration der Bedingungen. Dabei gehen in den Zähler nur diejenigen Fälle ein, die oberhalb der Diagonalen liegen. Interessierte Leser sind gebeten, diese Vorgehensweise für verschiedene Szenarien durchzuspielen. Es wird zu sehen sein, dass der Konsistenzwert auch dann sinkt, wenn für viele empirisch beobachtbare Fälle die Bedingung gar nicht vorliegt (wenn also z.B. viele Länder einen niedrigen Fuzzy-Mitgliedschaftswert in der Kombination eines gewaltlosen Umsturzes, eines ethnisch homogenen Landes und eines pluralistischen Parteiensystems haben). Dieser Umstand wurde oben als ‚nicht direkt relevant' für die Bestimmung von Kausalität definiert. Während dies auch weiterhin nicht direkt relevant bleibt, so wird in fsQCA aber

[10] Wir verzichten hier auf den Terminus ‚probabilistisch', weil er oftmals – in Abgrenzung zu ‚deterministisch' – für Wahrscheinlichkeitsaussagen verwendet wird, wie sie aus der Statistik bekannt sind. Im Gegensatz dazu soll ‚possibilistisch' eine Aufweichung von Determinismus beschreiben. Statt deterministisch das Wort ‚immer' zu gebrauchen, wird possibilistisch der Ausdruck ‚fast immer' bemüht. Dies unterscheidet sich von der grundsätzlich anderen Sichtweise der statistischen (probabilistischen) Wahrscheinlichkeitstheorie.

auch dem Umstand Rechnung getragen, dass solche Fälle nichts zu Kausalitätsaussagen beitragen.

Wichtig ist festzuhalten, dass für jeden der 2^k x-y-Plots Konsistenzmaße ausgerechnet werden können. Mal werden die Parameter höher, mal niedriger sein. Folglich gibt es Konfigurationen, die mit der Aussage, sie seien eine hinreichende Bedingung, konsistenter sind, und solche, die mit dieser Aussage weniger konsistent sind.

Abdeckungsmaß

Das Abdeckungsmaß berechnet sich auf eine ähnliche Weise. Es hilft zu eruieren, welcher Anteil des Outcomes (also der Summe der y-Fuzzy-Werte aller Fälle) durch die Lösung bzw. ihre einzelnen Komponenten abgedeckt wird. Die Formel ist der der Konsistenz sehr ähnlich, nur dass bei der Abdeckung im Nenner die Summe aller Fuzzy-Werte des Outcomes (und nicht der Bedingung) steht.

Zu bemerken ist, dass die Konsistenz- und Abdeckungsmaße nicht nur für die einzelnen Konfigurationen unabhängiger Variablen berechnet werden können, sondern auch für das resultierende Gesamtergebnis. Das bedeutet, dass wir in der Lage sind,

- für jede der 2^k Kombinationen der Einzelbedingungen anzugeben, wie konsistent die Daten mit der Behauptung sind, dass die jeweilige Konfiguration eine hinreichende Bedingung für y darstellt,
- für jede der 2^k Kombinationen der Einzelbedingungen anzugeben, welchen Prozentsatz des zu erklärenden Phänomens (= Outcome) sie erklären,
- für die resultierende abschließende kausale Lösung einen Konsistenzwert anzugeben, von dem wir ablesen können, wie gut es uns gelungen ist, eine verknüpfte Kausalaussage über das Zustandekommen des Outcome zu treffen, und
- abschließend mit einem Abdeckungswert für die gefundene Lösung festzustellen, welchen Anteil des uns interessierenden Phänomens wir in der Lage waren zu erklären.

Man kann den Unterschied zwischen Konsistenz- und Abdeckungsmaß in Bezug auf das Endergebnis auch damit klarer machen, dass man darauf hinweist, dass uns das Konsistenzmaß angibt, *wie gut* unsere Erklärung ist, während die Abdeckung misst, *wie viel* wir erklären. Es sollte zur unbedingten ‚good practice' einer jeden Fuzzy-Set-Analyse gehören, immer auch Konsistenz- und Abdeckungsmaße anzugeben.

5.3.5 Die praktische (computergestützte) Durchführung einer fsQCA-Analyse

Seit November 2003 ist ein Computeralgorithmus zur Analyse von Fuzzy-Datenmatrizen in Gebrauch, der zwar in Einzelheiten immer wieder verbessert worden ist, aber ansonsten weitestgehend konstant geblieben ist. Früher verwendete Algorithmen sollten allerdings nicht mehr verwendet werden (für eine ausführliche Beschreibung des Algorithmus, siehe Ragin (2004a: 15ff.) und Schneider/

Wagemann (2007); das Programm kann ebenfalls vom oben angegebenen Ort herunter geladen werden). Das Prinzip ist das folgende:

1. Zuerst erstellt der Computer eine Liste aller möglichen Konfigurationen der Einzelbedingungen. Die Zahl dieser möglichen Konfigurationen ist – wie wir wissen – 2^k.
2. Daraufhin ordnet der Computer alle empirisch beobachteten Fälle diesen 2^k Idealtypen zu. Dabei wird ein Fall derjenigen Idealkombination zugeordnet, für den der Fuzzy-Wert der (Kombination der) Einzelbedingungen größer als 0,5 ist. Wie wir oben festgestellt haben, gibt es für jeden Fall nur einen Idealtyp, dem der Fall bestmöglich zugeordnet werden kann.
3. Nun wird es Idealtypen geben, die nicht durch Fälle repräsentiert werden. Wir haben zwar gesehen, dass jeder Fall in nahezu allen Idealtypen eine (wenn auch mitunter sehr geringe) Mitgliedschaft hat, dennoch kann es bei einzelnen Idealtypen vorkommen, dass sie für keinen empirisch beobachtbaren Fall den am besten geeigneten Idealtyp darstellen. Es führt dies dann zu ‚begrenzter empirischer Vielfalt', und diese Konfigurationen werden als ‚nicht empirisch existent' gekennzeichnet.
4. Der Computeralgorithmus legt nun für alle übrig bleibenden (also empirisch existenten) Konfigurationen unabhängiger Variablen mittels der Untersuchung von x-y-Plots fest, wie hoch der Konsistenzwert der Kombination hinsichtlich der Behauptung ist, es handele sich um eine hinreichende Bedingung. Berechnet werden also maximal 2^k Konsistenzwerte, bzw. entsprechend weniger bei ‚begrenzter empirischer Vielfalt'.
5. Es ist nun den Forschern überlassen, mit Hilfe der Höhe der Konsistenzmaße der einzelnen Kombinationen festzulegen, welche Konfigurationen von Einzelbedingungen sie als ausreichend konsistent und damit als hinreichende Bedingungen definieren. Sicher wird man sich nicht darauf beschränken, nur zu 100% konsistente Konfigurationen als hinreichende Bedingungen zuzulassen, nachdem ein solch hoher Konsistenzwert nur selten erzielt wird. Ein Konsistenzwert von 0,5 ist natürlich das absolute Minimum, da bei einem noch niedrigeren Wert mehr Inkonsistenzen als Konsistenzen festzustellen wären. Ein Schwellenwert von 0,7, 0,75 oder 0,8 erscheint im Allgemeinen angemessen.
6. Alle so definierten konsistenten unabhängigen Konfigurationen werden nun logisch minimiert. Dabei gibt es beim Auftreten ‚begrenzter empirischer Vielfalt' die für csQCA erwähnten Lösungsvorschläge. Am Ende resultiert dann eine abschließende Lösung, die – identisch zu csQCA – die Pfade angibt, die zum Outcome geführt haben.

Eine fsQCA-Analyse ist somit nach wie vor eine Analyse von Wahrheitstafeln, wobei bei Fuzzy-Sets empirisch existente und mit Hilfe der Fuzzy-Logik als ausreichend hinreichende Bedingungen qualifizierte (dichotome) Idealtypen den Minimierungsprozeduren unterworfen werden.

5.4 Anwendungen von QCA und fs/QCA

Eine Forschergruppe in Belgien hat im Internet die wichtigsten veröffentlichten und unveröffentlichten Arbeiten mit csQCA und fsQCA zusammengestellt (http://www.compasss.org/QCAApplications.htm).[11] Ohne hier eine generelle Evaluation der angegebenen Arbeiten vornehmen zu wollen, sei doch darauf hingewiesen, dass es unmöglich ist, bei einer derart vollständigen Liste auch die Qualität der aufgelisteten Veröffentlichungen zu überprüfen. Deswegen gilt hier kritische Wachsamkeit, ob die dargestellten Analysen auch wirklich den in diesem Text aufgelisteten Kriterien entsprechen.

Im folgenden sollen kurz vier politikwissenschaftliche Anwendungen beleuchtet werden, die in ihrem Charakter sehr unterschiedlich sind, und die QCA zu verschiedenen Graden anwenden:

Fallbeispiele

B. Guy Peters stellt in seinem Lehrbuch zu vergleichenden Methoden ein Beispiel für eine dichotome Wahrheitstafel vor (Peters 1998: 164). Er untersucht als Outcome erfolgreiche versus nicht-erfolgreiche Verwaltungsreformen (am Beispiel der Einführung bzw. Nicht-Einführung finanzieller Leistungsanreize für das Verwaltungspersonal) und verwendet (a) eine konservative Regierung, (b) ein Finanzdefizit, (c) Skandale und (d) eine „deutsche" bzw. „nicht-deutsche" Verwaltungskultur als Bedingungen. Die Problematik einer solchen Vorgehensweise liegt dabei natürlich auf der Hand: Während die Einführung bzw. Nicht-Einführung finanzieller Leistungsanreize für das Verwaltungspersonal durchaus dichotom sein kann (wenn auch nicht unbedingt sein muss, weil es auch bei finanziellen Leistungsanreizen Sinn machen kann, Abstufungen zu berücksichtigen), sind die vier Bedingungen wohl eher für eine fsQCA-Analyse geeignet als für eine dichotome csQCA.

Peters unterzieht in seinem Lehrbuch seinen Datensatz auch keiner rigiden, systematischen Analyse, sondern untersucht lediglich die Wirkung der einzelnen Bedingungen auf narrative Art. Eine systematische Analyse wäre bei Peters' Datensatz in der Tat auch nicht sehr einfach gewesen. Zwar hat Peters 18 Fälle für seine 16zeilige Wahrheitstafel (2^4), aber aufgrund von Doppelbesetzungen logischer Kombinationen bleiben sieben von 16 Zeilen ‚leer', d.h., fast die Hälfte aller Kombinationen liegt empirisch nicht vor. Damit nicht genug: Drei der verbleibenden neun Zeilen widersprechen sich, d.h., es gibt innerhalb dieser drei Kombinationen von Einzelbedingungen sowohl Länder mit positivem Outcome (finanzielle Leistungsanreize) als auch Länder mit negativem Outcome (ohne finanzielle Leistungsanreize). Folglich können eigentlich nur sechs von 16 Kombinationen bedenkenlos in die Analyse einbezogen werden. Entsprechend unbefriedigend ist dann auch die formale Analyse: Legen wir die strengst möglichen Kriterien an die Behandlung der widersprüchlichen bzw. empirisch nicht vorhandenen Fälle an, ist das Ergebnis, dass finanzielle Leistungsanreize nur dann

[11] Es sei hier noch mvQCA (‚multi value QCA') erwähnt, bei der das Problem von Dichotomisierungen dadurch überkommen werden soll, dass mehr als zwei Kategorien bei den Bedingungen (nicht aber beim Outcome) zugelassen werden. mvQCA wendet die logischen Prinzipien von csQCA direkt in verallgemeinerter Form an, hat aber mit dem Problem noch größerer ‚begrenzter empirischer Vielfalt' zu kämpfen. Auch hierfür ist die COMPASSS-Seite eine wertvolle Quelle für Informationen, was Weiterentwicklung und Anwendung von mvQCA betrifft.

eingeführt wurden, wenn finanzielle Probleme mit der Abwesenheit von Skandalen und eine, wie auch immer definierte, nicht-deutsche Verwaltungskultur zusammenkamen (LEISTUNGSANREIZ = DEFIZIT * skandal * kultur). Abgesehen davon, dass dieses Ergebnis nicht besonders eingängig und stark spezifisch ist, liegt das wahre Problem dieser Analyse darin, dass, wenn wir die selben Daten nochmals analysieren, und es dabei der Computer-Simulation überlassen, die einfachste (,sparsamste') aller möglichen Lösungen auszuwählen, das Endergebnis schlicht und ergreifend sagt, dass ein Finanzdefizit alleinige (hinreichende und notwendige) Bedingung für die Einführung finanzieller Leistungsanreize ist (LEISTUNGSANREIZ = DEFIZIT). Dies ist natürlich sehr unbefriedigend und zeigt uns, dass nicht jede Datenkombination mit QCA ausreichend analysierbar ist.

Dennoch sind die Ergebnisse nicht ganz wertlos: Immerhin hat es in keiner der beiden Analysen eine Rolle gespielt, ob eine Rechts- oder Linksregierung vorlag (Peters kommt in einer Logit-Analyse allerdings zu einem anderen Schluss, siehe Peters 1998: 172), und finanzielle Probleme sind in beiden obigen Ergebnissen notwendige Bedingungen.

Catherine Moury hat in ihrer Analyse zu Koalitionsvereinbarungen (Moury 2004) mit diesen Problemen nicht zu kämpfen, nachdem sie sich für eine Fuzzy-Set-Analyse entscheidet und damit das Problem widersprüchlicher Fälle von vornherein ausschließt. Moury untersucht Koalitionsvereinbarungen in Belgien, Frankreich, Italien und den Niederlanden hinsichtlich ihrer Genauigkeit (in Bezug auf die festgelegten Ziele) und ihrer Vollständigkeit (in Bezug auf Politikfelder). Zwischen 1990 und 2003 findet sie hierzu 14 Fälle (= Koalitionsvereinbarungen) in ihren Ländern. Als Bedingungen wählt sie (a) die ökonomischen Rahmenbedingungen, gemessen mit dem Bruttoinlandsprodukt des Vorjahres (für die Verkodungen, siehe ebenda: 109f.), (b) die Qualität der Beziehungen zwischen den Koalitionspartnern, gemessen anhand vorangehender Koalitionen oder Kooperationen, (c) die Frage, ob Parteivorsitzende in die Regierung eintreten oder nicht, und (d) den Umstand, ob die Koalitionsverhandlungen schon vor oder erst nach der Wahl geführt werden – letztere Variable ist dichotom. Moury kommt zu dem Ergebnis, dass eine Koalitionsvereinbarung nur dann sowohl präzise formuliert ist als auch alle Themenbereiche abdeckt, wenn sie *nach* den Wahlen abgeschlossen wird (notwendige Bedingung) und wenn zusätzlich die beteiligten Partner gute Erfahrungen mit einander in der Vergangenheit gemacht haben oder gute ökonomische Rahmenbedingungen mit einer Abwesenheit der Parteivorsitzenden in der Regierung aufeinander treffen (ebenda: 111; PRÄZISE&VOLLSTÄNDIG = NACHWAHL * (GUTVERH + GUTÖK*parteivors).

Was sind nun die Probleme mit Mourys Analyse? Erstens ist die Antwort reichlich komplex. Sicherlich „sehen wir nun klarer", wie Moury befindet (ebenda: 113), aber vor allem müssen wir das doch recht komplexe Ergebnis zuerst inhaltlich interpretieren (was Moury in ihrem Artikel auch macht). Zweitens liegen relativ wenige Fälle (14) für relativ viele Variablen (vier) vor. Drittens verwendet sie den Fuzzy-Wert von 0,5 für zwei ihrer unabhängigen Variablen und vergibt diesen auch tatsächlich viermal.

Kommen wir damit zu einer Fuzzy-Set-Analyse von *Paul Pennings*, bei der die verfassungsmäßige Kontrolle der Exekutive die abhängige Variable darstellt

(Pennings 2003). Ausgehend von der Literatur entwickelt Pennings vier Bedingungen, nämlich (a) Mehrheits- *versus* Konsensdemokratie (nach Lijphart 1999), (b) neue *versus* etablierte Demokratien (nach Schmidt 1999), (c) flexible *versus* rigide Verfassungen (nach Lane/Ersson 2000) und (d) Parlamentarismus *versus* Präsidentialismus (nach Linz 1994). Pennings greift auf einen neuen Datensatz von 45 Ländern zurück (Pennings 2003: 91; für den Datensatz, siehe Woldendorp u.a. 2000); es liegt also eine ausreichende Anzahl von Fällen vor. Er beschreibt die Verkodung vorbildhaft (Pennings 2003: 92), aber nachdem seine Arbeit bereits im Jahre 2003 publiziert worden ist, arbeitet er noch mit dem Algorithmus, der mittlerweile überholt ist (siehe oben) und Fuzzy-Werte von 0,5 ebenso einschließt wie die relativ umstrittenen Vorgehensweisen des *Fuzzy Adjustment* und der *Benchmark Proportions*. Sein Ergebnis ist, dass ein hohes Niveau der Kontrolle der Exekutive von Parlamentarismus und dem Vorliegen einer Konsensdemokratie als notwendige Bedingungen abhängt, die aber nicht hinreichend seien. Als dritte Bedingung führt er die ODER-Alternative einer jungen Demokratie oder einer flexiblen Verfassung an (CONTROL = presidentialism * CONCENSUS * (NEW + thickconstitution) (ebenda: 95). Dieses Ergebnis zeigt, wie es ihm mit fsQCA gelingt, eine kausale Schlussfolgerung, die auf notwendigen Bedingungen und INUS-Bedingungen (siehe oben) basiert, zu erzielen. Er testet seine Schlussfolgerungen noch mit csQCA (ebenda: 97) und einer multiplen Regression (ebenda: 100), kommt aber zu dem Schluss, dass bei Dichotomisierungen der hohe Anteil widersprüchlicher Fälle unüberwindbare Hindernisse für die Analyse darstellen, während einer multiplen Regression andere Logiken zu Grunde liegen, die letztlich ein anderes Erkenntnisinteresse als das hinreichender und notwendiger Bedingungen bedienen.

Alle drei vorgestellten Beispiele zeigen also, dass die Technik als solche funktioniert, dass aber die Anwendbarkeit nicht automatisch gegeben ist. Arbeiten, die sowohl die neueste Variante von fsQCA anwenden als auch erfolgreich versuchen, auftretende methodische Probleme zu lösen, sind selten und, wenn sie existieren, meist sehr komplex.

Claudius Wagemann stellt in seiner Arbeit über den Organisationswandel von Interessenverbänden im Milch- und Käsesektor (Wagemann 2005) eine solche Möglichkeit vor. Ihn interessieren mehrere Outcomes, die sich teilweise auf den dynamischen Aspekt des Organisationswandels (also den Zeitvergleich) und teilweise auf den statischen Aspekt (Situation heute) beziehen. Für die dynamische Analyse liegen ihm verwertbare Daten von 46 Verbänden aus fünf Ländern vor, für die statische Analyse von 66 Verbänden – der Unterschied ist darin begründet, dass nicht alle Verbände, die heute existieren, zu Beginn des Untersuchungszeitraums (1980) bereits existierten. Insofern kann man also davon ausgehen, dass die Fallzahlen für eine QCA-Analyse ausreichen. Dennoch riskiert auch Wagemann, der Gefahr von „zu wenig Fällen und zu vielen Variablen“ zu erliegen, nachdem er nicht weniger als zwölf unabhängige Faktoren für Organisationswandel ausmacht (ebenda: 274). Der üblichen Logik folgend, müsste er für eine QCA-Analyse also mindestens 4096 von einander verschiedene Fälle vorweisen können. Wagemann greift in der Folge in seiner Analyse auf ein Instrument zurück, das sowohl das Problem ‚begrenzter empirischer Vielfalt' teilweise löst als auch verschiedene Arten von Kausalität berücksichtigt: Er unterscheidet nämlich zwischen zwei Typen von Kausalfaktoren, und zwar Kontextbedingungen und Kausalmechanismen, und analysiert seine Daten in zwei Schritten (für diesen Zwei-Schritt-Ansatz, siehe Schneider/Wagemann 2006). Die Kontextfaktoren (*remote factors*) spannen – possibilistisch interpretiert – den analytischen Rahmen einer Kausalanalyse auf, während die Kausalmechanismen (*proximate factors*) eher deterministisch analysiert werden und die eigentlichen kausalen Prozesse modellieren. Als Kontextfaktoren definiert Wagemann (1) das ‚Alter' des Verbandes; (2) die Bedeutung von verbandlicher Regulierung in der Vergangenheit; (3) die Beteiligung des Verbandes an verbandlichen Regulierungsarrangements; (4) die Korporatismus-Pluralismus-Dimension für das Land, in dem der Verband arbeitet; (5) den Umstand, ob der Verband auch wirtschaftlich tätig ist; (6) die territoriale Dimension des Verbandshandelns (also regional oder national) und (7) ob sich der Verband nur auf bestimmte Produkte spezialisiert oder generell im Milch- und Käsebereich tätig ist (Wagemann 2005: 274). Laut Wagemann sind diese sieben Faktoren stark mit der Geschichte der jeweiligen Organisation verknüpft (sozusagen ein Teil des ‚Organisationserbes') und können nur mehr schwer (wenn überhaupt) von den Verbandsfunktionären beeinflusst oder verändert werden. Dagegen können als *proximate factors* benannt werden: (1) die Wahrnehmung von Veränderungsprozessen auf europäischer und globaler Ebene seitens der Verbandsfunktionäre; (2) die Anzahl der Verbandsmitarbeiter; (3) die Anzahl der Betriebe, die der Verband organisiert; (4) die Durchschnittgröße der vom Verband repräsentierten Betriebe und (5) die Dichte des interorganisatorischen Netzes (ebenda). Wagemanns Argument ist, dass diese Bedingungen viel direkter auf den Organisationswandel wirken als die Kontextbedingungen. Darüber hinaus ist sogar anzunehmen, dass die ‚nahen' Bedingungen in verschiedenen Kontexten unterschiedliche Auswirkungen haben: Wenn z.B. Verbandsfunktionäre starke Veränderungen im Verbandsumfeld wahrzunehmen glauben, so kann diese Erkenntnis, je nach Alter der Organisation, einen unterschiedlichen Effekt auf den Organisationswandel haben. Wagemanns Bedingungen sind im Übrigen viel „multikollinearer" (also weniger trennscharf) als Peters', Mourys oder Pennings' Variablen – dies ist aber im Hinblick auf die Eigenschaften von fsQCA kein Problem.

Wagemann verkodet seine Variablen in einem 30seitigen Tabellenanhang mithilfe einer triangulären Strategie, d.h., er kombiniert quantitative Ergebnisse einer Fragebogenaktion, Sekundärquellen und eigenes, in Fallstudienarbeit erworbenes Wissen. Er verwendet 0, 0,2, 0,4, 0,6, 0,8 und 1 als Fuzzy-Werte und gibt für jede Variable linguistische Umschreibungen für jeden einzelnen Fuzzy-Wert an.

Die zweischrittige Analyse erfordert zuerst eine Analyse der Kontext-bedingungen. Hierbei ist die zentrale Idee, lediglich ein possibilistisches Ergebnis unter Anwendung möglichst flexibler Analysekriterien zu erzielen. Kritisiert werden kann hierbei, dass das analytische Modell bewusst unterspezifiziert bleibt, d.h., es werden wichtige, als kausal erachtete Bedingungen ausgelassen (nämlich die ‚nahen' Faktoren), während gleichzeitig dem Computer die Möglichkeit eingeräumt wird, eventuell auftretende Fälle von ‚begrenzter empirischer Vielfalt' ‚elegant' zu lösen. Dennoch kann eine solche Vorgehensweise gerechtfertigt werden, handelt es sich doch lediglich um eine approximative Annäherung an eine Kausalbeziehung und kein endgültiges Ergebnis (Schneider/Wagemann 2006). Im Ergebnis werden drei dieser possibilistischen Kontexte identifiziert, die den Organisationswandel eher ermöglichen als andere (Wagemann 2005: 286): Der erste mögliche Kontext ist, dass der Verband auch wirtschaftlich aktiv ist. Als Alternative werden regionale produktspezifische Verbände (also eine Kombination zweier Variablen) als ermöglichender Kontext definiert. Schließlich findet Wagemann noch einen dritten Kontext, nämlich den einer Kombination aus einer hohen verbandlichen Regulierungsaktivität, eines pluralistischen Verbandssystems und eines regionalen Aktionsradius. Er begründet in der Folge seiner Arbeit diese Ergebnisse in der Folge auch theoretisch.

Nachdem aber sowohl Konsistenz als auch Abdeckung in dieser ungenauen und unterspezifizierten Analyse erwartungsgemäß niedrig sind (ebenda), ist ein zweiter Schritt nicht nur inhaltlich sinnvoll, sondern auch methodisch unumgänglich. In diesem zweiten Schritt nimmt Wagemann seine nun fünf *proximate conditions* und definiert auch die drei zuvor erarbeiteten Kontexte als Bedingungen – er hat also acht Variablen für den zweiten Schritt. Die nun folgende Analyse (ebenda: 290) weist akzeptable Werte für Konsistenz und Abdeckung auf, nämlich 0,72 bzw. 0,65, und führt zu neun Kausalpfaden, die Wagemann in der Folge einzeln interpretiert. Der am meisten erklärende Kausalpfad ist der, dass bei einem Zusammentreffen des Vorliegens des ersten Kontextes (wirtschaftliche Tätigkeit des Verbandes) und der Abwesenheit des zweiten Kontextes (regionale produktspezifische Verbände) eine große Anzahl kleiner Mitgliedsbetriebe zu Organisationswandel geführt hat. Es handelt sich hierbei um den Fall, dass nationale allumfassende Organisationen für ihre Mitgliedsfirmen Aufgaben (auch wirtschaftlicher Natur) übernehmen, die die Einzelbetriebe alleine gar nicht leisten können, z.B. Basiswerbung.

Wagemanns Analyse setzt sich in ihrer Komplexität natürlich von der üblichen Verwendung von QCA ab. Grund hierfür ist das Vorliegen von Fall- und Variablenzahlen, die eher am oberen Limit der Mittelkategorie anzusiedeln sind. Dies führt dann auch dazu, dass Wagemann im Regelfall seine einzelnen Teilkausalpfade (vor allem die mit niedrigeren Erklärungsraten) auch nicht mehr alle vollständig theoretisch erklären kann.

Dennoch unterstreicht Wagemann, dass fsQCA für seine Fragestellung die einzig mögliche Form der Analyse ist (ebenda: 59ff.). Sein Erkenntnisinteresse ist das der Herausarbeitung notwendiger und hinreichender Bedingungen; er ist nicht an Kovariation interessiert. Zentral ist auch, dass Organisationswandel kein unifinales, sondern ein äquifinales Phänomen ist: Wandel kann durch Zwang/Notwendigkeit oder durch Einsicht erfolgen. Zudem müssen Organisationsstruktur und -geschichte einen Wandel auch möglich machen. Ferner erschien es Wagemann einfacher, zu Fuzzy-Messwerten zu kommen, als seine interessierenden Bedingungen quantitativ zu messen. Insofern ist seine Arbeit ein Beleg dafür, dass nicht die Methoden die Probleme definieren sollten, mit denen sich Sozialwissenschaftler beschäftigen, sondern dass die Methoden aus den Problemen und den Erkenntnisinteressen abgeleitet werden sollten (Shapiro 2004: 19).

Jedenfalls zeigt das Beispiel auch, dass die adäquate Anwendung von QCA und seiner Varianten Kreativität und Vertrautheit mit der Methode voraussetzt. Allzu oft passiert es, dass eine Methode (und das trifft nicht nur auf QCA zu) oberflächlich eingesetzt wird, um zu schnellen Ergebnissen zu kommen. Dennoch bleibt ein grundsätzliches Dilemma bestehen: Sind wir mit unserem methodologischen Instrumentarium überhaupt in der Lage, die Welt abzubilden? Sind nicht auch unsere raffiniertesten Vorgehensweisen immer noch zu unspezifisch? Wir sehen also, dass, wenn wir ein komplexes Phänomen ergründen wollen, wir entweder auf Erklärungskraft verzichten müssen oder uns auf ein ebenso komplexes und gewagtes kausales ‚Abenteuer' einlassen müssen. Dennoch sollte uns diese Herausforderung – wie die dargestellten vier Beispiele der Analysen von Peters, Moury, Pennings und Wagemann zeigen – nicht so sehr entmutigen, dass wir schlussendlich einräumen müssten, dass jedes Phänomen dieser Welt ‚einzigartig' wäre und daher jeglicher Versuch, kausale Generalisierungen über den jeweiligen Einzelfall hinaus vorzunehmen, zum Scheitern verurteilt wäre (Rueschemeyer 2003: 306).

5.5 Zusammenfassung und Übungsaufgaben

5.5.1 Zusammenfassung: csQCA und fsQCA als qualitative Methoden

Dieses Kapitel hat eine Methode vorgestellt, die von starker Formalisierung geprägt ist. Es ist natürlich unmöglich, alle Module und Aspekte einer so stark differenzierten Methode zu präsentieren (siehe hierfür Schneider/Wagemann 2007), aber dennoch war es das Ziel, klar zu machen, dass csQCA und fsQCA systematische, hoch formalisierte und in klare Algorithmen eingebettete Techniken sind. Es bleibt freilich die Frage offen, inwieweit die Kenntnis von csQCA und fsQCA unsere qualitative Methodenkompetenz verbessern helfen kann.

qualitative Komponente

Zuerst einmal müssen wir uns noch einmal über die qualitative Komponente von QCA-Methoden Gedanken machen. Qualitative Aspekte scheinen hinter den quantitativen Elementen der Unmengen von Ziffern, die bei QCA-Analysen (erst recht in der Fuzzy-Set-Variante) verarbeitet werden, zurückzutreten. Vor allem fsQCA weist fast mathematische Züge auf. Qualitative Elemente bestehen aber darin, dass

- die Kodierungen der dichotomen oder Fuzzy-Werte aufgrund theoretischer Überlegungen und intensiver Fallstudien (und nicht etwa Variablenstudien) vorgenommen werden (müssen);
- die resultierenden Endergebnisse auf äquifinale und nicht-lineare Weise notwendige und hinreichende Bedingungen widerspiegeln und eben keine Kovarianzen der Analyse zugrunde liegen;
- es das Ziel bleibt, deterministische Schlussfolgerungen zu ziehen, und possibilistische Einschränkungen über Konsistenzmaße lediglich Abstufungen des Determinismus darstellen;
- die Grundlagen der gesamten Methodik (auch der Fuzzy-Variante) auf Prinzipien qualitativer vergleichender Forschung zurückgehen, wie beispielsweise der Kanon von Mills Methoden oder der systematische Paarvergleich; und

- die Forscher in jedem Schritt angehalten sind, aufgrund qualitativer Kriterien zu entscheiden und die Quantitäten nicht weiter zu beachten.

Kritikpunkte

Natürlich muss die Methode bei all ihren Vorteilen – vor allem aus der Sicht der qualitativen Forschungstradition – auch kritisch gesehen werden. Die Kritik kann sich dabei weniger auf den Algorithmus beziehen, nach dem die Regeln von Boolescher und Fuzzy-Algebra genau angewandt werden, sondern es geht vielmehr um die Anwendung (und teilweise auch um die Anwendbarkeit).

So stimmt die Idee einer theoretischen Kodierung der Fuzzy-Werte zwar mit dem generellen Konzept von QCA als qualitativer, theoriegeleiteter Methode überein, ist aber im schlimmsten Fall arbiträr. Dies hängt natürlich auch in starkem Maße von der Seriosität der Forscher ab.

Ferner kann die (eigentlich positiv zu bewertende) Möglichkeit, dass die Forscher viele qualitative Entscheidungsfreiheiten haben, auch in ihr Gegenteil umschlagen und zur Nachlässigkeit führen. Jede QCA-Analyse kann manipuliert werden. Leider liegt ein offizieller ‚*Code of Good Conduct*' noch nicht vor. Dennoch dürfte es als selbstverständlich gelten, bei einer neuen und auch noch umstrittenen Methode wie csQCA und fsQCA größtmögliche Transparenz in Kodierung und Analyse an den Tag zu legen. Das ist leider nicht immer der Fall, so dass manche der bisher publizierten (und nicht publizierten) Arbeiten abschreckende Beispiele dafür sind, wie mit csQCA und fsQCA eigentlich fast jedes gewünschte Ergebnis herbeimanipuliert werden kann. Dies trägt natürlich nicht zur Reputation der Methode bei.

Einschränkungen sind ferner bei der praktischen Anwendbarkeit der Methode zu sehen, wie wir im vorhergehenden Abschnitt gesehen haben. Auch QCA löst das Problem ‚weniger Fälle und vieler Variablen' nicht. Das Phänomen ‚begrenzter empirischer Vielfalt' sollte dem Forscher in dieser Hinsicht zwar die Augen öffnen, aber oftmals wird selbst bei QCA-Analysen über diesen Umstand aus pragmatischen Gründen hinweggesehen. So kommt es dann zu Untersuchungen, bei denen zehn Bedingungen mit Hilfe von nur fünf Fällen untersucht werden, und dann ein einfaches, die Hypothesen verifizierendes Ergebnis resultiert. Dies führt QCA natürlich *ad absurdum*, wobei die Probleme eigentlich eher generelle Aspekte des Forschungsdesigns betreffen und nicht direkt auf die Verwendung von QCA zurückzuführen sind. Dagegen stellt die technisch korrekte Anwendung von QCA die Nutzer oftmals vor unlösbare Probleme, weil entweder gar kein Ergebnis erzielt werden kann (was eher ein Extremfall ist), oder weil zu komplexe Ergebnisse gefunden werden (was der Regelfall ist), oder weil die Konsistenz- oder Abdeckungsmaße lächerlich niedrig sind, oder weil die Ergebnisalternativen (im Falle von ‚begrenzter empirischer Vielfalt') einen zu großen Möglichkeitsraum für potentielle Lösungen aufspannen. Dazu kommt, dass ‚begrenzte empirische Vielfalt' zwar von QCA im Gegensatz zu anderen Methoden identifiziert wird, aber hierfür keine wirklich brauchbaren Lösungsmöglichkeiten bereitgehalten werden.

Schließlich kann es passieren (und zwar vor allem dann, wenn man tatsächlich alle Regeln gut beachtet), dass die erzielten Ergebnisse mit den erwogenen Theorien und Hypothesen nichts oder kaum mehr etwas zu tun haben. Das Ergebnis kann eine nicht weiter interpretierbare, höchst detaillierte Gleichung sein, die der Wissenschaft zwar eine neue Einzelerkenntnis hinzufügt, aber aufgrund ihrer Spezifität und ihrer Bindung an die untersuchten Fälle keinen großen Wert hat.

QCA-Agenda

Insofern sind csQCA und fsQCA als Möglichkeiten systematischer Fallvergleiche hoch willkommen und auch geglückt. Vor allem der Algorithmus und die mathematischen Grundlagen sind unangreifbar geworden. Dagegen werden auf epistemologischer Ebene noch viele Diskussionen sowohl mit quantitativ als auch mit interpretativ arbeitenden Wissenschaftlern auszufechten sein. Als zu lösendes Problem muss sich auf der QCA-Agenda auch derjenige Widerspruch befinden (der aber ein Widerspruch von qualitativer Forschung im allgemeinen ist), wonach man vor allem mit einer unverantwortlich laxen Anwendung der Techniken zu klaren und übersichtlichen Ergebnissen kommen kann, während ein adäquates Vorgehen eher uninterpretierbare Ergebnisse liefert.

Das Fazit dieses Kapitels lautet also, dass QCA (richtig angewandt) wertvolle Potentiale besitzt, dass aber diese korrekte Anwendung auch unabdingbar ist. Sicherlich wird auch nach wie vor an der Verfeinerung und der Anwendbarkeit gearbeitet werden müssen, um regelmäßig auftretende Probleme (der Daten, nicht der Methode!) noch besser in den Griff zu bekommen. Erste Schritte in diese Richtung sind von verschiedenen Beteiligten an der Diskussion bereits gemacht worden.

5.5.2 Übungsaufgaben

1. Inwiefern lassen sich csQCA und fsQCA als qualitative Methoden beschreiben? Inwiefern sind Zweifel an dieser Charakterisierung angebracht?
2. Welche Gründe haben dazu geführt, nicht ausschließlich an der ursprünglichen QCA-Version (csQCA) von 1987 festzuhalten?
3. Inwiefern kann man csQCA und fsQCA als ‚Mills Methoden für das Computerzeitalter' beschreiben?
4. Warum ist gerade im Falle einer Methode wie QCA die Transparenz der Datenkodierung und der Analyseverfahren so wichtig?
5. Welchen Wert kann die Erkenntnis, dass nicht immer das arithmetische Mittel das geeignete Mittel für die Typenbildung ist, für die Sozialwissenschaften haben?
6. Angenommen, eine QCA-Analyse mit den fünf Einzelbedingungen S, T, U, V und W führt zum Ergebnis Y = S + tUvW. Was ist passiert? Was kann getan werden?
7. Worauf ist bei der Definition von Fuzzy-Skalen zu achten?
8. Inwiefern können die Parameter Konsistenz und Abdeckung dazu beitragen, QCA in der Praxis der Sozialwissenschaften anwendbarer zu machen?

9. Untersuche die folgende Wahrheitstafel auf hinreichende und notwendige Bedingungen:

Tabelle 5.13: Wahrheitstafel zur Übung

Zeile	A	B	Y
1	0,4	0,2	0,8
2	0,6	0,2	0,6
3	0,8	0,8	0,4
4	0,8	0,6	0,4
5	1	0,4	0,2
6	0	0,8	0,8
7	0,2	0,6	0,8
8	0,4	0,2	1
9	0,8	0,2	0,2

10. Analysiere die folgende Wahrheitstafel:

Tabelle 5.14: Wahrheitstafel zur Übung

Zeile	**A**	**B**	**C**	**D**	**Y**
1	0	0	0	0	0
2	0	0	0	1	0
3	0	0	1	0	0
4	0	0	1	1	0
5	0	1	0	0	0
6	0	1	0	1	1
7	0	1	1	0	0
8	0	1	1	1	1
9	1	0	0	0	0
10	1	0	0	1	1
11	1	0	1	0	0
12	1	0	1	1	1
13	1	1	0	0	0
14	1	1	0	1	1
15	1	1	1	0	0
16	1	1	1	1	1

Literaturverzeichnis

Acham, K. (1983): Philosophie der Sozialwissenschaften, Freiburg/München: Alber.

Albin, C. (2001): Justice and Fairness in International Negotiation, Cambridge: Cambridge University Press.

Angermüller, J./Bunzmann, K./Nonhoff, M. (Hrsg.) (2001): Diskursanalyse. Theorien, Methoden, Anwendungen, Hamburg: Argument.

Atteslander, P. (2003): Methoden der empirischen Sozialforschung, Berlin: Schmidt.

Bandelow, N. (1999): Lernende Politik. Advocacy-Koalitionen und politischer Wandel am Beispiel der Gentechnologiepolitik, Berlin: Edition Sigma.

Barthe, S. (2001): Die verhandelte Umwelt. Zur Institutionalisierung diskursiver Verhandlungssysteme im Umweltbereich am Beispiel der Energiekonsensgespräche von 1993, Baden-Baden: Nomos.

Bates, R. (1998): The International Coffee Organization. An International Institution, in: Bates, R./Greif, A./Levi, M./Rosenthal, J.-L./Weingast, B. (Hrsg.): Analytic Narratives, Princeton: Princeton University Press, 194-230.

Bates, R./Greif, A./Levi, M./Rosenthal, J.-L./Weingast, B. (1998): Analytic Narratives, Princeton: University Press.

Behnke, J./Baur, N./Behnke, N. (2006): Empirische Methoden der Politikwissenschaft, Paderborn u.a.: Schöningh.

Bartels, N. M. (2004): Some Unfulfilled Promises of Quantitative Imperialism, in: Brady, H.E./Collier, D. (eds.): Rethinking Social Inquiry. Diverse Tools, Shared Standards, Lanham u.a.: Rowman & Littlefield, 69-74.

Behrens, M. (2003): Quantitative und qualitative Methoden in der Politikfeldanalyse, in: Schubert, K./Bandelow, N. (Hrsg.): Lehrbuch der Politikfeldanalyse, München: Oldenbourg, 289-330.

Berger, P./Luckmann, T. (1969): Die gesellschaftliche Konstruktion der Wirklichkeit. Eine Theorie der Wissenssoziologie, Frankfurt a.M.: Fischer.

Bergmann, J. R. (1988a): Ethnomethodologie und Konversationsanalyse. Kurseinheit 1, Hagen: Studienbrief der Fernuniversität Hagen, 57.

Bergmann, J. R. (1988b): Ethnomethodologie und Konversationsanalyse. Kurseinheit 2, Hagen: Studienbrief der Fernuniversität-GH-Hagen, 54.

Bergmann, J. R. (1995): „Studies of Work". Ethnomethodologie, in: Flick, U./Kardoff, E. v./Keupp, H./Rosenstiel, L. v./Wolff, S. (Hrsg.): Handbuch Qualitative Sozialforschung. Grundlagen, Konzepte, Methoden und Anwendungen, Weinheim: Beltz, 269-272, 2. A.

Bergmann, J. R. (2004): Konversationsanalyse, in: Flick, U./Kardoff, E. v./Steinke, I. (Hrsg.): Qualitative Forschung. Ein Handbuch, Reinbek: Rowohlt, 524-537, 3. A.

Biebricher, T. (2005): Selbstkritik der Moderne. Foucault und Habermas im Vergleich, Frankfurt a.M.: Campus.

Blatter, J. (2000): Entgrenzung der Staatenwelt? Politische Institutionenbildung in grenzüberschreitenden Regionen in Europa und Nordamerika, Baden-Baden: Nomos.

Blatter, J. (2001): Integrative Symbole und regulative Normen im Prozess der politischen Institutionenbildung. Erkenntnisse vom Gewässerschutz am Bodensee, Zeitschrift für Internationale Beziehungen 8, 5-40.

Blatter, J. (2003): Dimensionen und Ursachen des Wandels politischer Institutionen im 20. Jahrhundert. Erkenntnisse aus europäischen und nordamerikanischen Grenzregionen, in: Holzinger, K./Knill, Ch./Lehmkuhl, D. (Hrsg.): Politische Steuerung im

Wandel. Der Einfluss von Ideen und Problemstrukturen, Opladen: Leske+Budrich, 75-102.
Blatter, J. (2007): Governance – Theoretische Formen und historische Transformationen. Politische Steuerung und Integration in Metropolregionen der USA (1950-2000). Baden-Baden: Nomos.
Bleses, P./Rose, E. (1998): Deutungswandel der Sozialpolitik. Die Arbeitsmarkt- und Familienpolitik im parlamentarischen Diskurs, Frankfurt a. M.: Campus.
Bourdieu, P. (1979): Entwurf einer Theorie der Praxis (auf der ethnologischen Grundlage der kabylischen Gesellschaft), Frankfurt a.M.: Suhrkamp.
Bourdieu, P. (1982): Die feinen Unterschiede. Kritik der gesellschaftlichen Urteilskraft, Frankfurt a.M.: Suhrkamp.
Bourdieu, P. (1985): Sozialer Raum und Klassen/Leçon sur la leçon. Zwei Vorlesungen, Frankfurt a.M: Suhrkamp.
Bourdieu, P. (1987): Sozialer Sinn. Kritik der theoretischen Vernunft, Frankfurt a.M.: Suhrkamp.
Bourdieu, P. (1993): Soziologische Fragen, Frankfurt a.M.: Suhrkamp.
Bourdieu, P. (2004): Science of Science and Reflexivity, Cambridge: Polity.
Brady, H. (2004a): Doing Good and Doing Better. How Far Does the Quantitative Template Get Us?, in: Brady, H./Collier, D. (eds.): Rethinking Social Inquiry. Diverse Tools, Shared Standards, Lanham et al.: Rowman & Littlefield, 53-67.
Brady, H. (2004b): Data Set Observations versus Causal-Process Observations. The 2000 U.S. Presidential Election, in: Brady, H./Collier, D. (eds.): Rethinking Social Inquiry. Diverse Tools, Shared Standards, Lanham et al.: Rowman & Littlefield, 267-272.
Brady, H./Collier, D. (2004) (eds.): Rethinking Social Inquiry. Diverse Tools, Shared Standards, Lanham et al.: Rowman & Littlefield.
Braumoeller, B. (1999): Statistical Estimation in the Presence of Multiple Causal Paths. Konferenzpapier für die Konferenz der Midwest Political Science Association, Chicago.
Brüsemeister, T. (2000): Qualitative Forschung. Ein Überblick, Opladen: Westdeutscher Verlag.
Bublitz, H. (1999): Foucaults Archäologie des kulturell Unbewußten. Zum Wissensarchiv und Wissensbegehren moderner Gesellschaften, Frankfurt a.M.: Campus.
Bublitz, H./Bührmann, A. D./Hanke, C./Seier, A. (Hrsg.) (1999): Das Wuchern der Diskurse. Perspektiven der Diskursanalyse Foucaults, Frankfurt/Main: Campus.
Bude, H. (1987): Deutsche Karrieren. Lebenskonstruktionen sozialer Aufsteiger aus der Flakhelfer-Generation, Frankfurt a.M.: Suhrkamp.
Bude, H. (1995): Das Altern einer Generation. Die Jahrgänge 1938-1948, Frankfurt a.M.: Suhrkamp.
Bunge, M. (1996): Finding Philosophy in Social Science, New Haven: Yale University Press.
Burger, T. (1987): Max Weber's Theory of Concept Formation. History, Laws, and Ideal-Types, Durham: Duke University Press.
Büthe, T. (2002): Taking Temporality Seriously. Modeling History and the Use of Narrative and Evidence, American Political Science Review 96, 481-493.
Cioffi-Revilla, C. (1981): Fuzzy Sets and Models of International Relations, American Journal of Political Science 25, 129-159.
Collier, D. (1991): The Comparative Method. Two Decades of Change, in: Rustow, D. A./Erickson, K. P. (eds.): Comparative Political Dynamics. Global Research Perspectives, New York: Harper Collins, 7-31.
Collier, D. (1998): Comparative Method in the 1990s, Newsletter der APSA-Sektion in Vergleichender Politikwissenschaft 9, 1-5.

Collier, D./Mahoney, J. (1996): Insights and Pitfalls. Keeping Selection Bias in Perspective, Unveröffentlichtes Arbeitspapier, Berkeley.
Collier, D./Mahoney, J./Seawright, J. (2004): Claiming Too Much. Warnings about Selection Bias, in: Brady, H./Collier, D. (eds.): Rethinking Social Inquiry. Diverse Tools, Shared Standards, Lanham et al.: Rowman & Littlefield, 85-102.
Collier, D./Seawright, J./Munck, G. L. (2004): The Quest for Standards. King, Keohane, and Verba's „Designing Social Inquiry“, in: Brady, H./Collier, D. (eds.): Rethinking Social Inquiry. Diverse Tools, Shared Standards, Lanham et al.: Rowman & Littlefield, 21-50.
Collier, D./Brady, H. E./Seawright, J. (2004a): Critiques, Responses, and Trade-Offs. Drawing Together the Debate, in: Brady, H./Collier, D. (eds.): Rethinking Social Inquiry. Diverse Tools, Shared Standards, Lanham et al.: Rowman & Littlefield, 195-228.
Collier, D./Brady, H. E./Seawright, J. (2004b): Sources of Leverage in Causal Inference. Toward an Alternative View of Methodology, in: Brady, H./Collier, D. (eds.): Rethinking Social Inquiry. Diverse Tools, Shared Standards, Lanham et al.: Rowman & Littlefield, 229-266.
Crawford, N. C. (2002): Argument and Change in World Politics. Ethics, Decolonization, and Humanitarian Intervention, Cambridge: Cambridge University Press.
Creswell, J. W. (1998): Qualitative Inquiry and Research Design. Choosing Among Five Traditions, Thousand Oaks et al.: Sage.
Creswell, J. W. (2003): Research Design. Qualitative, Quantitative, and Mixed Methods Approaches, Thousand Oaks et al.: Sage.
Dahl, R. A. (1967): Who Governs? Democracy and Power in an American City, New Haven: Yale University Press, 10 A.
Debrix, F. (ed.) (2003): Language, Agency, and Politics in a Constructed World, Armonk/ London: M. E. Sharpe.
DeMeur, G./Rihoux, B. (2002): L'analyse quali-quantitative comparée (AQQC-QCA), Louvain-La-Neuve: Bruylant-Academia.
Deppermann, A. (2001): Gespräche analysieren. Eine Einführung, Opladen: Leske+Budrich, 2.A.
Dilthey, W. (1883): Einleitung in die Geisteswissenschaften. Versuch einer Grundlegung für das Studium der Gesellschaft und der Geschichte. Erster Band, Berlin/Leipzig: Teubner.
Dion, D. (1998): Evidence and Inference in the Comparative Case Study, Comparative Politics 31, 127-145.
Dörner, A. (2000): Politische Kultur und Medienunterhaltung. Zur Inszenierung politischer Identitäten in der amerikanischen Film- und Fernsehwelt, Konstanz: UVK.
Dörner, A. (2001): Politainment. Politik in der medialen Erlebnisgesellschaft, Frankfurt a.M.: Suhrkamp.
Dörner, A. (2003): Politik der Bilder. Bemerkungen zur Methodik der Interpretation von audiovisuellen Medien, in: Maier, M. L./Hurrelmann, A./Nullmeier, F./Pritzlaff, T./ Wiesner, A.(Hrsg.): Politik als Lernprozess. Wissenszentrierte Ansätze in der Politikanalyse, Opladen: Leske + Budrich, 197-210.
Drechsel, Benjamin (2005): Politik im Bild. Wie politische Bilder entstehen und wie digitale Bildarchive arbeiten, Frankfurt a.M.: Campus
Ebbinghaus, B. (2005): When Less is More. Selection Problems in Large-N and Small-N Cross-National Comparisons, International Sociology 20, 133-152.
Eberle, T. S. (1997): Ethnomethodologische Konversationsanalyse, in: Hitzler, R./Honer, A. (Hrsg.): Sozialwissenschaftliche Hermeneutik. Eine Einführung, Opladen: Leske + Budrich, 245-279.

Eckstein, H. (1975): Case Study and Theory in Political Science, in Greenstein, F./Polsby, N. W. (eds.): Handbook of Political Science, Reading (MA): Addison-Wesley, vol 7., 79-138.
Elliaeson, S. (2002): Max Weber's Methodologies, Oxford: Blackwell.
Elster, J. (1998): A plea for mechanism, in: Hedstrom, P./Swedberg, R. (eds.): Social Mechanisms. An Analytical Approach to Social Theory, Cambridge: Cambridge University Press, 45-73.
Fairclough, N. (1995a): Critical Discourse Analysis. The Critical Study of Language, London/New York: Longman.
Fairclough, N. (1995b): Media Discourse, London: Arnold.
Fenno, R. F. (1978): Home Style. House Members and Their Districts, Boston/Toronto: Little, Brown and Company.
Fenno, R. F. (1990): Watching Politicians. Essays on Participant Observation, University of California, Berkeley: IGS Press.
Fischer, F. (2003): Reframing Public Policy. Discursive Politics and Deliberative Practices, Oxford: Oxford University Press.
Fischer, F./Forrester, J. (eds.) (1993): The Argumentative Turn in Policy Analysis and Planning, Durham: Duke University Press.
Flick, U. (2004a): Qualitative Sozialforschung. Eine Einführung, Reinbek: Rowohlt, 2. A.
Flick, U. (2004b): Triangulation. Eine Einführung, Wiesbaden: VS Verlag.
Flyvbjerg, Bent (2006): Five Misunderstandings About Case-Study Research, Qualitative Inquiry 12, 219-245.
Foucault, M. (1989): Wahnsinn und Gesellschaft. Eine Geschichte des Wahns im Zeitalter der Vernunft, Frankfurt a.M.: Suhrkamp, 8. A.
Foucault, M. (1991): Die Ordnung der Diskurse, Frankfurt a.M.: Fischer.
Foucault, M. (1998): Der Wille zum Wissen. Sexualität und Wahrheit 1, Frankfurt a.M.: Suhrkamp, 10. A.
Foucault, M. (2003): Die Anormalen. Vorlesung am Collège de France, Frankfurt a.M.: Suhrkamp.
Friedrichs, J. (1983): Methoden empirischer Sozialforschung, Opladen: Westdeutscher, 11. A.
Galtung, J. (1967): Theory and Methods of Social Research, Oslo: Universitetsforlaget.
Gamson, W. A. (1992): Talking Politics, Cambridge: Cambridge University Press.
Ganghof, S. (2005) : Kausale Perspektiven in der vergleichenden Politikwissenschaft. X-zentrierte und Y-zentrierte Forschungsdesigns, in: Kropp, S./Minkenberg, M. (Hrsg.): Vergleichen in der Politikwissenschaft, Wiesbaden: VS Verlag, 76-93.
Garfinkel, H. (1967): Studies in Ethnomethodology, Englewood Cliffs: Prentice Hall.
Garfinkel, H. (1973): Das Alltagswissen über Soziale und innerhalb sozialer Strukturen, in: Arbeitsgruppe Bielefelder Soziologen (Hrsg.): Alltagswissen, Interaktion und gesellschaftliche Wirklichkeit. Symbolischer Interaktionismus und Ethnomethodologie, Reinbek bei Hamburg: Rowohlt, 189-262.
Geddes, B. (1994): Politician's Dilemma. Building State Capacity in Latin America, Berkeley et al: University of California Press.
Gehring, U. W./Weins, C. (2000) : Grundkurs Statistik für Politologen, Opladen: Westdeutscher Verlag, 2.A.
George, Alexander L./Bennett, Andrew (2005): Case Studies and Theory Development in the Social Sciences, Cambridge (MA)/London: MIT Press.
George, Alexander L./Smoke, R. (1974): Deterrence in American Foreign Policy. Theory and Practice, New York: Columbia University Press.
Gerhards, J./Neidhardt, F./Rucht, D. (1998): Zwischen Palaver und Diskurs. Strukturen öffentlicher Meinungsbildung am Beispiel der deutschen Diskussion zur Abtreibung, Opladen: Westdeutscher Verlag.

Gerring, J. (2004): What Is a Case Study and What Is It Good for?, American Political Science Review 98, 341-354.

Gerring, John (2007): Case Study Research. Principles and Practices, Cambridge: Cambridge University Press.

Girtler, R. (1980a): Polizei-Alltag. Strategien, Ziele und Strukturen polizeilichen Handelns, Opladen: Westdeutscher Verlag.

Girtler, R. (1980b): Vagabunden der Großstadt. Teilnehmende Beobachtung bei den Sandlern Wiens, Stuttgart: Enke.

Glaser, B./Strauss, A. (1967): The Discovery of Grounded Theory. Strategies for Qualitative Research, New York: Aldine De Gruyter.

Glaser, B./Strauss, A. L. (1979): Die Entdeckung gegenstandsbezogener Theorie. Eine Grundstrategie qualitativer Sozialforschung, in: Hopf, C./Weingarten, E. (Hrsg.): Qualitative Sozialforschung, Stuttgart: Klett, 91-111.

Gläser, J./Laudel, G. (2004): Experteninterviews und qualitative Inhaltsanalyse als Instrumente rekonstruierender Untersuchungen, Wiesbaden: VS Verlag.

Goertz, G. (2003a): Cause, Correlation and Necessary Conditions, in: Goertz, G./Starr, H. (eds.): Necessary Conditions. Theory, Methodology and Applications, Lanham et al.: Rowman & Littlefield, 47-64.

Goertz, G. (2003b): The Substantive Importance of Necessary Condition Hypotheses, in: Goertz, G./Starr, H. (eds.): Necessary Conditions. Theory, Methodology and Applications, Lanham et al.: Rowman & Littlefield. 65-94.

Goertz, G./Starr, H. (2003): Introduction. Necessary Condition Logics, Research Design, and Theory, in: Goertz, G./Starr, H. (eds.): Necessary Conditions. Theory, Methodology and Applications, Lanham et al.: Rowman & Littlefield, 1-23.

Goldstone, J. A. (2003): Comparative Historical Analysis and Knowledge Accumulation in the Study of Revolutions, in: Mahoney, J./Rueschemeyer, D. (eds.), Comparative Historical Analysis in the Social Sciences, Cambridge: Cambridge University Press, 41-90.

Goldthorpe, J. H. (1997): Current Issues in Comparative Macrosociology. A Debate on Methodological Issues, in: Comparative Social Research, 16, 1-26.

Gomm, R./Hammersley, M./Foster, P. (eds.) (2000): Case Study Method. Key Issues, Key Texts, London: Sage.

Gottweis, H. (1998): Governing Molecules. The Discursive Politics of Genetic Engineering in Europe and the United States, Cambridge/London: MIT Press.

Greif, A. (1998): Self-Enforcing Political Systems and Economic Growth. Late Medieval Genoa, in Bates, R. et al. (eds.): Analytic Narratives, Princeton: Princeton University Press, 23-63.

Habermas, J. (1973): Legitimationsprobleme im Spätkapitalismus, Frankfurt a.M.: Suhrkamp.

Habermas, J. (1981): Theorie des kommunikativen Handelns, 2 Bde., Frankfurt a.M.: Suhrkamp.

Habermas, J. (1981a): Theorie des kommunikativen Handelns, Band 1: Handlungsrationalität und gesellschaftliche Rationalisierung, Frankfurt a.M.: Suhrkamp.

Habermas, J. (1981b): Theorie des kommunikativen Handelns, Band 2: Zur Kritik der funktionalistischen Vernunft, Frankfurt a.M.: Suhrkamp.

Habermas, J. (1984): Vorstudien und Ergänzungen zur Theorie des kommunikativen Handelns, Frankfurt a.M.: Suhrkamp.

Hajer, M. A. (1995): The Politics of Environmental Discourse. Ecological Modernization and the Policy Process, Oxford: Clarendon Press.

Hajer, M. A. (2003a): Argumentative Diskursanalyse. Auf der Suche nach Koalitionen, Praktiken und Bedeutungen, in: Keller, R./Hirseland, A./Schneider, W./Viehöfer, W.

(Hrsg.): Handbuch sozialwissenschaftliche Diskursanalyse, Band 2: Forschungspraxis, Opladen: Leske + Budrich, 271-298.
Hajer, M. A. (2003b): A Frame in the Fields. Policymaking and the Re-invention of Politics, in: Hajer, M. A./Wagenaar, H. (eds.): Deliberative Policy Analysis. Understanding Governance in the Network Society, Cambridge: Cambridge University Press, 88-110.
Hajer, M. A. (2007): Diskursanalyse in der Praxis: Koalition, Praktiken und Bedeutung, in: Janning, F./Toens, K. (Hrsg.): Die Zukunft der Policy-Forschung. Theorieentwicklung, Methodenfragen und Anwendungsaspekte, Wiesbaden: VS Verlag, i.Vb.
Hajer, M. A./Wagenaar, H. (eds.) (2003): Deliberative Policy Analysis. Understanding Governance in the Network Society, Cambridge: Cambridge University Press, 88-110.
Hall, Peter A. (2003): Aligning Ontology and Methodology in Comparative Politics, in: Mahoney, J./Rueschemeyer, D. (eds.): Comparative Historical Analysis in the Social Sciences, Cambridge: Cambridge University Press, 373-404.
Heinze, T. (1995): Qualitative Sozialforschung. Erfahrungen, Probleme und Erfahrungen, Opladen: Westdeutscher Verlag.
Hitzler, R./Honer, A. (Hrsg.) (1997): Sozialwissenschaftliche Hermeneutik. Eine Einführung, Opladen: Leske + Budrich.
Hofmann, J. (1993): Implizite Theorien in der Politik. Implementationsprobleme regionaler Technologiepolitik, Opladen: Westdeutscher.
Hofmann, W. (Hrsg.) (1998): Visuelle Politik. Filmpolitik und die visuelle Konstruktion des Politischen, Baden-Baden: Nomos.
Hofmann, W. (Hrsg.) (1999): Die Sichtbarkeit der Macht. Theoretische und empirische Untersuchungen zur visuellen Politik, Baden-Baden: Nomos.
Holzinger, K. (2001): Verhandeln statt Argumentieren oder Verhandeln durch Argumentieren? Eine empirische Analyse auf der Basis der Sprechakttheorie, Politische Vierteljahresschrift 42, 414-446.
Holzinger, K. (2004): Bargaining Through Arguing. An Empirical Analysis Based on Speech Act Theory, Political Communication 21, 195-222.
Honneth, A. (1985): Kritik der Macht. Reflexionsstufen einer kritischen Gesellschaftstheorie, Frankfurt a.M.: Suhrkamp.
Hopf, C. (1979): Soziologie und qualitative Sozialforschung, in: Hopf, C./Weingarten, E. (Hrsg.): Qualitative Sozialforschung, Stuttgart: Klett, 11-37.
Howarth, D./Norval, A. J./Stavrakakis, Y. (eds.) (2000): Discourse Theory and Political Analysis. Identities, Hegemonies and Social Change, Manchester: Manchester University Press.
Immergut, E.M (1992): Health Politics. Interests and Institutions in Western Europe, Cambridge: Cambridge University Press.
Inglehart, R. (1977): The Silent Revolution. Changing Values and Political Styles Among Western Publics, Princeton: Princeton University Press.
Jäger, M./Jäger, S. (2007): Deutungskämpfe. Theorie und Praxis kritischer Diskursanalyse, Wiesbaden: VS Verlag.
Jahn, D. (2003): Globalisierung als Galton-Problem, in: Pickel, S./Pickel, G./Lauth, H.-J./ Jahn, D. (Hrsg.): Vergleichende Politikwissenschaftliche Methoden. Neue Entwicklungen und Diskussionen. Wiesbaden: Westdeutscher Verlag, 59-86.
Jahn, D. (2004): Einführung in die Politikwissenschaft. Opladen: Leske + Budrich.
Jahn, D. (2005): Fälle, Fallstricke und die komparative Methode in der vergleichenden Politikwissenschaft, in: Kropp, S./Minkenberg, M. (Hrsg.): Vergleichen in der Politikwissenschaft. Wiesbaden: VS Verlag, 55-75.

Janning, F. (1991): Pierre Bourdieus Theorie der Praxis. Analyse und Kritik der Konzeptionellen Grundlegung einer praxeologischen Soziologie, Opladen: Westdeutscher Verlag.
Janning, F. (1998): Das politische Organisationsfeld. Politische Macht und soziale Homologie in komplexen Demokratien, Opladen: Westdeutscher Verlag.
Janning, F. (2005): Die Konflikttheorie der Theorie symbolischer Kämpfe (Pierre Bourdieu), in: Bonacker, T. (Hrsg.): Sozialwissenschaftliche Konflikttheorien. Eine Einführung, Wiesbaden: VS Verlag, 335-359.
Jarren, O./Sarcinelli, U./Saxer, U. (Hrsg.) (1998): Politische Kommunikation in der demokratischen Gesellschaft. Ein Handbuch, Opladen: Westdeutscher.
Jung, M. (1994): Öffentlichkeit und Sprachwandel. Zur Geschichte des Diskurses über die Atomenergie, Opladen: Westdeutscher Verlag.
Kelle, U./Kluge, S. (1999): Vom Einzelfall zum Typus. Fallvergleich und Fallkontrastierung in der qualitativen Sozialforschung, Opladen: Leske + Budrich.
Keller, R. (1998): Müll. Die gesellschaftliche Konstruktion des Wertvollen, Opladen: Westdeutscher Verlag.
Keller, R. (2004): Diskursforschung. Eine Einführung für SozialwissenschaftlerInnen, Opladen: Leske + Budrich.
Keller, R. (2005): Wissenssoziologische Diskursanalyse. Grundlegung eines Forschungsprogramms, Wiesbaden: VS Verlag.
Keller, R./Hirseland, A./Schneider, W./Viehöver, W. (Hrsg.) (2001): Handbuch sozialwissenschaftliche Diskursanalyse, Band 1: Theorien und Methoden, Opladen: Leske + Budrich
Keller, R./Hirseland, A./Schneider, W./Viehöver, W. (Hrsg.) (2003): Handbuch sozialwissenschaftliche Diskursanalyse, Band 2: Forschungspraxis, Opladen: Leske + Budrich.
Keman, H. (2005): Comparing Across Political Systems. Towards Positive Theory Development, in: Kropp, S./Minkenberg, M. (Hrsg.): Vergleichen in der Politikwissenschaft, Wiesbaden: VS Verlag 198-217.
Kepplinger, H. M. (1998): Die Demontage der Politik in der Informationsgesellschaft, Freiburg/München: Alber.
Kerchner, B. (2006): Diskursanalyse in der Politikwissenschaft. Ein Forschungsüberblick, in: Kerchner, B./Schneider, S. (Hrsg.) (2006): Foucault. Diskursanalyse der Politik. Eine Einführung, Wiesbaden: VS Verlag, 33-67.
Kerchner, B./Schneider, S. (Hrsg.) (2006): Foucault. Diskursanalyse der Politik. Eine Einführung, Wiesbaden: VS Verlag.
King, G./Keohane, R. O./Verba, S. (1994): Designing Social Inquiry. Scientific Inference in Qualitative Research, Princeton, N.J.: Princeton University Press.
King, G./Keohane, R. O./Verba, S. (2004): The Importance of Research Design, in: Brady, H./Collier, D. (eds.): Rethinking Social Inquiry. Diverse Tools, Shared Standards, Lanham/et al.: Rowman & Littlefield, 181-192.
Kleining, G. (1982): Umriss zu einer Methodologie qualitativer Sozialforschung, Kölner Zeitschrift für Soziologie und Sozialpsychologie 34, 224-253.
Kleining, G. (1995): Lehrbuch entdeckende Sozialforschung. Band 1: Von der Hermeneutik zur qualitativen Heuristik, Weinheim: Beltz.
Klir, G. J./St. Clair, U./Yuan, B. (1997): Fuzzy Set Theory, Upper Saddle River, NJ: Prentice Hall.
Kneer, G. (1996): Rationalisierung, Disziplinierung und Differenzierung. Sozialtheorie und Zeitdiagnose bei Habermas, Foucault und Luhmann, Opladen: Westdeutscher.
Koopmans, R. (1992): Democracy From Below. New Social Movements and the Political System in West Germany, Dissertation, Amsterdam: Universiteit van Amsterdam.

Kratochwil, F. V. (1989): Rules, Norms and Decisions. On the Conditions of Practical and Legal Reasoning in International Relations and Domestic Affairs, Cambridge: Cambridge University Press.
Kropp, S./Minkenberg, M. (Hrsg.) (2005): Vergleichen in der Politikwissenschaft, Wiesbaden: VS Verlag.
Kuckartz, U. (1999): Computergestützte Analyse qualitativer Daten. Eine Einführung in Methoden und Arbeitstechniken, Opladen: Westdeutscher Verlag.
Kuckartz, U. (2005): Einführung in die computergestützte Analyse qualitativer Daten, Wiesbaden: VS Verlag.
Küsters, I. (2006): Narrative Interviews. Grundlagen und Anwendungen, Wiesbaden, VS Verlag.
Lamnek, S. (1995): Qualitative Sozialforschung. Band 1: Methodologie, Weinheim: Beltz, 3. A.
Lamnek, S. (2005): Qualitative Sozialforschung. Lehrbuch, Weinheim/Basel: Beltz, 4. A.
Lehmbruch, G. (1967): Proporzdemokratie. Politisches System und politische Kultur in der Schweiz und in Österreich, Tübingen: Mohr.
Lane, J.-E./Ersson, S. O. (2000): The New Institutional Politics. Performance and Outcomes, London/New York: Routledge.
Lauth, H.-J. (2003): Typologien in der vergleichenden Politikwissenschaft. Überlegungen zum Korrespondenzproblem, in: Pickel, S. et al. (Hrsg.): Vergleichende Politikwissenschaftliche Methoden. Neue Entwicklungen und Diskussionen, Wiesbaden: Westdeutscher Verlag, 37-58.
Lauth, H.-J. (2004): Demokratie und Demokratiemessung, Wiesbaden: VS Verlag.
Lehmbruch, G. (1967): Proporzdemokratie. Politisches System und politische Kultur in der Schweiz und in Österreich, Tübingen: Mohr.
Lehmbruch, G. (2002): Der unitarische Bundesstaat in Deutschland. Pfadabhängigkeit und Wandel, Köln: MPIFG.
Levi, M. (1998): Conscription.The Price of Citizenship, in: Bates, R. et al. (eds): Analytic Narratives, Princeton: Princeton University Press, 109-147.
Levy, J. (2002): Qualitative Methods in International Relations, in: Harvey, F. P./Brecher, M. (eds.): Evaluating Methodology in International Studies, Ann Arbor: The University of Michigan Press, 432-454.
Lieberman, E. S. (2001): Causal Inference in Historical Institutional Analysis. A Specification of Periodization Strategies, Comparative Political Studies 34, 1011-1035.
Lieberman, E. S. (2005): Nested Analysis as a Mixed-Method Strategy for Comparative Research, American Political Science Review 99, 435-452.
Liebersohn, S. (1991): Small N's and Big Conclusions. An Examination of the Reasoning in Comparative Studies Based on a Small Number of Cases, in: Ragin, C. /Becker, H. (eds.): What is a Case? Exploring the Foundations of Social Inquiry, Cambridge: Cambridge University Press, 105-118.
Lijphart, A. (1971): Comparative Politics and the Comparative Method, American Political Science Review 65, 682-693.
Lijphart, A. (1975a): The Comparable-Cases Strategy in Comparative Research, Comparative Political Studies 8, 158-177.
Lijphart, A. (1975b): The Politics of Accomodation. Pluralism and Democracy in the Netherlands, Berkeley: University of California Press.
Lijphart, A. (1999): Patterns of Democracy. Government Forms and Performance in Thirty-Six Countries, New Haven/London: Yale University Press.
Linz, J. (1994): Presidential or Parliamentary Democracy. Does It Make a Difference?; in: Linz, J./Valenzuela, A. (eds.): The Failure of Presidential Democracy. Comparative Perspectives, Baltimore: Johns Hopkins University Press, 3-87.

Litfin, K. T. (1994): Ozone Discourses. Science and Politics in Global Environmental Cooperation, New York: Columbia University Press.
Locke, R./Thelen K. (1995): Apples and Oranges Revisited. Contextualized Comparisons and the Study of Comparative Labor Politics, Politics & Society 23, 337-367
Loomis, B. A. (1994): Time, Politics & Policies. A Legislative Year, Lawrence, Ks.: The University of Kansas Press.
Lott, J.R Jr. (2000): Gore Might Lose a Second Round. Media Suppressed the Bush Vote, Philadelphia Inquirer, 14.11. 2000, 23A.
Lucus-Hoene, G./Deppermann, A. (2004): Rekonstruktion narrativer Identität. Ein Arbeitsbuch zur Analyse narrativer Interviews, Wiesbaden: VS Verlag, 2. A.
Mackie, J. L. (1974): The Cement of the Universe, Oxford: Oxford University Press.
Mahoney, J. (1999): Strategies of Causal Inference in Small-n Analysis, Sociological Methods & Research 28, 387-424.
Mahoney, J. (2003a): Tentative Answers to Questions about Causal Mechanisms. Paper Presented at the annual meeting of the American Political Science Association, Philadelphia, PA, August 28, 2003.
Mahoney, J. (2003b): Strategies of Causal Assessment in Comparative Historical Analysis, in: Mohaney, J./Rueschemeyer, D. (eds.): Comparative Historical Analysis in the Social Sciences, Cambridge: Cambridge University Press, 337-372.
Mahoney, J./Rueschemeyer, D. (2003): Comparative Historical Analysis. Achievements and Agendas, in: Mahoney, J./Rueschemeyer, D. (eds.): Comparative Historical Analysis in the Social Sciences, Cambridge: Cambridge University Press, 3-38.
Maier, M. L. (2003): Wissens- und ideenorientierte Ansätze in der Politikwissenschaft. Versuch einer systematischen Übersicht, in: Maier, M. L./Hurrelmann, A./Nullmeier, F./Pritzlaff, T./Wiesner, A. (Hrsg.): Politik als Lernprozess. Wissenszentrierte Ansätze in der Politikanalyse, Opladen: Leske + Budrich, 25-77.
Malinowski, B. (1926): Crime and Custom in Savage Society, New York: Harcourt, Brace, and World.
Marshall, C./Rossman, G. B. (1999): Designing Qualitative Research, Thousand Oaks: Sage, 3rd ed.
Matjan, G. (2002): Wenn Fotos nicht lügen können, was können sie dann? Zum Einsatz der Fotoanalyse in der Politikwissenschaft, Österreichische Zeitschrift für Politikwissenschaft 7, 173-190.
Mayntz, R./Scharpf, F. W. (1995): Der Ansatz des akteurzentrierten Institutionalismus, in: Mayntz, R./Scharpf, F. W. (Hrsg.): Gesellschaftliche Selbstregelung und politische Steuerung, Frankfurt/Main: Campus, 39-72.
Mayring, P. (1999): Einführung in die qualitative Sozialforschung, Weinheim/Basel: Beltz.
Mayring, P. (2003): Qualitative Inhaltsanalyse. Grundlagen und Techniken, Weinheim/ Basel: Beltz, 8. A.
McKeohn, T. J. (2004): Case Studies and the Limits of the Quantitative Worldview, in: Brady, H./Collier, D. (eds.): Rethinking Social Inquiry. Diverse Tools, Shared Standards, Lanham et al.: Rowman & Littlefield, 139-167.
Mercer, J. (2005): Prospect Theory and Political Science, Annual Review of Political Science 8, 1-21.
Merten, K. (1995): Inhaltsanalyse. Einführung in Theorie, Methode und Praxis, Opladen: Westdeutscher Verlag, 2. A.
Meyer, M. (2001): Between theory, method, and politics: positioning of the approaches to CDA, in: Wodak, R./Meyer, M. (eds.): Methods of critical discourse analysis, London: Sage, 14-31.

Michels, R. (1911): Zur Soziologie des Parteiwesens in der modernen Demokratie. Untersuchungen über die oligarchischen Tendenzen des Gruppenlebens, Leipzig: Klinkhardt.

Mill, J.S. (1873): System der deductiven und inductiven Logik, Leipzig: Fues.

Minkenberg, M./Kropp, S. (2005): Einleitung. Vergleichen in der Politikwissenschaft. Umrisse einer langjährigen Diskussion, in: Kropp, S./Minkenberg, M. (Hrsg.): Vergleichen in der Politikwissenschaft, Wiesbaden: VS Verlag, 8-15.

Mitchell, R./Bernauer, T. (2004): Empirical Analysis of International Environment Policy. Designing Qualitative Case Studies, in: Sprinz, D./Wolinsky, Y. (eds.): Models, Numers, And Cases. Methods for studying International Relations, Ann Arbor: University of Michigan Press.

Moury, C. (2004): Les Ensembles Flous pour y voir plus clair: décoder les caractéristiques des accords de coalition en Europe occidentale, Revue Internationale de Politique Comparée 11, 101-115.

Müller, H. (1994): Internationale Beziehungen als kommunikatives Handeln. Zur Kritik der utilitaristischen Handlungstheorien, Zeitschrift für internationle Beziehungen 1, 15-44.

Müller, M. G. (1997): Politische Bildstrategien im amerikanischen Präsidentschaftswahlkampf 1828-1996, Berlin: Akademie Verlag.

Müller, M. G. (2003): Grundlagen der visuellen Kommunikation. Theorieansätze und Analysemethoden, Konstanz: UVK.

Müller-Dohm, S. (1990): Aspekte einer kultursoziologischen Bildhermeneutik, in: Neumann, K./Charlton, M. (Hrsg.): Spracherwerb und Mediengebrauch, Tübingen: Narr.

Munck, G. L. (1998): Canons of Research Design in Qualitative Analysis, Studies in International Development 33, 18-45.

Munck, G. L. (2004): Tools for Qualitative Research, in: Brady, H./Collier, D. (eds.): Rethinking Social Inquiry. Diverse Tools, Shared Standards, Lanham et al.: Rowman & Littlefield, 105-122.

Muno, W. (2003): Fallstudien und vergleichende Methode, in: Pickel, S./Pickel, G./Lauth, H.-J./Jahn, D. (Hrsg.): Vergleichende politikwissenschaftliche Methoden, Wiesbaden: Westdeutscher Verlag, 19-36.

Norkus, Zenonas (2005): Mechanisms as Miracle Makers? The Rise and Inconsistencies of the "Mechanismic Approach" in Social Science and History, History and Theory 44, 348-372.

Nullmeier, F. (1993): Wissen und Policy-Forschung. Wissenspolitologie und rhetorisch-dialektisches Handlungsmodell, in: Héritier, A. (Hrsg.): Policy-Analyse. Kritik und Neuorientierung, Opladen: Westdeutscher, 175-196.

Nullmeier, F. (1997): Interpretative Ansätze in der Politikwissenschaft, in: Benz, A./Seibel, W. (Hrsg.): Theorieentwicklung in der Politikwissenschaft. Eine Zwischenbilanz, Baden-Baden: Nomos, 101-144.

Nullmeier, F. (2001): Politikwissenschaft auf dem Weg zur Diskursanalyse?, in: Keller, R./Hirseland, A./Schneider, W./Viehöver, W. (Hrsg.): Handbuch sozialwissenschaftliche Diskursanalyse, Opladen: Leske + Budrich, 285-311.

Nullmeier, F. (2003): Sprechakttheorie und Textanalyse, in: Maier, M. L./Hurrelmann, A./Nullmeier, F./Pritzlaff, T./Wiesner, A. (Hrsg.): Politik als Lernprozess. Wissenszentrierte Ansätze in der Politikanalyse, Opladen: Leske + Budrich, 211-223.

Nullmeier, F./Rüb, F. (1993): Die Transformation der Sozialpolitik. Vom Sozialstaat zum Sicherungsstaat, Frankfurt/New York: Campus.

Oevermann, U./Allert, T./Konau, E./Krambeck, J. (1979): Die Methodologie einer „objektiven Hermeneutik" und ihre allgemeine forschungslogische Bedeutung in den Sozialwissenschaften, in: Soeffner, H.-G. (Hrsg.): Interpretative Verfahren in den Sozial- und Textwissenschaften, Stuttgart: Metzler, 352-433.

Oevermann, U./Allert, T./Konau, E. (1980): Zur Logik der Interpretation von Interviewtexten. Fallanalyse anhand eines Interviews mit einer Fernstudentin, in: Heinze, T./ Klusemann, H.W./Soeffner, H.-G. (Hrsg.): Interpretation einer Bildungsgeschichte. Überlegungen zur sozialwissenschaftlichen Hermeneutik, Bensheim: päd. extra, 15-69.

Opp de Hipt, M. (1987): Denkbilder in der Politik. Der Staat in der Sprache von CDU und SPD, Opladen: Westdeutscher Verlag.

Ostrom, E. (1999): Institutional Rational Choice. An Assessment of the Institutional Analysis and Development Framework, in: Sabatier, P. A. (ed.): Theories of the Policy Process, Boulder: Westview, 35-71.

Patzelt, W. J. (1987): Ethnomethodologie. Theorie, Empirie, politikwissenschaftlicher Nutzen, München: Fink.

Patzelt, W. (1993): Abgeordnete und Repräsentation: Amtsverständnis und Wahlkreisarbeit, Passau: Wissenschaftsverlag Richard Rothe.

Patzelt, W. J. (1995): Politikwissenschaft. Disziplinäre Perspektiven, in: Flick, U.et al. (Hrsg.): Handbuch qualitative Sozialforschung. Grundlagen, Konzepte, Methoden und Anwendungen, Weinheim: Beltz, 2. A., 53-55.

Patzelt, W.J. (2005): Wissenschaftstheoretische Grundlagen sozialwissenschaftlichen Vergleichens, in: Kropp, S./Minkenberg, M. (Hrsg.): Vergleichen in der Politikwissenschaft, Wiesbaden: VS Verlag, 16-54.

Pennings, P. (2003): The Methodology of the Fuzzy-Set Logic, in: Pickel, S./Pickel, G./Lauth, H.-J./Jahn, D. (Hrsg.): Vergleichende politikwissenschaftliche Methoden, Opladen: Westdeutscher Verlag, 87-103.

Perrow, C. (1987): Normale Katastrophen. Die unvermeidbaren Risiken der Großtechnik, Frankfurt a.M.: Campus-Verlag.

Peters, B. G. (1998): Comparative Politics. Theory and Methods, Houndmills, Basingstoke: Palgrave.

Pickel, G./Pickel, S. (2003): Bestandsaufnahme und Ausblick der vergleichenden Analyse, in: Pickel, S./Pickel, G./Lauth, H.-J./Jahn, D. (Hrsg.): Vergleichende Politikwissenschaftliche Methoden. Neue Entwicklungen und Diskussionen, Wiesbaden: Westdeutscher Verlag, 333-348.

Pioch, R. (2000): Soziale Gerechtigkeit in der Politik. Orientierungen von Politikern in Deutschland und den Niederlanden, Frankfurt a.M.: Campus.

Prewo, R. (1979): Max Webers Wissenschaftsprogramm, Frankfurt a.M.: Suhrkamp.

Przeworski, A./Teune, H. (1970): The Logic of Comparative Social Inquiry, New York: Wiley & Sons.

Przyborski, A. (2004): Gesprächsanalyse und dokumentarische Methode. Qualitative Auswertung von Gesprächen, Gruppendiskussionen und anderen Diskursen, Wiesbaden: VS Verlag.

Radhakrishnan, S. (1952): Die Gemeinschaft des Geistes. Östliche Religionen und westliches Denken, Darmstadt/Genf: Holle.

Ragin, C. C./Becker, H.S. (eds.) (1992): What is a case? Exploring the foundations of Social Inquiry, Cambridge: Cambridge University Press.

Ragin, C. C. (1987): The Comparative Method. Moving beyond qualitative and quantitative strategies, Berkeley and Los Angeles: University of California Press.

Ragin, C. C. (1991): Introduction: Cases of „What is a case ?“, in: ders./Becker, H. S. (eds.), What is a Case ? Exploring the Foundations of Social Inquiry, Cambridge: Cambridge University Press, S. 1-17.

Ragin, C. C. (1994): Constructing Social Research. The Unity and Diversity of Method, Thousand Oaks, Calif.: Pine Forge.

Ragin, C. C./Berg-Schlosser, D./de Meur, G. (1996): Political Methodology. Qualitative Methods, in: Goodin, R. E./Klingemann, H.-D. (eds.): A New Handbook of Political Science, New York: Oxford University Press, 749-768.

Ragin, C. C. (2000): Fuzzy-set Social Science, Chicago/London: The University of Chicago Press.

Ragin, C. C., (2003a): Making Comparative Analysis Count, Unveröffentlichtes Arbeitspapier, Tucson (http://www.compasss.org/RaginDayOne.PDF).

Ragin, C. C. (2003b): Recent Advances in Fuzzy-Set Methods and their Application to Policy Questions, Unveröffentlichtes Arbeitspapier, Tucson (http://www.compasss.org/Ragin2003.PDF).

Ragin, C. C. (2004a): From Fuzzy Sets to Crisp Truth Tables, Unveröffentlichtes Arbeitspapier, Tucson (http://www.compasss.org/RaginFSForthcoming.PDF).

Ragin, C. C. (2004b): Turning the Tables: How Case-Oriented Research challenges Variable-Oriented Research, in: Brady, H./Collier, D. (eds.): Rethinking Social Inquiry. Diverse Tools, Shared Standards, Lanham et al.: Rowman & Littlefield, 123-138.

Ragin, C. C./Sonnett, J. (2004): Between Complexity and Parsimony: Limited Diversity, Counterfactual Cases, and Comparative Analysis, Unveröffentlichtes Arbeitspapier, Tucson (http://www.compasss.org/RaginSonnett2004.pdf).

Raufer, T. (2005): Die legitime Demokratie. Zur Begründung politischer Ordnung in der Bundesrepublik, Frankfurt/New York: Campus.

Reeher, G. (1996): Narratives of Justice. Legislators' Beliefs about Distributive Fairness, Ann Arbour: The University of Michigan Press.

Rickert, H. (1921): Die Grenzen der naturwissenschaftlichen Begriffsbildung. Eine logische Einleitung in die historischen Wissenschaften, Tübingen: Mohr, 3. + 4. A.

Rihoux, B./Ragin, C. C. (eds.) (2006): Innovative Comparative Methods for Policy Analysis. Beyond the quantitative-qualitative Devide, New York: Springer

Rihoux, B. et al. (2004): Ce n'est qu'un début, continuons le… débat. Un agenda pour la recherche, Revue Internationale de Politique Comparée 11, 145-153.

Risse, T. (2000) : «Let's Argue !». Communicative Action in World Politics, International Organization 54, 1-39.

Roe, E. (1994): Narrative Policy Analysis. Theory and Practice, Durham: Duke University Press.

Rogowski, R. (2004): How Inference in the Social (but Not the Physical) Sciences Neglects Theoretical Anomaly, in: Brady, H./Collier, D. (eds.): Rethinking Social Inquiry. Diverse Tools, Shared Standards, Lanham/et al.: Rowman & Littlefield, 75-84.

Rosenthal, J. (1998): The Political Economy of Absolutism Reconsidered, in: Bates, R. H. et al. (eds.): Analytic Narratives, Princeton: Princeton University Press, 64-108.

Rucht, D. (1994): Modernisierung und neue soziale Bewegungen. Deutschland, Frankreich und USA im Vergleich, Frankfurt a. M.: Campus.

Rueschemeyer, D. (2003): Can One or a Few Cases Yield Theoretical Gains?, in: Mahoney, J./Rueschemeyer, D. (eds.), Comparative Historical Analysis in the Social Sciences, Cambridge: Cambridge University Press, 305-336.

Ruggie, R. (1998): What makes the World Hang Together? Neo-Utilitarianism and the Social Constructivist Challenge, International Organization 52, 855-885.

Sabatier, P. A. (1999): The Need for Better Theories, in: Sabatier, P. A. (ed.): Theories of the Policy Process, Boulder: Westview, 3-17.

Sabatier, P. A./Jenkins-Smith, H. C. (eds.) (1993): Policy Change and Learning. An Advocacy Coalition Approach, Boulder: Westview.

Sagan, S. D. (1993): The Limits of Safety. Organizations, Accidents, and Nuclear Weapons, Princeton: Princeton University Press.

Sarcinelli, U. (1987): Symbolische Politik. Zur Bedeutung symbolischen Handelns in der Wahlkampf-Kommunikation der Bundesrepublik Deutschland, Opladen: Westdeutscher Verlag.
Saretzki, T. (1998): Post-positivistische Policy-Analyse und deliberative Politik, in: Greven, M. T./Münkler, H./Schmalz-Bruns, R. (Hrsg.): Bürgersinn und Kritik, Baden-Baden: Nomos, 297-321.
Saretzki, T. (2003): Aufklärung, Beteiligung und Kritik. Die "argumentative Wende" in der Policy-Analyse, in: Schubert, K./Bandelow, N. (Hrsg.): Lehrbuch der Politikfeldanalyse, München: Oldenbourg, 391-417.
Sartori, Giovanni (1970): Concept Misformation in Comparative Politics, American Political Science Review 64, 1033-1053.
Scharpf, F.W. (1987): Sozialdemokratische Krisenpolitik in Europa. Das „Modell Deutschland" im Vergleich, Frankfurt a.M.: Campus.
Scharpf, F.W. (2000): Interaktionsformen. Akteurzentrierter Institutionalismus in der Politikforschung, Opladen: Leske + Budrich.
Scharpf, F. W. (2002): Kontingente Generalisierung in der Politikforschung, in: Mayntz, R. (Hrsg.): Akteure, Mechanismen, Modelle, Frankfurt a.M./New York: Campus, S. 213-235
Scheler, M. (1926): Die Wissensformen und die Gesellschaft, Leipzig: Der Neue-Geist Verlag.
Schimank, U. (2000): Handeln und Strukturen. Einführung in die akteurtheoretische Soziologie, Weinheim/München: Juventa Verlag.
Schimmelfennig, F. (1995): Debatten zwischen Staaten. Eine Argumentationstheorie internationaler Systemkonflikte, Opladen: Leske + Budrich.
Schmidt, M. G. (1999): On the Political Productivity of Democracies, Scandinavian Political Studies 4, 281-294.
Schmidt, M. G. (2000): Demokratietheorien, Opladen: Leske + Budrich.
Schmidt, M./Siegel, N. A. (2005): Methoden der vergleichenden Wohlfahrtsstaatsforschung, Politikwissenschaft Online: http://www.politikon.org/ilias2/course.php?co_id=137&co_inst=935&st_id=7133&st_inst=935; 20.12. 2005)
Schneider, C. Q./Wagemann, C. (2006): Reducing Complexity in Qualitative Comparative Analysis (QCA). Remote and Proximate Factors and the Consolidation of Democracy, European Journal of Political Research, 45 751-786.
Schneider, C. Q./Wagemann, C. (2007): QCA und Fuzzy-Sets. Ein Lehrbuch für Anwender und alle, die es werden wollen, Opladen: Verlag Barbara Budrich.
Schneider, J. (2001): Deutsch sein. Das Eigene, das Fremde und die Vergangenheit im Selbstbild des vereinten Deutschland, Frankfurt/New York: Campus.
Schneider, V./Janning, F. (2006): Politikfeldanalyse. Akteure, Diskurse und Netzwerke in der öffentlichen Politik, Wiesbaden: VS.
Schnell, R./Hill, P. B./Esser, E. (2005): Methoden der empirischen Sozialforschung, München/Wien: Oldenbourg, 7. A.
Schön, D./Rein, M. (1994): Frame Reflection. Towards the Resolution of Intractable Policy Controversies, New York: Basic Books.
Schöne, H. (2003): Die teilnehmende Beobachtung als Datenerhebungsmethode in der Politikwissenschaft. Methodologische Reflexion und Werkstattbericht, Forum Qualitative Sozialforschung 4, www.qualitative-research.net, 22 S. (Zugriff am 08.11. 2005).
Scholl, B. (2006): Europas symbolische Verfassung. Nationale Verfassungstraditionen und die Konstitutionalisierung der EU, Wiesbaden: VS.
Schütz, A. (1974): Der sinnhafte Aufbau der sozialen Welt. Eine Einleitung in die verstehende Soziologie, Frankfurt a.M.: Suhrkamp.

Schütz, A./Luckmann, T. (1979): Strukturen der Lebenswelt, 2 Bde., Frankfurt a.M.: Suhrkamp.

Schwab-Trapp, M. (2002): Kriegsdiskurse. Die politische Kultur des Krieges im Wandel 1991-1999, Opladen: Leske + Budrich.

Schwartz-Shea, P. (2006): Judging Quality: Evaluative Criteria and Epistemic Communities, in: Yanow, D./Schartz-Shea, P. (eds.): Interpretation and Method. Empirical Research Methods and the Interpretative Turn, Armonk/London: M. E. Sharpe, 89-113.

Schwelling, B. (Hrsg.) (2004): Politikwissenschaft als Kulturwissenschaft. Theorien, Methoden, Problemstellungen, Wiesbaden: VS.

Seale, C. (1999): The Quality of Qualitative Research, London: Sage.

Searing, D. D. (1994): Westminster's World. Understanding Political Roles, Cambridge: Harvard University Press.

Seawright, J. (2002): Testing for Necessary and/or Sufficient Causation. Which Cases are Relevant?, Polical Analysis 10, 178-193.

Seawright, J./Collier, D. (2004): Glossary of Selected Terms, in: Brady, H./Collier, D. (Hrsg.): Rethinking Social Inquiry. Diverse Tools, Shared Standards, Lanham et al.: Rowman & Littlefield, 273-313.

Seibel, W. (2005): Verwaltete Illusionen. Die Privatisierung der DDR-Wirtschaft durch die Treuhandanstalt und ihre Nachfolger 1990-2000. Frankfurt/New York: Campus.

Shapiro, I. (2004): Problems, Methods, and Theories in the Study of Politics, or: What's Wrong With Political Science and What to Do About It?, in: Shapiro, I./Smith, M.R./Masoud, T.E (eds.), Problems and Methods in the Study of Politics, Cambridge: Cambridge University Press, 19-41.

Siegel, S. (1987): Nichtparametrische statistische Methoden, Eschborn: Klotz.

Silverman, D. (2001): Interpreting Qualitative Data. Methods for analysing Talk, Text and Interaction, London: Sage, 2nd ed.

Skocpol, T. (1979): States and Social Revoulution. A Comparative Analysis of France, Russia and China, Cambridge: Cambridge University Press.

Skocpol, T. (1984): Emerging Agendas and Recurrent Strategies in Historical Sociology, in: Skocpol, T. (ed.): Visions and Methods in Historical Sociology, Cambridge: Cambridge University Press, 356-391.

Smelser, N. (1976): Comparative Methods in the Social Sciences, Englewood Cliffs: Prentice Hall.

Soeffner, H.-G. (1980): Überlegungen zur sozialwissenschaftlichen Hermeneutik. Am Beispiel der Interpretation eines Textausschnitts aus einem „freien Interview", in: Heinze, T./Klusemann, H.W./Soeffner, H.-G. (Hrsg.): Interpretationen einer Bildungsgeschichte. Überlegungen zur sozialwissenschaftlichen Hermeneutik, Bensheim: päd. extra, 70-96.

Soeffner, H.-G. (2004a): Auslegung des Alltags. Der Alltag der Auslegung. Zur wissenssoziologischen Konzeption einer sozialwissenschaftlichen Hermeneutik, Konstanz: UVK, 2. A.

Soeffner, H.-G. (2004b): Sozialwissenschaftliche Hermeneutik, in: Flick, U./Kardoff, E. v./Steinke, I. (Hrsg.): Qualitative Forschung. Ein Handbuch, Reinbek: Rowohlt, 3. A., 164-175.

Soeffner, H.-G./Hitzler, R. (1994): Hermeneutik als Haltung und Handlung. Über methodisch kontrolliertes Verstehen, in: Schröer, N. (Hrsg.): Interpretative Sozialforschung. Auf dem Wege zu einer hermeneutischen Wissenssoziologie, Opladen: Westdeutscher Verlag, 28-54.

Somers, M. R. (1998): "We're No Angels": Realism, Rational Choice, and Relationality in Social Science, American Journal of Sociology 104, 722-784.

Spiegler, Peter (2006): Why Quantitative Social Science Needs Interpretive Methods, in: Qualitative Methods. Newsletter of the APSA Organized Section on Qualitative Methods 4, 2-9.
Spöhring, W. (1989): Qualitative Sozialforschung, Stuttgart: Teubner.
Spörndli, M. (2004): Diskurs und Entscheidung. Eine empirische Analyse kommunikativen Handelns im deutschen Vermittlungsausschuss, Wiesbaden: VS Verlag.
Stake, R. (1995): The Art of Case Study Research, Thousand Oaks et al.: Sage.
Stinchcombe, A.L. (1993): The Conditions of Fruitfulness of theorizing about Mechanisms in Social Science, in: Sorensen, A.B./Spilerman, S. (eds.): Social Theory and Social Policy. Essays in Honor of James S. Coleman, Westport Conn: Praeger, 23-41.
Steffek, J. (2002): Notions of Justice and Fairness in International Relations, Dissertation, Florenz: European University Institute.
Steinke, I. (1999): Kriterien qualitativer Forschung. Ansätze zur Bewertung qualitativ-empirischer Forschung, Weinheim/München: Juventa.
Stokes, S. C. (2001): Mandates and Democracy: Neoliberalism by Surprise in Latin America, New York: Cambridge University Press.
Strübing, J. (2004): Grounded Theory. Zur sozialtheoretischen und epistemologischen Fundierung des Verfahrens der empirisch begründeten Theoriebildung, Wiesbaden: VS Verlag.
Tannenwald, N. (1999): The Nuclear Taboo. The United States and the Normative Basis of Nuclear Non-Use, International Organization 53, 433-468.
Tarrow, S. G. (2004): Bridging the Quantitative-Qualitative Divide, in: Brady, H./Collier, D. (eds.): Rethinking Social Inquiry. Diverse Tools, Shared Standards, Lanham et al.: Rowman & Littlefield, 171-180.
Tiemann, G. (2003): Das „most different system design" als Instrument zum Umgang mit mutipler Kausalität, in: Pickel, S./Pickel, G./Lauth, H.-J./Jahn, D. (Hrsg.): Vergleichende politikwissenschaftliche Methoden, Wiesbaden: VS Verlag, 265-288.
Thomas, T. (2003): Deutsch-Stunden. Zur Konstruktion nationaler Identität im Fernsehtalk, Frankfurt/New York: Campus.
Titscher, S./Meyer, M./Wodak, R./Vetter, E. (2000): Methods of Text and Discourse Analysis, London: Sage.
Truman, D. (1965): The governmental process. Political Interests and Public Opinion, New York: Knopf, 11th ed.
Ulbert, C. (1997): Die Konstruktion von Umwelt. Der Einfluss von Ideen, Institutionen und Kultur auf (inter-) nationale Klimapolitik in den USA und der Bundesrepublik Deutschland, Baden-Baden: Nomos.
Ulbert, C./Risse, T./Müller, H. (2004): Arguing and Bargaining in Multilateral Negotiations, paper presented to the Conference on "Empirical Approaches to Deliberative Politics", May 2004, Firenze: European University Institute, 41 p.
Ulbert, C./Weller, C. (Hrsg.) (2005): Konstruktivistische Analysen der internationalen Politik, Wiesbaden: VS Verlag.
Visser, J./Hemerijk, A. (1998): Ein holländisches Wunder? Reform des Sozialstaats und Beschäftigungswachstum in den Niederlanden, Frankfurt a.M.: Campus.
Wagemann, C. (2005): Organizational Change in Business Associations of the Dairy Industry. Lessons From PIGs For COWs and Beyond, Doktorarbeit, Europäisches Hochschulinstitut, Florenz.
Wagemann, C./Schneider, C. Q. (2003): Fuzzy-Set Qualitative Comparative Analysis (fs/QCA). Ein Zwei-Stufen-Modell, in: Pickel, S./Pickel, G./Lauth, H.-J./Jahn, D. (Hrsg.): Vergleichende politikwissenschaftliche Methoden, Wiesbaden: Westdeutscher Verlag, 105-134.

Warnke, M. (1994): Politische Ikonographie. Hinweise auf eine sichtbare Politik, in: Leggewie, C. (Hrsg.): Wozu Politikwissenschaft? Über das Neue in der Politik, Darmstadt: Wissenschaftliche Buchgesellschaft, 170-178.
Watson, J. B. (1930): Behaviorism, New York: W. W. Norton & Co.
Weber, M. (1968): Gesammelte Aufsätze zur Wissenschaftslehre, Tübingen: Mohr, 3. A.
Weller, C. (2005): Perspektiven eines reflexiven Konstruktivismus für die Internationalen Beziehungen, in: Ulbert, C./Weller, C. (Hrsg.): Konstruktivistische Analysen der internationalen Politik, Wiesbaden: VS, 35-64.
Wendt, A. (1999): Social Theory of International Politics, Cambridge: Cambridge University Press.
Wiener, A. (2007): The Invisible Constitution. Making Normative Meaning Accountable, i. Vb.
Wiesner, A. (2003): Ethnographische Politikforschung, in: Maier, M. L./Hurrelmann, A./ Nullmeier, F./Pritzlaff, T./Wiesner, A. (Hrsg.): Politik als Lernprozess. Wissenszentrierte Ansätze in der Politikanalyse, Opladen: Leske + Budrich, 141-166.
Wiesner, A. (2006): Politik unter Einigungszwang. Eine Analyse föderaler Verhandlungsprozesse, Frankfurt a.M.: Campus.
Witzel, A. (1985): Das problemzentrierte Interview, in: Jüttemann, G. (Hrsg.): Qualitative Forschung in der Psychologie. Grundfragen, Verfahrensweisen, Anwendungsfelder, Weinheim: Beltz, 227-255.
Wodak, R./Chilton, P.A. (eds.) (2005): A New Agenda In (Critical) Discourse Analysis. Theory, Methodology And Interdisciplinarity, Amsterdam: Benjamins.
Wodak, R./Cillia, R. de/Reisigl, M./Liebhart, K./Hofstätter, K./Kargl, M. (1998): Zur diskursiven Konstruktion nationaler Identität, Frankfurt a. M.: Suhrkamp.
Wodak, R./Meyer, M. (eds.) (2001): Methods of critical discourse analysis, London: Sage.
Woldendorp, J. et al. (2000): Party Government in 48 Democracies, Unveröffentlichtes Arbeitspapier, Dordrecht.
Yamasaki, S. (2003): Operationalising and Testing the Concept of 'Policy Domain Profile'. Exploiting QCA and Its 'Intersection' Function, Konferenzpapier für die Zweite General Conference des European Consortium for Political Research (ECPR), Marburg.
Yanow, D. (2000): Conducting Interpretative Policy Analysis, Thousand Oaks: Sage.
Yanow, D. (2006): Neither Rigorous Nor Objective? Interrogating Criteria for Knowledge Claims in Interpretative Science, in: Yanow, D./Schartz-Shea, P. (eds.): Interpretation and Method. Empirical Research Methods and the Interpretative Turn, Armonk/ London: M. E. Sharpe, 67-88.
Yin, R. K. (1994): Case Study Research. Design and Methods, Thousand Oaks et al.: Sage, 2nd ed.
Yin, R. K. (2003): Case Study Research. Design and Methods, Thousand et al.: Sage, 3rd ed.
Zadeh, L. A. (1965): Fuzzy Sets, Information and Control 8, 338-353.
Zadeh, L. A. (1968): Fuzzy Algorithms, Information and Control 12, 99-102.
Zürn, M. (2001): Politik in der postnationalen Konstellation. Über das Elend des methodologischen Nationalismus, in: Landfried, C. (Hrsg.): Politik in einer entgrenzten Welt, 21.wissenschaftlicher Kongreß der Deutschen Vereinigung für Politische Wissenschaft, Verlag Wissenschaft und Politik, 181-205.